KB210306

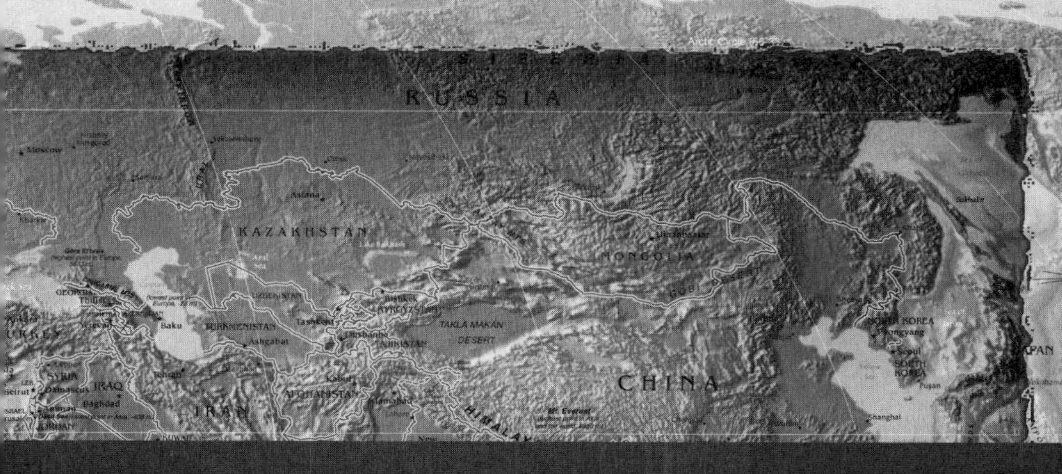

라즈

Wars of the Lord, Book of

"트립시스" 하급

헌이 저

지성문화사

저자서문

→ 말일(21C~) → ○말세 → ◎종말 → ◉에스카토스(마지막) →
●퀘츠(날들의 끝) → ★쉰텔레이아스 투 아이오노스(세상 끝날) →

휴거(Rapture)

▶중동평화실현→중동건축→예루살렘독립선포→유대인귀향→이스라엘번영→율법과 종교타락→폭동과 민란발생→아랍연합배반→평화조약파기→제2차 한국전쟁, 중동전쟁발발→예루살렘포위→이스라엘민족금식선포→치열한 예루살렘전투→요란한 천둥번개·쏟아지는 폭우→예루살렘함락→휴거발생→

이르기 전이든지, 아니면 지난 후이든지 →2038년→ 지구에 이 모세의 이적들이 나타날 것이다. 곧 제3차 세계대전의 서곡, 꽝꽝 하는 탱크들이 미치게 달리며 대포들이 불을 뿜으며 삼켜 멸하는 전폭기들이 하늘을 덮으며 미사일들이 도시들을 향해 발사된다. 이 나라가 저 나라와 서로 치고 이 도시가 저 도시와 그러하여 피차 상한바 될 때에, 장정들은 칼에 엎드러지고 어린아이가 메어침을 당하며 아이밴 부녀의 배는 갈려지는구나. 땅이여, 땅이여, 땅이여 전쟁이 세 번 거듭 임하게 하라. 이 전쟁은 중상케 하는 대인의 칼이로다. 희망의 서광이 변하여 내게 떨림이 될 뿐이다. 아아 나는 나는 어디로 가야만 할꼬!!……

○표적국 '사라'는 도살할 양이다. 이스마엘의 지팡이가 뱀으로 변한지라 수풀에서 나오는 사자가 그들을 죽이며 사막의 이리가 그들을 멸하며 표범이 성읍들을 엿보고 곰이 몸 한편을 들고 넘어온다. 죽음을 피해 도망치

는 이 환난의 때에 광광 하는 땅의 짐승들은 미치게 달리고, 찢는 개들은 전선으로 향하고, 삼켜 멸하는 공중의 새들은 하늘을 덮고, 마광된 번개같은 창들은 도시들을 향해 날아간다. 땅이여, 땅이여, 땅이여 칼로 세 번 거듭 씌우게 하라. 이 칼은 중상케 하는 대인의 칼이로다. 희망의 서광이 변하여 내게 떨림이 되는구나. 아아 나는 나는 어디로 가야만 할꼬!!……

◎또 중동평화를 실현시킨 이스라엘은 도살할 양이다. 아랍의 지팡이가 뱀으로 돌변하매 수풀에서 나오는 이란군이 그들을 죽이며 아라비아군이 그들을 멸하며 아프리카군이 그 이웃 도시들을 넘보고 소련군이 코카서스 산맥을 넘는다. 무한궤도의 굽치는 소리로 땅이 진동하는 가운데 기치(旗幟)를 벌인 군대의 행렬과 박격하는 말굽소리와 전투용마차를 모는 모든 군사, 그리고 무리를 표류시키는 함성 속에서 사망과 생명의 사이는 한 걸음뿐이다.

살인곤충들에 의한 인간대학살사건은 이미 우리가 들은 것이요 우리가 아는 것이요 우리 선조가 후손에게 전해준 것이다. 이것을 내가 입을 열고 비유를 베풀어서 비밀한 말을 발표한 것에 불과하다. 옛적부터 그가 맹세하여 말씀하시기를 "나의 생각한 것이 반드시 되며 나의 경영한 것이 반드시 이루리라" 하였기에 내가 마음을 다하며 지혜를 써서 장래 일을 궁구하였으니 이것도 바람을 잡으려는 것이었다. 사람이 장래 일을 알지 못하니 명쾌한 해석자라 인정받을 수 있는 자는 누구냐. 내 마음에 지혜로운 자를 발견하리라 하고 거리에서나 큰길에서나 찾으리라 하고 찾으나 만나지 못하였도다. 이에 순행하는 자들을 만나서 묻기를 내 마음에 사랑하는 자를 너희가 보았느냐 하였더니, 도리어 그들이 나를 쳐서 상하게 하였고 나의 웃옷을 벗겨 취하였도다. 이러므로 내가 일광에 쬐어서 거무스름할지라도 흘겨보지 말 것은 그가 나를 품꾼으로 삼았음이라. 유약한 인생의 날이 손넓이만큼 되지 않느냐 육체를 가진 나는 다른 사람에 비하면 짐승이다. 세상과 계약하고 흙집에 살며 티끌로 터를 삼고 하루살이에게라도 눌려 죽을 자이다 보니. 사람의 총명이 있지 아니하여 지혜를 배우지 못하였고 또 거룩하신 자를 아는 지식이 없거니와. 하늘에 올라갔다가 내려온 자가 누구인지, 바람을 그 장중에 모은 자가 누구인지, 물을 옷에 싼 자가 누구인지, 땅의 모든 끝을 정한자가 누구인지, 그 이름이 무엇인지, 그 아들의 이름이 무엇인지 너는 아느냐 내가 들을까 하노라.

지혜가 많으면 번뇌도 많으므로 지식을 더하는 자는 근심만 더할 뿐이다. 사람이 해 아래서 수고하는 모든 수고가 자기에게 무엇이 유익한고. 한 세대는 가고 한 세대는 오되 땅은 영원히 있구나. 세상의 모든 일이 헛되고 헛되며 헛되고 헛되니 모든 것이 헛되구나. 해는 일정하게 돌아와서 다시 떠오르고 바람은 남으로 불다가 북으로 돌이키며 이리 돌며 저리 돌아 불던 곳으로 돌아가고 모든 강물은 다 바다로 흐르되 바다를 채우지 못하며 어느 곳으로 흐르든지 그리로 연하여 흐른다. 만물의 피곤함을 사람이 말로 다 할 수 없으니 눈은 보아도 족함이 없고 귀는 들어도 차지 않는구나. 나는 이른 아침에 달팽이로 변신하여 이슬을 먹다가 거미줄을 보고 재앙의 날이 홀연히 이르면 누구든지 거기 걸리는 것이라, 존귀한 자들은 그 손에서 벗어나려니와 우매한 자들은 함정에 빠지게 됨을 깨달았다. 또 생각하였더니 대저 사람은 자기의 시기를 알지 못하니 물고기가 재앙의 그물에 걸리고 새가 올무에 걸림같이 인생도 재앙의 날이 홀연히 임하면 누구든지 거기 걸린다. 이에 나의 생일을 저주하고 말을 내어 가로되 어찌하여 내가 태(胎)에서 죽어 나오지 아니하였었던가, 어찌하여 내 어미가 낳을 때에 내가 숨지지 아니하였던가 하였노라.

오호라! 허망한 인생길이여……

'이디엘'과 '우갈'에게 이른 말에 의하면, 재앙은 티끌에서 일어나는 것이 아니요 고난은 흙에서 나는 것이 아니라 인생은 고난을 위하여 났나니 불티가 머리위로 날음 같으니라. 그런즉 나의 생명을 '판테온'의 족장에게 구하고 내 일을 '판토크라토르'의 이름으로 시행되게 할 것이다. 이는 은유적인 표현이니 양의 피를 온 몸에 바르고 우주로 뛰어오르게 되는 벼룩들과 날아 올라가는 독수리들에게 지혜를 더하소서.(셀라)

나는 자연재해로 인한 모든 충돌과 전쟁들을 벌레들의 재앙과 짐승들의 싸움으로 묘사하였다. 이는 독소와 생물무기들이 곤충들에서 축출한 박테리아, 바이러스로 만들어지고 전쟁으로 새, 뱀 같은 포식자들이 사라지면 그 아래 단계에 있는 피식자들 곧 설치류, 양서류, 곤충들이 무수히 불어나기 때문이다. 또 이스라엘을 둘러싸고 벌어지는 중동전쟁과 한국전쟁에 초점을 맞춘 것은 이 전쟁에 세계 모든 나라들의 운명이 결탁되었기 때문이다. 이제 강한 상징성을 가진 두 개의 화살이 태양을 향해 쏘아졌다. 화살을 좇아 달려가는 자 그는 지혜로운 자이다. 나는 비천한 갈대이므로 그의 손의 흔들림을 따라 흔들리겠노라. 끝으로 지식을 주신 하나님께 감사하며 나의 조력자이자 '라파'의 딸로서 명성을 떨칠 내 아내에게 진정으로 고마움을 표한다. 아무쪼록 모든 이에게 주님의 은혜 있기를….

한 동방사람이 정오(작은 육시)무렵에 썼음.

목　　차

일러두기

1. 기록된 문서(성경)는 신들의 생각을 문자화한 것으로 글 잘 짓는 성령께서 쓰신 것이다. 그래서인지 글쓰는 방식이나 격식·문장의 구조나 배열방법이 사람이 쓴 책들과 판이하게 다르다. 그는 완벽한 암호전달체계를 만들어 여러 권을 상합(相合)시켰다. 그 결과 여러 세기의 예언들이 합쳐있고 병렬문장들이 묶음형식으로 연결되면서 종과 횡으로 다 이어진다. 게다가 인간 DNA의 사슬구조와 생물공학기법을 활용하여 함축시킨 암호들은 인간의 지혜로는 풀 수 없도록 공교하게 짜 맞춰있다. 또 문서에 기록된 176개의 일정표는 회정과 반복, 교차로 인해 비슷한 내용들이 수도 없이 복제되어 나온다. 그러니 어느 누가 말씀들을 바르게 해석할 수 있었겠느냐. 문맥을 짚어가며 연결성의 원리를 터득한 것만으로도 놀라운 성과를 이루었다고 생각한다.

2. 이 책의 형식과 구성은 이러하다. '베리트(문서)'서술로 모세의 열 가지 이적으로 구성하고 배경을 암시한 시, 노래, 편지들을 첨부했다. 또 각 사건과 예언마다 맞춤방식이 있으며 말씀들을 끌어올 수 있는 유도단어들이 존재한다. 이렇게 하므로 각 부분과 전체가 필연적 관계를 지니고 있음을 알게 하였다. 또 대부분의 문장들을 재앙을 암시하는 군사적 의미와 뜻으로 표현하여 재난과 저주목록을 읽는 것 같게 하였다. 그렇지만 중심사상은 '파라(암소)'계획임으로 누구든지 지식과 근신을 얻어 명철의 길로 들어서게 될 것이다. 예언서의 특성상 정확성을 기하였으나 워낙 어려운 지식들이라 부정확한 것들이 많기 때문에 하급이란 레벨을 붙였다.

3. 나는 기록된 문서들을 전쟁적, 우주적으로만 해석하였다. 이는 해석학

의 기법상 뜻을 명백하게 드러낼 수 있었기 때문이다. 나는 문서들이 진행하다 멈춰선 뒤에 역행하면서 다시 맞춰 나오는 예언들을 다 기술할 수 없음을 알았다. 왜냐하면 비슷비슷해서 혼동이 유발되고 또 자세히 보지 않으면 그 차이점을 잘 발견할 수 없기 때문이다. 이를 감안하여 다소 부정확하더라도 낱낱의 것들을 한데 뭉뚱그려 일괄 처리해 버린 다음 사건들을 차례대로만 배열하려 했다. 하지만 바른 종말관을 인식시킬 책무가 있기 때문에 어쩔 수 없이 근사한 시점을 표기하게 되었다. 만일 연도를 병기하지 않으면 반복과 중복으로 인해서 헷갈리게 되기 때문이다. 그래서 할 수 없이 숫자를 적었으나 '다바르'번호이자 예언 년도인 숫자들을 내가 정확히 모르기 때문에, 예언의 내용들은 신빙성이 있어도 연도들은 불일치 할 것이다. 만일 오차가 커지면 '비밀'下級을 수정 보완하여 '비밀'上級으로 대체할 수도 있음을 미리 밝혀두는 바이다.

이유(1) 부정확한 배열·감합·합각.

이유(2) 절과 절이 아닌 장과 장의 감합.

이유(3) 서기3~7년의 오차.

이유(4) 현대달력이 아닌 유대달력 인용.

이유(5) 장차 달력이 바뀜(지구연합일력).

이유(6) 지구자전이상발생.

4. 나는 일점일획도 틀리지 않는 성경말씀들을 독자들이 이해할 수 있게 경로변경·각색·요약·재구성하면서 말씀들을 훼손하였기에, 인용한 말씀들을 엄중한 여호와의 말씀이라고는 하지 않는다. 내가 고쳐 쓴 것이며 그릇된 해석은 전적으로 필자의 우매함에 있다는 것을 통감할 뿐이다.

5. '기노스코'는 내적 직관을 통해서 은밀한 방법으로 얻은 지식들로 이 은

밀한 방법에는 신적 현상(알리심·깨닫게 하심·몽조·영감·은사)이 포함되어 있다.

6. 나·나는·내가·내게·그·그는·그가= 신들을 가리킴.

7. →0000년→ 표기식은 근사한 시점을 나타낸 것일 뿐 예언 년도가 아니다.

8. 나는 내용들을 보충하는 차원에서 반으로 나누어 적었고 연결성을 갖게 하였다. 이러므로 짝을 합쳐서 이해하는 지혜가 반드시 필요하다.

9. 책의 제목은 아람어로 '비밀' 이란 뜻이며, 부제는 "여호와의 전쟁기 '환난'(트립시스)"이다.

10. 'Wars of the Lord, Book of(여호와의 전쟁기)'는 통일성을 가진 하나의 재앙 표로 모든 종말에 다 들어맞는다. 왜냐하면 신들은 동일한 일을 거듭하시기 때문이다.

11. '라즈'는 어미 책으로 두 명의 아들(보충서)를 가지고 있는데 하나는 '천국전투'요 하나는 '지식의 관(冠)'이다. 이 세 권의 책을 합쳐서 이해해야만 전체적인 내용을 알 수 있다.

12. 말일과 세상 끝날(쉰텔레이아스 투 아이오노스)는 서로 다른 종말이다. 현 시대에 세상 끝날에 관한 예언들은 필요치 않으나 세상이 거짓 예언들로 소란스럽게 되면 또 다른 보고서를 준비할 계획이다.

제1삼시 '말일재앙' 모세의 이적
→2008년→2430년→

▽제1표징: 손에 발한 문둥병-여호와를 버린 행위로 저주받는 이스라엘.
▽제2표징: 지팡이가 뱀으로-북한 남한 배신, 아랍연합 이스라엘 배반.
▽제3표징: 육지가 피로-제2차 한국전쟁, 중동전쟁발발.
▽제4표징: 호수, 강물이 피로-이상고온에 의한 적조확산과 어패류 전멸.
▽제5표징: 개구리재앙-거짓점술로 세상을 시끄럽게 하는 점쟁이들.
▽제6표징: 이 재앙-화학, 생화학무기사용.
▽제7표징: 파리 떼 재앙-세계대전에 참전하는 아프리카군대.
▽제8표징: 심한 악질 재앙-세균, 생물무기사용.
▽제9표징: 풀무의 재 독종의 재앙-핵전쟁과 방사성질병확산.
▽제10표징: 우박의 재앙-대폭격과 산림파괴.
▽제11표징: 뇌성과 서리-추위와 대기이상, 기근 발생.
▽제12표징: 동풍의 메뚜기재앙-대군을 동원하여 쳐들어가는 중국군대.
▽제13표징: 강렬한 서풍-반격하는 유럽군대.
▽제14표징: 흑암의 재앙-핵전쟁 후 발생하는 세계적인 이상야 현상.
▽제15표징: 죽음-공기를 타고 퍼지는 전염병과 괴질.
▽제16표징: 여상해진 손-징계를 통해 고쳐진 이스라엘의 행위.
▽제17표징: 뱀의 꼬리가 다시 지팡이로-전쟁이 멈추고 또 평화시대로.

'세상 끝날의 재앙' 천사의 표징
→??????????년→??????????년→

첫째인 흰 말: 평화파기 우주전쟁발발.
첫째나팔: 외계인 침공, 지구 대공습.
둘째인 다른 붉은 말: 종교전쟁발발.
둘째 나팔: 소행성충돌.
셋째인 검은 말: 대 기근.
셋째나팔: 혜성충돌.
넷째인 청황색 말: 전쟁·흉년·전염병·야수 떼 습격.

넷째 나팔: 일월성신의 징조.
다섯째인: 육손과 육발의 적그리스도 · 666환난 · 순교.
다섯째 나팔: 하늘에서 떨어진 黑태양과 공룡들의 부활.
-첫째대접: 악성종기
-둘째 대접: 바다의 적조
-셋째대접: 강, 호수의 적조
-넷째 대접: 태양이상핵폭발
-다섯째 대접: 신 로마제국멸망
-여섯째 대접: 아마겟돈전쟁
-일곱째 대접: 외부우주로 빠져나가는 지구공기
여섯째인: 하늘에서 떨어지는 별들.
여섯째 나팔: 로봇과 우주선을 동원한 마지막전쟁발발.
일곱째인: 침묵.
일곱째 나팔: 뇌성과 번개 · 지진 · 큰 우박.
대 지각변동 후, 반 중력시대 열림

범 례

1. 군사

- 칼: 총포들, 전쟁과 파괴에 대한 상징
- 번쩍번쩍하는 칼: 전자빔, 레이저검, 광선총들 ● 칼: 아랍군 전쟁암호
- 칼을 뺌: 공격개시 ● 뱀과 독사: 이스라엘군 전쟁암호
- 눈: T. V.방송국, 항공기식별레이더추적시스템, 미사일감시시스템, 적외선영상탐색장치, 위성관측무기유도시스템, 각종 군사위성들
- 귀: 감청시설, 통신기지, 방송통신시설들
- 코: 자석탐지시설, 화학탐지시설, 핵폭발탐지시설들
- 투구: 철모, 최신형방독마스크들
- 휙휙 하는 채찍: 근접전투용소형폭탄들
- 발목을 끊고: 대인지뢰, 핵지뢰 ● 가시: 철조망장애물들
- 구덩이: 참호, 진지들 ● 전철: 장갑, 기갑들 ● 토둔: 토제구축물들
- 방패: 메탈방탄복, 이동미사일방어시스템, 방공미사일방어시스템, 미사일방위시스템, 대장갑방어용차량들, 광선보호막, 방어용특수플라스틱돔들
- 말: 수송용 차량들 ● 달리는 병거: 전투차량들(인공두뇌를 가진 차량)
- 특별 병거: 인공지능을 갖춘 신형무인전차와 차량들
- 굉굉 거리는 땅의 짐승: 전차, 경전차, 장갑차, MBT(화생방능력을갖춘전차)들
- 작은 돌: 각종포탄들 ● 돌: 고용량고성능폭약들
- 돌을 발함: 대공포병, 고사부대, 자주포부대들
- 큰돌을 발함: 포병사격원자포탄, 핵포탄들 ● 물매: 직사포들……
- 찢는 개: 다연장로켓포, 장사정포, 장거리포들……
- 우박: 항공폭탄들…… ● 땅에 달리는 불: 융단폭격

- 악어와 하마: 강습상륙용차량들, 수륙양용장갑차들, 상륙주정들
- 전통: 로켓포, 대전차포, 박격포, 대공유도미사일, 단거리대전차미사일들
- 활: 미사일발사대
- 화살: 지대지, 지대공, 지대함, 공대지, 공대공, 함대함, 함대지, 공중발사유인미사일들
- 단창: 장사정중거리핵전력(사정거리 1,000km~5,000km의 핵무기)
- 돌아오는 화살: 재발사용신형순항미사일들

> 노송나무 창: 일본이 개발하는 재발사용신형순항미사일
> 동체재질: 노송나무
> 성능: 위성 유도된 미사일은 컴퓨터에 내장된 정밀지도를 읽으며 목표항로를 결정, 항속 하다가 지형과 풍속의 영향으로 항로를 이탈하게 되면 다시 발사위치로 되돌아옴. 무게가 가벼워 사정거리가 길고 명중률이 뛰어남.

- 긴 창: 사정거리 5,500km 이상의(ICBM), 신형전략미사일시스템들(사정거리 6,400km 이상의 관성유도미사일)
- 병고: 지하핵무기고
- 분노의 병기: 중성자폭탄, 핵폭탄, 열핵폭탄, 수소폭탄, 아원자폭탄, 반물질폭탄들(행성킬러)
- 파리: 코브라형공격헬기, 제트기
- 메뚜기: 아파치형공격헬기(AH 64D 롱보)포함
- 왕벌: 화학탄, 핵공격용헬리콥터
- 메추라기: 글라이더, 경비행기 • 펠리컨: 수륙양용비행기
- 새: 각종전투기들 • 솔개: 경, 중폭격기 • 매: 폭격기
- 독수리: 전폭기 • 큰 독수리: 전략핵폭격기들
- 배: 전함들(구축함, 순양함, 프리키트함, 이지스함…)
- 배들(공격함대, 수송선단들) • 큰배: 항공모함

• 물고기: 전술용 잠수함들 • 큰 물고기: 전략핵잠수함들

2. 군대

• 하나님의 군대: 미연합군 • 미가엘: 미연방 • 북편군대: 러시아군
• 북방: 신 소련제국 • 도끼 가진 군대: 카프카스군, 시베리아군, 몽골군
• 극히 악한이방인: 신 몽골제국 • 강하고 오랜 군대: 중국인민해방군
• 동북: 한반도를 포함한 중국연합군 • 큰 용: 중국 • 동방태양: 일본
• 무서운 자들의 손: 일본군 • 열뿔: 신 유럽연합(10개국)
• 열국의 무서운 자: 영국군 • 열국의 강포한 다른 민족: 독일군
• 황충: 독일제국 • 열국 중에 강포한 자기군대: 이탈리아군
• 헬라자식: 로마인 • 외인 곧 열국의 강포한 자: 프랑스군
• 북쪽: 터키군 • 활을 당기는 루딤: 터키연합군(알제리군 포함)
• 엘람군대: 이란군 • 갈대아 군대: 이라크군 • 수리아군대: 시리아군
• 동방군대: 아라비아군, 남아시아군, 인도군, 아시아군.
• 메뚜기: 러시아 남부군, 중국군 • 사마리아군대: 북 이스라엘군
• 블레셋군대: 팔레스타인군 • 애굽군대: 이집트군
• 방패 잡은 구스인: 에티오피아군 • 붓인: 리비아군
• 남방: 아프리카통합군 • 먼 나라 군대: 한국군
• 대머리: 패망의 수치 • 고아와 과부: 나라 잃은 국민들

3. 부대

• 투구 쓴 군대: 화학전특수부대 • 뛰어내림: 공정, 공수, 공정부대(Abn)
• 물매 꾼: 포병부대 • 급습: 강습부대
• 마병: 기마전투부대, 장갑차부대 • 말을 탄 군대: 기갑기병대
• 기병: 전차부대 • 보병: 지상전투부대
• 산을 더위잡고 오르며: 산악전투부대 • 활 쏘는 자: 미사일부대
• 전통부대: 로켓군 • 창군: 전략미사일군

- 창작된 기계: 전투용 로봇군단 • 불을 토하는 사자: 전쟁용 사자로봇
- 충돌하고 나가는 기병: 로봇기병대
- 대열을 어기지 않는 군사: 사이보그부대

4. 재해

- 마른 이삭: 흉년 • 금식: 식량부족과 기근 • 몸이 붓고: 영양실조
- 날의 더움: 이상고온 • 흘러내리는 찬물: 빙하의 녹음
- 폭풍: 초대형태풍 • 회오리바람: 돌풍 • 바다의 우는소리: 풍랑
- 바다의 벽: 높은 파도 • 바다의 소용돌이: 물기둥
- 큰물의 몰려옴: 해일 • 번쩍번쩍하는 빛: 번개 • 큰소리: 천둥
- 날으는 살: 낙뢰 • 나무뿌리: 벼락 • 큰 비:폭우
- 물의 넘침: 대홍수 • 땅의 갈라짐: 지진 • 흐르는 비탈: 산사태
- 땅의 큰 떨림: 소행성충돌 • 불을 토하고: 화산폭발 • 불덩이: 화산탄
- 재: 화산재, 방사능낙진 • 땅의 녹음: 용암분출 • 연기: 삼림화재
- 기침과 재채기: 오존층감소, 연무피해
- 흘러내리는 뜨거운 물: 용암분출로 끓은 물 • 손을 불에 데이고: 화상
- 온역: 급성전염병 • 옷을 벗음: 무서운 열병 • 쥐: 흑사병
- 침을 뱉고: 침으로 감염되는 질병(눈병) • 날의 추움: 혹한
- 양털: 폭설 • 네피림: 반인반수(半人半獸)
- 황충: 황색의 큰 벌레 공룡 • 땅이 변하고: 대 지각변동

5. 돌

- 추돌: 지름 1m 이하의 소행성 • 작은 돌: 지름 1km 미만의 소행성
- 큰 돌: 지름 10km 정도의 소행성
- 바위: 지름 100km 이상 되는 소행성
- 매끄러운 돌: 평평한 분지가 있는 소행성 • 차돌: 단단한 소행성
- 강가의 돌: 감자나 고구마처럼 생긴 소행성

• 맷돌: 둥글넓적하고 표면이 매끄러운 소행성(磨石)
• 불에 굽는 횟돌: 깨지기 쉽고 불에 잘 타는 통풍석
• 부서진 횟돌: 통풍석 찌꺼기들
• 소화된 돌: 불탄 소행성의 찌꺼기들(운석)
• 벽돌: 길쭉한 모양을 한 깨지기 쉬운 소행성
• 거친돌: 크고 작은 분화구와 구덩이들이 많은 소행성
• 뜨인 돌: 떠돌이 소행성 • 돌무더기: 소행성집단
• 타는 횃불: 지구로 돌진해오는 혜성
• 지구를 향해 돌 던질만한 거리: 화성과 목성사이 약 5억km 긴 틈이 있는 우주공간

6. 천체

• 오디: 각양각색의 별들 • 무화과: 별의 집단(성단)
• 석류: 성단의 집단(은하) • 살구: 행성들 • 상수리: 띠 두른 행성들
• 샛별: 금성 • 얼굴이 붉음: 화성 • 용모가 크고 신장이 장대함: 목성
• 삼프손과 욥: 검은 태양 • 아브람: 태양, 수성 • 롯: 수성
• 데라: 큰 달 • 사라: 달 • 이츠하크: 금성 • 이쉬마엘: 지구
• 다위드: 화성 • 골리앗: 목성 • 토성: 이르메야후 • 야코브: 천왕성
• 레바카: 해왕성 • 극렬히 타는 풀무불: 1등성 • 극렬한 풀무불: 2등성
• 큰 풀무: 3등성 • 풀무: 4등성 • 맹렬히 타는 불: 5등성
• 붙는 불: 6등성 • 불기둥: 홍염 • 구름기둥: 성운

7. 지명(회생 후)

• 북 이스라엘: 에브라임왕국 • 남 이스라엘: 유다왕국
• 예루살렘: 예루살렘왕국 • 시리아: 아람 • 다마스커스: 다메섹 공화국
• 북 레바논: 시돈 • 남 레바논: 두로 • 팔레스타인: 블레셋
• 키프로스 섬: 깃딤 • 크레타 섬: 갑돌 • 몰타 섬: 멜리데

• 북 요르단: 암몬 • 중 요르단: 모압 • 남 요르단: 에돔
• 서북아라비아: 미디안 • 예멘: 시바 • 아랍에미리트: 라아마
• 카타르: 드단 • 바레인: 두로 • 남이란: 엘람 • 북이란: 바사
• 유럽터키: 룻 • 아시아터키: 헷 • 북 쿠르디스탄: 민니
• 남 쿠르디스탄: 굽 • 아르메니아삼국: 아라랏 • 흑해: 두발
• 카프카스 근방: 메섹 • 카스피해 근방 : 아스그나스
• 카자흐스탄: 마곡 • 벨라루시: 고멜 • 러시아: 로스 • 독일: 곡
• 그리스: 야완 • 스페인 근방 : 다시스 • 이집트: 애굽
• 에티오피아·수단: 구스 • 남아프리카공화국: 스바
• 리비아·튀니지: 루빔 • 알제리·모로코: 붓 • 중국의 별칭: 한나라
• 일본의 별칭: 동방태양
• 유럽통합의 별칭: 열 뿔(장차 15개국에서 10개국으로 구성)
• 프랑스의 별칭: 외인 • 이탈리아의 별칭: 한 왕(교황)의 백성
• 소말리아의 별칭: 파리 • 한국의 별칭: 먼 나라

종말계산법(기노스코)

포도원(천국)의 주인으로 품꾼(성도)을 고용하시는 하나님께서는 태양운행시간을 정하고 지키신다.

이를 태양일정표라 하는데 외경시대가 끝나고 일년은 365일 하루는 24시간이 시작된 때까지도 포함시켜, 세상 끝까지의 길이를 쪼갤 수 있는 데까지 24등분으로 거듭 나눈 다음에 가상의 해를 띄워 운행시킨 것이다(하나님의 역사의 때를 'x년 x월 x일' 하는 식으로 표시하는 데는 한계가 있기 때문).

그래서 성령이 쓴 문서에는 사건마다 태양의 때로 구분되었고 일과 또한 이 이동거리에 맞춰서 기록되어 있다. 다시 말해 일정표가 있는데 거기에는 일과력이 있어서 신들이 활동할 때와 해야 할 일들을 미리 책에 적어두었다는 말이다. 이 하나님의 수첩이 바로 성경이다. 사람들도 무슨 일을 하기 전에는 먼저 방법·차례·규모 등을 생각하고 '언제 할 것인가' 하는 계획을 세운다. 이러므로 신들의 스케줄(schedule)을 들여다보면 미래에 일어날 일을 예견할 수 있고 품꾼의 때(휴거)를 예측할 수 있게 된다.

하늘은 신들의 것이라도 땅은 인생에게 주사 정사와 권세를 세상 왕들의 주권에 맡기셨고 인간 역사는 사람들의 손으로 이루어지게 하셨다. 이 때문에 신들은 세상일에 관여치 않으시나 일정한 정도에서 자신의 일을 마무리 할 때가 되면 신들이 땅에 임하여 계획한 일을 종결하신다. 이는 사람의 일은 사람이, 신들의 일은 신들이 하셔야 하기 때문이다. '그 일'이란? 품꾼을 추수하여 포도원에 들여보내는 일로서, 선한 자는 우주에서 살 수 있는 신령한 몸으로 변화시켜 공중으로 들어올리고 악한 자는 죽도록 땅에 내버려두는 것을 말한다.

이 때문에 종말이 있는 것이고 사람을 죽이기 위해 전쟁·재앙·전염병 · 기상재해 · 천재지변 같은 도구들이 마련되었다. 이 환난으로 인해 믿지 않던 자들은 신께 귀순하고 좋은 열매는 추려지며 지구의 인구수도 적당하게 조절된다. 이 기능을 가진 것이 '트립시스'이다.

신들의 하루는 일의 진행과정과 그 작업량에 따라 일 일이 일 년이 될 수 있고, 하루가 천년이 될 수 있는 등 매우 가변적이다. 그러나 인생의 날을 계산하는 하루는 일정한 편이고 세계가 일정한 시간적 간격을 두고 끝남과 시작을 반복하며, 자연은 일정한 주기가 지나면 다시 시초의 질서와 형태로 돌아간다.

이미 옛 시대 현자들이 터득한 바대로 시대순환이 있다는 말이다. 주기들이 많기 때문에 다 진술할 수는 없고 하루의 주기에 관해서 대충 설명하겠다.

땅에 사는 인생의 하루는 지구자전으로 24시간이지만, 신들이 지구에 정하신 하루는 이른 아침-삼시-육시 · 구시-십일시이다. 이 태양이동거리들은 일정한 기간을 의미하는 구간들로 하루A: 66+66+66+15=213년 또는 하루B: 70+70+70+15=225년이다.

이 날은 가감승제의 기수법으로 승수(乘數)되어 십진기수법으로 하루가 열 번째 곧 열흘이 될 때마다 말일이 되고, 칠진기수법 즉 말일이 일곱 번째가 될 때마다 말세가 되고, 팔진기수법 즉 말세가 여덟 번째가 될 때마다 종말이 되고, 십육진기수법 즉 종말이 열 여섯 번째가 될 때마다 마지막이라고 하는 '에스카토스'가 된다.

이보다 더 긴 날은 날들의 끝이라 하는 '퀘츠'이며, 이보다 더 긴 날은 '쉰텔레이아스 투 아이오노스' 즉 천년왕국도 끝난 세상 끝날로 태양계의 종말을 의미하고 있다. 그리고 이 날들을 칠십 개씩 묶어 일곱 번 될 때에 그 은하계가 멸망하도록 정하셨다. ●증서 "일곱 번 뿐 아니라 일흔 번씩 일곱 번이라도 할지니라."

두 날이 합쳐 한 날이 되는 비밀은 혼동을 유발시켜 생략하고, 태양회전판을 움직여가면서 지구종말을 계산해 보겠다. 하루A 213년과 하루B 225년은 120년의 차이를 가진 말일주기(213×10=2130년 · 225×10=2250년)이다. 따라서 213×9+〈333〉년이 하루A에 붙는 말일주기를 갖게 된다.

하루의 시작점은 A. D. 30년부터니까 하루A: 66+66+66+15를 이 계산법대로 가산(加算)하면

① 96 · 162 · 228 · 243 ② 309 · 375 · 441 · 456
③ 522 · 588 · 654 · 669 ④ 735 · 801 · 867 · 882
⑤ 948 · 1014 · 1080 · 1095 ⑥ 1161 · 1227 · 1293 · 1308
⑦ 1374 · 1440 · 1506 · 1521 ⑧ 1587 · 1653 · 1719 · 1734
⑨ 1800 · 1866 · 1932 · 1947 ⑩ 1948년~2281년이 된다.

(※ 하루B 계산생략)

이 가정이 맞을 경우 현재는 하루A가 열 번째 되는 첫 번째(?) 말일기간인 셈이다.

따라서 예루살렘을 회복한 1948년에 333년을 더한 ~2281년 혹은 ~2430년에 1차 대 멸망이 있을 수 있다.

말일2A	2280+1917	A. D. 4197년~4530년
말일3A	4530+1917	A. D. 6447년~6780년
말일4A	6780+1917	A. D. 8697년~9030년
말일5A	9030+1917	A. D. 1만947년~1만1280년
말일6A	11,280+1917	A. D. 1만3197년~1만3530년
말세1A	13,530+1917	A. D. 1만5447년~1만5780년
종말1A	15,780×8-333	A. D. 12만5907년~12만6240년
마지막1A	126,240×16-333	A. D. 201만9507년~201만9840년
퀘츠1A		A. D. ????????

이 끝날의 기간들은 대충 계산한 것으로 끝날 마다 예루살렘왕국의 존속기간이 배로 늘게 된다면 오차가 크게 발생하게 된다. 또 하루 A · B가 건

너뛰거나 역결합 될 경우에는 계산이 완전히 틀려 버리기 때문에 장래에 유능한 해석자가 나와서 오류를 잡아주기를 바란다.

위와 같은 끝날들이 되지 않는 이상 신들은 자신의 때를 선명하게 알리지 않으시고 땅에 나타나지도 않으시며 세상을 심판하지도 않으신다. 일하시는 때와 정하신 원칙이 있기 때문이다. 이런 연유로 세상에 악이 횡행하는 것이요 사람들은 신들을 만홀히 여기게 된다.

만일 신들이 거리낌없이 방자히 행동하는 자들을 모조리 치신다면 그들이 고통 중에서 하나님을 찾을 것이다. 그러면 구원받지 못할 악인이 어디 있겠느냐.

이러므로 죄인의 집이 잘되고 형통하는 것은 신의 보복인 셈이다. 왜냐하면 칠팔 십 년 후에는 자동적으로 음부에 떨어지기 때문이다. 지금은 세상 문화와 돈버는 일에 정신이 팔려 있으나, 조만간 지구에 재앙이 닥치게 되면 사람들은 하늘을 향해서 필사적으로 부르짖게 될 것이다.

말일의 기간(기노스코)

신들은 시작과 끝-끝과 시작-처음과 나중-나중과 처음이 되신다.

그래서 천지를 지으신 창초부터 세상 끝날에 될 일을 보이시고 이 사건들을 기록하셨다.

이에 '창세기'는 "저녁이 되며~아침이 되니"로 시작하고 있는데 이 말씀은 그 일이 끝나고 새 일이 시작되니 라는 뜻이다. 다음날 해가 힘있게 돋으면 사람들이 일어나서 또 하루 일을 시작한다.

사람들이 분주히 동작할 때에 목수도 이른 아침부터 공작하여 줄로 재고 톱으로 켜고 대패로 밀면서 일하다 보면 해가 중간쯤 온 점심때가 된다. 손을 씻고 오찬을 먹은 후 잠시 쉬었다가 다시 일하다 보면 오후가 되고 작업이 끝나갈 무렵 해는 뉘엿뉘엿 넘어가서 저녁이 된다. 그제야 일을 마친 목수는 집에 가서 잠자리에 들어 다음 할 일을 설계한다. 그런즉 아침은 일의 시작을 저녁은 일의 끝남을 의미하고 있다.

나도 이 과정을 '트립시스'에 적용시켜서 말일의 기간들을 겹쳐지게 나누었는데, 이는 장차 휴거의 때를 알고 준비하려면 작은 기간들을 잘 알아두어야 하기 때문이다.

삼시(오전9시)	A1947년-2013년+B2055년-2125년	A. D. 1947년~2125년
육시(정오12시)	A2013년-2079년+B2125년-2195년	A. D. 2013년~2195년
구시(오후3시)	A2079년-2145년+B2195년-2265년	A. D. 2079년~2265년
십일시(오후5시)	A2145년-2160년+B2265년-2280년	A. D. 2145년~2280년

성경에 "제 육시로부터 온 땅에 어두움이 임하여 제 구시까지 계속되더니 구시 즈음에 하늘에 큰 소리가 나고 천막이 둘로 찢어지더라"고 기록되었다.

이 말씀은 지구적인 재앙을 암시한 것으로 육시인 2013년~ 혹은 2125년~부터 지구에 경제적, 군사적 재앙의 먹구름이 드리우면서 2125년 즈음 세계가 큰 전쟁에 휘말린다. 그리하여 환난이 구시인 2079년~ 혹은 2195년~이후까지 이어지다가 핵전쟁의 여파로 현재의 하늘이 찢어져 버린다는 뜻으로도 해석할 수 있다(Mar153338.). 현 인류는 한번도 '여호와의 전쟁기'를 경험한 적이 없기 때문에 이 말뜻을 잘 모를 것이다.

'여호와의 전쟁기'는 끝날 에 사람들을 몰살시키기 위해서 작정된 전쟁으로 똑같은 전쟁이 세 번 연속해서 벌어지는 특징을 갖고있다. 머지 않은 장래에 이와 비슷한 전쟁이 발발하여 지구산림의 삼분지 일 이상이 소멸되고, 세계도시의 삼분지 일 이상이 파괴되고, 세계인구의 삼분지 일 이상이 죽임을 당하게 될 것이다. 그리하여 소수의 사람만 살아남아서 빈터에 건축하고 인간의 삶을 영속시켜 나가게 된다.

말일의 표적 예루살렘왕국

말일이 되면 세계에 흩어져 살던 유대민족이 고토에 이스라엘 국가를 건설하고 평화를 추구하게 된다.

이에 팔레스타인을 신탁통치 하던 영국이 1948년 5월15일을 기해 군대를 철수할 것임을 공표하였고, 1948년 5월14일 다비드 벤 구리온이 유태국가의 독립을 선포하였다. 이후 이스라엘은 수 차례 아랍과의 전쟁을 치르면서 평화를 모색해왔다. 1978년 9월 미국의 캠프데이비드 별장에서 중재자 카터, 이집트의 사다트, 이스라엘의 베긴이 중동평화조약의 원칙에 합의하고 1979년 3월28일 워싱턴에서 사다트 대통령과 베긴 수상이 중동평화협정에 서명했다. 1982년 4월 시나이 반도에서 이스라엘군의 철군이 완료되었고 1993년 9월 팔레스타인 자치 이행에 관한 원칙이 합의되면서 9월13일 이스라엘과 팔레스타인은 워싱턴에서 평화협정안에 서명했다. 때에 요르단이 야르무크강의 물줄기를 이스라엘 측에 유리하게 돌린다고 비난하자 요르단에 "댐 건설합작사업"을 제의하여 텔아비브와 암만에 대사관을 설

치하고 국경지역 두 곳을 개방하여 주민들이 국경을 자유롭게 넘나들게 허용했다. 1년 후 1994년 10월26일 이스라엘은 요르단과 평화협정을 체결했다.

이에 이스라엘은 1948년에서 1994년까지 46년에 걸친 대결을 청산하고 아랍과의 화해를 시도한 것이다.

이러한 정치적 평화분위기를 타고 모로코, 튀니지 등 북아프리카 아랍국가들이 이스라엘과 수교를 맺었고 오만, 카타르, 쿠웨이트 나라들이 수교를 모색하였다. 1995년 9월 오슬로협정Ⅱ이 체결되었고 1998년 10월 와이리버 협정이 체결되었다. 1999년 5월17일 실시된 이스라엘 총선 에서 에후드 바라크 노동당 후보가 당선되면서 중동평화에 대한 관심이 높아졌다. 1999년 9월에 샤름 알 세이크 협정(와이Ⅱ협정)이 체결되어 10월에 요르단강 서안-가자 안전통로가 개방되었다. 1999년 10월5일 이스라엘과 팔레스타인 정상들은 매들린 울브라이트 미 국무장관의 적극적인 중재로 1998년 12월부터 이스라엘 측의 이행중단선언으로 어려운 처지에 빠졌던 와이리버평화협정을 일부 수정하여 새로운 와이Ⅱ 협정을 체결했다.

한달 후 1999년 11월8일 팔레스타인의 최종지위 문제를 논의하기 위한 중동평화협상이 팔레스타인 라말라에서 시작되어 5대 쟁점사항인 •팔레스타인 독립과 지위문제 •이스라엘 정착민 인정 •주변국에 흩어진 팔레스타인 난민문제 •요르단강 물 이용 •예루살렘 처리에 대해 최종합의를 도출했다.

1999년 12월 15일 클린턴 미 대통령의 중재로 워싱턴에서 파루크 샤라 시리아 외무장관과 이스라엘 바라크 총리간에 중동평화협상이 재개되었다.

한편 한반도평화정착을 위한 김대중 대통령의 대북포용정책으로 남북간의 긴장이 완화되면서, 역사상 처음으로 2000년 6월13일에 남한 대통령의 북한 방문이 성사되었고, 다음날 평양 백화원 영빈관에서 두 지도자는 남북정상 공동선언 5개항 •통일문제 자주적으로 해결 •남북통일방안 공통점 확인 •이산 등 인도적인 문제 조속 해결 •민족경제 균형발전 교류확대 •합의 실천 위한 당국대화개최에 서명하였다. 이 외교적 업적을 인정받아 2000년 12월 10일 남한의 김대중 대통령은 노벨 평화상을 수상하였다.

이후 세계는 평화시대로 접어드는 듯 했으나 강경파 지도자들이 등장하면서 테러에 의한 보복전쟁으로 중동평화는 교착상태에 빠지고 말았다. 내가 알기로는 이스라엘이 시리아와 평화를 실현한때로부터 환난은 시작되고 십 년 혹은 사십 년 후에 말일전쟁이 벌어질 가능성이 있다. 이러한 일이 9999번 반복되다가 만대가 차면 긴 태양운행의 주기는 끝나고 하나님이 그 우주에 계획하신 일도 종결된다. •증서 "누가 태초부터 만대를 명정하였느냐 나 여호와라 태초에도 나요 나중 있을 자에게도 내가 곧 그니라."

이 같은 것을 알았으니 '아이온(좁은 세상)'사람들은 종말이 왔다는 사람들의 말에 현혹되지 말고 거짓말하는 자의 말을 믿지 마라. 아직 세상의 마지막 때가 이르지 아니하였기 때문이다.

A. D. 1999년 9월9일 아직 세상 끝은 아니므로 길 표를 세우고 빗나간 지구종말경계표를 먼 미래까지 이동시켜 놓을 것. 우주은하단 순찰자 '림몬(석류)'의 권고사항임.

데오빌로 각하, 저는 원하신 대로 성경을 연구하면서 과거는 곧 미래를 예시했음을 알았습니다.

재현성사건일치거울을 통해서 인간역사의 시작부터 끝날에 될 일을 미리 나타내셨다는 것을 안 후로, 어떻게 하면 과거사건들을 미래적으로 인식시키고 말씀들을 쉽게 표현할 수 있을까 골몰했습니다.

하지만 마땅한 표현기법을 창작해내지 못하여 할 수 없이 문서를 변경시켜 경로를 바꾸고 다시 연상(聯想)하여 편집하면서 각하의 간과하심을 부탁드렸던 것입니다. 그리하여 담대함을 얻은 저는 호밥(길 안내자)의 눈이 되어 하나님께 환난보고서의 작성을 알렸습니다. 그것이 비록 고립과 위험을 몰고 올지라도 말입니다.

저는 각하께서 예정한 '파라'계획과 병행하여 예시하신 사건들을—

△제1현상: 전쟁-재앙-전염병-기상이변-대 기근-태양이상.

△제2현상: 예수강림-부활과 휴거-생명체 멸절-회생-문명퇴보와 역사 회정.

△제3현상: 하늘전쟁-내쫓기는 사탄-혼돈 우주-혜성 충돌-얼음에서 풀리는 공룡-반인 반수시대-종교환난-핵 살육.

△제4현상: 외부우주폭발-내부진동판강타-초끈 충돌-장력변화-공명증폭-중력감소-센 전자기력발생-우주자석의 단극화 현상-같은 극의 반발작용-서로 밀어내는 별들-풀리는 끈-항성추락-소행성지대붕괴-퉁겨 나가는 돌들-피로 변하는 달-열풍과 압력파 지구 외기권 강타-외부우주로 빠져나가는 공기-소행성충돌-대 지각변동-지구 반중력 시대 개막-바이오닉스로켓개발-인간변형체개조-타행성 이주-우주왕복선시대-인조로봇세상.

△제5현상: 태양계변화-금성시대-달 시대-반물질 문명발달-공중부양도시건설-목성시대-화성시대-소행성시대-외행성시대-생명나무시험-외계인침공-우주전쟁-태양폭발-우리태양계종결-안드로메다은하이주.

—차례대로 쓰는 것이 좋은 줄 알았으니 이는 각하를 빙자하여 세상에 알릴 것이 있기 때문입니다.

여호와께서는 종말을 처음부터 고하며 아직 이루지 아니한 일을 옛적부터 보이시고 이르시기를 "나의 모략이 설 것이니 내가 나의 모든 기뻐하는 것을 이루리라" 하였사옵고, 선지자들을 통해서 장차 될 일들을 옛적부터 고하고 성사하기 전에 그것을 보이셨습니다.

곧 세상 끝날에 있을 대 재앙과 변혁에 관한 사건들입니다.

이러므로 각하의 앞잡이들은 미래를 내다보아 큰 국가들의 전쟁과 재앙과 전염병들을 예언하게 되어 있습니다. 오는 길한 것보다 흉한 것의 비중이 크기 때문입니다.

이에 파수꾼들을 세워 목소리를 높이라 하셨으나 먼저는 ○○○인체 하는 자들이 나와서 자기 생각을 말하매 빗나갔고, 또 마귀가 종말론을 이용하여 가정을 파괴하고 사람들을 집단 자살케 하므로 예언의 권위는 실추되어 실상을 말해도 믿지 못하는 세상이 되었습니다.

본래 '예언'은 사람들을 두렵게 하거나 마음의 속임으로 달콤한 유혹을 역사 하는 거짓 것들과 달라서 세상에 큰 유익이 됩니다. 이는 바르게 알려주어 때와 시기를 잘 분별할 수 있게 지도하고, 깨든지 자든지 자기와 함께 살게 하며, 규모 없는 자들을 권계하고, 마음이 약한 자들을 안위하며, 힘이 없는 자들을 붙들어주고 총명을 주어 구변과 모든 지식에 풍족하게 되므로 부족함 없이 그 때를 기다릴 수 있기 때문입니다.

이것이 참과 거짓의 근원적인 차이점이라 할 수 있습니다.

간혹 예언자로 자처하는 이가 있어서 선한 영으로 말미암든지, 악한 영으로 말미암든지 비슷하게 말해도 그 말한 일에 증험도 없고 성취함도 없으면 그가 방자히 꾸며 한 말이니 두려워할 이유가 없습니다.

또 어떤 이들은 거짓된 점괘를 믿고 사람으로 그 말이 굳게 이루기를 바라게 하거나 혹은 징조 있는 꿈을 꾸었다 하며 때가 변하기만을 기다리는 자들도 있습니다. 겨와 밀을 어찌 비교할 수 있으며 거짓된 증인과 진실한 증인을 어찌 견줄 수 있겠나이까.

이 글의 배경에는 여호와께서 계시고 내용들이 문서에 근거했으며 또 문서를 해석하는 능력도 적당하니 도와서 저의 달려갈 길을 평탄케 하시옵소서. 비록 그들이 보기에 이상해도 말입니다.

귀한 것일수록 천한 보자기에 싸시려는 각하의 의도를 사람들은 잘 모릅니다.

이 때문에 그들의 귀가 가려워서 자기의 사욕을 좇을 스승을 많이 두고 점쟁이를 믿으며 또 그 귀를 진리에서 돌이켜 허무한 사상과 허탄한 이야기 좇는 것을 좋아합니다. 다짐하건대 앞으로 의혹이 증폭되어 논쟁이 되고, 논쟁이 논단이 되며, 논단하여 판결을 내려도 저는 적당한 말로 대답하겠습니다. 왜냐하면 부분적으로만 알뿐 정확히 모르기 때문이고 또 경우에 합당한 말은 아로새긴 은 쟁반에 금 사과요. 슬기로운 자의 책망은 청종하는 귀에 금 고리와 정금장식이요. 충성된 사자는 그를 보낸 이에게 마치 추수하는 날에 얼음냉수와 같기 때문입니다. 또한 진리를 사고서 팔지도 않을 것이며 지혜와 훈계와 명철도 그리할 겁니다.

그러니 레이온부대가 레게이트 명령에 순복한 것처럼 하늘의 군사들도 권고를 듣게 해 주십시오.

이 무슨 해괴한 말이냐……

염탐하며 의혹을 품는 의문자들, 내가 은유적 표현과 화장한 얼굴로 꾸며 말해도 이상히 여기지 마십시오.

간혹 누구의 개 귀를 잡고 속삭이며 말하기를 이리이리 · 이러이러 · 여차여차해도 기이하게 여기지 마십시오. 하나는 이러하고 하나는 저러하여 반대되었고 내용들의 앞뒤가 맞지 않을뿐더러 같은 것이 일정한 유형의 형태로 나타나서 혼동을 유발시킵니다. 이러므로 지혜자가 글을 깨달아도 한동안은 어안이 벙벙하여 아무에게 아무 말도 못하게 되어 있습니다. 재앙은 자연을 통해서 그 징후를 나타낼 수 있고 당장에 · 갑자기 · 홀연히 · 경각간에 도적같이 급습해 올 수도 있습니다. 그래서 하루아침에 세상이 멸망하여 인류가 몰살당할 수도 있지만 모든 일은 점점 · 차차 점진적으로 진행되어 가는 것입니다. 이러므로 무슨 일이든지 멀찍이 떨어져서 살펴보고 신중히 생각하는 자세가 필요합니다. 그리고 이 책에 죽 늘어놓는 유사단어들의 나열은 일일이 · 낱낱이 · 세세히 알리겠다는 의도임과 동시에 여두둔의 법칙이 적용되어 있는 글임을 암시하는 것입니다.

단언컨대 이 희한한 책은 속여서 쓰거나 그럴듯하게 변조시켜서 세상에 발표할 수는 없습니다.

→2007년→ 한국에 집중되는 세계언론

그 일(지진) 후에 세계각국의 매스컴들이 한국에 집중한다.

이는 관념적이었던 그 학설들을 해석학적인 법칙을 발전시켜서 신사고적으로 전환시킨 이유 때문이다.

나는 성경에 숨겨진 비밀들을 발표할 때에 관용적인 태도와 포용력 있는 자세를 견지했다. 그리고 영감에 의한 해석과 논리 정연한 설명으로 반박할 수 없는 근거들을 제시했으며, 말씀과 말씀을 연결시켜 서로 증거로 삼을 수 있게 하였다. 게다가 말씀의 빈번한 인용으로 준 성경적인 문장의 특색을 갖췄으니 이 같은 책은 전무하다. 하지만 정통적인 통제를 벗어난데다 본문해석에 있어서 일련의 큰 논쟁을 야기한 시비 거리들로 인해 세상은 크게 시끄러워진다.

비평적 시각을 가진 무리들은 악담하면서 마구 비난할 것이고, 학자들끼리는 서로 대립할 것이며, 어떤 이들은 미친 자의 모험주의적인 발상이라며 헐뜯기도 할 것이다. 그때에 감합과 해석에 대한 의혹이 증폭되고 무리들의 알력이 심해져도 나는 적당한 말로 대답하겠다. 적당한 말로 대답하는 것은 입맞춤과 같아서 원수의 입을 봉할 수 있기 때문이다. 본래부터 사람의 마음은 악하여 화평과 친숙하지 아니하며 남을 높이는 것을 즐거워하지 않는다. 특히 불량하고 악한 자들일수록 그 행동에 궤휼한 입을 벌리며. 눈짓을 하며 발로 뜻을 보이며 손가락질로 알게 하며. 그 마음에 패역을 품으며 항상 악을 꾀하여 다툼을 일으킬 뿐 아니라 선생의 목소리를 청종하지 아니하고 가르치는 이의 말을 멸시한다. 대저 젖을 저으면 버터가 되고 코를 비틀면 피가 나는 것처럼 노를 격동하면 다툼만 날 뿐이다.

또 북풍이 비를 일으킴같이 참소하는 혀는 사람의 얼굴에 분을 일으킨다. 또 화를 내는 자는 사망의 숯불을 머리에 둠과 같아서 자신을 해롭게 하고 일을 그르칠 뿐이니 사람이 성내는 것이 좋지 못하다. 이러한 자들은 '케렙' 곧 늑대를 닮은 개처럼 탐욕스럽고 썩은 것을 좋아함으로 길로 지날 때에 백사자의 공격을 받을 것이다. 여호와여 저는 권위에 회의를 품도록 유도하는 그들의 책략에 대하여, 또 그들을 요란케 하여 선동하는 무리들에 대하여 잠잠하겠나이다. 그리고 거룩한 것을 개 곧 타락한 목자와 여우 곧 몰락한 목자와 세상 돼지들에게 던지지 않겠나이다. 그러니 저를 생명 싸개로 싸개질하여 악한자가 만지지도 못하게 하옵소서.

지금껏 신비적인 현상만을 좇았던 예언자들은 실패하여 쓰러졌으나 '비밀'은 다릅니다.

그때에 주께서 이르시기를 "너는 내가 쳐 놓는 거미줄이자 거치는 돌이요 함정이다. 내가 너를 흔들어 네가 가는 곳마다 소란과 분란과 대결이 벌어진다. 그러나 두려워 말라 내가 너의 손방패가 되리니 누구든지 성령의 일을 훼방하면 나의 노함이 나타나리라" 하셨습니다.

마음의 감각으로 이미 정론 되어 기정사실로 받아들이는 신학문을 무너뜨리는 사명임을 안 나는 몹시 당황했습니다. 비난받을 일보다 변론과 분쟁과 분리함은 마귀에게 속한 것이기 때문입니다.

이에 혹 마귀의 교묘한 속임수에 속고 있는 것은 아닐까하여 승복치 않았습니다만, 성서적 교리와 의식을 물리치고 성경의 토대 위에 교회를 정립시키기 위한 계획임을 알고는 기쁘게 받아들였던 것입니다.

현재 여러 교파로 분열된 교회들을 하나로 통합하려면 먼저 말씀이 통일되어야 합니다.

하지만 고집이 세고 자기주장이 강한 하나님의 종들을 무엇으로 굴복시킬 수 있겠습니까?

위협이나 칼로도 소용없기에 뚜렷하고 분명한 기사가 나타나야 하겠나이다.

꿀은 벌에 의해 생산되는 달콤하고 찐득찐득하며 영양분이 많은 액체이다. 꿀은 지혜와 풍요의 표현으로 이것을 적당히 먹으면 몸에 아주 좋다. 특히 송이 꿀은 영혼에 좋아서 이것을 얻으면 정녕 장래가 있겠고 소망이 끊어지지 아니할 것이다. 흑암의 세력이 강할지라도 →2007년→ 이내에 이 메시아의 비밀은 세상에 공개되고 이 글은 인간의 지성으로 생각해낼 수 있는 최종결론에 도달하여 신탁증거를 가진 비법의 책으로 인정받는다. 하지만 이 일을 계기로 휴거가 지난 후에 자칭 '내가 곧 그니라, 내가 예수다' 하는 사람들이 많이 나타나서 세상을 미혹하고 또 성경도 제멋대로 해석하여 고칠 것을 알기에 마음이 몹시 민망하다.

나는 과학자가 아니고 수학자도 아니며 군사전략가도 아닐뿐더러 권위 있는 신학자나 목사도 아니다. 그저 하루살이 같은 헛된 인생을 값진 일에 바치고자 하는 열망을 품어온 자에 불과하다. 또 정신 있는 자로서 정신없는 말을 하지 않거니와 신비적이거나 비과학적인 현상들을 맹신하지도 않는다.

이러한 내가 모르는 우주를 말하고, 모르는 별의 세계를 말하고, 모르는 과학에 도전하고, 모르는 역사를 말하고, 모르는 성경을 말하면서 강림과 믿음의 도에 관해 증거하게 된 것은 하나님의 은혜로 된 것이다.

그는 세상에서 미련하여 지혜 없고 문별 없는 자를 택하사 지혜 있는 자들을 부끄럽게 하려 하시며, 세상의 약한 것들을 택하사 강한 것들을 부끄럽게 하려 하시며, 세상의 천한 것들과 멸시받는 것들과 없는 것들을 택하사 있는 것들을 폐하려 하시나니, 이는 아무 육체라도 신들 앞에서 자랑치 못하게 함이로다. 그러니 나를 대적하여 괴롭게 말라. 나는 원하지도 바라지도 추구하지도 얻으려 하지도 않았기 때문이다.

도리어 이 지식들을 세상의 유명한 자들에게 주기를 간구하였으니 지식의 은사를 받은 자는 저절로 '나는 모릅니다' 하고 자신을 낮추게 된다.

그런즉 어떤 지혜자라도 나는 아노라, 나는 아노라 하면 그는 아무 것도 모르는 자일 것이다.

과학이 발달하고 지식이 늘어가는 시대에 누가 추상적인 천국을 믿으리요. 그런즉 이제라도 나를 용납하고 그 나라의 확장을 꾀하는 편이 이롭지 않겠느냐?

→2008년→ 한국으로 몰려드는 세계언론

한 대장장이 아들이 삼 년간의 겸손을 배운 후에, 온갖 불명예를 짊어진 화강암건물 옆에서 이름을 날릴 것이다. 그는 부자나 권력자들을 가까이 하지 않을 것이며 가난하고 약한 자들의 슬픔을 알아보려 할 것이다.

그리고 부와 명예를 상징하는 'B'차를 타지 않는다. 왜냐하면 주님께서 그에게 그렇게 하라고 말씀하셨기 때문이다. '라파의 딸이여' 우리는 결말이 행복한 사람입니다.

주님으로부터 장미화관을 받았을 때, 멋진 야외정원에서 생각만 해도 가슴 설레는 꿈같은 결혼식을 상상했었지요. 그러나 우리의 기대는 산산이 부서졌고 가난과 불신의 보따리를 끌어안은 채 언제 끝날지도 모를 믿음의 행군을 계속 해 왔습니다. 그러던 중 주님께서 이렇게 말씀하셨습니다.

'내가 너를 실망시켜도 너는 나를 믿겠느냐' 이 말을 들었을 때 나는 세상의 종말이 다가온 듯 힘이 쭉 빠지면서 차라리 죽어 버리는 것이 낫다고 생각했습니다. 그러나 하나님의 사랑으로 맺어진 당신은 침착한 눈빛으로 미래를 응시하며 잠잠히 참아 기다렸던 것입니다. 이런 당신을 보고 나는 용기를 잃지 않고 끝까지 걸어갈 수 있었습니다. 그런즉 내가 성공한 것은 모두다 당신 덕분입니다.

전에도 그랬지만 앞으로도 당신을 죽지 않는 분의 명성을 위한 친구로 삼을 것입니다.

제 1 부 싸움꾼 다윗의 열쇠
(번개같은 창 미사일 전쟁)

종말전쟁의 표적 '아트' 장관, 지도와 나침반을 들고 북쪽으로 시리아의 '오론테스' 강변에 있는 '하마', 남으로 가나안의 남쪽 경계 '실레'(Sile)로부터 가자에 이르는 군사로, 서쪽으로 지중해, 동쪽으로 아라비아 땅의 경계에 서되 지도의 방향이 동쪽을 향하도록 서라. 그곳이 예전에는 북쪽이었다.

이제 사방에서 바람이 불어와서 재앙을 상징하는 말들이 나오거든 질병과 사망을 상징하는 청마는 동쪽 즉 북쪽으로 보내고, 구원과 패망을 상징하는 백마는 서쪽 즉 남쪽으로 보내고, 피 흘림과 전쟁을 상징하는 적마는 남쪽 즉 동쪽으로 보내고, 절망과 재앙을 상징하는 흑마는 북쪽 즉 서쪽으로 보내고, 굶주림과 기근을 상징하는 황마는 중앙아시아 땅으로 보내라. 이 다섯 마리 천마들이 사방에 배치되면서 지구에 환난이 시작된다. 그러기 전에 귀신숭배와 점술이 유행하고 침상이 더럽혀져서 이혼이 증가하는 한국 땅에서부터 재앙이 시작될 것이다.(주께서 대낫에 훼멸할 자를 준비하셨다.)

1950년 6월25일 북한군의 기습침공으로 한국전쟁이 발발했고 1953년 7월27일 정전협정에 조인한 후 분쟁국가 중 유일하게 한국만이 태연하게 살고 있다. 그러나 성경에 기록하길 "그 시대에 그 땅이 80년 태평하였더라" 했으니 80년째가 되는 2033년부터 한국의 태평시대는 마감하고 경제적인 근심과 전쟁의 위협으로 하루도 편할 날이 없을 것이다.(우리정부는 유럽연합과 같은 국가연합체제의 통일을 추구해서는 안되며, 경제파탄을 감수하고서라도 30년 안에 북한을 흡수하여 완전한 통일을 이루어야 한다.) ※ 기적이 일어나지 않는 한 흡수통일은 불가능할 것이니 결국 전쟁은 피할 수 없을 것이다.

→2030년→ 한국에 기근발생

2018년 즈음 발생한 대지진의 여파로 세상의 민심은 흉용 해지고 여러 해 동안 강수량이 줄어들면서

나라마다 곡물생산량이 감소한다. 게다가 날이 침침한 이상현상과 일조량부족으로 곡식이 빨리 시들고 병충해가 기승을 부려서 식량부족현상은 점점 심화되어간다. 그 무렵 한국경제가 일본경제를 추월하면서 종교적인 요소는 사라지고 향락만을 추구하는 성문화를 형성하여 성이 아주 문란해진다. 아비가 딸과, 어미가 아들과 관계하고 혼음과 그룹섹스 등 도덕적 수준은 자체 정화기능을 상실한 지경에까지 이른다.

이렇게 되자 "이혼이 증가하는 나라들은 대낮의 때일지라도 파괴자를 부를 것이다" 라고 하신 하나님의 경고대로 먼저 기근이 들고 이어서 전쟁의 환난이 준비된다.

→2032년→ 북한에 정변발생

그 무렵 남-북한경제력 차이와 이질적 사상에 한계를 느낀 북한의 신 군부가 반역을 꾀하여 북한의 개혁정부를 전복시키고 공산정권을 복원한다. 그때에 한국의 동맹국 중국도 남한을 배반하고, 국력이 막강해진 러시아도 개혁개방을 포기하고 소련으로 복귀한다.

→2034년→ 한국 땅 대 탈출

이리하여 북한의 새 정권이 1국 2체제를 부정하자 이 예언에 두려움을 느낀 남한의 정치인, 고급관리, 부자, 종교인들이 한국 땅을 떠나서 외국으로 도망친다.

→2038년→ 어느 해 겨울, 북-중 연합군 남한침공

그 3년 후 무력통일만이 살길임을 결심한 북한지도자는 남침을 계획하고 중국에 밀사를 파견하여 군사적 지원을 요청한다. '우리는 중국의 일부로

남한을 점령하여 주국에 넘길 테니 무기와 병력을 지원해 주시오.

미국이 핵폭탄을 맞고 싶다면 몰라도 당신들을 상대로 전면전을 벌일 수는 없을 겁니다. 설령 미군의 핵공격으로 우리 땅이 초토화된다 해도 남한을 점령하면 됩니다. 우리 인민들은 하나같이 떨쳐 일어나 죽을 각오가 되어 있습니다.' 이에 중국의 지원을 받은 북한군은 대군을 동원하여 남한을 전격 침공한다.〔하지만 이 전쟁은 남한군의 승리로 끝날 것이다. 왜냐하면 남한의 국가시계는 낮의 때로, 북한의 국가시계는 밤의 때로 움직이고 있기 때문이다.(미래계획 참고) 어둠은 절대로 빛을 이길 수 없는 법이다.〕

그때에 북한군은 미사일과 항공기를 동원한 무차별폭격을 삼가고, 대신 화학전투사단과 특수부대를 대량 투입한 생화학전투를 벌인다. 가능한 남한의 도시들을 파괴시키지 않고 빼앗기 위해서다.

• 증서 "사람들의 피란 하는 일이 겨울에 되지 않도록 기도하라."

이 전쟁은 세계대전의 일부일 뿐이며, 그때에 세계 어느 곳에도 안전지대란 없다.

뇌성벽력과 폭우

그 즈음 땅이 어두워지고 요란한 천둥번개가 치면서 폭우가 쏟아질 것이다.

전쟁직전이 될지, 전쟁직후가 될지 잘 모르지만 예수 믿고 성령 받은 자들은 하늘을 향해 필사적으로 부르짖어라. 이 환난의 때에 성도들을 공중으로 들어올리기 위한 휴거를 예비하셨기 때문이다.

이 예언이 적중할 경우 제1삼시 1차 첫 번째 휴거는 북한군이 전쟁을 준비하는 2033 · 2038년을 전후하여

발생할 가능성이 있고, 제1삼시 1차 두 번째 휴거는 7년 후 곧 8년쯤 되는 2041 · 2045년 사이 러시아연합군의 중동침공시점을 전후하여 발생할 가능성이 있다.

나의 노래 곧 내가 주께 받은 시대적인 말씀

Psalms 27

"여호와는 나의 빛이요 나의 구원이시니 내가 누구를 두려워하리요 여호와는 내 생명의 능력이시니 내가 누구를 무서워하리요.

나의 대적, 나의 원수 된 행악자가 내 살을 먹으려고 내게로 왔다가 실족하여 넘어졌도다. 군대가 나를 대적하여 진을 칠지라도 내 마음이 두렵지 아니하며 전쟁이 일어나 나를 치려 할지라도 내가 오히려 안연하리로다.

내가 여호와께 청하였던 한 가지 일 곧 그것을 구하리니 곧 나로 내 생전에 여호와의 집에 거하여 여호와의 아름다움을 앙망하며 그 전에서 사모하게 하실 것이라.

여호와께서 환난 날에 나를 그 초막(草幕)속에 비밀히 지키시고 그 장막 은밀한 곳에 나를 숨기시며 바위 위에 높이 두시리로다.

이제 내 머리가 나를 두른 네 원수 위 곧 하늘 위로 들려 올라가리니……"

로마제국이 붕괴된 후 처음으로 유럽을 통일할 기회가 오면서 제1그룹: 키프로스, 체코, 에스토니아, 폴란드, 헝가리, 슬로베니아. 제2그룹: 불가리아, 라트비아, 리투아니아, 슬로바키아, 루마니아, 몰타—EU 회원국이 확대되고 유럽공동방위군을 창설한 때로부터 이 예언은 시작된다.

유럽합중국의 동진으로 러시아의 위상이 떨어져서 유럽을 택할 것인지, 중국을 택할 것인지 기로에 섰을 무렵 투트모스I세의 무남독녀 '하셉수트'공주의 아들 그 모세가 사막에 이르매 떨기나무에 불이 붙었으나 사라지지 아니하는지라. 이에 그가 가로되 내가 돌이켜가서 이 큰 광경을 보리라. 떨기나무가 어찌하여 불에 타지 아니하는고 하는 동시에 여호와께서 그가 보려고 돌이켜오는 것을 보신지라 드디어 이적에 담긴 특별한 의미가 나타난다.

어떤 사람: 의식주의자들이 말하기를 '우리들이 가편(可便)투표한 결과

너의 말을 믿지 아니하며 너의 말을 듣지 아니하기로 결의하였다. 왜

냐하면 하나님께서 네게 나타난 표가 없기 때문이다.' 하거든 제가 어찌하오리까?

표징도구: '마켈(지팡이)'

여호와: 모세야 네 손에 있는 것이 무엇이냐.

모세: 지팡이나이다.

의혹: 모세가 가진 지팡이는 막대기일뿐 무슨 뜻이 있겠느냐.

어떤사람: 지팡이는 몸을 의지하는 도구이고 모세는 이스라엘의 지도자이다. 그런즉 이 표징은 이스라엘의 지도자가 의지하는 대상이 있다는 뜻이다. 이스라엘이 항구적인 평화정착을 위해서 신의(宸意)를 져 버렸으니 미국이든 아랍세계 이든 의지할 수밖에 없는 것이 아니냐. 그리고 미국이 한반도에서 병력을 빼내어 가면 남한지도자들은 누구를 가까이 하려고 할까. 북한과의 관계 진전을 위해서 발벗고 나설 수밖에 없다. 그런데 어찌할꼬! 남한이 뱀 지팡이를 잡았으니… 원래 뱀이란 동물은 간교한지라 늘 상대를 잡아먹을 궁리만 하는 것이다. 굶주린 강도를 믿지 마라. 원수를 가까이 하지 말아라. 그는 너를 진 구렁에 몰아 넣을 계락을 꾸미고 있으며 표변한 모습을 드러내리라.

그들이 잡는 이 요상한 지팡이는 걸어갈 때 몸을 의지하는 나뭇가지도 되고, 무기로 사용되기도 하며, 기적이나 마술할 때 사용되기도 하고, 신체적 형벌을 가할 때 쓰기도 하며, 약탈하는 동물들을 내쫓기 위한 곤봉으로 사용되기도 하고, 의식에 사용하거나 점을 칠 때 사용하기도 하며, 실을 감는 물레도 되는 것이다. 그런즉 아트(표적)장관 내가 보여주는 여러 종류의 지팡이와 몽둥이와 막대기들 중에서 그들이 무엇을 택할 것인지 나로 알게 해주시오.

△막대기: 그 막대기, 사람막대기, 압제자의막대기, 진노의 막대기, 강한 막대기, 소모는 막대기, 글쓴 막대기, 연락막대기, 은총막대기, 장대…

△몽둥이: 그 손의 몽둥이, 죄악의 몽둥이, 온 세계의 방망이, 돌을 쳐서 부술 수 있는 방망이…

△지팡이: 이 지팡이, 너의 지팡이, 내 지팡이, 네 지팡이, 상한갈대지팡이, 부지깽이, 대장군의 지팡이…

그들이 진노의 막대기와 죄악의 몽둥이와 상한갈대지팡이를 잡게 되자 이 기사의 끝인 멜키들이 살렘의 성으로 올라가기로 굳게 결심한다. 그날 이른 아침에 제자들과 함께 갈릴리호수 북쪽에 있는 나훔의 마을을 나온 일행은 하프를 떠나, 군사정복자들의 발이 지나간 파괴와 폐허의 흔적을 따라 진행하여 예루살렘의 북동쪽 약 28km에 있는 달의 도시에 이른다. 길고 오랜 세월이었다. 마침내 제 삼시에 그곳을 출발하여 약 25km 떨어진 감람산 동편기슭에 있는 작은 마을에 당도하니 급하고 강한 바람이 온 세상에 가득하고 불같은 혀가 휘돌아 감는다 이 세대이다. 제 육시와 구시에 가난해진 집을 택하여 들어가니 그 집은 '라자로스'의 집이라 그 누이들은 '마르타', '미라얌'이었고 이 미라얌은 인도산 향유를 예수의 발에 붓고 머리털로 그의 발을 씻겼던 동생이다. 현숙하고 슬기로운 여자였다. 제 십일시에 예정에도 없던 약속을 하고 밤을 지내게 된 일행들은 품꾼을 얻어 포도원에 들여보내려고 이른 아침에 집을 떠난 주인과 같다.

다음날 아침 그 집을 나온 일행들은 드디어 예루살렘에 입성한다. 와서 보니 관광객들의 얼굴에는 긴장감이 사라졌고 상점과 거리마다 값비싼 상품들이 즐비하다. 예루살렘 소녀들은 화관을 쓰고 꽃으로 장식된 거리를 다니는데 시온의 딸들은 교만하여 늘인 목과 정을 통하는 눈길로 다니고 이기죽거려 행하며 걸을 때마다 발에 찬 악기에서 쟁쟁 하는 소리가 난다. 그 화려한 치장들 곧 은 금으로 장식한 발목고리와 머리의 망사와 반달장식과. 귀고리와 팔찌와 면박과. 띠와 향합과 호신부와. 반지와 코고리와. 예복과 겉옷과 목도리와 손주머니와. 손거울과 세마포옷과 머리수건과 너울들은 곧 세계적으로 유행한다.

→2012년→ 평화분위기 조성

예루살렘분할, 아랍과의 기술협력 및 건설자금지원, 이스라엘 핵 폐기문제, 외국군대의 단계적 철수 등 포괄적인 새 의제를 논의하기 위해서 살렘의 땅으로 불러들인 장관들 앞에는 고운 밀가루와 꿀과 기름이 놓이고 즐거운 음악이 연주된다. 때에 아랍인들 앞에 열국의 공주는 머리를 숙이고 그들에게 수놓은 옷(연합동맹세력)을 입히고 물돼지 가죽신을 신기고. 패물을 채우고 팔고리를 끼우고 사슬을 드리우고. 코고리와 귀고리를 달며 화려한 면류관을 씌운다. 이에 그들이 후한 선물을 받고 돌아갔으니 필경 중동에 평화가 있으리라.

- 증서 "이스라엘아 네가 나일 강물을 마시려고 이집트 길에 있음은 어찌된 일이며 또 유브라데 하수를 마시려고 시리아 길에 있음은 어찌된 일이냐. 오호라 사람들은 모든 창기에게 선물을 주거늘 이스라엘은 정든 자에게 선물을 주며 값을 주어서 사방에서 와서 그와 행음하게 하니, 이스라엘의 음란함이 다른 여인과 같지 아니한 것은 그와 조약 하려고 따르는 자가 없고 그가 값을 받지 않고 도리어 주는 것이라 그런즉 다른 여인과 같지 아니하니라."

그 3년 후 이스라엘은 1967년 6월 중동전쟁 당시 시리아로부터 빼앗은 골란고원을 반환하면서 이-레바논 평화협상도 마무리짓는다. 한반도와 중동의 평화가 서로 연락된지라 평화를 시도한 두 아비들은 모두 심장마비로 사망하고 그 아들들이 대신하여 이룬 평화의 공통성, 지팡이가 뱀이 되는 것.

→2014년→평화시대 진입, 예루살렘왕국독립(?)

이스라엘의 군대장관 아히노암의 아들 바락아, 세상에 전쟁이 멈추고 화해와 평화의 분위기가 고조되었으니 사방으로 다니며 둘러봐라. 그때에 '랍비돗'의 아내 '드보라(꿀벌)'가 사사가 되었는데 사사는 지도자 즉 왕을 상징한다. 그는 에브라임 산지 '렌티스'와 '베이틴'사이 대추야자나무 아래 거하였고 이스라엘 자손은 그에게 나아가 재판을 받았다. 종려나무는 승리·건축·번영·아름다움을 상징하나 파멸을 상징하기도 한다.

또 꿀벌은 달콤한 액체를 선사하지만 침도 쏘는 곤충이다. 그런즉 이스라엘을 번영시킬 평화는 종국에 파멸을 몰고 오게 될 것이다. 한국의 평화도 마찬가지다. 하루는 꿀벌이 바락을 불러다가 다볼산으로 가라 하였으니 그 여자는 다산(多産)의 신에 매혹 당한 여자임이 분명하다. 때에 바락이 그 여자에게 이르되 당신이 나와 함께 가면 내가 가려니와 당신이 나와 함께 가지 아니하면 나는 가지 않겠노라 하자.

그가 가로되 내가 반드시 너와 함께 가리라 그러나 네가 이제 가는 일로는 영광을 얻지 못하리니, 이는 여호와께서 '시세라'를 여인의 손에 파실 것임이니라 하고 꿀벌이 일어나 바락과 함께 거룩한 장소로 갔었다. 이로 보건대 종교혼합주의 시대에 유명한 나라에서 여자 대통령이 등장하고, 그 여자는 그 주변국들에 돈을 주고서라도 레바논을 차지하고자 할 것이다.

어느 해 8월15일 중동의 정치환경을 크게 개선시키고 정치적 영향력과 명성을 얻은 이스라엘총리를 보기 위해서 아랍나라의 사신들이 예루살렘을 방문한다. (부탁하건대) 아랍의 장관들은 축배의 잔을 들기 전에 먼저 성전을 건축하게 되는 '순' 을 위해 은 금으로 만든 관을 그 머리에 씌우고 고대에 유명했던 공룡사냥꾼 헬렘과 도비야, 헨을 위한 기념의식을 치러라. 장차 그의 예언대로 한 싹이 나서 파괴된 성전을 건축하고 영광도 얻고 그 위에 앉아서 다스릴 것이며 이 두 사이에 또 평화의 의논이 있기 때문이다.

● 증서 "평화하기로 회답하고, 평화를 공포하게 하였더니, 이스라엘과 아모리(팔레스타인, 시리아)사람 사이에 평화가 있었더라, 더불어 평화 하니라."

노벨 평화상 수상식장에서 그 바락이 손뼉을 치며 한 노래 곧 예언

–이스라엘의 두령이 그를 영솔하였고 백성이 즐거이 헌신하였으니 여호

와를 찬송하라.

—너희 세상 왕들아 들어라 방백들아 귀를 기울이라 나 곧 내가 여호와를 노래할 것이요 이스라엘의 신 여호와를 찬송하리로다.

—이때부터 재난의 시작이라 처처에 지진과 홍수가 있으리니 우리가 요르단의 산과 들에서 진행할 때에 땅이 진동하고 하늘도 새어서 구름이 물을 내렸나이다. 산들이 진동하니 저 이스라엘 땅도 지진으로 진동하는구나.

—전쟁과 사랑의 신 아낫의 아들 삼갈의 날에 또는 야엘의 날에는 대로가 비었고 행인들은 소로로 다녔도다.

—이스라엘에 관원이 그치고 그쳤더니 다음에는 여자가 일어나서 이스라엘의 어미가 되리로다.

—이스라엘이 타락하여 무리가 새 신들을 택하였으므로 그때에 전쟁이 성문에 미쳤으나 이스라엘 사만 명중에 방패와 창이 보였던고.

—가뭄으로 비가 그치리니 흰 나귀를 탄 아랍인들, 귀한 화문석에 앉은 자들, 길에 행하는 자들아 선파(宣播) 할지어다. 활 쏘는 자의 지껄임에서, 멀리 떨어진 물긷는 곳에서도 여호와의 의로우신 일을 칭술하라.

—성도들아 깰지어다 깰지어다 꿀벌이여 깰지어다 깰지어다 너는 노래할지어다 일어날지어다.

‣바락이여 번개 치는 날 네 사로잡은 자를 끌고 갈지어다. 그때에 예수께서 강림하신다.

—에브라임에게서 나온 자는 외국인에 뿌리 박힌 자요 그 다음에 빈야민은 너희 백성 중에 섞였으며 마길에게서는 다스리는 자들이 내려왔고 스블론에게서는 대장군의 지팡이를 잡은 자가 내려 왔도다.

—잇사갈의 방백들이 꿀벌과 함께 하니 잇사갈의 심사를 바락도 가졌구나 그 발을 좇아 골짜기로 달려 내려가니 르우벤 시냇가에 큰 결심이 있도다.

—유럽의 10개국이 와서 싸울 때에 가나안 10개국이 므깃도 물가 다아낙에서 싸웠으나 돈을 탈취하지 못하였도다.

—별들이 하늘에서부터 싸우되 그 다니는 길에서 시세라와 싸웠도다. 홍수가 범람하여 기손강은 그 무리를 표류시켰으니 이 기손 강은 옛 강이라 내 영혼아 네가 힘있는 자를 밟는도다.

—큰 전쟁이 벌어져 그때에 군마(軍馬)가 빨리 달리니 말굽 소리는 땅을 울리도다.

—메로스를 저주하라 너희가 거듭거듭 그 주민을 저주할 것은 그들이 와서 이스라엘을 돕지 아니하며 이스라엘 군을 도와 용사를 치지 아니함이니라.

—아랍국도 침략을 받아 그를 돕지 못하리니 레바논군의 군대장관 시세라의 어미가 창문으로 바라보며 살창에서 부르짖기를 지원군이 어찌하여 더디 오는고 그의 병거 바퀴가 어찌하여 더디 구는고 하매. 그 지혜로운 시녀들이 대답하였겠고 그도 스스로 대답하기를, 아랍국을 침략한 군인들이 어찌 노략물을 얻지 못하였으랴 사람마다 한두 처녀를 얻었을 것이다 하리로다.

→2012년→2019년→ 예루살렘왕국 새 성전 건축

어느 해 5월2일 이스라엘 정부는 평화를 기념하여 해외에서 보낸 헌물과 돈을 모아서 예루살렘 성벽과 낡은 건물들을 보수하는 등 제법 큰 규모의 공사를 벌인다. 그때에 신 성전이 세워지는 곳은 "해골의 곳"이라 하는 갈보리 산으로 예수께서 십자가에 못 박히신 장소이다. 성전의 길이는 대략 27m, 넓이는 9m, 높이는 13m로 나선형층계가 있는 삼층으로 짓는다.

그 3년 후 바티칸시국같이 종교국가로 독립한 예루살렘은 왕권종신제도를 채택하고 한 인물을 예선하여 왕을 삼는다. 재정은 이스라엘로부터 받은 국고보조금의 이자수익, 성전입장료, 관광수입, 세계교회의 기부금, 기념주화나 우표발행수입, 그리고 유대인들의 헌납과 헌금으로 충당한다.

유대인 귀향

중동에 전쟁위험성이 사라지자 테라의 아들도 아내와 조카들과 타국에서 모은 소유와 얻은 사람들을 이끌고 이스라엘 땅으로 가려고 떠나서 마침내 가나안 땅에 들어온다. 때에 본국으로 돌아오려는 유대인들이 각국의 공항과 항구에 몰리면서 세계언론의 집중 주목을 받게 되고 세인의 비상한 관심을 끌게 된다.

이것을 본 종말론자들이 말세의 뚜렷한 표라 외치며 사회를 어수선하게 하거든 의복을 바꾸고 돌단을 쌓기 위해서 믿음의 성지로 올라가라. 현재 외국에 거주하는 유대인 수가 약 천만 명 정도 되지만 아직 때가 일러서 귀향인구는 적을 것이다. 하지만 아랍국가의 배반으로 조국이 위기에 빠지면 유대인들이 다 돌아와서 전장으로 나가게 된다.

- 증서 "이스라엘아 돌아오고 돌아와라. 너희를 세계 열방에 흩었으나 끝날에 너희를 모아내어 고토로 돌아오게 하리라"

→2019년→ 어느 해 8월 예루살렘성전 완공

7년 후 그 해 10월에 예루살렘외곽은 흰 벽돌로 증축되고 성전은 헌물과 대리석등으로 아름답게 단장되며 내부는 각종 금물과 보석들로 화려하게 장식된다. 이에 이 낙성식을 기념하여 세계각국의 정상과 귀빈들이 예루살렘으로 초청되고 많은 축하사절단들이 파견된다. 그때에 이스라엘전국에 14일 동안 축제가 있고 새 예루살렘성전에서 교황이 집전하는 미사가 위성을 통해 전 세계에 방영되는 것을 볼 것이다.

그때로부터 예루살렘 왕은 바티칸과 외교관계를 맺고 입법, 사법, 행정에 관한 의회제도 외에 국제외교와 교회행정지도를 전담하는 예루살렘총회를 조직한다. 그리하여 세계분쟁과 종교문제에 관여하다가 이방종교와의 결탁으로 유대교가 변질되고 결국 이스라엘의 율법과 종교가 타락하면서 우상숭배라는 큰 죄를 짓게 된다.

제1표징: '야드(손)' → '레프라(문둥병)'

모세야 네 손을 품에 넣어라. 그가 손을 품에 넣으니 손에 문둥병이 발하여 눈같이 희게 변한다.

—손은 행위, 문둥병은 천형을 상징한다. 그런즉 예수 잘 믿는 한국민족들이 믿음을 저버리고 점술과 귀신숭배에 빠지면 저주를 받는다는 경고이다. 또 이스라엘민족의 행위가 악하여 여호와를 격노케 하면 반드시 천벌을 받게 된다는 경고이다.

오늘날의 문둥병은 나균의 침입으로 생기는 만성전염병으로 나병, 한센병, 천형병, 대풍창이라고도 하며 백약이 무효하여 고칠 수 없는 질병이다. 하지만 문서에 '차라아트'로 표현된 문둥병은 의복과 가옥에 발한 문둥병 색점 외에 여러 가지 발진성피부병과 피부질환을 가리키는 포괄적인 용어로 오늘날의 문둥병과는 성격이 다르다. 여러 가지 곰팡이나 균류에 의해 발생되는 것인데 윤리적이든 육체적이든 불결한 행위로부터 격리되어야 한다는 사실을 강조하고 있다. 이 병에 걸리면 손가락과 발가락이 문드러지고 눈썹이 빠지며 시력장애들이 나타날 뿐 아니라, 수족, 안면이 변형되면서 피부에 얼룩덜룩한 무늬가 생기고 그 부위에 지각마비가 일어나 흉측한 몰골로 변한다. 이 때문에 문둥병은 신의 저주를 나타내는 모형이라 할 수 있다.

→2019년→2032년→ 중동건축 13년

대규모의 중동건설계획이 발표되면서 세계각국에서 몰린 건설업체와 장비들이 중동으로 집중된다. 때에 레바논으로부터 많은 인력이 유입되고 목재와 돌이 수운된다. 외국인들을 위한 환전소가 많이 있는 거리마다 사람들로 넘쳐난다. 그들은 팔레스타인과 레바논에서 온 노동자들이며 목공, 철공, 대장장이, 석수, 담꾼, 건축자, 미장이, 놋쇠공장, 옹기장이, 금 세공업자들이라. 저마다 자신의 도구들인 저울, 창작된 기계, 마당질하는 제구,

자갈, 철필, 철연장, 동철기구, 삽, 곡괭이, 쇠스랑, 도끼, 톱, 송곳, 자, 줄, 붓, 대패, 장도리, 못, 메, 철퇴들을 들고 바삐 움직인다. 이 기구들을 현대적으로 해석하면 연삭공구, 동력톱, 세블계굴착용기계, 트랙터기계, 불도저, 스크레이퍼, 수송기계 지게차, 포크로더, 레미콘, 화물자동차, 포장기계, 건설차량계 같은 것이다.

△이스라엘: 이주민을 위한 정착촌, 연립주택과 고층아파트단지, 신도시 개발, 부자들을 위한 고급주택.

△팔레스타인: 공항과 해안도시개발.

△요르단: 철도와 정유시설단지.

△레바논: 항만과도로, 거리조성 및 도시개발, 배수선장과 고층빌딩들.

△시리아·이라크: 댐 건설, 강 개발, 농토확장.

△이집트: 농토확장, 곡물증산계획, 수로와 인공강 건설.

△예멘·오만: 도로와 주택건설, 기간산업 건설 등.

※인공강: 먼 미래에 바닷물을 민물로 바꿀 수 있는 기술이 개발되고 극지방의 해빙으로 지중해수면이 높아지게 되면 유브라데, 티그리스, 나일강 폭을 크게 넓혀서 지중해 바닷물을 끌어들인다.

※운하건설계획: 지중해와 홍해로 가는 넓고 깊은 수로들로 이란-이집트를 연결하는 운하가 있고, 지중해입구의 포오트 사이드 항과 홍해입구의 수에즈 시를 연결하는 운하가 있고, 로제타(Rosetta)지역과 다미에타(Damietta)지역으로 흘러들어 지중해로 빠져나가는 수로가 있다. 이 세 개의 지류는 본래 있었으나 장래에 또 만들어진다.

'제2중동특수'를 타고 외국의 항공업체들이 중동으로 진출하고 자동차, 의류, 에어컨과 냉동 냉장고 같은 전기상품, 전자기계, 의료장비, 플랜트, 농업기계류의 수입이 급증한다. 하지만 중동평화기간이 짧을 수도 있으므로 건설, 수출계약에 주의하고 대금결제를 단기적으로 하는 편이 유리하다. 대규모의 투자나 장기적인 외상거래는 하지 말라는 뜻이다. 아무튼 중동평화 이후에는 그 땅에 헐고 세우고 뽑고 심는 일이 벌어진다.

그렇지만 아직 건축의 때가 이르지 아니하였기 때문에 첫번째 공사의 규모는 그리 크지 않을 것이다. •증서 "건축하니, 건축하고, 건축하였더라."

세상 왕들: 국제분쟁의 해소로 세상이 평안하고 무역이 확대되는 시대에 가당치 않은 말을 하는구나. 그렇다면 세계평화가 깨어지는 때는 언제냐?

어떤 사람: 예언된 네 개의 기간 중 어느 것이 맞을 지 모르므로 현재로선 알 수 없습니다.

예측 ④ 2005년~2085년 80년 태평시대
•증서 "그 땅이 팔십 년 동안 태평하였더라."

예측 ③ 2005년~2045년 40년 태평시대
•증서 "그 땅이 사십 년 동안 태평하였더라."

예측 ② 2015년~2035년 20년간 전쟁 없음
•증서 "아사 왕 15년 3월부터 아사 왕 35년까지 20년 동안 다시는 전쟁이 없으니라."

예측 ① 2008년~0018년 중동평화 10년(?)
•증서 "그 시대에 그 땅이 십 년 평안하니라."

만일 예측 ④이면 2085년까지 휴거발생 가능성이 없고 과학문명의 발달로 변종인간들이 탄생하여 달과 화성에 정착촌과 공장들이 건설될 겁니다. 만일 예측 ③이면 2045년의 기간 안에 휴거발생 가능성이 없고 건축기술의 발달로 해상도시와 해저도시 건설이 실현될 겁니다. 예측 ②일 가능성이 높고. 예측 ①이면 사람들을 준비시키기에는 시간이 너무 촉급합니다.

—예측 ①일 경우 2018년에, 예측 ②일 경우 2035년에, 예측 ③일 경우 2045년에, 예측④일 경우 2085년에 중동평화가 깨어지면서 전쟁이 시작된다는 말입니다.

나는 이 모든 일을 40년 평화에 맞추어 기술하였으나 미래는 단정할 수 없기에 다른 가능성도 배제하지 않았습니다. 따라서 2018년은 2035년이 될 수 있고 2045년이 될 수도 있고 2085년이 될 수도 있습니다.

그런데다 예언 년도들을 이중 구조화하고 +1을 더하였으니 모두 9개 이상의 전쟁을 진술한 셈입니다.

이러므로 장래에는 숫자들의 조합을 알아서 재조정할 필요가 있습니다.

—2~3년의 오차를 가진 이중 연도의 연차는 27년이니까, 2018년이 빗나가고 2042년도에 적중될 경우 2018·2045년을, 2042년에 +27한 2042·2069년으로 이해하시라는 뜻입니다.

항상 뒤에 붙어 따라오는 수는 저주 다음에 축복, 전쟁 후에 평화, 죽음 다음에 생명 등 반대적인 개념을 갖고 있다는 것만 알뿐 정확한 세기는 모릅니다. 일례로 숫자 13·40 동격에서 13이 전쟁을 나타낸다면 40은 다른 시대에 평화를 예고하는 것인데, 순서가 뒤바뀌어 배열되어 있어서 잘못하면 함정에 걸려들게 됩니다. 이런 말을 하는 이유는 혹 모방자가 나올까 염려해서입니다. 누구라도 '비밀'을 연구하면 성경 푸는 방식을 대충은 알 수 있습니다. 하지만 하나님이 성경에 올가미를 쳐 둔 것처럼, 나도 안전장치를 두었기 때문에 이 조합법대로 성경을 맞추다가는 실패하게 될 것입니다. 신들은 자신의 생각들을 일정한 방식대로 섞었고 배열과 해석하는 비밀은 자신의 종들에게만 계시한다는 사실을 명심하십시오.

→2032년→ 무화과나무의 비유를 배우라

해외이주자들로 인해서 이스라엘이 경제대국이 될 때에 "예루살렘에 다니시다가 성전 바깥뜰에 들어오신 멜키들은 장사꾼들과 쌓인 상품들을 보시고 분을 참지 못하셨다. 이에 예수께서 사람들을 책망하시고 환전소와 상품 진열대를 다 둘러엎자 상인들은 도망치고 제자들만 남았다.

그날 저녁 일행은 성을 나가 예루살렘에서 약 3km 떨어진 고난의 마을에서 유하셨다.

다음날 아침 예수께서 제자들과 함께 다시 예루살렘에 들어오시다가 시장하신 지라, 길에서 한 무화과나무를 보시고 먹을 것이 있나하여 그리로 가셨으나 잎사귀밖에는 아무 것도 얻지 못했다. 무화과의 때가 아니기 때문이었다. 이에 그 무화과나무에게 이르시기를 이제부터 영원토록 사람이 네게서 열매를 따먹지 못하리라 하시니 무화과나무가 곧 말라버렸다. 동행한 사람들이 이상히 여겨 말하기를 무화과나무가 어떻게 하여 곧 마를 수 있나이까 하자. 멜키들이 말씀하시기를 무화과나무의 비유를 배우라 그 가지가 연하여지고 잎사귀를 내면 여름이 가까운 줄을 아는 것이니. 이와 같이 너희도 이 모든 일을 보거든 인자가 가까이 곧 문 앞에 이른 줄을 알라 하시나 사람들의 마음이 둔하여 듣고도 깨닫지 못하였다."

이에 재차 그 의미를 해석하여 말씀하시기를 무화과나무는 뽕나무과의 낙엽식물로 근동의 전 지역과 지중해지역이 원산지이다. 특히 팔레스타인 · 시리아언덕 · 갈릴리 디베랴 부근 골짜기에서 잘 자라기 때문에 무화과나무는 넓은 의미로 중동전역을, 좁은 의미로 이스라엘을 상징하는 나무다.

이 나무가 1948년 5월14일 가나안 땅에 뿌리를 내릴 것이고→이후 국력에 근거한 가지를 낼 것이며→이후 경제성장을 거듭하면서 가지가 연하여지다→평화시대에 첨단기술산업을 기반으로 무성한 잎사귀를 낼 것이니 그때가 곧 이때인 것이다.

그러나 열매를 맺기 전에 무화과나무가 말랐으므로 이스라엘이 선진국의 열매를 맺지 못하고 강대국의 문턱에서 망할 것임을 예조 한 것이다. 또한 세계경제와 과학문명도 이처럼 황금시대에 이르기 전에 갑자기 대환란이 닥치므로 인간 진보의 절정을 경험치는 못하게 되느니라.

이 말씀을 들은 제자들이 그제야 '아하! 그렇군요, 그렇다면 이스라엘이 어떻게 해서 멸망당하게 되는 것입니까' 하고 되묻는다.

중동전쟁의 발단

▵남북간 차별적 건축과 노동자불만.

▵예루살렘왕국독립.

△예루살렘자치권분쟁과 지도자문제.

△외교와 종교문제로

—이스라엘 민족간에 불화가 조성될 무렵, 아랍국가들은 스스로 평화를 깰 구실을 찾게 된다. 왜냐하면 새로운 중동정치환경이 이스라엘을 강화시키는 의외의 결과를 초래했기 때문이다.

△이스라엘 인구증가.

△외국자본유입에 의한 이스라엘 고속성장.

△외국군사적지원에 의한 이스라엘 군사력강화.

△이스라엘로 이동하는 상권과 돈.

△이스라엘 국제지위상승 및 영향력확대로

—이스라엘이 점점 강성해지자 강약부동에 몰린 아랍국가들은 이스라엘을 두려워하게 되고, 이스라엘이 더 커지기 전에 선제 공격할 결심을 하게 된다. 병법에도 이르기를 이웃나라가 강해지면 자국은 약해지고, 타국이 강해지도록 돕는 나라는 자멸한다 했으므로 적국이 강해지도록 방관하는 나라는 없는 것이다. 결국 중동평화가 이스라엘을 멸망시키는 시발점이 되지 않겠느냐?

세상왕들: 이 어찌된 일이냐 이 사람의 지혜와 이런 능력이 어디서 났는고. 이는 그 농부와 그 목수의 아들 이 아니냐. 그 언니 된 모친의 이름은 마리아 그 형제들은 야고보·요셉·시몬·유다이고, 동생 된 모친의 이름도 마리아 그 형제들은 야고보·요셉·유다·시몬이 아니냐. 그 여동생들은 다 우리와 함께 있지 아니하냐. 그런즉 이 사람의 이 모든 것이 어디서 났느냐 우리는 이 자를 배척하겠노라.

어떤사람: 선지자가 자기 고향과 자기 집 외에서는 존경을 받지 않음이 없느니라. 그들이 믿지 않는 것이 이상한 일이 아니니 나는 내 동족에게로 가지 아니하고 이방인에게로 가겠노라.

이 말할 때에 모세는 팔십 세 이었고 아론은 팔십 삼세 이었으니 그들의 차이는 삼 년이라, 날 수로는 삼 년이로되 햇수로는 사 년이었다.

그 민족들: 이러한 놈은 세상에서 없이하자 살려 둘 자가 아니라 하여 떠들며 옷을 벗어 던지고 티끌을 공중에 날린다.

(이때에 어떤 제자들이 와서 말하기를)

"예루살렘이 미석과 헌물로 아름답게 꾸며졌나이다" 하자. 이 말을 듣고 계시던 멜키들이 일러 가라사대 "너희 보는 이것들이 날이 이르면 돌 하나도 돌 위에 남지 않고 다 무너질 것이다." 저희가 놀라서 묻기를 "선생님이여 그러면 어느 때에 이런 일이 있으며 이런 일이 이루려 할 때에 무슨 징조가 있사오리이까?"

제1삼시의 징조

첫째, 경제사정의 악화로 생활에 어려움이 있을 것이다.

둘째, 미혹을 받지 않도록 주의하라. 많은 사람이 인자를 빙자하여 종말이 가까이 왔다 하겠으나 저희를 좇지 말라.

셋째, 난리와 소란의 소문을 들을 때에 두려워하지 마라. 이런 일이 먼저 있어야 하되 끝은 곧 되지 아니하니라.

넷째, 국수주의와 민족주의가 팽배하여 민족이 민족을, 나라가 나라를 대적하여 일어나겠고 처처에 기근과 지진이 있을 것이니 이것이 재난의 시작이다.

다섯째, 너희가 예루살렘이 군대들에게 에워싸이는 것을 보거든 그 멸망이 가까운 줄을 알라 그때에 유대에 있는 자들은 사망의 독을 피해서 산으로 도망쳐라.

여섯째, 일월성신에 징조가 있겠고 땅에는 폭풍이 바다에는 심한 풍랑이 있을 것이다. 그러므로 너희는 스스로 조심하라 그렇지 않으면 방탕함과 술 취함과 생활의 염려로 마음이 둔하여지고 뜻밖에 그 날이 덫과 같이 너희에게 임하리라. 장차 이러한 날이 온 지구상에 임하여 사람들을 두렵게 할 것이므로 이 모든 일을 능히 피하고 인자 앞에 서도록 늘 기도하며 깨어 있어라.

'욤(날)'

•건축하는 날 •형통한 날 •총회의 날 •곤고한 날 •슬픔의 날 •고난의 날 •인자의 날 •재앙의 날 •전쟁의 날 •전투대형을 벌이는 날 •높은 요새를 치는 날 •환난을 당하는 날 •멸망의 날 •환난과 고통의 날 •헛된 날 •권능의 날 •제비뽑는 날 •형제의 날 •회오리바람 날 •동풍 부는 날 •구름의 날 •구름과 흑암의 날 •빽빽한 구름이 끼인 날 •흐리고 캄캄한 날 •어둡고 캄캄한 날 •캄캄하고 어두운 날 •황무와 패괴의 날 •보수할 날 •분노의 날 •크고 두려운 날 •분하여 맹렬히 노하는 날 •세상을 벌할 날 •잔혹히 분냄과 맹렬히 노하는 날 •극렬한 풀무불 같은 날 •큰 날 •하늘이 땅을 덮는 날 •세상에 있는 날 •마쉬아흐의 날 •여호와의 날 •이스르엘의 날…

→2033년→ 예루살렘아, 예루살렘아

때에 예루살렘에 들어온 제자들은 서로 누가 크냐 하며 다투고 성전을 본 쌍둥이들은 하늘을 우러러 탄식한다. 그들이 울면서 말하기를 "예루살렘아 예루살렘아 너도 오늘날 평화조약에 관한 일을 알았더라면 좋을 뻔하였거니와 지금 네 눈에 숨김을 받았구나. 날이 이를지라 죄악의 몽둥이에 꽃이 피면 진노의 막대기에 맞을 것이요. 너희들이 필경 갈대지팡이를 의지하게 되리라마는 애굽의 도움이 헛되고 헛되니라.

그러므로 내가 이집트를 가만히 앉은 바다괴물 '라합'이라 일컬었노라. 보라 네 원수들이 토둔을 쌓아 너를 둘러 사면으로 두르고. 또 너와 및 그 가운데 있는 네 자식들을 땅에 메어치며 돌 하나도 돌 위에 남기지 아니하리니 이는 권고 받는 날을 네가 알지 못함을 인함이라."

나의 권고

야곱의 후손들이여 당신들은 크게 힘써 율법에 기록된 것을 지켜 행하도록 하십시오. 그것을 떠나 좌로나 우로나 치우치면 안됩니다. 옛 선지자 모세가 이른 말을 추억하십시오. 곧 "너희가 스스로 부패하여 내가 너희에게 명한 길을 떠나서 여호와의 목전에 악을 행하여 너희의 손으로 하는 일로 그를 격노케 하므로 너희가 말세에 재앙을 당하리라" 한 것입니다. 그런즉 우상숭배를 금하고 이방종교를 멀리 하십시오.

그 동안 당신들이 오랜 시련을 겪은 것은 의가 율법의 행위에 있지 않고 믿음에 있음을 알게 하려함이며, 유대인의 실족으로 이방인이 구원을 얻게 하기 위함입니다. 그런데 양식이 풍족하고 소득이 많다보니 그 땅에 동방풍속과 제사가 유행하고 랍비들은 이방인과 언약하여 점쟁이들이 됩니다. 그뿐 아니라 군인과 병기들이 가득한 만큼 은 금과 보화도 무수하고 또 우상도 가득하므로 그들이 자기 손으로 짓고 자기 손가락으로 만든 것을 공경하며 천한 자도 절하고 귀한 자도 엎드리니 장차 어찌하시렵니까. 필경은 그것들이 올무가 되거나 덫이 되거나 옆구리에 채찍이 되거나 눈에 가시가 되어서 찌를 것이요. 하늘은 닫혀서 비를 내리지 아니하므로 필경은 기근에 망하게 될 것입니다.

'에드(증인)'의 탄식

"내가 그들의 열조에게 맹세한바 젖과 꿀이 흐를 땅으로 그들을 인도하여 들인 후에 그들이 먹고 배부르고 살찌면 돌이켜 다른 신들을 섬기며 나를 멸시하여 내 언약을 어기리니. 그들이 재앙과 환난을 당할 때에 그들의 자손이 부르기를 잊지 아니한 이 노래가 그들 앞에 증인처럼 되리라. 나는 내가 맹세한 땅으로 그들을 인도하여 들이기 전 오늘날에 그들의 상상하는 바를 아노라."

◎예루살렘폭동발생

그 시대에 이스라엘정부가 펴온 친 아랍정책으로 아랍과의 문화적 교류가 활발해지고 군사협력까지 논의되자, 아랍의 정복자들을 받아들인 현 정부에 불만을 품은 반 평화주의자들의 시위가 잇따른다.

게다가 중동평화로 아랍인의 정신과 결속력이 약화되고 이스라엘의 영향력이 아랍세계로 확대되는 것을 원치 않는 아랍원리주의자들도 곳곳에서 테러를 저질러서 중동평화는 큰 위기를 맞는다.

그때에 악명 높은 테러단체가 평화를 깨라는 아랍국들의 사주를 받고 예루살렘에 잠입한 뒤, 배타적인 민족감정을 자극하기 위해서 예루살렘 내 아랍계 주민들을 선동하여 폭동을 일으킨다. 이 폭동이 민란으로 비화되자 진압에 나선 예루살렘군이 시위대에 발포하여 수백 명 이상의 아랍인 사상자가 발생한다. 때에 수천 명 이상의 반군들은 예루살렘군의 포위망을 뚫고 남방 네게브 사막지대로 도주한다.

하지만 반군들은 요르단 남부 에일랏 항구에서 이스라엘군 특공대에 사살되고 반군지도자는 생포되어 예루살렘으로 압송된다. 이에 아랍국가들은 자국민 보호를 구실로 병력 파견을 결정하면서 이스라엘과 맺은 평화조약을 일방적으로 깨버린다.

●증서 "요르단이 이스라엘을 배반하였더라. 이스라엘이 다윗의 집을 배반하여. 이스라엘과 세겜 사람들 사이에 악한 신을 보내시매 세겜 사람들이 이스라엘을 배반하였으니. 시리아와 이스라엘 사이에 약조가 있고 내 부친과 당신의 부친 사이에도 있었느니라. 내가 당신에게 예물을 보내었으니 와서 이스라엘과 세운 약조를 깨뜨려서 저로 나를 떠나게 하라."

제2표징: '마켈(지팡이)'→'나하쉬(뱀)'

모세야 세상 왕들이 말하기를 우리를 믿게 할 신적 증거를 보여라 하거든 네 손에 든 지팡이를 던져라. 곧 땅에 던지니 지팡이가 뱀이 된지라 모세가 뱀 앞에서 이리저리 피한다.

—중동에서 뱀은 전쟁을 상징하는 파충류이다. 그런즉 아랍의 지팡이들

이 이스라엘을 배반하고 전쟁을 일으킬 것임을 나타낸 것이다. 하지만 예표의 사람 모세가 뱀을 이리저리 피했으므로 이스라엘군이 아랍군의 기습공격과 파상공세를 잘 피하면서 방어하게 될 것이다.

뱀은 소경뱀, 산호뱀, 보아뱀, 바다뱀, 그물코비단뱀, 코브라 등 종류가 약 2,700종이 넘고 독을 가진 뱀은 세계적으로 약 700종이 알려져 있다. 그 중에서 300종 가량이 치명적인 독성을 지니고 있다. 독은 먹이를 죽이기 위해서 있는 것이고 2차적으로는 방어용 수단이다.

뱀은 대부분 소경과 귀머거리나 온몸으로 진동을 감지하고 청각, 시각, 후각, 미각, 촉각의 감각기관을 이용하여 물체를 분별한다. 모든 뱀이 맛과 냄새에 대한 특수한 감각을 갖고 있으며 집합성이 강할 수도 약할 수도 있다. 뱀이 혀를 날름거리는 것은 뱀의 전형적인 동작이나 혀는 화학적신호를 얻어내는 중요한 기관이다.

뱀의 독은 적혈구나 혈관을 파괴하는 출혈 독과 신경에 작용하여 마비시키는 신경독 둘로 나눈다. 살무사·반시뱀들이 주로 출혈 독을 갖고 있고 코브라·방울뱀 등은 신경 독을 주성분으로 갖고 있다.

중동에서 이런 뱀으로 상징된 군대가 이라크(바벨론)군이다. 뱀은 그 지역에서 언제나 두려운 존재인 것처럼 독사로 묘사된 이라크군은 이란 다음으로 이스라엘을 위협하는 최대의 적이다. 뱀들은 독을 가졌으므로 자신의 몸에 비해서 상당히 큰 동물도 잡아먹는다. 즉 전력이 약해도 강한 군대를 이길 수 있는 비장의 무기가 있다는 말이다. 미래의 이라크군(이라크도 미국을 배반할 것임)은 화생방전 능력을 갖춘 MBT 와 화학전투사단, 항공기로 투하할 수 있는 화학무기폭탄을 비롯하여 바이나리식 사린(신경가스폭탄, 겨자가스폭탄)을 대량 보유할 것이다. 모든 뱀은 육식이며 사냥감을 독으로 움직이지 못하게 한 다음 감아 조임으로서 죽인다.

이처럼 뱀군대들은 먼저 독가스를 살포한 다음 포위망을 좁히면서 압박하는 전술을 활용한다.

이래서 성경은 아랍군의 공격전술을 그물로 몰아 고기를 산채로 잡는 어부에 비유하고 있다.

독사와 이라크군의 유사성

△화학적인 수용기: 화학무기개발능력.

△독성: 화학, 생화학, VX신경가스보유.

△탐지기관: 음파, 통신. 감청, 레이더시설보유.

△장님과 귀머거리: 화학무기로 인한 시각, 청각의 상실.

△적외선을 감지하는 감각계: 열(핵)무기 개발능력.

→2034년→ 중동평화조약파기

하늘로부터 배반의 영이 내려오면서 사이좋던 세상 왕들은 미치광이 사울처럼 변하여 서로를 질시하고 미워하면서 자기보다 뛰어난 왕은 다 죽여 버리겠다고 결심한다. 그때에 아랍국들이 전쟁을 위해서 군대를 소집하자 당황한 미국과 유럽은 중동특사를 급파하여 아랍진영을 설득한다. 그러나 서방세계의 다각적인 외교노력에도 불구하고 평화를 유지시키는데는 실패한다.

- 증서 "평화의 특사들이 슬피 곡하며 돌아오고 아랍군 병사들은 밖에서 부르짖으며. 대로는 황폐하여 행인이 끊어지고 도시들이 멸시 당하며 사람을 생각지 아니하니. 땅이 슬퍼하고 쇠잔하며 레바논은 부끄러워 마르고 사론은 사막과 같고 바산과 갈멜은 목엽을 떨어치는도다."

시온의 땅에 있는 외인들은 어서 빨리 나아가라 나아가라 나아가라, 아이구 내 머리야 아이구 내 머리야 아이구 내 머리야......

중동에 비상사태가 선포되면서 진행 중이던 공사는 무기한 중지되고 외국업체와 인력들은 속속 중동을 탈출한다. 때에 이스라엘 국경지역에 아랍군 병력이 대폭 증강되고 예루살렘에 대한 이라크군의 공격이 임박했다는 풍설이 돌면서 세계주가는 사상 최대치로 폭락한다. 게다가 전쟁확산을 우려한 미국과 유럽이 서둘러 외자를 회수하면서 아시아와 중남미나라들에 대 공황이 발생한다. 이 모든 여파로 인해 석유와 곡물 값은 자꾸 오르고 세계경제는 곤두박질 친다. 이래서 성경에 예언하기를 말일에 생활의 염려가 있다고 한 것이다.

'아몬'의 아들 유다 왕 '요시야'의 치리한지 13년에 여호와의 말씀이 '예레미야'에게 임하였고. 요시야의 아들 유다 왕 '여호야김'시대부터 요시야의 아들 유다 왕 '시드기야'의 제 십일 년 말까지 임하니라 이 해 오 월에 예루살렘이 사로잡힌다.

→2013년 · 2040년→ 아랍연합군 이스라엘 침공

그때에 이라크는 아랍세계를 단결시키고 미국과 국제연합의 군사대응을 시험해 보기 위해서 ★보병 13만, 물매 1천문, 굉굉 하는 땅의 짐승 3천마리★를 동원하여 예루살렘 북서쪽 5km '아나타' 남서쪽 약 1km 지점에 있는 '라스 엘-카루베'로 진격한다. 때에 이스라엘 전역에 뱀과 독사가 온다는 경보가 울리면서 이스라엘군이 발사한 사이드와인더(사막뱀)미사일이 적 전차들과 헬기들을 향해 날아간다.

난공불락의 요새 예루살렘

지중해 동쪽 58km, 사해 북단에서 서쪽으로 26km 팔레스타인의 중앙산맥의 능선에 위치한 예루살렘은 해발 640~770m 위치에 있다. 동쪽으로는 기드론 골짜기가, 서쪽과 남쪽으로는 힌놈 골짜기가 천연방어막처럼 둘러싸고 있었고 예루살렘 서편 지역에는 동서 횡단골짜기 티로포에온 지류가 있다.

그리고 주변에는 크고 작은 산들이 둘러싸고 있는 데다, 도시 외곽에는 이중으로 된 토둔과 콘크리트방어벽이 있어서 지상병력으로는 쉽게 함락시킬 수 없는 철옹성이다. 이러한 지형적 특성으로 고대로부터 예루살렘을 친 적들은 물 근원을 차단한 채 양식이 떨어질 때까지 기다리는 포위전술을 사용했다. 보병과 기마병위주였던 그때와 최첨단무기가 사용되는 미래전의 양상이 같을 수는 없겠지만, 아랍의 전쟁목적이 예루살렘을 파괴하지 않고 점령하는 것이기에 산과 골짜기가 많은 지형은 공격을 지연시키게 된다.

게다가 중동건설로 신도시와 건물들이 많이 세워졌고 무역품이 많으므로 미사일과 항공기를 동원한 공중폭격을 제한할 것이다. 이 때문에 아랍군들은 장기적인 포위전술을 사용하면서 다량의 전차와 장갑차들을 동원하여 예루살렘을 철통같이 에워싸는 것이다.

● 증서 "예루살렘이 군대들에게 에워싸이는 것을 보거든 인자의 날(휴거)이 가까웠음을 알라."

그런 다음 포위한 도시를 고의적으로 약화시키기 위해서 기근을 조장하여 이스라엘민족들은 극심한 굶주림에 시달리게 될 것이다. 이일을 아셨던 예수께서는 다음과 같이 말씀하셨다.

"적군에 포위될 동안 굶주림을 견디지 못하고 자녀들까지 삶아먹으리라."

그때에 이스라엘의 안보를 책임진 미국은 선속한 군사대응을 하지 못한다. 그 결과 주변국들이 하나씩 하나씩 전쟁의 불길 속으로 뛰어 들게 되는 것이다.

이유(1) 한반도 전쟁발발.

이유(2) 통합된 아랍군 전력과 집단안보체계.

이유(3) 유럽의 경제위기와 반전여론.

이유(4) 군사협정 주체의 모호함.

이유(5) 세계대전을 우려한 강대국들의 불개입원칙 선언.

이유(6) 미국에 확산되는 반전운동.

이유(7) 이스라엘과 예루살렘왕국 외교단절.

여호와: 예레미야 내가 너를 복중(腹中)에 짓기 전에 너를 알았고 네가 태에서 나오기 전에 너를 구별하였고 너를 열방의 선지자로 세웠노라.

예레미야: 슬프도소이다 보소서 나는 아이라 말할 줄을 알지 못하나이다.

여호와: 너는 아이라 하지 말고 내가 너를 누구에게 보내든지 너는 가며 내가 네게 무엇을 명하든지 너는 말할지니라. 너는 그들을 인하여 두려워 말라 내가 너와 함께 하여 너를 구원하리라. 보라 내가 내 말을 네 입에 두었노라. 보라 내가 오늘날 너를 열방 만국 위에 세우고 너로 뽑으며 파괴하며 파멸하며 넘어뜨리며 건설하며 심게 하였느니라.

여호와: 예레미야 네가 비밀스런 신적 현상 중에 무엇을 보느냐?

예레미야: 은밀한 이상 중에 살구나무 가지를 보나이다.

여호와: 네가 잘 보았다 이는 내가 내 말을 지켜 그대로 이루려 함이니라.

여호와: 네가 또 무엇을 보느냐?

예레미야: 끓는 가마를 보나이다 그 면이 북에서부터 기울어졌나이다.

여호와: 재앙이 북방에서 일어나 이 땅의 모든 거민에게 임하리라. 내가 러시아를 비롯한 북방 모든 나라를 부를 것인즉 그들이 와서 예루살렘 성문 어귀에 각기 자리를 정하고 그 사면 성벽과 유다 모든 도시를 치리라. 무리가 나를 버리고 다른 신들에게 분향하며 자기 손으로 만든 것에 절하였으니 내가 나의 심판을 베풀어 그들의 모든 죄악을 징계하리라. 그러므로 너는 네 허리를 동이고 일어나 내가 네게 명한 바를 다 그들에게 고하라 그들을 인하여 두려워 말라 그들이 너를 치나 이기지 못하리니 이는 내가 너와 함께 하여 너를 구원할 것임이니라.

세상 왕들: 가당찮다 우리들은 전쟁을 원치 않으며 또 전쟁을 모의한 적도 없다.

여호와: 예레미야 너는 내 손에서 이 진노의 잔을 받아 가지고 내가 너를 보내는 바 그 모든 나라로 마시게 하라. 그들이 마시고 비틀거리며 미치리니 이는 내가 그들 중에 칼을 보냄을 인함이니라 하시기로. 내

가 여호와의 손에서 그 잔을 받아서 여호와께서 나를 보내신 바 그 모든 나라로 마시게 하되. 예루살렘과 유다 도시들과 그 왕들과 그 방백들로 마시게 하였더니 그들이 멸망과 놀램과 치소와 저주를 당하게 되었으며. 또 이집트 왕과 그의 신하들과 그의 방백들과 그의 모든 백성과. 요르단 왕과 팔레스타인 왕과. 레바논 왕과 시리아 왕과 키프로스 왕과 지중해 저편 유럽 왕들과. 아라비아 왕들과 광야에 거하는 잡족의 모든 왕과. 이란 왕과 옛 소련 왕들과. 북방 원근의 모든 왕과 지면에 있는 세상의 모든 나라의 왕 으로 마시게 하니라 세계통합국(세삭)왕은 그 후에 마시리라. 너는 그들에게 이르기를 하나님의 말씀에 너희는 마시라 취하라 토하라 엎드러지고 다시는 일어나지 말라 이는 내가 너희 중에 칼을 보냄을 인함이니라 하셨다 하라.

세상 왕들: 우리는 네 손에서 잔을 받아 마시기를 거절한다!

하거든 너는 그들에게 이르기를 여호와의 말씀에 너희가 반드시 마시리라. 보라 내가 내 이름으로 일컫는 성에서부터 재앙 내리기를 시작하였으니 너희가 어찌 능히 형벌을 면할 수 있겠느냐. 면치 못하리니 이는 내가 칼을 불러 세상의 모든 거민을 칠 것임이니라 하셨다 하라. 보라 재앙이 나서 나라에서 나라에 미칠 것이며 대풍이 대륙의 땅 끝에서부터 일어날 것이라. 그날에 살육을 당한 자가 땅 이 끝에서 땅 저 끝에 미칠 것이나 그들이 슬퍼함을 받지 못하며 염습함을 입지 못하며 매장함을 얻지 못하고 지면에서 분토가 되리로다. 요란한 소리가 땅 끝까지 이름은 여호와께서 열국과 다투시며 모든 육체를 심판하시며 악인을 칼에 붙이심을 인함이라 하라.

→2015년 · 2042년→ 이스라엘군 전시상태돌입

그 해 2월1일 곧 5월1일 이스라엘은 산업을 전시체제로 전환하고 20세 이상으로 전쟁에 나갈 수 있는 자를 전부 그 군대대로 계수하고 예비병력은 30세~50세까지 신체 건강한 남자는 모두 징집한다.

●동쪽 요르단군을 방어할 군대는 제4진 나흐숀 장군 휘하의 7만 4천6백 명, 제5진 네탄엘 장군 휘하의 5만 4천4백 명, 제6진 엘리압 장군 휘하의 5만 7천4백 명 이들이 1군이며 총 병력 18만 6천4백 명이다.

●남편 이집트군을 방어할 군대는 제1진 엘리춭 장군 휘하의 4만 6천5백 명, 제2진 쉘루미엘 장군 휘하의 5만 9천3백 명, 제3진 엘야사프 장군 휘하의 4만 5천6백5십 명 이들이 2군이며 총 병력 15만 1천4백5십 명이다.

●서편 팔레스타인군을 방어할 군대는 제7진 엘리솨마 장군휘하의 4만 5백 명, 제8진 가물리엘 장군 휘하의 3만 2천2백 명, 제9진 아비단 장군 휘하의 3만 5천4백 명 이들이 3군이며 총 병력 10만 8천1백 명이다.

●북편 시리아군을 방어할 군대는 제10진 아히에제르 장군 휘하의 6만 2천7백 명, 제11진 파그이엘 장군휘하의 4만 1천5백 명, 제12진 아히라 장군 휘하의 5만 3천4백 명 이들이 4군이며 총 병력 15만 7천6백 명이다.

이상은 모든 진의 군대 곧 계수 함을 입은 자의 총계이니 모두 60만 3천5백5십 명이다. 군의 이동방향은 먼저 동쪽에 있는 제1군이 움직이고 다음으로 남편에 있는 제2군이 움직이고 다음으로 서편에 있는 제3군이 움직이고 후진으로 북편에 있는 제4군이 시계 방향으로 움직여라.

제3표징의 이적: '게(땅)'→'담(피)'

모세야 너는 하수를 조금 취하여 다가 육지에 부어라 네가 취한 하수가 육지에서 피가 되리라.

—하천들은 공격부대들의 기동을 저지시켜서 진로를 바꿀 수 있는 천연 장애물이다. 이 때문에 강과 저수지에서 치열한 전투가 벌어져 땅과 강물은 시체에서 흘러나온 피로 물들게 된다. 하지만 조금이라 했으니 이 전투에서 죽는 군인들은 그리 많지 않다. 왜냐하면 무인 전차, 무인전투기 등 사람대신 기계들이 전투를 수행하기 때문이다.

전쟁이 벌어지면 전 방위공격을 하되 남쪽과 북쪽에서 밀릴 경우 힘의 방향은 동쪽으로 정하고 적의 헬기 기동부대의 급습에 대비해야 한다.

●이스라엘군 전략사령관 '켈라(물매)'장군, 고대의 전쟁에서 포병의 역할을 했던 투석꾼들은 두 가죽끈에 붙들어맨 가죽 또는 천 조각에 돌멩이를 넣어 던졌으나 현대에는 화약을 넣은 쇳덩이를 날린다. 그대가 무기고에서 살상용 무기들을 대량으로 끌어내었으니 적의 병력이 많고 화력이 강해지면 전력구조강화를 위해서 2개 사단을 통합 운용하는 것이 좋다.

△제1장군에 야쇼브암 그 휘하에 2만 4천
△제2장군에 도다이 그 휘하에 2만 4천
△제3장군에 베나야 그 휘하에 2만 4천
△제4장군에 아사엘 그 휘하에 2만 4천
△제5장군에 삼홋 그 휘하에 2만 4천
△제6장군에 이라 그 휘하에 2만 4천
△제7장군에 헬레츠 그 휘하에 2만 4천
△제8장군에 십베카이 그 휘하에 2만 4천
△제9장군에 아비에제르 그 휘하에 2만 4천
△제10장군에 마하라이 그 휘하에 2만 4천
△제11장군에 베나야 그 휘하에 2만 4천
△제12장군에 헬다이 그 휘하에 2만 4천씩

균등히 배분하고 장군들은 반장이라 그 부관들은 주장이라 불러라.

군대의 편제는 십, 백, 천, 만, 십만, 백만, 천만, 일만 만이며. 각 부대는 일월, 이월, 삼월, 사월, 오월, 유월, 칠월, 팔월, 구월, 시월, 십일월, 십이월, 십삼월 달의 수로 불러라. 그리고 전력의 통합적인 집중은 적의 집중화력으로부터 대량 피해를 입어 전투력을 보존할 수 없는 상황이 올 수도 있으므로, 승부 처에 병력을 집중시켜 격파한 다음 흩었다 모으는 전술을 활용하고 가능한 병력을 유진시키지 않도록 하라.

시나이반도 예상격전지

△1월15일 전투 이집트 나일강 델타의 북동부지역 '타니스' 남쪽 24km지점 '칸티르'
△칸티르 남남동쪽 약 52km 지점 '텔 엘-마스쿠타'
△베들레헴 남서쪽 약 3km지점 '킬벳 엘 코크'
△이집트 나일강 델타의 북동편 '텔 엘-헤이르'
△수에즈만 끝에서 내륙으로 약 72km 떨어진 지점 '아인하와라'
△수에즈운하 동남쪽 약 100km 지점에 위치한 오아시스 촌락 '와디 가란델'
△북동 아프리카와 아라비아 반도를 갈라놓는 바다 홍해
△팔레스타인 최남단 지역
△시나이 반도에 위치한 광업활동 지역이었던 '세라비트 엘-카딤'
△세라비트 엘-카딤에서 떨어진'와디 엘 에쉬쉬'
△시내산 근처 '휴식처'란 뜻의 골짜기
△시내산 동쪽 약 50km 지점에 위치한 '류에이스 엘-에베이리'
△시내산 북동쪽 약 48km지점에 있는 '아인 하드라'
△에시돈 게벨 서남쪽 약 32km지점 '나그벨 바발'
△라기스 북북서 약 10km 지점'텔 보르나트'
△가데스 바네아 북서쪽 약 16km 지점에 위치한 '아인 엘-퀘세이메'
△가데스 북쪽 약 11km지점 '비레인'
△에시온 게벨 북쪽 약 12km지점에 위치한 오아시스 '아인 데피예'
△아카바 북서서쪽 약 3km지점에 있는 '텔 엘 켈레이페'
△팔레스타인 남부의 변두리 '아인 엘-큐레이랕'
△5월1일 전투 나비티아의 페트라 근처에 위치한 '예벨네비 하룬' 1460m의 사암산
△페트라 북쪽 약 35km 고대의 구리광산 '페이난'
△페이난 서쪽 '아인 엘 웨이바' 또는 '아인 호숍'
△사해 남동쪽의 세렛 시내에 가까운 '마하이' 지역
△사해 동쪽 약 18km '디반'
* 이 지점들은 물이 있고 군대의 숙영지로 적합하며 방어가 용이한 전략 요충지들이다.

아트 장관 이스라엘군의 승패를 알아보기 위한 점을 칠 것이니 하나 선택하여 나로 알도록 하시오.

① 짐승을 죽여서 간이나 내장을 살핀다.

② 은잔에 물을 붓고 기름방울을 떨어뜨려서 형상들을 관찰한다.

③ 물에 막대기를 던져서 방향을 점친다.

④ 신의 뜻을 알기 위해서 화살을 쏜다.

⑤ 유령을 땅에서 불러 올려서 물어본다.

⑥ 운명신탁의 말이나 행동을 알아본다.

⑦ 제비뽑기를 한다.

⑧ 징조 있는 꿈 해몽을 한다.

이것들 중에서 그대가 화살 점을 택했으니 활과 살을 취하라 활과 살들을 취하매. 손으로 화살을 잡아라 곧 손으로 잡으매 손을 안찰 하고. 동편 창을 열라 곧 열매 쏘아라 곧 쏘매 이는 시리아군에 대한 구원의 살인즉 이스라엘 군이 시리아군을 잔멸토록 '아페크'에서 칠 것이다. 오트 장관 이번에는 화살만 취하라 곧 취하매 땅을 치라 그가 세 번 치고 그친지라. 내가 노하여 말하기를 장관이 오륙 번을 칠 것이라 그리하였으면 이스라엘군이 시리아군을 다 잔멸하도록 쳤을 것이나 세 번만 치고 말았으니 시리아군을 세 번만 쳐서 이길 것이요 다 잔멸하지는 못할 것이다. 이제 곧 시리아군이 쳐들어올 것이니 켈라 장군은 병력을 셋으로 나누어 1진 병력은 하천바닥 요새지 욥바의 북동쪽 샤론 평원에 배치하고, 2진 병력은 베이루트 북동쪽 37km지점에 있는 아프카에 배치하고, 3진 병력은 시리아의 다마스커스와 베산을 연결하는 대로에 배치하라.

그대의 친구 오트 장관의 손이 올라가면 이스라엘군이 이기고 내려오면 이스라엘군이 패할 것이니 두 사람이 돌을 가져다 놓고 그 양손을 해가 지도록 들어올려라. 만일 상대할 수 없는 대군이 몰려오거든 동쪽으로 화살을 쏘아 중국군대를 불러와라. 그들이 비록 더디게 올 것이나 오게 되면 그 주변 나라들에 칼을 베풀기도 하고 원수를 갚기도 하리라. 누가이기든

간에 말일에는 파괴하고 건설하며, 뽑고 ,심고, 망하고 흥하고, 성하고 쇠하는 일이 여러 차례 반복될 것이다.

어떤 사람: 말일 전쟁의 표적 오트 장관 그대는 나를 먼저 치시오.

오트 장관: 나는 먼저 치지 않겠소.

어떤 사람: 선제기습에 의한 예방전쟁차원에서라도 반드시 먼저 쳐야합니다. 이스라엘은 국토가 좁아 경계공간이 없고 또 반응시간이 짧기 때문에 전쟁을 피할 수 없을 경우에는 반드시 선제 공격하는 편이 그들에게 유리하다고 생각해 왔습니다. 그런데 장관처럼 전면전이 일어날까 두려워하여 먼저 치기를 싫어 하니 당신이 나를 떠나갈 때에 사자가 길에서 나와서 찢어 죽일 겁니다.

연합군 1 '레온(사자)'

다니엘이 진술하여 가로되 내가 밤에 이상을 보았는데 하늘의 네 바람이 큰 바다 태평양으로 몰려 불더니. 연합군을 상징하는 큰 짐승 넷이 나왔는데 그 모양이 각각 다르니. 첫째는 사자와 같은데 독수리의 날개가 있더니 내가 볼 사이에 그 날개가 뽑혔고 또 땅에서 들려서 사람처럼 두 발로 서게 함을 입었으며 또 사람의 마음을 받았으며...

의혹: 이상에 나타난바 뇌 속으로 받은 이 꿈은 무슨 뜻이냐?

백수(百獸)의 왕이라고 일컫는 사자는 고양이과에 속한 대형육식동물로 몹시 사납고 위험한 동물이다.

한때는 아프리카 · 유럽 · 아시아에도 살았으나 지금은 주로 사하라 사막 남쪽의 아프리카와 인도 북서부 지역에 분포되어 있다. 사자는 고양이과 동물 중에서 사회성이 가장 높고 강한 혈연관계로 세력권을 형성하며 공동사냥 공동분배를 원칙으로 한다. 암컷은 주로 사냥을 하고 수컷은 무리를 뺏

으려는 다른 수컷을 쫓아내는 역할을 맡는다. 사자는 주로 밤에 사냥하는데 부채형으로 퍼져 포위하고 매복과 기습을 병행하며 퇴로를 차단하는 고도의 공격전술을 활용한다. 수컷과 암컷 모두 세력권을 방위하기 위해서 무리를 짓는 특성이 있으며 이 같은 특성을 가진 사자집단은 중동의 아랍연맹(Arab League), 아프리카단결기구(OAU), 인도연방, 서유럽동맹(WEU), 북대서양조약기구(NATO), 영연방(TBC), 동남아국가연합(ASEAN)들이고 무리를 구성하는 그룹의 크기는 주 전투국 4~12개국, 그 외 여러 개의 지원군으로 결성된다.

아랍의 사자가족

△수사자: 터키, 이란, 인도, 영국 外

△암사자: 시리아, 이집트, 이라크, 리비아, 알제리 外

△새끼사자: 팔레스타인, 레바논, 요르단, 쿠르디스탄, 쿠웨이트, 바레인, 카타르, 아랍에미리트, 사우디아라비아, 오만, 예맨, 튀니지, 모로토 外

사자는 사자의 특성을 가진 연합군을 상징하는 것이고, 독수리의 날개는 항공기와 미사일 특히 기체가 크고 항속거리가 긴 전폭기들을 상징한다. 이 사자에 독수리의 날개가 달렸으니 미사일과 전폭기를 많이 가진 나라들이 동맹을 맺는다는 것이요, 독수리의 날개가 뽑힌 것은 이 나라들이 미사일과 항공기를 소진하고 패망한다는 것이요, 사람처럼 두 발로 일어선 것은 패전한 후에 또 다시 일어난다는 것이다. 그런데 사람의 마음을 받았으니 자신들을 패망시킨 나라들에 무서운 보복이 뒤따를 것임을 암시해 주고 있다. 대저 사람의 마음에서 나오는 것은 "악한 생각과 살인과 간음과 음란과 도적질과 거짓증거와 훼방이니" 사람의 마음은 점령군대의 악한 행위를 상징하고 있기 때문이다.

→2015년 · 2042년→ 이집트 솔개 떼들 습격

일부 유럽나라들에 비상사태가 선포된 가운데 이집트에서★새 1천3백 마리, 화살 2백 개, 파리 1백6십 마리★가 날아와서 이스라엘의 전략표적물들인 레이더기지, 비행장, 항공기격납고, 미사일기지, 주요병기고, 정유공장, 유류저장시설, 통신시설과 발전소들을 폭격한다. 이 솔개와 매 떼의 습격으로 '텔아비브야포', '하이파', '비르세바' 등 여러 도시들이 파괴되고 거센 불길에 휩싸이자 반격에 나선 이스라엘은 번개같은 화살을 쏘며 많은 새떼를 그 사방에 보내어 시리아의 '알레포', '라타키아', '홈스', '다마스쿠스'. 이라크의 '바스라', '모술', '바그다드', '키르쿠크'. 팔레스타인의 '가자' , '아스켈론' . 요르단의 '이르비트' , '자르카' '아카바' ,'암만'. 이집트의 '수에즈', '알렉산드리아', '기제', '카이로'를 폭격한다.

어떤 사람: 종말전쟁의 가르침 콜 장관 이번에는 당신이 먼저 나를 치시오.

콜 장관: 이에 그가 나를 치되 상하도록 친지라. 내가 가서 수건으로 눈을 가리워 변형하고 길가에서 이스라엘 왕이 지나가기만을 기다리게 되었다. 마침 그가 지나가는지라 내가 소리질러 왕을 불러 세우고 비유를 들어 말하기를, 종이 전장 가운데 나갔더니 한 사람이 돌이켜 어떤 사람을 끌고 내게로 와서 말하기를 이 사람을 지켜라 만일 저를 잃어버리면 네 생명으로 저의 생명을 대신하거나 그렇지 아니하면 네가 은 한 달란트를 내어야 하리라 하였거늘, 종이 이리저리 일 볼 동안에 저가 없어졌나이다.

이스라엘 왕 '나발': 네가 스스로 정하였으니 그대로 당하여야 하리라.

어떤 사람: 내가 급히 눈에 가리운 수건을 벗으니 미련한자 나발이 저는 예언자 중 한 사람인 줄 알아본지라. 내가 왕께 말하기를 네가 멸하기로 작정한 사람을 네 손으로 놓았으니 네 목숨은 저의 목숨을 대신하고 네 백성은 저의 백성을 대신하게 되리라 말하였노라. 이에 저가 근심하며 가니라……

세계민족들이 불안한 눈으로 중동사태를 주시하고 있을 때 "제자들과 함께 감람산에 오르신 멜키들이 심히 고민하고 슬퍼하사 더 간절히 기도하시매 그들의 땀이 땅에 떨어지는 핏방울같이 된다."

—인체의 땀은 체온이 올라가서 나오는 것이므로 폭염 같은 기상이변을 예고하는 것이고, 핏방울은 물이 붉게 변하는 것이니 적조를 예조하는 것이리라.

제4표징: '예오르(강)'→'하이마(피)'

모세야 너는 아침에 세상 왕들에게로 가라. 그들이 너에게 이적을 보여라 하거든 뱀 되었던 지팡이를 잡고. 네가 네 손의 지팡이로 하수를 치면 그것이 피로 변하고. 하수의 고기가 죽고 그 물에서는 악취가 나리니 사람들이 그 물 마시기를 싫어하리라.

—이상고온에 의한 적조발생과 고기들의 죽음을 나타낸 것이다.

• 증서 "물이 피처럼 붉은 것을 보고."

적조는 적갈색의 플랑크톤으로 미생물이 이상증식 할 수 있는 요건 즉 충분한 양의 질소와 인, 적당한 수온과 염분이 맞으면 미생물이 많아져서 강물이 피처럼 변하고, 적조가 분해하는 점액성분비물의 독성과 산소부족으로 어패류가 몰살당하는 물 재앙이다. 특히 적조 특유의 자극적인 냄새와 고기 썩는 악취는 고약해서 사람들로 하여금 심한 혐오감과 불쾌감을 일으키고 물 부족현상을 더욱 심화시킨다.

한편 자체방어에 나선 예루살렘군은 도시 외곽에 지뢰밭, 부비트랩, 함정, 토둔 등으로 방어선을 보강하고 땅의 짐승들이 올만한 길목마다 짖는 개와 물매 꾼들을 포진시킨다. 이에 예루살렘군이 전면전을 피하고 전수방어에 치중함을 본 아랍군은 야간을 이용하여 장거리포와 미사일에 비살상용화학탄(환각성무능력작용제, 최루가스, 겨자가스, 수면가스, 웃음가스)를 장착하여 발사한다.

이 가스에 노출되면 매워서 눈물을 흘리고 • 예시 "히스기야의 눈물, 예레미야의 눈물, 예수의 눈물"

호흡곤란으로 가슴을 치며 ●예시 "그들이 다 가슴을 두드리며"

토하고 ●예시 "개가 그 토한 것을"

머리가 아프며 ●예시 "내 머리야, 내 머리야 하는 지라"

힘이 빠지고 ●예시 "내 몸에 힘이 빠졌고"

깊은 잠에 빠지며 ●예시 "아담의 잠, 삼손의 잠, 여호수아의 잠, 노아의 잠, 보아스의 잠, 시세라의 잠, 다니엘의 잠"

웃음가스에 취해 깔깔거리며 웃게 된다 ●예시 "사라가 웃고, 다 나와 함께 웃으리로다"

* 웃음가스 N_2O(nitrous oxide) 아산화질소, 일산화이질소인 이 가스는 질소함유물질이 토양박테리아에 의해 분해될 때 생성되고, 자연에서는 0.25ppm 정도의 자연환경농도에 존재하고 있다.

이러므로 아랍군의 화학공격이 가해지면 유대에 있는 자들은 바람이 부는 높은 산으로 달음질하라. ●증서 "그때에 유대에 있는 자들은 산으로 도망쳐라"

이스라엘민족 피란, 키프로스 섬으로

전쟁이 발발하면 필연적으로 발생하는 것이 난민들이다. 시리아군의 침공을 받은 북 이스라엘 땅과 유다 지역에서 수만 명 이상의 난민들이 바닷가나 아라비아 사막지대로 도망친다. 때에 유럽나라들은 이스라엘 난민들로 초비상이 걸리고 수용시설을 마련하느라 분주하지만 터키는 이스라엘난민들의 입국을 거부한다.

"예레미야 너는 가서 예루살렘 거민의 귀에 외쳐 말할지니라. 여호와께서 이같이 말씀하시기를 네 소년 때의 우의(友誼)와 네 결혼 때의 사랑 곧 씨뿌리지 못하는 땅, 광야에서 어떻게 나를 좇았음을 내가 너를 위하여 기억하노라. 그때에 이스라엘은 여호와의 소산 중 처음열매가 되었으니 그를 삼키는 자면 다 벌을 받아 재앙을 만났으리라. 야곱 집과 이스라엘 집 모든 가족아 나 여호와의 말을 들어라. 너희 열조가 내게서 무슨 불의(不義)함을 보았다고 나를 멀리하고 허탄한 것을 따라 헛되이 행하였느냐. 내가 너희를 인도하여 기름질 땅에 들여 그 과실과 그 아름다운 것을 먹게 하겠거늘 너희가 이리로 들어와서는 내 땅을 더럽히고 내 기업을 가증하게 만들었으며. 제사장들은 여호와께서 어디 계시냐 하지 아니하며 법 잡은 자들은 나를 알지 못하며 관리들도 나를 항거하며 선지자들은 폭풍과 우레의 신 '바알' 의 이름으로 예언하고 무익한 것을 좇았느니라.

그러므로 내가 여전히 너희의 후손과도 다투리라. 너희는 이스라엘을 탈출하여 키프로스 섬으로 건너가 보며 아라비아에도 달음질하여 가서 이 같은 일의 유무를 자세히 살펴봐라. 어느 나라가 그 신을 신 아닌 것과 바꾼 일이 있었느냐 그러나 나의 백성은 그 영광을 무익한 것과 바꾸었도다. 너 하늘아 이 일을 인하여 놀랄지어다 심히 떨지어다 두려워할지어다.

내 백성이 두 가지 악을 행하였으니 곧 생수의 근원 되는 나를 버린 것과 스스로 웅덩이를 판 것인데 그것은 물을 저축치 못할 터진 웅덩이니라. 이스라엘이 종이냐 씨종이냐 어찌하여 포로가 되었느냐. 어린 사자들이 너를 향하여 부르짖으며 소리를 날려 네 땅을 파괴하였으니 네 도시들은 불타서 거민이 없게 되었으며. 이집트인의 자손도 네 정수리를 상하였으니 이스라엘의 신이 너를 길로 인도할 때에 네가 나를 떠남으로 이를 자취함이 아니냐. 네 악이 너를 징계하겠고 네 패역이 너를 책할 것이라. 그런즉 신을 버림과 네 속에 나를 경외함이 없는 것이 악이요 고통인줄 알라. 네가 학살된 네 조상들의 기름으로 만든 잿물로 스스로 씻으며 수다한 비누를 쓸지라도 네 죄악이 오히려 내 앞에 그저 있으리니. 네가 어찌 말하기를 나는 더럽히지 아니하였다 다른 신을 좇지 아니하였다 하겠느냐. 골짜기 속에 있는 네 길을 보라 네 행한 바를 알 것이니라.

너는 발이 빠른 젊은 암약대가 그 길에 어지러이 달림 같았으며. 너는 광야에 익숙한 들암나귀가 그 성욕이 동하므로 헐떡거림 같았도다. 그 성욕의 때에 누가 그것을 막으리요 그것을 찾는 자들이 수고치 아니하고 그것의 달에 만나리라. 내가 또 말하기를 네 발을 제어하여 벗은 발이 되게 말며 목을 갈증나게 말라 하였으나, 오직 너는 말하기를 아니라 이는 헛된 말이라 내가 이방 신을 사랑하였으니 그를 따라 가겠노라 하는 도다. 도적이 붙들리면 수치를 당함같이 이스라엘 집 곧 그 왕과 관리들과 제사장들과 선지자들이 수치를 당하였느니라. 그들이 나무를 향하여 너는 나의 아비라 하며 돌을 향하여 너는 나를 낳았다 하고, 그 등을 네게로 향하고 그 얼굴은 내게로 향치 아니하다가 환난을 당할 때에는 이르기를 일어나 우리를 구원하소서 하리라. 네가 어찌하여 네 길을 바꾸어 부지런히 돌아다니느냐 네가 시리아로 인하여 수치를 당함같이 이집트로 인하여 수치를 당할 것이라. 네가 두 손으로 네 머리를 싸고 거기서도 나가리니 이는 네가 의지하는 자들을 내가 버렸으므로 네가 그들을 인하여 형통치 못할 것임이니라."

데오빌로여 옛날 이스라엘 땅 돌들의 기념물이라 하는 곳에 울퉁불퉁한 고원지대가 있었습니다.

그곳 '와디 야비스' 남쪽 즉 요단 동쪽에서 약 14km 떨어진 곳에 '리스텝' 마을이 있었고 아주 오래 전에 이 선지자들의 마을에 한 아기들이 태어났었습니다. 그 아기들은 태어날 때부터 꼽추였고 전신에 털이 많은 기형아들이었습니다. ●증서 "그는 몸에 털이 많은 사람인데" 그래서 동네 아이들의 희롱과 멸시를 받고 자랐습니다. 세월이 흘러 그들의 용모가 원숭이처럼 변하자 그 부모들은 그들을 버렸고 청년들은 마을을 떠나서 산 벼랑에 있는 토굴에서 생활했습니다. 산 속이 추운 고로 그들은 늘 짐승털 옷을 입고 가죽띠로 허리를 동였으며 메뚜기와 석청을 먹고 살았습니다. 반은 사람, 반은 짐승(Papio원숭이)같은 그들이 가끔씩 마을에 내려올 때면 동네사람들이 몰려와서 쑤군대고 아이들은 손뼉을 치며 놀렸습니다. 이에 사람을 싫어한 그들은 밤마다 하늘을 동경하며 별을 관찰하다가 천지의 질서와 조화대로 새겨진 신들의 기록을 통달했습니다.

그들은 하루에 세 번씩 신들에게 기도하였는데 그때마다 그들의 머리는 가랑이 사이로 들어갔습니다. 등이 몹시 굽었기 때문입니다. 그들은 동물들의 언어를 이해했으며 새들의 말을 알아들었습니다.

이 사람들이 바로 '엘리야'들입니다.

그 시대에 아합이라는 이스라엘 왕이 있었는데 그는 아내 이제벨의 꼬임에 빠져 폭풍과 우레의 신 바알을 숭배하면서 종교적 매춘행위를 일삼던 자였습니다. 이 자로 인해 이스라엘 땅에 우상숭배가 만연하게 되자 여호와께서는 엘리야를 보내어 아합 왕을 경계하게 했습니다. 디셉사람 엘리야가 아합 왕을 찾아가서 말하기를 "나의 섬기는 신들의 사심을 가리켜 맹세하나니 내가 비오라고 말하기 전 까지는 수 년 동안 비가 오지 아니하리라" 하자. 아합이 겁을 먹기는 커녕 벌컥 화를 내며 말하기를 '이 꼽추선지자가 왕을 희롱하는가' 하고 그를 잡아다 심한 매질을 가했습니다. 이에 고문을 당하여 초죽음이 되다시피 한 엘리야는 그 길로 도망하여 요단 앞 그릿 시냇가 굴속에 숨었고. 아합 왕은 이 모든 저주가 임하지 않도록 매일 두 차례씩 신들에게 제사를 드렸습니다. 여호와는 까마귀들을 시켜 아침과 저녁으로 아합이 신께 바친 떡과 고기를 엘리야에게 물어다 주게 했습니다. (그들은 예표의 사람으로서 부정한 음식을 먹을 수밖에 없었던 것이지요.)

얼마 후에 그 말대로 땅에 비가 내리지 않자 강들은 곧 말랐고 사람들은 마실 물을 찾아 방황했습니다.

이 가뭄의 때에 도처에 흡혈귀들이 출몰했었고 아합은 여호와의 종들을 죽여 그 피로 물을 대신했었습니다.

여러 날 후 엘리야가 다시 아합에게 나타나서 다음과 같은 제안을 했습니다.

"너희들이 믿는 바알과 그의 모신(母神) 아세라를 믿는 선지자들을 모아라, 그래서 누가 하늘에서 불을 내리는 신인지를 가려 보자" 이에 신들의 힘을 시험해 볼 절호의 기회임을 안 아합은 승낙했고 갈멜산에서 능력대결이 벌어졌습니다. 먼저 바알과 아세라 선지자들이 칼과 창으로 자신들의 몸을 그어 피를 흘리면서 아침부터 낮까지 '바알이여, 바알이여' 하고 불렀으나 아무 대답이 없었습니다. 결국 엘리야의 기도에 불로 응답하신 여호와로 인해 바알과 아세라 선지자들의 목은 잘렸습니다. 그때에 머리털을 뜯고 수염을 뽑았는지 그것은 모르겠습니다. 이 소식을 들은 아합 왕의 아내 이제벨은 분하고 원통하여 엘리야를 죽이리라 결심했고 이 소문을 들은 엘리야는 오늘날의 '텔 에스-세바'로 도망쳤습니다.

그때에 도망치다 지친 엘리야가 금작화나무 아래 앉아서 지난 일을 회상하니 가시와 찔레 뿐이라. 경멸과 조롱의 말을 듣고 자랐고 매도 수도 없이 맞았으며 여러 번 죽을 뻔하였으니 자신의 신세가 너무나도 처량했습니다. 그래서 차라리 나를 죽여주시오 라고 부르짖었습니다. 이에 여호와께서는 천사를 보내어 떡과 물을 먹인 후에 엘리야를 시켜서 '텔 아부시프리' 목초지에서 큰 농사를 짓고 있던 사밧의 아들 엘리사에게 기름을 부어 선지자로 세우게 했습니다. 이 엘리사는 체구가 크고 용모가 출중하였으나 머리털이 없는 대머리였습니다. 엘리야는 그에게 선지자 겉옷을 던졌고 엘리사는 순순히 따라나와 엘리야의 수종을 들었습니다.

그리하여 꼽추와 대머리가 함께 다니자 이를 본 동네 아이들은 더 낄낄거리며 놀렸습니다.

그래도 그들은 '이제 곧 휴거가 일어나서 의인들이 하늘로 들려 올라갈 것이다. 그러니 너희들은 우상을 버리고 하나님께로 돌아오라고' 외쳤습니다. 그후 엘리야는 하늘로 승천했고 엘리야 보다 갑절의 영감을 받은 엘리사가 요단을 떠나 베이틴으로 올라가고 있었습니다. 그 날도 여느 때와 마찬가지로 아이들이 나와서 '대머리여 너도 하늘로 올라가라 대머리여 너도 하늘로 올라가라 우리에게 너 같은 선지자는 필요 없다'라고 하면서 손뼉을 치며 놀리자, 화가 난 엘리사는 그 즉시 아이들을 저주했고 곧 수풀에서 암콤 두 마리가 나와서 42명의 아이들을 찢어 죽였습니다.

연합군 2 '아르코스(곰)'

"다른 짐승 곧 둘째는 곰과 같은데 그것이 몸 한 편을 들었고. 그 입의 이빨사이에는 세 갈빗대가 물렸는데. 그에게 말하는 자가 있어 이르기를 일어나서 많은 고기를 먹어라 하였으며..."

곰은 세계최대의 육식 동물로 곰이 사는 지역은 크게 스칸디나비아에서 소련의 동부까지, 북극지방, 아메리카 세 지역이다. 이외에 인도동부, 스리랑카에 사는 느림보곰, 남아메리카의 베네수엘라, 볼리비아에 사는 안경곰, 동남아시아에 분포되어 있는 말레이곰, 인도에서 일본에 이르는 지역에 사는 반달가슴곰 등이 있다.

이 여러 마리의 곰들 중에서 시베리아 큰곰은 개방된 장소로 잘 나오려 하지 않는데 장차 개혁과 개방을 포기하고 공산주의로 복귀하는 러시아가 이 큰곰으로 묘사된다.

곰에게는 회귀본능이 있어서 본디의 자리로 되돌아가기 때문에 소련제국은 반드시 부활하게 되어있는 것이다. 미국은 북 아메리카에 사는 대형 곰으로 이 곰은 행동이 느리고 공격적이며 번식을 최대한 성공시키려는 특성이 있다. 그래서 미국인들은 무슨 일에든지 서두르는 법이 없고 강한 군사력을 바탕으로 끊임없이 그들의 행동권을 세계에 뻗치려 한다. 이와는 대조적으로 큰곰은 배타적인 행동권을 확립하며 아무 것도 두려워하지 않는다. 특히 몹시 굶주리게 되면 매우 난폭해지고 사나워서 자신을 위협하거나 경쟁관계에 있는 상대는 가차없이 쫓아내거나 물어 죽이는 습성이 있다. 간혹 시베리아 곰이 아메리카 곰과 싸워 이기는 경우가 있지만 둘 다 치명상을 입기 때문에 서로 싸움을 피하는 편이다. 미국과 러시아의 군사적 대립양상이 이 곰들의 앙숙관계와 같다고 볼 수 있다.

첫번째 곰

막강한 군사력을 바탕으로 전쟁을 일으키는 러시아연합이다. 이 곰이 몸 한편을 들게 되는데 몸을 드는 이유는 넘어야 할 장애물이 있기 때문이다. 지리적으로 러시아와 중동은 4000m급 고봉이 즐비한 카프카스산맥에 의해서 동-서로 길게 막혀있다. 이 때문에 러시아군이 중동을 치려면 반드시 산을 넘어야된다. 이것을 묘사한 것이다. 현재 러시아군이 보유한 수송헬기들은 서방 것과 달라서 기체가 크고 이륙중량이 많다. 폭설이 자주 내리고 날이 추운 기후 탓에 공중수송능력이 발달해왔기 때문이다.

Mil Mi-26 Halo, M-26은 현존하는 헬기 중에서 세계 최대의 대형 수송헬기로 무장병력을 85명까지 탑승시킬 수 있다.

탑재량과 적재공간은 C-130 수송기에 필적하며 1994년 발달형인 Mi-26M은 최대 25톤까지 적재할 수 있을 만큼 엔진이 강력하다. 이 기종들은 몸집이 큰 방아깨비들과 비슷하게 생겼다.

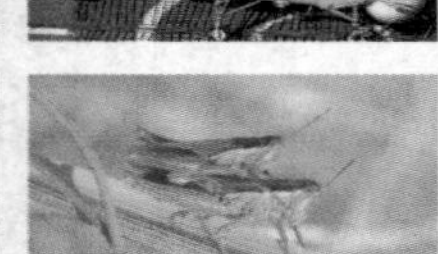

공격능력과 병력수송 능력을 갖춘 MI-24 HIND,

대잠 헬기인 KaMOV Ka-27, KA-25 기종들은 생김새가 메뚜기와 비슷하다.

수상착륙이 가능한 대잠 및 해난 구조용 헬기인 Mil Mi-14 Haze는 잠자리와 비슷하다.

두번째 곰

그 후 러시아는 쿠르디스탄을 지원하여 독립시킨다. 하지만 이일을 계기로 러시아연방에 내분이 발생해서 시베리아가 연방을 이탈하고 흑해 주변의 자치구들과 소 공화국들이 합쳐서 카프카스 소연방을 결성한다.

소형기계로봇, 광선무기가 전쟁에 사용되는 시대에 시베리아는 세력을 남쪽으로 팽창하여 북한과 군사제휴를 맺고 러시아를 쳐서 병합한다. 그런 다음 카프카스 소연방을 치러 오는데 이 곰이 세 갈빗대 즉 같은 연방의 일원이었던 아라랏·민니·아스그나스 세 나라를 집어삼키게 된다.

△아라랏: 그루지아·아르메니아·아제르바이잔.

△민니: 신생국 쿠르디스탄공화국.

△아스그나스: 체첸잉구슈자치공화국·카바르다발카르자치공화국·칼미키야하리묵자치공화국·노르트오세티아자치공화국·다르케스탄자치공화국 外 10개국 이상

세번째 곰

살인곤충들이 전쟁에 사용되는 시대, 독일은 비밀리에 인간염색체를 개조한 유전자를 인공자궁에 넣어서 무자비하고 잔인한 군인들을 대량 복제해 낸다. 이 유전자공학기술에 의해서 창설된 엘리트부대들이 신 소련연방을 쳐서 이기고 전 세계를 피로 물들이게 된다. 그래서 이 곰에게 일어나 많은 고기를 먹어라 하였다. 즉 사람들을 많이 물어 죽이라는 뜻이다. 성경은 소련군과 독일군을 포수로 묘사하고 있는데 이는 살아 움직이는 것은 무엇이든 다 쏘아 죽이는 무자비한 군인들이기 때문이다.

●증서 "보라 내가 많은 어부를 불러다가 그들을 낚게 하며 그후에 많은 포수를 불러다가 그들을 모든 산과 모든 작은 산과 암혈에서 사냥하게 하리니..."

→2042년→ 러시아공군 TU-95MS '베어(곰)' 폭격기 중동폭격

"보라 한 민족이 북방에서 오며 큰 나라가 땅 끝에서부터 떨쳐 일어나나니. 그들은 미사일과 탄도미사일을 잡았고 잔인하여 자비가 없으며 그 목소리는 바다의 흉용함 같은 자라 그들이 말을 타고 전사같이 전투대형을 벌이고 딸 시온 너를 치려하느니라. 우리가 그 소문을 들었으므로 손이 약하여졌고 고통이 우리를 잡았으므로 아픔이 해산하는 여인 같도다. 너희는 밭에도 나가지 말라 길로도 행치 말라 대적의 칼이 있고 사방에 두려움이 있음이니라. 딸 내 백성이 굵은 베를 두르고 재에서 굴며 독자를 잃음같이 슬퍼하며 통곡할 것이니 멸망시킬 자가 홀연히 우리에게 옴이라. 그들은 다 심히 패역한 자며 다니며 비방하는 자며 그들은 놋쇠와 철이며 다 사악한 자라 풀무를 맹렬히 불면 그 불에 납이 살라져서 단련하는 자의 일이 헛되게 되느니라.

파괴하는 자가 너를 치러 올라왔으니 그의 군인들의 옷은 붉으며(붉은 군대 소련)그 전투대형을 벌이는 날에 병거의 철이 번쩍이고 '램 제트'미사일이 요동하는 도다. 그 차량들은 거리에 미치게 달리며 대로에서 이리저리 빨리 달려가니 그 모양이 횃불 같고 번개처럼 빠르도다. 휙휙 하는 총탄소리, 쾅쾅 하는 전차 바퀴소리, 뛰는 말, 달리는 차량, 충돌하는 군대, 번쩍이는 칼, 번개같은 창, 살육 당한 떼, 큰 무더기 주검, 무수한 시체여..."

→2016년 · 2043년→ 아시아지역 가뭄확산

그해 1월 곧 3월에 아시아지역에 발생한 겨울가뭄으로 보리 수확량이 줄고 파종한 씨앗들이 싹을 틔우지 못하면서 동남아시아 나라들에 큰 식량위기가 닥친다. 그런데다 가뭄과 건조한 날씨로 식수가 오염되고 강물이 더러워지면서 수인성 질병인 말라리아, 콜레라, 장티푸스들이 창궐한다.

"세상에서 말하기를 가령 사람이 그 아내를 버리므로 그가 떠나 타인의 아내가 된다 하자 본부가 그를 다시 받겠느냐 그리하면 그 땅이 크게 더러워지지 않겠느냐. 네 눈을 들어 자산을 보라 너의 행음 하지 아니한 곳이 어디 있느냐 네가 길가에 앉아 사람을 기다린 것이 광야에 있는 아라비아 사람 같아서 음란과 행악으로 이 땅을 더럽혔도다. 그러므로 단비가 그쳐졌고 늦은 비가 없어졌느니라."

그의 백성이 다 전쟁으로

북쪽은 레바논과 시리아 군에게, 남쪽은 이집트 군에게, 동쪽은 요르단과 이라크 군에게, 서쪽은 팔레스타인 군에게 완전 포위되자 조국을 방위하기 위해서 유대인들이 돌아온다. 세계 각처에서 시온으로 돌아오는 청년남자와 청년여자들을 보라 이들이 누구인고. 고대에 유명했던 장수의 아들들이라.

그의 선조들은 다 전쟁의 맹사였다. 에센사람 아디노라 하는 자는 혼자서 팔백 인을 쳐죽였고, 도다이의 아들 엘레아자르와 아게의 아들 삼마와 요압의 아우 아비새 이 세 사람은 녹두나무가 가득한 밭에 모인 군대를 충돌하고 나가서 우물물을 길어 왔으며, 아비새는 창만 가지고 삼 백 인을 죽였고, 여호야다의 아들 브나야는 함정에 내려가서 사자를 죽였으며, 갑스엘의 용사는 막대를 가지고 적군 치기를 이삭 치듯 하였다.

이외에도 많으니 37인의 용사를 다 말할 수 없다.

그때에 심각한 경제난과 식량난에 봉착한 러시아는 벨라루시·몰도바에 살던 유대인들까지 전부 국외로 추방시킨다.

●증서 "예레미야 배역한 이스라엘은 패역한 유다 보다 오히려 의로움이 나타났으니. 너는 가서 북쪽 러시아를 향하여 이 말을 선포하여 일러라 배역한 이스라엘아 돌아오너라 배역한 자식들아 돌아오너라 하거라."

성경에 예언된 대로 예루살렘이 아랍 군에게 포위되고 사방에서 유대인들이 고토로 돌아오자 하나님을 믿지 않는 점쟁이들까지 성서적 종말을 외치며 세상을 소동시킨다.

제5표징: '바트라코스(개구리)'

모세야 너는 세상 왕들에게 가서 여호와께서 개구리로 온 땅을 친다 하라. 개구리가 하수에서 무수히 생기고 올라와서 궁전에와 침실에와 침상 위에와 신하의 집에와 백성에게와 화덕에게와 떡 반죽 그릇에 들어가며 개구리가 왕들과 백성들과 모든 신하에게 오르리라.

—개구리가 이상 번식하여 많아지니 잠을 자지 못할 만큼 세상이 시끄러워진다는 것이요. 개구리가 궁전에 있으니 개구리가 왕들의 모사가 된다는 것이요. 개구리들이 모든 신하에게 오르는 것은 정치인들이 개구리들의 말을 좇는다는 것이요. 또 침실에 있다는 것은 성이 문란해진다는 것이요. 책상에 있다는 것은 개구리가 쓴 책(점술, 마술, 기, 초능력)이 잘 팔린다는 것이요. 떡 반죽 그릇에 있다는 것은 식량이 부족한 시대에 사람들이 도처에 널린 개구리 떼를 잡아먹고 살아간다는 뜻이다.

양서류 중 가장 번성하고 있는 개구리는 뱀·도마뱀과 흡사한 것이 많고 어떤 것은 중간 크기의 악어 만한 것도 있다. 문서에 개구리로 표현된 용어들은 다른 양서류들도 포괄하는 것이다. 북아프리카, 수리아, 소아시아에서 가장 일반적인 개구리는 길이가 약 15cm 정도인 식용 개구리 '라나 리디분다'이다.

팔레스타인에서 발견되는 '라나 에스쿠렌타'는 1월초에 올챙이로 나타나서 우기동안에 번성하기도 한다.

개구리의 번식 활동을 일으키는 세 가지 주요 요인은 낮의 길이·높은 온도·강우량이다.

개구리는 어떤 환경이든 화려하게 적응하며 여러 색깔의 몸빛과 무늬는 먹이 감을 유혹하거나 자신을 은폐시킬 수 있다. 개구리의 피부에서는 독액이 나오는데 콜롬비아에 사는 불빛 독개구리는 사람을 죽일 수 있는 맹독을 갖고 있다. 개구리가 사람 눈에 가장 잘 띄는 때는 번식기이며 이 시기에는 많은 수가 모여드는데 그 수는 수백에서~수천에 이른다.

전쟁으로 뱀과 새들이 사라지고 날이 더워 비가 자주 내리면 수온이 올라가서 개구리들이 무수히 불어난다. 그런데다 강풍이 불면서 물들이 흔들리므로 안전한 육지로 올라오는 것이다. 개구리들이 알리는 위험신호는 비명처럼 들리고 떼를 이루게 되면 세상이 아주 시끄럽다. 개구리는 변온동물로 환경의 온도를 체온조절에 잘 이용하며 특히 천체의 위치, 자장의 변화로 무리를 짓기 때문에 우주현상에 매우 민감한 동물이라 할 수 있다. 역술가나 점성가들은 천체들의 위치, 별의 운행, 태양 징조들이 지구상의 어떤 사건이나 개개인의 운명에 영향을 끼친다고 믿는다. 그래서인지 그들을 별점을 치는 솜씨가 매우 과학적이며 상당한 논리에 근거하고 있다. 특히 점쟁이들은 불안한 사람들의 심리와 세상풍조를 적절하게 이용하는 재주가 있다.

전쟁이나 재변 따위로 세상이 어지러워진 시대, 사람들은 자신의 미래 혹은 세상의 운명을 알고싶은 유혹에 빠진다. 그래서 이성으로 체험할 수 없는 것을 경험하고 그것을 일신상의 위로수단으로 삼으려하는 것이다. 점술이 몰고 오는 병리현상과 사회적 폐단은 이루 말할 수 없다.

여호와께서는 점쟁이, 점성술사, 마술사, 무당, 박수, 주술사, 사술사, 진언자, 초혼자, 귀신 접한 자, 마법사, 요술사, 도인, 기인, 초능력자 등 모든 신비주의자들을 개구리로 묘사하셨는데, 이는 종말에 자신들을 구세주로 자처하면서 예언을 하기 때문이다.

개구리와 종말신비인의 유사적인 특징

△개구리의 울음소리: 거짓예언으로 세상을 시끄럽게 만듦.

△천기에 민감: 점술과 점성술에 능통.

△뛰어난 위장술: 자신들을 신의 대리인으로 위장.

△유인성: 현란한 말솜씨.

△화려함: 인기와 명예를 추구.

△번식성: 많은 추종세력을 가짐.

△변태성: 독특한 생활방식.

△넓은 분포: 모든 유형의 생활환경과 다양한 사회계층까지 퍼짐.

△독성: 이들의 말을 좇으면 필경 사망에 이를 수밖에 없음.

●옛 개구리과

이 사람들은 자칭 산 속이나 계곡에서 도를 닦았다고 하는 점쟁이들로 은밀하게 상대에게 접근한 후 밀착되면 잘 떨어지지 않는다.

●무당개구리과

이 사람들은 아주 물을 싫어하는 점쟁이들로 별 인기가 없고 주로 우환이나 변고를 점치는 자들이다.

●피파과

이 사람들은 주로 기공을 연마한 점쟁이들로 기합·도약·축지술 같은 무공 술을 이용하여 사람들을 현혹한다.

●멕시코맹꽁이과

이 점쟁이들은 구멍파기의 명수로 임박한 환난에 대비하여 지하의 은신처 또는 피난처를 마련하고 먹을 양식과 생존에 필요한 장비들을 예비토록 하는 자들이다.

●쟁기발개구리과

이 점쟁이들은 대상을 찾아다니지 않고 먹이가 접근하길 기다리는 거미 같은 자들이다. 이 자들 역시 피난처를 예비하는 자들인데 주로 사막지대에 수직으로 된 깊은 구멍을 파게 한다.

●두꺼비과

이 점쟁이들은 적극적이며 공격적이라 부녀들을 풀어 소문을 퍼트리거나 대중매체를 이용하여 폭발적인 번식을 할 수 있다. 집착이 강하기 때문에 한번 잡은 먹이는 놓지 않는다.

●황금개구리과

이 개구리는 몸빛이 금빛이며 독특하게 십자형으로 생긴 골질의 덮개가 있다. 이 사람들은 사이비 기독교 교주 또는 그 추종세력으로 성경을 교묘히 해석하여 사람들을 미혹한다.

●코 개구리과

부모가 새끼 돌보는 것이 독특한 개구리로 이 점쟁이들은 제자를 양육하며 따스한 인정과 구제로 사람들을 끌어들인다. 이들은 집단을 구성하기 위한 기업 또는 사회사업을 하는 편이다.

●유령개구리과

이 점쟁이들은 귀신의 조종을 받는 타입으로 술수에 뛰어나며 조직을 잘 관리한다. 이 개구리는 피부에 날카로운 가시가 있기 때문에 자신을 배신한 사람들에게 어떤 형태로든 복수하는 성향이 있다.

●거북개구리과

이 점쟁이들은 세상의 적응방식을 터득하여 조심성이 많기 때문에 미래를 속단하여 예언하는 법이 없다. 비가 온 뒤에 지상에 나오는 것처럼 사건이 터져야만 야단법석을 떤다.

●긴 발가락개구리과

거품을 내는 이 개구리는 몸빛이 녹색, 붉은 색, 분홍색 등 다양하고 선명하며 금속성의 광택이 난다. 그래서 이 점쟁이들은 허세, 허풍이 세고 기와 초능력, 신비한 광선이나 사진(UFO)을 이용하여 사람들을 끌어 모은다.

●청 개구리과

아주 눈치 빠른 점쟁이들로 교묘히 자신의 신분을 위장하며 무슨 일이든 닥치면 땅바닥에 납작 붙어서 잘 일어나지 않는다. 점술이 틀릴 경우 그럴듯하게 둘러대는 말솜씨가 뛰어나고 수습을 잘 한다는 뜻이다.

●페러독스개구리과

이 개구리에 운동성을 높이는 특수 발 뼈가 있는 것처럼 이 점쟁이들은 무술이나 운동을 이용하여 무리들을 끌어 모은 후 점도 쳐주는 사람들이다.

●세이셜개구리과

이 점쟁이들은 주로 가난하고 무식한 사람들을 포섭하는 사람들이다.

●물개구리과

이 점쟁이들은 기의 흐름을 연구하는 도인들로 주로 금식과 단식을 권장한다.

끝날이 될수록 이와 같은 사이비 기독교와 신비주의적 집단들이 대거 출현하여 거짓 가르침으로 대중들을 그릇되게 이끌면서, 극단적인 엄격주의에 빠져 결혼을 부정하고 고기, 우유, 계란 등 동물적인 산물을 먹지 않거나 금식과 금욕을 높이 평가하여 사회적인 병폐와 폐단을 몰고 온다.

●증서 "그들이 식물을 폐하고 혼인을 금하라 할 것이나…"

그럴듯해 보이는 교리가 사람들을 타락시키는 이유는 정신과 육체는 반대되는 성향이 있기 때문이다. 그래서 굶을수록 먹고자 하는 욕구는 강해지고 성욕은 억제할수록 음란한 생각과 충동이 더욱 발동한다.

이 때문에 거짓이 폭로되어 믿음을 상실하게 되면 반작용으로 방종을 좇게 되므로 그 사람의 처음형편보다 나중형편이 더 나빠지게 되는 것이다. 이성으로 만족하지 못하면 동성으로, 동성으로 만족하지 못하면 마약으로, 마약으로 만족하지 못하면 동물들의 난잡한 성에 충동되어 수간도 서슴없이 저지른다.

●증서 "너는 양, 염소, 개, 말 같은 짐승들과 교합하여 자기를 더럽히지 말며 여자가 된 자는 짐승 앞에 서서 그것과 교접하지 말라 이는 문란한 일이니라."

이단에 대한 경고

그들이 거짓으로 예언하여 사람들을 두렵게 하면서 여호와의 이름을 빙자하여 말하기를 내가 몽사를 얻었다 환상을 보았다 함을 나 여호와가 들었노라. 거짓을 예언하는 선지자들아 언제까지 이 마음을 품겠느냐 너희들은 그 마음의 간교한 것을 예언하느니라. 몽사를 얻은 선지자는 몽사를 말할 것이요 내 말을 받은 자는 성실함으로 내 말을 말할 것이라 겨와 밀을 어찌 비교하겠느냐. 내 말이 불같지 아니하냐 반석을 쳐서 부스러뜨리는 방망이 같지 아니하냐. 그러므로 보라 서로 내 말을 도적질하는 선지자들을 내가 치리라. 보라 그들이 혀를 놀려 그가 말씀하셨다 하는 선지자들을 내가 치리라. 보라 거짓 몽사를 예언하여 이르며 거짓과 헛된 자만으로 내 백성을 미혹하게 하는 자를 내가 치리라. 내가 그들을 보내지 아니하였으며 명하지 아니하였으니 그들이 이 백성에게 아무 유익이 없느니라.

세상 왕들: 여호와의 엄중한 말씀이 무엇이냐 하거든, 너는 그들에게 대답하기를 엄중한 말씀이 무엇이냐 하느냐 여호와의 말씀에 내가 너희를 버리리라 하셨고.

점쟁이들: 이는 여호와의 엄중한 말씀이라 하거든 내가 그 사람과 그 집에 벌하리라 하셨다 하고 다시는 여호와의 엄중한 말씀이라 말하지 말라. 각 사람의 말이 자기에게 중벌이 되리니 이는 너희가 사시는 하나님, 만군의 신들의 이름을 망령되이 씀이니라 하고. 무엇을 묻거든 여호와의 엄중한 말씀이라 말하지 말고 그냥 내 생각에는 이럴 것이다 하라.

제6표징: '켄(이, 모기, 하루살이)'

모세야 네 지팡이를 들어 땅의 티끌을 치라. 그것이 땅에서 이가 되리라.

그대로 하니 먼지가 이로 변해서 사람들 몸에 달라붙는다.

—이라크, 이란, 러시아군까지 참전한 세계대전에 화학·생화학무기들이 사용되면서 각종 피부질환이 발생한다.

이, 벼룩은 사람이나 가축의 몸에 기생하는 흡혈 기생충으로 깃털, 피부, 분비물, 혈액을 먹이로 하는 곤충이다. 이는 날개가 없고 벼룩처럼 뛰어 오르지도 못하지만 이 작은 곤충 한 마리가 수백만 명을 죽음으로 몰아 갈 수 있다. 히브리어 '키님'은 이, 모기, 하루살이로 번역할 수 있는데 이는 생화학 무기들이 하루살이, 모기, 이 ,벼룩, 진드기에 기생하는 라케차 같은 바이러스를 사용하기 때문이다. 이들 무기에 의한 증상이 이에 물린 것과 흡사하기 때문에 B W 전쟁들이 이 재앙으로 묘사되었다.

화학무기에는 신경작용제, 혈액작용제, 수포작용제, 구토작용제, 질식작용제가 있으며 성분에 따라 눈물, 기침, 재채기, 가슴 답답함, 정신착란, 동공축소 같은 증상이 나타난다. 생화학무기는 탄저열, 장티푸스, 콜레라, 생화학병균들을 무기화 시킨 것으로 높은 신열이 따르는 열병을 일으키며 24시간 안에 수만 명을 죽일 수도 있다. 이 병균들에 감염되면 설사, 구토, 탈수현상, 오한, 발열, 경련, 소리지름, 시각과 청각의 상실이 발생하고 극심한 피부질환을 일으켜서 가려움, 진물, 수포, 농포, 홍반, 백반, 색소반이 생기다 피부가 얼룩덜룩해진다. 이보다 더 무서운 신경가스는 공기보다 무겁고 냄새도 맛도 없는 무색의 기체인데 30초면 사람을 죽이고 60초 후에는 흔적도 없이 사라져버린다.

→2017년 · 2044년→ 이란연합군참전, 생화학무기사용

그해 이스라엘군의 반격에 밀려 아랍군들이 퇴각하자 이란군이 전쟁에 참전한다.

때에 이란에서 던진 스커드창, 샤하브창들이 이스라엘의 주요 군사목표물에 떨어지는 가운데 ★보병 13만, 기갑사단 4개, 마병(장갑차)부대 7개★가 예루살렘을 포위한다.

"너희는 유다에 선포하며 예루살렘에 공포하여 이르기를 이 땅에서 전쟁의 나팔을 불라 하며 또 크게 외쳐 이르기를 너희는 모이라 우리가 견고한 성으로 들어가자 하고. 시온을 향하여 기호를 세우라, 도피하라, 지체하지 말라 내가 북방에서 재앙과 큰 멸망으로 이르게 할 것임이니라.

사자(이란)가 그 수풀(자그로스산맥)에서 올라왔으며 열방을 멸하는 자가 나아왔으되 네 땅을 황폐케 하려고 이미 그 처소를 떠나 나왔으니 네 도시들이 황폐하여 거민이 없게 되리니. 이를 인하여 너희는 굵은 베를 두르고 애곡하라 대저 여호와의 맹렬한 노가 아직 너희에게서 돌이키지 아니하였음이니라. 그 날에 왕과 방백들은 실심할 것이며 제사장들은 놀랄 것이며 선지자들은 깜짝 놀라리라.

내가 가로되 슬프도소이다. 여호와여 주께서 진실로 이 백성과 예루살렘을 크게 속이셨나이다 이르시기를 너희에게 평강이 있으리라 하시더니 칼이 생명에 미쳤나이다."

→2017년~2019년 · 2044년~2046년→ 기상이변

그즈음 동쪽으로부터 뜨거운 열풍이 불면서 농작물들에 깜부기와 고조병이 발생하여 3년 정도 흉년이 든다. 기근의 주된 원인은 가뭄이지만 병충해나 곤충 떼 같은 자연적 원인에 의해서 발생하기도 한다.

또 전쟁과 같은 인간의 행위에 의해서 유발될 수도 있다. 기근은 양식의 가격을 극심하게 상승시키는데 군사적 파괴와 전쟁의 위협이 가세할 경우에는 사회적, 도덕적 질서가 붕괴되어 버린다.

그때에 황마가 나간 중앙아시아 땅에서 짐승과 사람이 참혹하게 굶어죽으면서 또 다른 전쟁의 풍설이 들린다. 그때에 바다에는 폭풍들이 생성과 소멸을 반복하고 또 큰 태풍들이 발생해서 아시아지역에 대 홍수가 발생한다. 유렵에는 시속 2백50km가 넘는 살인폭풍이 몰아치고 미대륙에는 F5등급의 토네이도 대열이 휩쓴다. 남태평양의 섬들에는 해저지진으로 발생한 쓰나미가 덮쳐서 수많은 인명피해와 재산피해가 발생한다.

이러할 때에 사람들은 미래에 대한 불안으로 기절해버린다.

- 증서 "일월 성신(日月星辰)에는 징조가 있겠고 땅에서는 민족들이 바다와 파도의 우는소리를 인하여 혼란한 중에 곤고하리라. 사람들이 세상에 임할 일을 생각하고 무서워하므로 기절하리니."

"그때에 이 백성과 예루살렘에 이를 자 있어서 뜨거운 바람이 광야 자산에서 내 딸 백성에게 불어온다 하리라. 이는 키질하기 위함도 아니요 정결케 하려 함도 아니며. 이보다 더 강한 바람이 나를 위하여 오리니 이제 내가 그들에게 심판을 베풀 것이라. 보라 그가 구름같이 올라오나니 그 병거는 회리바람 같고 그 말들은 독수리보다 빠르도다 우리에게 화 있도다 우리는 멸망하도다 하리라. 너희는 예루살렘 거리로 빨리 왕래하며 그 넓은 거리에서 찾아보고 알라. 너희가 나를 두려워하지 아니하느냐 내 앞에서 떨지 아니하겠느냐 내가 모래를 두어 바다의 계한을 삼되 그것으로 영원한 계한을 삼고 지나치지 못하게 하였으므로, 파도가 흉용하나 그것을 이기지 못하며 뛰노나 그것을 넘지 못하느니라. 너희는 나무를 베어서 예루살렘을 향하여 흉벽을 쌓아라 이는 벌받을 성이라 그 중에는 오직 포학한 것뿐이니라."

→??18년(?)→ 부활사건 발생

그때에(※달빛이 햇빛 같고 햇빛은 일곱 배 이상 밝게 빛날 만큼 지구가 태양을 향해 가까이 다가갔을 때) 그리스도 안에서 죽은 자가 살아나서 하늘로 올라가는 부활사건이 발생한다.

그때는 지구가 뜨거운 불에 녹아 그 형태를 유지할 수 없게 되지만, ??18년 이때는 그렇지 않기 때문에 태양 빛과 달빛이 현재보다 더욱 밝게 빛날 것이다. '부활'이란 썩어 없어진 신체가 우주에서 살 수 있는 몸으로 신비하게 재조직되는 기이한 현상을 말한다. 이 초자연적인 사건은 눈에 보이지 않으며 또 볼 수도 없다. 그러나 구시의 부활 때에는 사방이 어두우면서 큰 지진이 나고 부활자의 무덤이 터지거나 열리기 때문에 무덤에 가서보면 누가 부활했는지 알 수 있다.

● 증서 "그때에 죽은 자들이 살아 일어나고."

8은 변화의 수로, 부활은 8 · 18 · 38로 끝나는 그 해에 발생하고 부활이 발생한지 14년 후에 성도의 몸이 공중으로 들려지면서 신령하게 변화는 휴거가 발생하는 때도 있다.

• 증서 "14년 후에 다시 하늘의 예루살렘으로 올라갔으니."

그러나 하나님께서는 연결과 분리의 법칙을 사용하셔서 어떤 때는 부활과 휴거가 동시에 발생하고, 어떤 때는 부활과 휴거가 따로 따로 발생하기 때문에 부활의 때를 정확하게 예측하기 어렵다.

죽은 자의 부활을 예시한 것

△8년간 중풍 병을 앓던 애니아를 베드로가 고침.(신체변화)

△십자가의 도를 말씀하신 후 8일쯤 되어 용모가 변화됨.(신체변화)

△18년 동안 꼽추 된 자를 예수께서 고침.(신체변화)

△38년 된 병자를 예수께서 고침.(신체변화)

△과부 집 아들이 엘리야의 기도로 다시 살아남.(죽은 자의 부활)

△죽은 수넴여인의 아들을 엘리사가 되살림. (죽은 자의 부활)

△베드로가 죽은 도르가를 살려 냄.(죽은 자의 부활)

△바울이 창문에서 떨어져 죽은 유두고를 되살림.(죽은 자의 부활)

→2019년→ '태양활동 극대기' 붉어지는 달

태양의 흑점활동과 코로나, 태양표면폭발이 11년을 주기로 매우 활발해지는 현상을 태양활동 극대기라고 한다. 2022년 혹은 2044년 태양활동 극대기를 전후하여 달이 일시적으로 붉어질 것이다.

그때에 태양표면에서 강력한 폭발이 일어나면 다량의 전자파, 열과 코로나 물질들이 방출되어 지구를 둘러싸고 있는 지자기 층을 강타한다. 이럴 경우 번개와 지자기(地磁氣)폭풍이 발생해서 인공위성, 정밀 전자 기기나 전력전송망, 통신설비 등에 막대한 피해를 줄 수 있고 바다에 심한 풍랑을 일으킬 수 있다.

"여호와의 분노가 가득하여 참기 어렵도다. 내가 세상 거민에게 내 손을 펼 것인즉 그들의 집과 전지와 아내가 타인의 소유로 이전되리니. 이는 그들이 가장 작은 자로부터 큰 자까지 다 탐남하며 선지자로부터 제사장까지

다 거짓을 행함이라. 그들이 사람들의 마음의 상처를 심상히 고쳐 주며 말하기를 평강하다 평강하다 하나 평강이 없도다. 그들이 가증한 일을 행할 때에 부끄러워 하였느냐 아니라 조금도 부끄러워 아니할 뿐 아니라 얼굴도 붉어지지 않았느니라. 보라 그가 구름같이 올라오나니 그 병거는 회오리바람 같고 그 말들은 독수리보다 빠르도다. 이것을 본 그들이 우리에게 화 있도다 우리는 멸망할 것이다 하리라."

→2020년 · 2047년→ 미연합군 참전, F-15E 스트라이크 이글(독수리) 전투폭격기발진

그때에 세계대전에 휘말릴 것을 우려한 유럽은 미국을 지원하지 않을 것이다.

'미국 너희는 세계 여러 나라에 지원을 호소하며 또 예루살렘에 알게 하기를 에워싸고 치는 자들이 먼 땅 한국에서부터 와서 유다 도시들을 향하여 소리를 지른다 하라.' 그들이 밭을 지키는 자같이 예루살렘을 에워싸나니 이는 그가 나를 거역한 연고니라. 그러므로 카스터와 폴럭스 곧 제우스의 쌍둥이 아들아, 이스라엘의 북쪽경계 '엘-렛단'강의 수원지 부근 '심판의 언덕'에서 소리를 선포하며 예루살렘 북북동쪽 약 21km 떨어진 '엘 타이이베'와 '에프라임' 산악지대에서 재앙을 공포하라.

그런 다음 내가 내보이는 칼들 곧 뺀 칼 · 용사의 칼 · 죽이는 칼 · 포악한 칼 · 영광의 칼 · 여호와의 칼 · 두 날 가진 칼 · 날카로운 칼 · 기드온의 칼 · 좌우에 날선 칼 · 견고하고 크고 강한 칼 · 날카롭고도 마광된 칼 중 하나로 무장하고 예정된 전쟁 길을 순행하라.

너희들은 레바논에서부터 나와 함께 하고 날이 기울고 그림자가 갈 때에 몰약산과 유향의 작은 산으로 갈지어다. '아바나'와 '세니르'와 눈 덮인 헤르몬 산꼭대기에서 사자 굴과 표범 산에서 내려다보니 사람들이 밤의 두려움을 인하여 각기 허리에 칼을 찼구나 북풍아 일어나라 남풍아 오라.'

연합군 3 '파르달리스(표범)'

"그 후에 내가 또 본즉 다른 짐승 곧 표범과 같은 것이 있는데 그 등에는 새의 날개 넷이 있고 그 짐승에게 머리 넷이 있으며 또 권세를 받았더라.."

표범은 고양이과에 속하는 동물로 등은 담황색, 배는 순백색이고 온몸에 원형 또는 달걀꼴의 흑색 반문(斑文)이 배열되어 있다. 상황에 알맞게 은밀히 행동하며 고속의 사냥을 하는 표범은 사하라 이남의 아프리카와 남아시아에 주로 분포되어 있으나 북아프리카, 아라비아, 극동에 개체군이 산재해 있기도 하다. 표범의 포악성은 군대의 잔악성을 상징적으로 나타내고 있다. 표범의 분포도가 넓어서 표범군대를 단정짓기는 어렵지만 대략 다음과 같다.

아나톨리아표범: 터키
이집트표범: 아프리카, 아시아
시나이표범: 시나이반도, 아라비아
바바리표범: 모로코, 알제리, 튀니지
구름표범: 인도, 중국남부, 네팔, 미얀마, 인도네시아, 말레이시아, 태국, 라오스, 캄보디아, 베트남, 대만
한국표범: 우수리지역, 중국북부, 한국

첫번째 표범

이집트를 축으로 결성된 북 아프리카연합군으로 새의 날개 넷, 즉 전투기를 많이 가진 네 나라에다 주 전투국 넷이 합쳐서 8개국으로 구성될 것이다.

두번째 표범

유고연방을 축으로 결성된 동유럽군으로 새의 날개 즉 전투기를 많이 가

진 네 나라에다 주 전투국 네 나라가 합쳐 8개국으로 구성될 것이다.

세번째 표범

남아공을 축으로 결성된 남 아프리카연합군으로 많은 전투기를 보유한 네 나라에 많은 병력을 가진 네 나라가 합쳐 8개국으로 구성될 것이다. 이 연합군에 유명한 네 명의 장군들이 세워진다.

제7표징: '아롭(파리, 모기)'

모세야 아침에 일찍이 일어나 세상 왕들 앞에 서라 그들이 물을 찾아 나오면 그들에게 이르기를. 내가 너와 네 신하와 네 백성과 네 집들에 파리 떼를 보내리니 땅에 있는 집집에 파리 떼가 가득할 것이며 그들의 거하는 땅에도 그러하리라 하라. 내일 이 표징이 있으리라.

—파리는 검은 색의 곤충으로 세계대전에 참전하는 아프리카군들이 파리로 상징되었다. 전쟁으로 매장되지 못한 시체들이 널리게 되면 구더기들이 들끓어서 파리 떼들이 불어나게 된다. 또 생각하는 컴퓨터 생화학반도체 칩 기술발달로 유전자를 변형시킨 살인모기, 살인파리 떼를 대량 복제해 낼 수도 있다.

파리는 쌍시목에 속한 여러 개의 날개를 가진 곤충으로 히브리어 '제붑'은 집파리보다 크고 사람들을 귀찮게 하는 "말파리"를 의미한다. 모든 아열대 지역과 마찬가지로 팔레스타인에는 많은 파리들이 살고 있으며 나일강 델타에는 다양한 종류의 파리들이 번성하고 있다. 병기적으로는 제트 전투기의 상징이고 영적으로는 더러운 것을 좋아하는 귀신들의 상징이다. 기후변화를 예고하는 파리는 개체수로 볼 때 갑충다음으로 세계 제2위이다. 파리종류는 인기가 없고 개미나 벌 같은 복잡한 사회성이 결여되어 있다.

파리는 가장 인간을 괴롭히는 곤충류가 분명하지만 모기나 벌처럼 쏘는 침이 없어서 공격력은 미약한 편이다. 그러나 사람을 쏘는 파리도 있고 체체파리, 침파리 변종들에게 찔리면 가렵다.

즉 개중에는 군사력이 강한 나라도 있다는 말이다. 병원체의 전파자인 파리는 박테리아, 비루스, 원충성감염증, 이질 같은 질병을 매개 할 수 있고 흡혈성파리는 산토끼 열병을 전파할 수 있다.

파리와 흑인군의 유사적인 특징

△세계에서 둘째로 거대한 대륙.

△화식성: 뜨거운 기후.

△검정 파리류 같은 검은 색깔.

△인기 없음: 차별 받는 인종.

△부식성: 몸에서 나는 냄새.

△기생성: 이, 벼룩, 진드기들이 일부 사람들의 몸에 기생.

△포식성: 어떤 부류들의 배부르게 먹고자 하는 욕망.

△도식성: 일부 사람들은 일거리가 없어 놀고먹음.

△사회성결여: 일부 지역의 종족분쟁.

△흡혈성: 일부 사람들은 동물의 피를 마심.

△일부 지역은 모든 종류의 부패물과 관련 있는 불결한 환경상태임.

△침이 없음: 군사력이 약한 나라.

△병균의 전파자: 세균무기 보유.

→2020년 · 2047년→ 북아프리카 연합군 참전

이란-터키에 이어 집단안보체계를 구축한 북아프리카아랍연합(이집트 · 리비아 · 튀니지 · 알제리 · 수단 · 에티오피아 外) 8개국이 세계대전에 참전한다.

→2047년→ 세계에 가축질병(구제역, 광우병. 조류독감…) 확산

제8표징: '데베르(유행성 질병)'

모세야 너는 세상 왕들에게 이렇게 경고하라. 여호와의 손이 들에 있는 생축 곧 말과 나귀와 약대와 우양에게 더하리니 심한 악질이 있을 것이며. 내일 이 땅에서 이 일을 행하리라 하셨다 하라.

—'데베르(온역)'는 흔히 전투와 포위공격상황으로 말미암아 일어난 병을 뜻한다. 즉 자연적이 아닌 인위적인 것으로 전투에 사용되는 세균무기, 생물무기로 인해 발생하는 모든 질병을 가리키는 것이다.

아프리카연합군이 이스라엘을 침공하여 세균무기를 사용하자 미연합군은 그 군들의 주 식량원인 가축을 몰살시키기 위해서 무서운 생물무기를 사용한다.

이 무기들 중에는 유충들도 있어서 몸 속에서 성장하여 자란 후에는 사람과 동물의 피를 빨아먹고 살며 피부를 뚫고 나와 눈과 귀와 코 주위에 들끓는 것도 있다.

세균무기는 주로 사람을 죽이는 것이고 생물무기는 인간, 가축, 식물까지 살상하거나 말려 죽일 수 있는 병기이다. 생물무기는 동식물에서 축출한 박테리아, 리케차, 바이러스를 이용하여 만든 병원체와 유독 물질 즉 콜레라, 페스트, 탄저균, 유행성출혈열 같은 생물체를 합쳐서 만든다. 이들 질병의 매개체는 쥐이고 벼룩과 진드기는 케오프스, 페스트, 비루스, 스피로헤타 같은 질병을 매개한다. 비루스는 출혈열과 뇌염을 일으키고 리케차는 발진열, 건어물집피부염 같은 질병을 일으킨다. 성경에 근거할 때 무생물유기체는 가시, 엉겅퀴, 찔레, 장미, 조롱박, 아주까리, 버드나무, 살구나무, 신풍나무에서 얻을 수 있는 것 같고. 유생물유기체는 달팽이, 거머리, 거미, 벼룩, 전갈, 벌, 하루살이, 쥐, 뱀, 닭, 돼지, 사자, 소, 독수리 등에서 얻을 수 있는 것 같다. 말세에 우크라이나는 사자, 독수리에 기생하는 바이러스를 황소의 몸에 이식시켜서 가공할 생물무기를 만들어낼 것이다.

→2020년 · 2047년→ 아라비아 5개국 참전

군대 '뤼코스(이리)'

"보라 그 말은 표범보다 빠르고 저녁 이리보다 사나우며 그 기병은 원방(遠方)에서부터 빨리 달려오는 기병이라 마치 식물을 움키려 하는 독수리의 날음 같으니라."

이리는 개 과에 속한 짐승으로 개보다 크고 일반적으로 색깔이 검은 편이다.

특히 팔레스타인 이리는 밤을 이용하여 단독으로 또는 떼를 지어 사냥을 하는데 대상은 주로 양이다.

이리는 사슴과 같은 큰 동물도 잡아먹으나 이들의 먹이는 주로 작은 짐승들이다. 군사력이 약하기 때문이다.

아라비아연합군(사우디아라비아 · 예맨 · 오만 · 아랍에미리트 · 카타르)이 아랍군과 함께 이스라엘을 공격하자 미국은 미사일과 전폭기를 동원하여 아라비아의 '아덴', '사나', '무칼라', '호데이다', '살랄라', '무스카트', '소하르', '수르', '두바이', '아부다비', '두크한', '도하'들을 폭격한다.

아프가니스탄, 파키스탄 참전

군대 '이임(하이에나 종류)'

"오호라 나는 이리의 형제요 타조의 벗이로구나. 그 궁성에는 시랑이 부르짖을 것이요. 화려한 전에는 들개가 울 것이라 그의 때가 가까우며 그의 날이 오래지 아니하리라."

시랑은 떼를 지어 사는 군서 동물로 개같이 생겼고 그 크기와 모양이 이리나 여우와 유사하다. 또 생활양식도 흡사하기 때문에 혼동을 일으킬 수 있다. 생김새는 귀가 짧고 꼬리길이가 적당하며 체격이 튼튼하고 부드러운 털은 불그스레한 갈색과 잿빛으로 뒤섞여있다. 주둥이는 이리보다 뾰족하지만 여우보다는 넓다.

시랑은 황폐화된 인간거주지 또는 황무지, 사막과 연관시켜 묘사되고 있다. 이 짐승은 먹이의 창자를 꺼내 죽이는 일이 많기 때문에 무자비하고 포악한 군대의 상징이다. 이들의 전략은 한 줄로 서서 이동하고 싸워 이길 수 있는 상대가 만만한 상대를 먼저공격하며, 후방에 우군을 매복시킨 다음 적을 그곳으로 유인하여 죽인다.

아프카니스탄의 주도 '카불', '헤라트', '칸다하르', 파키스탄의 주도 '카라치', '파이살라바드', '라호르', '이스라마바드' 등이 미연합군의 폭격을 받게 될 것이다.

투르크메니스탄 · 우즈베키스탄 · 타지크스탄 · 키르기스탄 참전

군대 '알로펙스(여우)'

"그들이 말하기를 저 성벽은 여우가 올라가도 곧 무너지리라 하니. 우리를 위하여 여우 곧 포도원을 허는 작은 여우를 잡아라."

여우는 소형의 개과 동물로 야행성이다. 빛깔이 적갈색 또는 황갈색이며 굴을 파기도 하고 다른 동물의 집을 약탈해서 살기도 한다. 팔레스타인 여우가 가장 일반적이고 큰 종류는 갈색을 띤 황색 여우이다.

히브리어 '슈알'은 자칼을 포함한다. 여우는 교활해서 그 행동에 꾀가 많고 몰래 훔치는 재주가 뛰어나다.

여우는 공동사냥보다 혼자 사냥을 하는 경향이 많고 주로 큰 것보다는 작은 것을 사냥한다. 그러나 어떤 경우에는 집단을 이루어 사냥하기도 한다. 여우는 산악이 많고 황야로 된 곳에 주로 서식하는데 이러한 지형적 특징을 가진 나라들은 아래와 같다.

△코사크 여우: 소련 남동부 중앙아시아지역.

△블랜포드·코사크 여우: 소련 남서부지역, 아프가니스탄, 투르크메니

스탄, 카자흐스탄, 우즈베키스탄.

△벵골 여우: 인도, 파키스탄, 네팔.

△모라·검은꼬리모래여우: 세네갈, 수단, 소말리아, 나이지리아, 차드, 카메룬, 중앙아프리카공화국, 가봉, 콩고.

△흰꼬리모래여우: 모로코.

△큰 귀 여우: 잠비아, 에티오피아.

→2021년 · 2048년→ 몽골참전

몽골연합군이 ★기마전투군단 13개, 준마 8백만 마리, 보병 1백6십만 명★으로 중동을 치게 될 때에, 그 말의 부르짖음은 이스라엘의 북쪽경계 '텔 단'에서부터 들리고 그 준마들의 우는 소리에 온 땅이 진동하며 그들이 이르러 그 땅과 그 소유와 그 도시와 그 중의 거민을 삼킬 것이다. 이에 미국의 독수리들이 날아와서 그 날개를 펴매 우즈베키스탄의 '코칸트', '사마르칸트', '브하라', '타슈켄트'. 투르크메니스탄의 '차르조우', '아슈하바드'. 타지크스탄의 '레니나바트', '두산베'. 키르기스탄의 '날린', '비슈케크'. 몽골의 '알타이', '초이발산', '다르한', '울란바토르' 도시들이 화염에 휩싸인다.

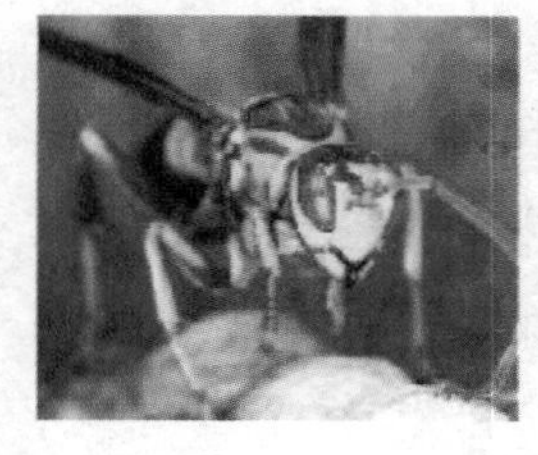

→2023년 · 2050년→ 인도연합군참전

군대 '치르아(왕벌)'

"내가 왕벌을 그들 중에 보내어 그들의 남은 자와 너를 피하여 숨은 자를 멸할 것이며. 내가 악사들이 피리를 불어도 제어(制馭)할 수 없는 뱀과 독사를 너희 중에 보내리니 그것들이 너희를 물리라."

벌은 고도로 특수화된 곤충류로 종류수가 갑충류 다음으로 큰 군이다.

벌의 다양성은 생태적 역할에 중요하며 생물방제에도 유익하다. 벌의 다

수는 단독성의 사냥벌이나 사회성 벌도 있고 꿀벌류와 같이 식식성의 벌도 있다. '치르아'왕벌은 막시류 목에 속하는 큰 곤충으로 나무껍질을 씹어 말벌로 집을 짓게 하고는 다른 수천 마리의 말벌과 함께 생활하는 벌이다.

이 장수말벌은 황색 또는 검붉은 갈색 종류로 피부색이 인도인과 흡사하다. 이 벌은 적대적이고 호전적인데다 왕벌의 침에 쏘이면 매우 아프고 그 후유증이 여러 날 가기도 한다. 벌이 가진 화학물질은 소, 말, 사람도 죽일 수 있을 만큼 독성이 강하므로 벌이 가진 화학물질에 주목할 필요가 있다. 벌은 위협을 느끼면 무엇이든 공격하지만 침을 쏘면 벌이 죽고 그 꿀이 없어지니까 웬만해서는 침을 쏘지 않는다. 그러나 직접적인 공격을 받을 때는 이동하면서 침을 쏘고 다른 벌에게 경고하는 냄새도 분비한다. 벌의 세계는 복잡하지만 대체로 대형의 여왕벌이 집단을 창설하고 일벌이 그를 따르는 편이다. 인도를 따르는 벌떼는 동남아시아 회교국가들이다. 벌떼는 한번 화가 나면 끈질기게 공격하기 때문에 왕벌로 묘사된 인도군들은 보복심이 강하다.

아무도 믿지 말라

"그들이 활을 당김같이 그 혀를 놀려 거짓을 말하며 그들이 이 땅에서 강성하나 진실하지 아니하고 악에서 악으로 진행하며 하나님을 기억치 아니하느니라. 너희는 각기 이웃을 삼가며 아무 형제든지 믿지 말라.

형제마다 온전히 속이며 이웃마다 다니며 비방함이니라. 그들은 각기 이웃을 속이며 진실을 말하지 아니하며 그 혀로 거짓말하기를 가르치며 악을 행하기에 수고하거늘. 네 처소는 궤휼 가운데 있도다 그들은 궤휼로 인하여 나 알기를 싫어하느니라. 보라 내가 그들을 어떻게 처치할꼬 그들을 녹이고 연단 하리라.

그들의 혀는 죽이는 살이라 거짓을 말하며 입으로는 그 이웃에게 화평을 말하나 중심에는 해를 도모하는도다.

내가 이 일들을 인하여 그들에게 벌하지 아니하겠으며 내 마음이 이런 나라에 보수하지 않겠느냐.

내가 산들을 위하여 곡하며 부르짖으며 광야 목장을 위하여 슬퍼하나니, 이는 그것들이 불에 탔으므로 지나는 자가 없으며 거기서 가축의 소리가 들리지 아니하며 공중의 새도 짐승도 다 도망하여 없어졌음이니라."

→2023년 · 2050년→ 붉어지는 하늘

"나의 백성들아 너희는 열방의 길을 배우지 말라 열방인은 하늘의 징조를 두려워하거니와 너희는 그것을 두려워 말라. 사람들은 저녁에 하늘이 붉으면 날이 좋겠다 하고 아침에 하늘이 붉고 흐리면 오늘은 날이 궂겠다 하지 않느냐. 열방의 규례는 헛된 것이라 그 위하는 것은 삼림에서 벤 나무요 공장의 손이 도끼로 만든 것이라. 그들이 은과 금으로 그것에 꾸미고 못과 장도리로 그것을 든든히 하여 요동치 않게 하나니.

그것이 갈린 기둥 같아서 말도 못하며 걸어다니지도 못하므로 사람에게 메임을 입느니라. 그것이 화를 주거나 복을 주지 못하나니 너희는 두려워 말라 하셨느니라. 그들은 다 무지하고 어리석은 것이니 우상의 도는 나무뿐이라.

철공은 철을 숯불에 불리고 메로 치고 강한 팔로 풀무를 불다 심지어 주려서 기력이 진하며 물을 마시지 아니하여 곤비하며. 목공은 줄을 늘여 재고 붓으로 긋고 대패로 밀고 정규로 그어 사람의 아름다움을 따라 인형을 새겨 집에 두게 하며. 그는 혹 백향목을 베이며 혹 디르사나무와 상수리나무를 취하며 혹 삼림 중에 자기를 위하여 한 나무를 택하며 혹 나무를 심고 비에 자라게도 하나니. 무릇 이 나무는 사람이 화목을 삼는 것이어 늘, 그가 그것을 가지고 자기 몸을 덥게도 하고 그것으로 불을 피워서 떡을 굽기도 하고 그것으로 신상을 만들어 숭배하며 우상을 만들고 그 앞에 부복하기도 하는도다. 그 중에 얼마는 불사르고 얼마는 고기를 삶아 먹기도 하며 고기를 구워 배불리기도 하며 또 몸을 덥게 하여 이르기를 아하 따뜻하다 내가 불을 보았구나 하면서. 그 나머지로 신상 곧 자기의 우상을 만들고 그 앞에 부복하여 경배하며 그것에게 기도하여 이르기를 너는 나의 신이니 나를 구원하라 하는도다."

하늘의 신 '안'(An). 하늘황후 마리아. 인간의 창조자 '닌후르삭'. 땅의 신 '키'(Ki). 공기의 신 '엔릴'(Enlil). 깊은 못의 주관자 '엔키'(Enki). 달의 여신 '난나'(Nanna). 사랑과 풍요의 여신 '이쉬타르'(Ishtar). 탐무즈(Tamm-uz). 천둥신 '하닷'(Hadad). 바벨론 최고의 신 '마르둑'(Mardu-k). 지방신 '아슈르'(Ashur). 태양신 '레'(Re). 악어신 '세벡'(Sebek). 자칼의 머리(Anubi-s). 독수리신. 고양이신. 암소신. 공기신 '슈'. 농업의 신 '오시리스'(0-siris). 매의 머리를 가진 '호루스'. 대지의 신 '게브'. 문화의 전달자 '토트'(Thoth). 창조자 '엘'(El). 태양신 우투(Utu). 천공여신 '누트'. 폭풍과 비의 신 '바알'. 죽음의 신 '모트'(Mot). 풍요의 여신 '아세라'(Asherah). 가정수호신 '드라빔'. 황소신 '아피스'(Apis). 왕관 '밀콤'. 폭풍의 신 '바알-핫두'. 전쟁과 사랑의 여신 '이쉬타르'(Ishtar). 전쟁과 사냥의 신 '니누르타'(Ninurta). 지혜와 문필의 신 '나부'(Nabu). 불-난로의 신 '케모쉬'. 농경신 '삭쿠트'. 물고기여신 '타레탁'. 바람의 신 '아몬'. 월(月)신이자 비옥의 여신 '아르테미스'. 똥파리의 신 '벨제불'. 곡물의 신 '다곤'. 별신이자 우레의 신 '림몬'. 행운의 신 '갇'. 사냥과 전쟁의 신 '네르갈'. '레판의 별(사탄제국의 검은 태양)'. 전쟁의 신 '아누'. 월신(月神)'신'. 태양주상. 목석. 석상. 주상…

…같은 것들로 신을 격노케 하는 것은 그들이 알지도 못하고 깨닫지도 못함이라.

그 눈이 가려져서 보지 못하며 그 마음이 어두워져서 생각도 없고 지식도 없고 총명도 없으므로,

내가 그 나무의 얼마로 불을 사르고 그 숯불 위에 떡도 굽고 고기도 구워 먹었거늘, 내가 어찌 그 나머지로 가증한 물건을 만들겠으며 내가 어찌

그 나무토막 앞에 굴복하리요 말하지 아니하느냐.

오직 여호와는 참 신이요 사시는 하나님이 시요 영원한 왕이시라 그 진노하심에 땅이 진동하며 그 분노하심을 열방이 능히 당치 못하느니라. 너희는 이같이 그들에게 이르기를 천지를 짓지 아니한 신들은 땅 위에서 이 하늘 아래서 망하리라 하라.

→2024년 · 2051년→ 터키연합군참전

그 3년 후 터키군이★보병 13만, 기갑사단 6개, 말(장갑차) 1천대★를 동원하여 이스라엘로 쳐내려오니 빈야민 자손들아 예루살렘 중에서 피난하라. '베이틴' 남쪽 약 8km지점에 있는 '키르베트 테쿠'에서 전쟁의 나팔을 불고 '라맛 라헬'에서는 공격 깃발을 들어라. 재앙과 큰 파멸이 북방에서 엿보아 옴이니라.

아름답고 묘한 딸 시온을 내가 멸절 하리니. 목자들이 그 무리 양을 몰고 와서 그 사면에 자기 장막을 치고 각기 처소에서 먹이리로다. 터키연합군 너희는 그를 치기를 준비하라 일어나라 우리가 정오에 올라가자 아하 아깝다 날이 기울어 저녁별 그늘이 길었구나. 일어나라 우리가 밤으로 올라가서 그 왕궁을 헐자 하도다.

→2025년~2027년 · 2052년~2054년→ 가뭄, 모래폭풍

"가뭄에 대하여 예레미야에게 임한 여호와의 말씀이다. 언제까지 이 땅이 슬퍼하며 온 지방의 채소가 말라야 합니까. 짐승과 새들도 멸절하게 되었사오니 이는 이 땅 거민이 악하여 스스로 말하기를 그가 우리의 결국을 보지 못하리라 함이나이다. 무리가 밀을 심어도 가시를 거두며 수고하여도 소득이 없은즉 그 소산으로 인하여 수치를 당하나이다. 사람들이 슬퍼하며 무리가 곤비하여 땅에 앉아 애통하니 그들의 부르짖음이 하늘 위에 오르는도다. 귀인들은 자기 사환들을 보내어 물을 길어라 하나 그들이 우물에 갔어도 물을 얻지 못하여 빈 그릇으로 돌아오니 부끄럽고 근심하여 그 머리를 가리우며. 땅에 비가 없어 지면이 갈라지니 밭가는 자가 부끄러워서 그 머리를 가리는도다. 들의 암사슴은 새끼를 낳아도 풀이 없으므로 내어버리며 들나귀들은 자산 위에 서서 시랑 같이 헐떡이며 풀이 없으므로 눈이 아득하여 하는도다. 열방의 허무한 것 중에 누가 능히 비를 내리게 할 자가 있나이까 하늘이 능히 소나기를 내릴 수 있으리까. 여호와께서 그 권능으로 땅을 지으셨고 그 지혜로 세계를 세우셨고 그 명철로 하늘들을 펴셨으며. 그가 목소리를 발하신 즉 하늘에 많은 물이 생기나니 그는 땅 끝에서 구름이 오르게 하시며 비를 위하여 번개 하게 하시며 그 곳간에서 바람을 내시거늘 사람마다 우준하고 무식하도다. 그러므로 내가 그들을 사막 바람에 불려 가는 초개같이 흩으리로다."

→2027년→ 소행성 '1999 AN 10'

1999년 1월13일에 발견된 돌덩이가 그해 8월7일 즈음 지구에 근접하여 지나고 지상에 강한 돌풍이 발생한다.

예루살렘파괴

"내가 예루살렘으로 무더기를 만들며 시랑의 굴혈이 되게 하겠고 유다 도시들로 황폐케 하여 거민이 없게 하리라. 지혜가 있어서 이 일을 깨달을 만한 자가 누구며 여호와의 입의 말씀을 받아서 광포할 자가 누구인고.

너희는 잘 생각하고 곡(哭)하는 부녀를 불러오며 또 보내어 지혜로운 부녀를 불러오되. 그들로 빨리 와서 우리를 위하여 애곡하게 하여 우리의 눈에서 눈물이 떨어지게 하며 우리 눈꺼풀에서 물이 쏟아지게 하라.

이는 시온에서 호곡하는 소리가 들려 이르기를 우리가 아주 망하였구나 우리가 크게 수욕을 당하였구나 우리가 그 땅을 떠난 것은 그들이 우리 주택을 헐었음이로다 함이로다. 전장에 나간 아들을 위해 우는 부녀들이여 여호와의 말씀을 들어라 너희 귀에 그 입의 말씀을 받아라 너희 딸들에게 애곡을 가르치며 각기 이웃에게 애가를 가르쳐라. 대저 사망이 우리 창문에 올라오며 우리 궁실에 들어오며 밖에서는 자녀와 거리에서는 청년들을 멸절하려 하느니라. 너는 이같이 일러라 여호와의 말씀에 사람의 시체가 분토같이 들에 떨어질 것이며 추수하는 자와 뒤에 떨어지고 거두지 못한 뭇같이 되리라 하셨느니라. 지혜로운 자는 그 지혜를 자랑치 말라 부자는 그 부함을 자랑치 말라. 자랑하는 자는 이것으로 자랑할지니 곧 명철하여 나를 아는 것과 여호와는 인애와 공평과 정직을 땅에 행하는 자인 것을 깨닫는 것이라 나는 이 일을 기뻐하노라.

대저 날이 이르면 할례 받은 자와 할례 받지 못한 자를 내가 다 벌하리니 곧 이집트와 유다와 요르단과 및 아라비아 광야에 거하여 그 머리털을 모지게 깎은 자들에게다. 대저 열방은 할례를 받지 못하였고 내 백성은 마음에 할례를 받지 못하였느니라."

→2028년 · ?055년→ 누가 능히 철 곧 북방의 철과 놋을 꺾으리요

그즈음 독일과 소련이 강철동맹을 맺으면서 전쟁은 전세계로 확대된다. 유태인의 씨를 말리는 인종청소를 자행했던 독일군과 수천만 명 이상의 양민을 학살했던 소련군들은 포수들이다.

이 무자비한 군인들은 사냥감을 사냥하듯 포로들을 즉결처형하고 약탈, 폭행, 강간, 시체절단, 강제수혈, 포로들의 가슴에 부호를 새겨 넣는 일까지 서슴지 않는다.

내일 죽을 것이니 오늘은 먹고 즐기자

"독주에 취해 눈이 붉고 입에서 악독을 품어내는 자들을 내가 어찌 사하겠느냐. 네 자녀들이 신을 버리고 신이 아닌 것들로 맹세하였으며 내가 그들을 배불리 먹인즉 그들이 행음하며 창기의 집에 허다히 모이며. 그들은 살찌고 두루 다니는 수말같이 각기 이웃의 아내를 따라 부르짖는도다. 남편과 아내를 서로 바꾸어 행음하니 내가 어찌 이일들을 인하여 벌하지 아니하겠으며 내 마음이 이런 나라에 보수하지 않겠느냐."

이스라엘민족 금식선포

"예레미야 너는 적군에 포위된 이 백성을 위하여 복을 구하지 말라 그들이 금식할지라도 내가 그 부르짖음을 듣지 아니하겠고 번제와 소제를 드릴지라도 내가 그것을 받지 아니할 뿐 아니라 칼과 기근과 염병으로 그들을 멸하리라. 이에 내가 가로되 슬프도소이다 선지자들이 그들에게 이르기를 너희가 칼을 보지 아니하겠고 기근은 너희에게 이르지 아니할 것이라 하나이다.

여호와: 선지자들이 내 이름으로 거짓예언을 하는구나. 나는 그들을 보내지 아니하였고 그들에게 명하거나 이르지 아니하였거늘 그들이 거짓계시와 복술과 허탄한 것과 자기 마음의 속임으로 너희에게 예언하는 것이라.

세상사람들: 그렇다면 우리가 어디로 나아가리요 하거든, 너는 그들에게 이르기를 여호와의 말씀에 사망할 자는 사망으로 나아가고 칼을 받을 자는 칼로 나아가고 기근을 당할 자는 기근으로 나아가고 포로 될 자는 포로 됨으로 나아갈지니라 하셨다 하라. 나 여호와가 말하노라 내가 그들을 네 가지로 벌하리니 곧 죽이는 칼(전쟁)과

찢는 개(대포)들과

삼켜 멸하는 공중의 새(전폭기)들과

번개같은 창(미사일)들과

굉굉 거리는 땅의 짐승(전차)으로 할 것이며 그들을 열방 중에 흩을 것이다. 예루살렘아 너를 불쌍히 여길 자 누구며 너를 곡할 자 누구며 돌이켜 네 평안을 물을 자 누구냐. 네가 나를 버렸고 내게서 물러갔으므로 네게로 내 손을 펴서 너를 멸하였으니 이는 내가 뜻을 돌이키기에 염증이 났음이로다. 그들의 과부가 내 앞에 바다 모래보다 더 많아졌느니라.

우주순찰자 림몬의 첫번째 명령

지구에 사는 참새들아, 너희들은 먼저 너의 집 창문에 붉은 줄을 매고 네 부모와 형제와 친척과 벗을 네 집에 다 모아라. 그런 다음 부싯돌 칼로 할례산에서 할례하여 마음에 변화를 받고 심령의 그릇에 어린 양의 콩팥기름을 가득 채워라. 새들의 유전적인 시간감각을 감안하여 하는 말이다.

곡물류를 좋아하여 추수 때와 연관 있는 새, 씨앗을 먹으며 농부의 손을 흠모하는 새, 군락을 형성하면서 많은 종의 집합성을 가진 새, 높은 곳에 살아 신과의 결부가 강하고 영적인 상징성이 독특한 새, 하지만 세상에서 참새 두 마리는 한 푼에 팔리는 것이 아니냐. 그러나 여호와께서 허락지 아니하시면 그 하나라도 땅에 떨어지지 않는 법이니 우리 성도들은 많은 참새 보다 귀하다.

그때에 땀이 땅에 떨어지는 핏방울같이 될 만큼 힘쓰고 애써 기도하던 멜키들이 첫번째 오사(육시) 그 제자들의 자는 것을 보시고, 너희가 나와 함께 한시 동안도 이렇게 깨어 있을 수 없더냐 시험에 들지 않게 깨어 있어 기도하라 마음에는 원(願)이로되 육신이 약하구나 하시고. 다시 나아가 기도하시고 두번째 오사(구시) 보신 즉 저희가 자니 이는 저희 눈이 피곤

(疲困)함일러라. 또 저희를 두시고 나아가 동일한 말씀으로 기도하신 후, 세번째 오사(십일시) 사람들에게 이르시되 이제는 자고 쉬라 보라 때가 가까웠으니 일어나라 함께 가자.

어떤 사람들이 묻기를 왜 예수께서 제자들로부터 돌 던질 만큼 떨어진 곳에 계셨습니까? 할 때에 우주에서 던진 돌 두 개가 지구를 향해 날아온다.

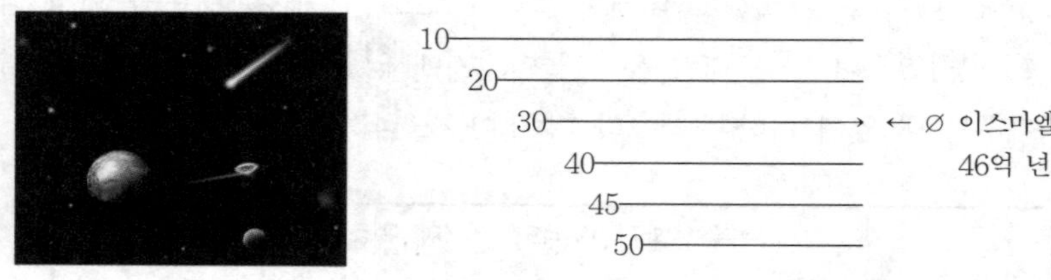

→2028년→ 소행성 '1997 XF 1 1'

그 1년 후 1997년 12월에 발견된 돌덩이가 10월27일 즈음 지구를 스쳐 지나고 지상에 강풍이 발생한다.

소행성은 돌로 된 석질운석, 돌과 철이 절반씩 섞인 석철운석, 철과 니켈로 된 철질운석들이 있는데 이중 지구에 떨어지는 돌덩이는 주로 석질운석들이다. 하지만 종말에 이를수록 더 단단한 운석(석철→철질)들이 지구에 떨어져서 지표가 갈라지고 내부도 터진다.

소행성지대

화성과 목성사이에는 약 5억km 대의 긴 틈이 있다. 이 지대에 우주의 돌들이 지천으로 널려있는데 이 소행성들은 운동방향과 속도에 따라서 화성 쪽으로 퉁겨 나가는 것이 있고, 목성 쪽으로 퉁겨 나가는 것이 있다. 이중 목성 주기를 따라 도는 것을 트로이 소행성이라 하고, 금성보다 더 태양에 다가가는 소행성들을 아폴로소행성군이라 한다. 트로이 소행성은 위협적이지 않으나 아폴로 소행성은 언제든지 지구와 충돌해 세상종말을 가져올 수 있는 위협적인 돌덩이들이다.

1898년 8월13일 독일의 천문학자 비트에 의해 발견된 아폴로 소행성 에로스가 지구를 위협했고, 1932년 5월15일 지름 1,6km의 아폴로 소행성이 지구에 1억 88만km까지 접근했으며, 1936년 2월에 아폴로 소행성 아도니스가 지구를 스쳐 지나갔고, 1937년 11월 아폴로 소행성 헤르메스가 지구에 근접하여 지나가므로 사람들을 두렵게 한 적이 있었다.

성경에 기록된 예시적인 사건에서 예표들이 돌을 들어 치려한 것은 혜성 또는 소행성이 지구를 위협하다 비껴 가는 것이요, 돌을 던졌으나 상대방이 피한 것은 날아오는 돌을 파괴시키는 것이요, 돌에 맞아 죽은 것은 지구와 정면 충돌하는 것이다. 그런즉 성경에 돌 맞아 죽은 사람이 여섯 명이 넘으니까 장차 3억7천5백만 년 동안 아폴로 소행성 6개 이상이 지구와 정면 충돌할 것으로 예상된다. 소행성지대에는 커크우스 틈새라는 빈 공간이 있는데 구시 즈음 예수께서 이 곳에 강림하실 것이다. 이러한 일을 나타내기 위해서 감람산에서 기도하시던 예수께서 지구를 상징하는 사람들로부터 돌 던질 만큼 떨어져 계셨다.

소행성의 지구충돌을 예시한 것

△갈미의 아들 아칸 부서진 돌에 맞아 죽음.
△아비멜렉 맷돌처럼 생긴 돌에 맞아 죽음.
△골리앗 매끄러운 돌 다섯 개에 맞아 죽음.
△제카랴후 내려친 돌에 맞아 죽음.
△스테파노스 멀리서 던진 돌에 맞아 죽음.
△사울 큰돌에 맞아 죽음.

큰 우박덩이(혜성)

명왕성의 궤도 밖 태양계 가장자리에 있는 암흑 속에는 크고 작은 얼음덩어리 혜성의 핵이 수천 억 개 이상 모여있다. 혜성의 핵은 큰 것이 직경

10km 안팎 되고 가스와 먼지들로 구성된 코마에는 황산, 산소, 질소, 수증기, 암모니아, 메탄가스, 일산화탄소, 탄산가스들이 섞여 있다. 이 같은 혜성이 태양의 둘레를 돌고 있다가 태양의 중력에 끌려들어오게 되면 태양열을 받아 증발된 가스와 먼지들이 긴 꼬리를 형성하면서 밝은 빛을 낸다. 이것을 보고 옛 그리스 사람들은 혜성을 '코메테스'(긴 머리카락)라 불렀으며 성경은 큰 우박 또는 '타는 횃불'로 표현하고 있다.

• 증서 "해가 져서 어둘 때에 연기 나는 풀무가 보이며 타는 횃불이 쪼갠 고기 사이로 지나더라."

혜성충돌을 예시한 것

△ 큰 얼음덩이에 맞아 죽은 애굽사람.

△ 중한 우박을 내리시니 우박의 내림과 불덩이가 우박에 섞여 내림이 맹렬하니.

△ 하늘에서 큰 덩이 우박을 내리시매 아모리 사람들이 죽었으니 칼에 죽은 자 보다 우박에 죽은 자가 더욱 많았더라.

그 시대에 우주의 돌들이 빈번하게 지구를 위협하면 과학자들은 달에 지구근접물체를 요격할 수 있는 우주기지를 건설하고 행성파괴용핵무기 곧 아원자폭탄, 반물질폭탄 개발에 착수한다.

그리하여 혜성이나 소행성이 지구충돌궤도에 진입할 때 달 기지에서 발진한 우주선들이 지구 밖 우주공간에서 비행물체를 파괴시키기 위한 연합작전을 펴게된다. 그 중 하나가 혜성의 핵에 구멍을 뚫고 핵폭탄을 심어 폭파하는 것이고 • 증서 "그들이 구덩이를 팠나이다"

핵무기를 써서 소행성의 궤도를 변경시키거나 깨버리는 것이다. 이럴 경우 잔해들이 방사성 물질들과 합쳐지고 방출된 유성물질들이 지구 강들에 떨어져서 물이 쓰게 변하므로 사람들이 많이 죽게 된다.

• 증서 "물이 쓰게 되어 많은 사람이 죽더라. 사망의 독이 있나이다. 내

가 쑥을 먹이며 독한 물을 마시우리니."

예수께서 감람산에서 나타내신 예조는 이러하다

△전쟁 있는 환난시대에 사람들은 기도할 것이다.

△세계적인 경기침체로 생활적인 슬픔이 있고 사람들의 믿음은 식는다.

△시대적인 정치상황과 사회현상으로 인해서 사람들의 마음은 시험을 받는다.

△먹고살기가 어려워지면서 도처에 강도가 횡행하고 사기꾼이 많아진다.

△사람들끼리 서로 배신하고 기독교인들이 핍박을 당한다.

△비진리가 진리를 이긴다.

△그때에 날이 뜨거운지라 적조로 인해서 강물이 피처럼 변한다.

△인자가 나타나는 날에 우주에서 돌이 날아와서 지구를 위협할 것이다.

우리태양계(기노스코)

아주 오래 전, 위 우주에 육칠 개의 본 태양계가 조성되었으며 약 2100억 년 전부터 아래 우주에 태양계가 파생되어 생겼을 것이다. 그후 태양계가 생성과 소멸을 거듭하며 여러 태양계가 만들어졌는데, 현재 우리 태양계는 세번째 혹은 네번째 파생된 태양계로 추정된다. 아래우주의 인간창조는 2100억 년부터 시작되었고 우리 태양은 큰 달이 폭발하여 만들어졌다. 그때에 이중구조로 된 우리우주도 태양과 함께 생성되었으니, 우리 우주의 나이는 132억 년 혹은 137억년(?)쯤 될 것이다. 현재 발견된 우리 태양계의 행성은 9개이나 원래는 24개내지 12개로 3개내지 15개 정도가 폭발하여 사라졌을 것이다.

더 상세한 지구창조이야기는 기노스코를 참고하기 바란다.

태양

금속 원소가 수은으로 된 천체로 빛깔은 은백색이며 육방 정계에 딸린 진홍색 광석에서 나온다.

진사(辰砂)는 수은과 황의 화합물로 붉은 색채를 내며 좋은 약 재료가 된다. 수은은 많은 금속과 합금을 이루는데 이 합금을 아말감이라 하며 빛이 센 수은등·온도계·기압계·의약품 등에 널리 쓰인다.

물론 가시적으로 태양은 주성분이 수소인 가스천체이나 불가시적인 물질이 그 속에 있다는 뜻이다.

수은은 금을 빨아들이므로 수은으로 된 천체에는 보이지 않는 금도 함께 들어 있다.

우리태양의 수명은 100억 년 또는 1000억 년(?)쯤 될 것이다.

달

지구의 모성이었던 행성으로 수명이 그 주기로 계산한 127억 년쯤 될 것이다.

수성

수명은 그 주기로 계산한 175억 년쯤 될 것이다.

금성

수명은 그 주기로 계산한 180억 년쯤 될 것이다.

지구

수명은 137억 년쯤 될 것이다.

화성

수명은 그 주기로 계산하여 110억 년쯤 될 것이다.

목성

금속원소 놋쇠와 철로 된 천체로 빛깔은 황동에 가깝고 은백색의 광택을 띨 수도 있다. 가시적으로는 수소의 집합체이나 불가시성 물질로 된 구리·아연·철들이 들어있다. 놋쇠는 녹는점이 낮고 세공이 쉬워 천체의 모양이 쉽게 변하는 단점이 있으나, 목성에는 철 성분이 있어서 천체의 모양이 쉽게 변하지는 않는다.

철은 연성과 전성이 풍부하고 자성이 있어서 중력이 세어지면 철 행성인 화성 쪽으로 다가갈 수 있다.

목성의 수명은 그 주기로 계산하여 205억 년이나 수명이 조금 연장될 것이다.

토성

수명은 그 주기로 계산하여 120억 년쯤 될 것이다.

천왕성, 해왕성

수명은 그 주기로 계산하여 147억 년쯤 될 것이다.

현 인류가 우주를 정복하려면 지식이 늘고 과학이 발달해야 하며, 슈퍼 유전자를 개량시켜서 우주환경에 적합한 변형체를 만들어내야만 한다. 그 때가 되면 지구과학자들은 변화와 자장에 대해 주목하고 천문학자나 심령가들은 대지진과 지구종말을 예언할 것이다.

우주를 창조하신 여호와께서는 사물들에 원근의 법칙, 대소의 법칙, 다소의 법칙, 우열의 법칙, 유진과 진행의 법칙, 제한의 법칙, 반대의 법칙 같은 여두둔의 법칙을 적용해 놓으셨다.

또 천하에 범사가 기한이 있고 모든 목적이 이를 때가 있나니. 날 때가 있고 죽을 때가 있으며, 심을 때가 있고 심은 것을 뽑을 때가 있으며, 죽일 때가 있고 치료시킬 때가 있으며, 헐 때가 있고 세울 때가 있으며, 울 때가 있고 웃을 때가 있으며, 슬퍼할 때가 있고 춤출 때가 있으며, 돌을 던져 버릴 때가 있고 돌을 거둘 때가 있으며, 안을 때가 있고 안는 일을 멀리 할 때가 있으며, 찾을 때가 있고 잃을 때가 있으며, 지킬 때가 있고 버릴 때가 있으며, 찢을 때가 있고 꿰맬 때가 있으며, 잠잠할 때가 있고 말할 때가 있으며, 사랑할 때가 있고 미워할 때가 있으며, 전쟁할 때가 있고 평화할 때가 있는 것이다.

의혹: 이 책은 지구가 완전히 끝나는 종말에 관한 기록인가?

어떤사람: 문서에는 세상 끝날을 표현한 큰 구문들이 21개가 넘는다.

「종말 1:말일, 종말 2:말세, 종말 3:종말, 종말 4:마지막 또는 나중, 종말 5:맨 나중, 종말 6:최후에, 종말 7:며칠 후, 종말 8:얼마 후,

종말 9:훗날, 종말 10:말년, 종말 11:끝날에, 종말 12:날들의 끝(퀘츠), 종말 13:마지막날, 종말 14:이 모든 날 마지막에, 종말 15:여러 날 후, 종말 16:미래에, 종말 17:후일에, 종말 18:마지막(에스카토스), 종말 19:마지막 때, 종말 20:끝날, 종말 21:그날, 종말 22:세상 끝(쉰텔레이아스 투 아이오노스)으로 천년왕국의 끝과 우주의 종말을 가리킴.」

이 많은 종말들 중에서 '라즈'는 말일에 관한 예언으로 지구가 완전히 멸망하여 사라지려면 약 91억 년의 세월이 지나야 한다. 따라서 지상최후의 보고서는 아니다.

태양운행을 시간으로 사용하시는 하나님께서는 지구의 날들을 여러 길이로 나누셨다.

태양은 25·176으로 나누었고, 지구는 175·176으로 나누었는데 이 길이들은 십진법으로 오르락내리락하면서 길어지거나 줄어지거나 한다.

십 배수로 나눈 태양과 지구길이

아주 긴 태양주기: 약 40억 년 혹은 44억 년.

긴 태양주기: 약 5억6818만 1818년 혹은 6억 2500만 년.

조금 짧은 것: 약 5681만 8181년 8개월 혹은 6250만 년.

중간 것: 약 568만 1818년 1개월8일 혹은 625만 년.

보통: 약 56만 8181년 8개월 하루8시간 혹은 62만 5천년.

조금 짧은 것: 약 5만 6818년 1개월8일1시간8분 혹은 6만 2500년.

짧은 것: 약 5681년 8개월 하루8시간1분8초 혹은 6250년.

아주 긴 지구주기: 약 5억 4천8백만 년.

긴 지구주기: 약 7828만 5714년 혹은 7784만 0909년.

조금 짧은 것: 약 782만 8571년 4일 혹은 778만 4090년 9일.

조금 짧은 것: 약 78만 2857년 하루4시간 혹은 77만 8409년 9시간.

중간 것: 약 7만 8285년 7일1시간4분2초 혹은 7만 7840년 9일9분.

보통: 약 7828년 5일7시간1분4초 혹은 7784년 9시간9초.
조금 짧은 것: 약 782년 8일5시간7분1초4 혹은 778년 4일 9분.
짧은 것: 약 78년 혹은 77년 (인간수명).
아주 짧은 것: 세포의 성장과 분열, 노화되는 시간.

- 아주 긴 태양주기: 40~44억 년이 끝날 때마다 태양에 감광 현상이 발생하여 우주가 캄캄해졌다가 다시 홍염 활동이 재개되면서 환해지는 기현상이 발생하는데, 이때를 저녁이 되며~아침이 되는 때(장기간)라고 표현한다.
- 긴 태양주기: 6억2천5백만 년마다 소행성 또는 혜성이 지구와 충돌하고 그 여파로 공중이 어두워졌다가 다시 환해지는데, 이때를 저녁이 되며~아침이 되는 때(중간 기간)라고 표현한다. 그때마다 지구에서는 생물들의 진화 속도가 빨라진다.
- 조금 짧은 주기: 6천2백5십만 년마다 화산들의 폭발과 용암분출로 하늘이 어두워졌다가 다시 환해지는데 이때를 저녁이 되며~아침이 되는 때(단기간)라고 표현한다.
- 짧은 태양주기: 6천2백5십 년마다 지구에 큰 전쟁이 벌어지고 전쟁의 연기로 땅이 캄캄해 졌다가 연기가 걷히면서 다시 환해지는 현상이 발생한다.

믿든지 아니 믿든지, 인정하든지 인정치 않든지 그것은 내 상관할 바 아니고 나의 연구한 바로는 이렇다라는 말이다.

→2028년→ 동남아시아 성령 대 폭발

'창세기'는 기원에 관한 책으로 신들이 우주를 창조하신 양식이 나온다.

이 책에 의하면 신들은 피조물을 전부 엿새 동안 창조 하셨고 제 칠일에 안식 하셨으며 일 일을 일 년으로, 하루를 천 년으로 세기도 한다. 그래서 어떤 신학자는 하루를 천 년으로 계산하여 6천년(구약4천년+신약2천년)

이차면, 예수께서 지상에 재림하여 세상을 심판하고 땅에 잠시동안 천년왕국을 세운다고 해석하였다.

그런데 6천년이 지나도 예수께서 오실 조짐이 보이지 않자 주의 강림을 고대하던 목자와 성도들은 실망하여 세속으로 돌아가고, 대신 주의강림을 부정하는 새 이단학파가 득세하게 된다.

이들 때문에 기독교리와 믿음은 더욱 변질된다. 그들이 전파하는 교묘한 이단 사설 중 하나는 예수께서 하늘로부터 임하는 것이 아니라 땅에서 나온다는 이론이다. 이 시대에도 사람의 아들로 올 수 있으니 자칭 예수라 할 자들을 그럴싸하게 합리화시킬 수 있다. 경성하여 속지 마라! 성경에는 이렇게 기록되어 있다.

"너희 가운데서 하늘로 올라가신 예수는 하늘로 가심을 본 그대로 하늘로부터 내려오시리라."

그런즉 종말에 예수님은 하늘에서 구름을 타고 땅으로 내려오시는 것이다.

하나님의 아들 예수는 죽은 지 삼일만에 부활하셨고, 부활한 예수님은 먹지 않고도 살 수 있는 신령한 몸으로 변화되셨다. 이러므로 자칭 땅에서 난 예수라고 주장하는 자들은 나무에 달려 죽고 삼일만에 부활하여 하나님의 아들임을 증명하고, 자칭 하늘에서 내려온 예수라고 주장하는 자들은 항문과 오줌보를 꿰매서 먹지 않고도 살 수 있음을 증명하기 바란다.(그러면 내가 믿겠노라.)

주의하라! 악을 악으로 사용하는 자가 마귀라고 생각지 말라. 악인은 사람들이 싫어해서 마귀도 결함 있고 불량한 자는 자신의 종으로 삼지 않는다. 나쁜 친구는 선한 행실을 더럽히듯이 선을 악으로 유도하는 것이 사탄이다. 그래서 하나님이 관심 두는 대상에 사탄도 집착하고 하나님이 가지려는 것을 마귀도 탐내게 되어있다. 즉 하나님이 택한 사람을 마귀도 점찍기 때문에 그의 마음의 태도에 따라서 하나님의 자녀가 될 수도 있고 아주

인기 있는 사탄의 자식이 될 수도 있다는 말이다. 이런 연유로 하나님의 종이 처음에는 예수를 선전하다가 도덕적 타락에 이은 죄책감에 사로잡히면 성경을 부정하고 하나님을 모독하는 것을 종종 보게 된다. 왜냐하면 본색을 감추려면 신비한 능력이 나타나야 하는데 하나님은 꼭두각시가 아니기 때문이다.

우리들이 알고 있는 바 장차 있을 휴거의 때(인자의 때)는 천사도 모르고 아들도 모르고 오직 아버지만 아신다. 그래서 논리적으로 그 날과 그 때는 천사도 가르쳐 줄 수 없고 예수님도 가르쳐 줄 수 없으나 그 때를 알고 계시는 하나님께서는 알려주실 수 있다.

관건은 신탁을 받을 만큼 성결하고 영감(靈感) 있는 자가 있느냐 하는 것이다.

'이단'이란 자신의 생각과 틀린 견해를 주장하는 자들이 아니요, 천지를 지으신 하나님과 그의 보내신 아들 예수를 부인하는 자가 이단이다. 이러므로 교리를 따라 예수 믿는 형제들을 판단하는 것은 옳지 못하다.

귀한 자든 천한 자든, 강한 자든 약한 자든, 성경을 오해하여 잘못 알고 있는 자든지 간에 누구든지 예수를 마음으로 믿고 입술로 시인하며 그 믿음이 변치 않으면 그는 구원받은 자요 하나님의 권속인 것이다.

비록 그릇될 지라도 육체의 고난도 각자가 받고, 생활의 궁핍함도 각자가 받고, 회의와 마음의 갈등도 각자가 받고, 또 자기가 우매하여 당한 만큼의 손해도 각자가 받으니 권고할지언정 비난하지는 말아라.

먼저 이것을 알지니 말세에 기롱 하는 자들이 와서 자기의 정욕을 좇아 행하며 기롱하여. 가로되 온다던 예수는 언제 오느냐 주의 강림하신다는 약속이 잘못된 것 아니냐 조상들이 잔 후로부터 만물이 창조할 때와 같이 그냥 있다 하니. 이는 하늘이 옛적부터 있는 것과 같이 땅이 물에서 나와 물로 성립한 것도 저희가 부러 잊으려 함이로다. 이로 말미암아 그 때 세상은 물의 넘침으로 멸망하였으되. 이제 하늘과 땅은 그 동일한 말씀으로 불사르기 위하여 간수하신 바 되어 경건치 아니한 사람들의 심판과 멸망의 날까지 보존하여 두신 것이니라. 주의 약속은 어떤 이의 더디다고 생각하는 것같이 더딘 것이 아니라 오직 너희를 대하여 오래 참으사 아무도 멸망치 않고 다 회개하기에 이르기를 원하시느니라.

그러나 주의 날이 도적같이 오리니 그 날에는 외계의 열풍을 맞은 하늘이 큰 소리로 떠나가고 지표가 뜨거운 용암에 녹아 풀어지고 땅과 그 중에 있는 모든 일이 드러나리로다. 또 그 모든 편지에도 이런 일에 관하여 말하였으되 그 중에 알기 어려운 것이 더러 있으니 무식한 자들과 굳세지 못한 자들이 다른 성경과 같이 그것도 억지로 풀다가 스스로 멸망에 이르느니라. 그러므로 사랑하는 자들아 너희가 이것을 미리 알았으니 무법한 자들의 미혹에 이끌려 너희 굳센데서 떨어질까 삼가라. 별무리의 행로가 각각 정해져 있으므로 궤도를 벗어나 주의 눈에서 멀어지면 사장(死藏)되는 것이다. 그가 SOS 구조 신호를 우주에 쏘아 올렸을 때 길 찾기 위한 노력을 하지 않으면, 가오리처럼 캄캄한 절망의 바닥을 기다가 결국은 비극적인 최후를 맞게 된다.

혹이 묻기를 '천국이 어디 있습니까?' 할 때에, '나도 모른다 믿음의 세계이니 너도 무조건 믿어라 보지 않고 믿는 자가 복 있다하더라' 하며 얼버무리는 것과 명확하게 알려주는 것. 이 둘 중에서 누가 그에게 유익이 되겠느냐. 바르게 알려 주는 자가 없으니 어찌 한 사람인 들 제대로 믿을 수 있겠느냐.

어떤 사람의 권고

사람들아 나의 한 비유를 들어라. 별들의 세계는 마치 자기 아들을 위하여 혼인잔치를 베푼 어떤 임금과 같다. 그가 종들을 보내어 그 청한 사람들을 혼인잔치에 오라 하였더니 오기를 싫어하거늘. 다시 다른 종들을 보내며 가로되 청한 사람들에게 이르기를 내가 오찬을 준비하되 나의 소와 살진 짐승을 잡고 모든 것을 갖추었으니 혼인잔치에 오소서 하라 하였더니. 저희가 돌아보지도 않고 하나는 자기 밭으로, 하나는 자기 상업차로 가고 그 남은 자들은 종들을 잡아 능욕하고 죽이니. 임금이 노하여 군대를 보내어 그 살인한자들을 진멸하고 그 동네를 불사르고. 이에 종들에게 이르되 혼인잔치는 예비 되었으나 청(請)한 사람들은 합당치 아니하니 사거리 길에 가서 사람을 만나는 대로 혼인잔치에 청하여 오너라 한대. 종들이 길에 나가서 악한 자나 선한 자나 만나는 대로 모두 데려오니 혼인자리에 손님이 가득한 지라.

임금이 손을 보러 들어올 새 거기서 예복을 입지 않은 한 사람을 보고 가로되 친구여 어찌하여 예복을 입지 않고 여기 들어왔느냐 하니 저가 유구무언이어 늘. 임금이 사환들에게 말하되 그 수족을 결박하여 바깥 어두움에 내어 던지라 거기서 슬피 울며 이를 갊이 있으리라 하였느니라.

그런즉 이 말뜻을 당신들로 알게 할 것이니 내 말에 귀를 기울이소서. 때가 제 삼시니 당신들의 생각과 같이 이 복음의 비밀이 정신없는 자의 말이 아니라. 이는 곧 선지자 요엘로 말씀하신 것이니 일렀으되.

"말세에 내가 내 영으로 모든 육체에게 부어 주리니 너희의 자녀들은 예언할 것이요 너희의 젊은이들은 환상을 보고 너희의 늙은이들은 꿈을 꾸리라. 그때에 내가 내 영으로 내 남종과 여종들에게 부어 주리니 저희가 예언할 것이요. 또 내가 위로 하늘에서는 기사와 아래로 땅에서는 징조를 베풀리니 곧 피와 불과 연기로다.

주의 크고 영화로운 날이 이르기 전에 해가 변하여 어두워지고 달이 변하여 피가 되리라.

누구든지 주의 이름을 부르는 자는 구원을 얻으리라" 한 것입니다. 지금은 말일이어서 선지자 요엘이 예언한 말세의 영적 은혜는 흔하지 않지만, 말세는 말일로부터 시작되므로 이제 영적으로 신령해지는 일이 서서히 나타나고 있습니다. 그런즉 장차 기존의 기독교인들이 일부 배도 하여 세상으로 돌아가거든 불교인들 당신들도 나와서 이 혼인잔치에 청함을 받으십시오. 당신들도 바로 사거리 길에 선 사람들 중 하나입니다.

하나님을 무시하고 다른 것을 섬긴 불순종의 자식들이지요. 때는 당신들의 나라가 경제적으로 심히 어려워지고 중동전쟁이 세계대전으로 확산될 조짐이 나타나는 때입니다.

그 불교인들: 그렇다면 형제들아 우리가 어찌할꼬?

어떤사람: 이제 때가 되었으니 생각을 바꾸십시오. 하나님은 자신을 가리켜 불의한 재판관이라고 하십니다.

율법에 의하면 죄를 지은 사람은 무조건 죽여야 하는데 누구든지 예수를 믿기만 하면 법을 무시하고 죄가 없다고 판정하기 때문입니다. 성경에서 '야톰'은 고아를 뜻하는 단어로써 부모가 없는 것을 가리키는 것이 아니라 아비 없는 자녀 즉 아비인 하나님을 모르는 모든 사람을 다 고아라 부르는 겁니다. 그런즉 각 사람이 자신의 죄를 고백하고 각각 예수그리스도의 이름으로 세례 받기를 결단하십시오.

그렇게 하여 마음이 유쾌함을 얻은 상태에서 양자가 되는 성령을 구하십시오. 이 약속은 우리와 우리 자녀와 모든 먼 데 사람 곧 하나님께서 얼마든지 부르시는 모든 자들에게 하신 약속이십니다.

입술로 예수를 하나님의 아들이라 인정하고 금식하며 성령 달라고 간절히 부르짖을 때에 양털같이 부드러운 기운이 몸을 감싸면서 눈물이 왈칵 쏟아지면 성령이 임한 겁니다. 그때에 자신의 죄를 통회하는 마음으로 고백하십시오. 가장 중한 죄는 하나님의 아들 예수를 부정하고 믿지 않은 죄입니다.

(이와 같은 기회는 한번밖에 주어지지 않습니다.) 그러면 죄 사함을 받게 되고 마음속에서부터 뜨거운 희열이 치솟아 오릅니다. 이 느낌을 어찌 말로 다 표현할 수 있겠습니까!......

곧 이어 극도의 기쁨이 충만한 가운데 혀가 풀리면서 하나님만이 들으실 수 있는 방언을 말하게 되실 것입니다. •증서 "성령이 임한 표는 첫째 방언을 말하며 둘째 하나님 높임을 드는 것이니라."

하지만 방언은 알아들을 수 없는 말로서 임으로 흉내낼 수 있기 때문에 잘 발달된 직감과 고도의 분별력이 필요합니다. 이러한 능력들은 많은 경험과 통찰력으로 길러진다는 사실을 아십시오.

은사로 주어진 방언은 발음이 인위적이지 않고, 감화력이 따르며, 말할수록 영감이 풍성해지고, 마디(영적단어)가 늘면서, 발성이 다양해 질 뿐 아니라 성격이 온유해지고 눈에서 총기가 나옵니다.

또한 믿음과 기도의 양에 따라서 방언→영분별→예언→능력 행함→신유→믿음→지식→지혜로 진보되어 가는 뚜렷한 특징이 나타납니다. 이러한 표적이 나타나지 않는 방언은 성령이 주신 방언이 아니라 사람들에게 보이려고 자신이 꾸며 말하는 경우가 많습니다.

방언에는 대언방언과 대인방언이 있는데, 대언방언은 사람이 알아들을 수 없으나 자신만이 아는 비밀을 영으로 하나님께 직고하는 것이요. 대언방언은 배우지 않았으나 현재 사용되는 외국어를 말하는 능력을 말합니다. 하지만 현재는 대언방언의 때 일뿐, 대인방언의 때는 아니므로 배우지 않은 외국어를 은사로 말하거나 통역하는 사람은 거의 없습니다. 특히 대언방언의 통역(*실상은 권면형 예언)은 거의 다 자신의 머리 속에 떠오르는 생각을 입으로 내는 것입니다. 그래서 믿을만한 것이 못 됩니다. 왜냐하면 정신은 불순하고 불량할뿐더러 자신의 선입견적인 생각과 판단이 들어가기 때문입니다. 이러므로 계시적인 예언의 은사를 사모하십시오.

예언의 은사는 상대방의 비밀을 말하거나 권면하여 돌이키게 하는 것으로 종종 강한 감화력이 임하는 경우가 있습니다. 그때는 예언을 하는 자와 받는 자가 성령의 띠로 묶이고 서로의 마음이 느껴지는 상태에서 암탉이 새끼를 품는 것 같은 사랑의 감정이 두름과 동시에 울컥하며 눈물이 쏟아집니다. 이는 사람의 나쁜 행위나 행실은 마음이 감화될 때 고쳐질 수 있기 때문입니다.

사람의 심령을 움직이는 성령의 감화력은 은사가 아니라 영감에 딸린 능력입니다.

'영감'이란 성령에게서 나오는 사랑의 기운으로 이 기운은 그 성도에 대한 성령의 애정 또는 친밀감의 정도를 나타내는 것입니다. 이러므로 성령이 그 성도를 사랑할수록 영감이 강하게 나타나게 되어 있습니다.

만약 미련한 성도가 감정에 치우쳐서 하나님이 자신을 사랑한다고 말한다면 이는 이치적으로도 맞지 않습니다. 왜냐하면 하나님이 사랑하는 자는 명철해지기 때문입니다. 하나님이 믿는 자에게 원하시는 것은 무지에 근거한 맹신이나 종교에 미쳐 날뛰는 광신적인 행동이 아닙니다. 하나님의 지혜로 슬기롭게 생활하며 세속에 물들지 않으므로 여러 면에서 사회에 본이 되는 이것입니다.

그런즉 성도들은 지극히 이성적인 상태에서 사람들이 공감할 수 있는 합리적인 판단력을 가져야 하며, 매사에 '주여!'를 찾아 세인들의 비웃음을 사지 않도록 하십시오. 다시 말해 세상에 속한 자로서 어떤 일에든 세상 제도와 법을 무시하지 말고 자신의 일에 최선을 다하라는 뜻입니다. 하나님도 사람의 의무를 저버리고 땅의 법과 제도를 무시하는 자를 옹호하지 않습니다. 나는 성도들이 성령과 친밀한 관계를 계속 발전시켜갈 것을 원함으로 이 글을 썼습니다. 그러기 위해서는 그의 계명과 율법을 지키거나, 고아와 과부를 동정하여 구제를 하거나, 기도할 때마다 하나님께서 가까이 하시니 기도를 많이 하거나, 하나님의 관점에서 생각할 줄 아는 통찰력을 기르거나, 위선을 버리고 가식 없이 행동하길 바랍니다.

이 중 어느 하나만 잘해도 성령의 사랑하심을 입어 영감이 풍성해 질 수 있습니다.

친구간에 우의가 있고 사귐이 깊을수록 도움을 쉽게 얻듯이 하나님과의 관계가 좋아야만 기도응답이 신속하답니다.

이 말을 듣고 은사를 진보시킨 지혜자들이 복음의 신을 신고 몰약 산과 유향의 작은 산을 넘으면서 일본, 중국, 몽골, 타이완, 필리핀, 베트남, 라오스, 캄보디아, 미얀마, 태국, 네팔, 부탄, 인도 나라들에 놀라운 성령의 역사가 나타난다. 전도자들이 손을 얹은즉 잘려졌던 수족들이 순식간에 재생되고, 종양이 성령의 불에 그슬려 까맣게 타며, 몸에 붙었던 더러운 귀신들은 소리치며 떠나고, 정신병자와 불구자들의 몸은 온전해진다. 이 초자연적인 기사와 표적이 나타나면서 동남아시아 전역은 복음의 열기에 휩싸이고 그 지역에 퍼진 감격과 흥분은 고조 되간다. 이에 전통종교인 불교가 무너질 위기에 봉착하자 당황한 당국이 군대를 동원하여 개종자들을 탄압하면서 기독교 핍박이 시작된다.

- 증서 "너희는 스스로 조심하라 사람들이 너희를 공회에 넘겨주겠고 너희를 회당에서 매질하겠으며 나를 인하여 너희가 관장들 앞에 끌려가리라. 내가 불을 땅에 던지러 왔으니 이 불이 이미 붙었으면 내가 무엇을 원하리요. 나는 받을 세례가 있으니 그 이루기까지 나의 답답함이 어떠하겠느냐. 내가 세상에 화평을 주려고 온 줄로 아느냐 내가 너희에게 이르노니 아니라 도리어 분쟁케 하려 함이로다. 화평이 아니라 검을 주러 왔노라 내가 온 것은 사람이 그 아비와, 딸이 어미와, 며느리가 시어미와 불화 하게 하려함이니 사람의 원수가 자기 집안 식구리라. 이후부터 한 집에 다섯 사람이 있어 종교문제로 분쟁하되 셋이 둘과, 둘이 셋과 하리니. 아비가 아들과, 아들이 아비와, 어미가 딸과, 딸이 어미와, 시어미가 며느리와, 며느리가 시어미와 분쟁하리라."

세계민족에 대한 권고

"예레미야 너는 세상 거민에게 이 말을 선포하여 일러라. 너희 길과 행위를 바르게 하라. 너희가 만일 길과 행위를 참으로 바르게 하여 이웃들 사이에 공의를 행하며. 이방인과 고아와 과부를 압제하지 말며 무죄한 자의 피를 이곳에서 흘리지 아니하며 다른 신들을 좇아 스스로 해하지 아니하면. 내가 너희를 그 땅에 거하게 하리라. 너희가 무익한 거짓말을 의뢰하는도다. 너희가 도적질하며 살인하며 간음하며 거짓맹세하며 다른 신들에게 분향하며 너희의 알지 못하는 다른 신들을 좇으면서. 내 이름으로 일컬음을 받는 이 집에 들어와서 내 앞에 서서 말하기를 우리가 구원을 얻었나이다 하느냐 이는 이 모든 가증한 일을 행하려 함이로다.

내 이름으로 일컬음을 받는 이 집이 너희 눈에는 도적의 굴혈로 보이느냐. 너희는 예루살렘에 가서 그들의 악을 인하여 내가 어떻게 하였는지 보라. 이제 너희가 그 모든 일을 행하였으며 내가 너희에게 말하되 새벽부터 부지런히 말하여도 듣지 아니하였고 너희를 불러도 대답지 아니하였느니라. 그러므로 내가 너희 형제를 쫓아냄같이 내 앞에서 너희를 쫓아내리라. 너는 그들이 유다 도시들과 예루살렘 거리에서 행하는 일을 보지 못하느냐. 자식들은 나무를 줍고 아비들은 불을 피우며 부녀들은 가루를 반죽하여 하늘 황후 마리아를 위하여 과자를 만들며 그들이 또 다른 신들에게 전제를 부음으로 나의 노를 격동하였느니라.

그들이 나를 격노케 함이 아니냐 어찌 자기 얼굴에 수욕을 자취함이 아니냐. 그러므로 보라 나의 진노와 분한을 마음이 완악한 민족들에게 붓되 사람과 짐승과 들 나무와 땅의 소산에 부으리니 불같이 살라지고 꺼지지 아니하리라. 내가 유다 도시들과 예루살렘 거리에 기뻐하는 소리 즐거워하는 소리 신랑의 소리 신부의 소리가 끊쳐지게 하리니 땅이 황폐하리라."

→2030년 · 2100년 · A. D. 246만 3780년→ 웜홀 출현

제 삼십 년(225×365×30+30)사월 오일, '부시'의 아들 제사장 '에스겔'이 바벨론 남부'쉽트 엔-닐' 곧 바벨론 북쪽에 있는 유브라데강에서 흘러나와 남쪽의 니폴을 관통하는 거대한 인공 수로 '케바르'강가 이스라엘군 포로수용소 사로잡힌 자 중에 있을 때에 시공터널인 하늘 문이 열리며 하나님께서 보여주시는 신비스런 광경이 보이니. 때는 예루살렘 왕 여호야긴 왕의 사로잡힌 지 오 년 그 달 오 일이라. 여호와의 권능이 '에스겔' 위에 있는 가운데 태양의 자장이 거세어지면서 지구적도 상공에 찬란한 광채가 발현한다.

순간이동터널

지구 적도 상공에는 이중으로 된 밴 앨런대 라는 방사성 띠가 도넛 형태로 둘러싸고 있다. 이 속에 보이지는 않지만 광속으로 이동할 수 있는 터널입구가 들어있다.

밴 앨런 대는 고도 3000km 부근의 내측대와 2만km 부근의 고측대로 나눈다. 이 띠는 지구 자전축에 대해서 비스듬하게 경사 되어 있고 띠에서 하전된 입자들이 지구 자기장에 포착되어 전후 좌우 나선형태로 움직이고 있다. 나선형은 바퀴처럼 도는 것을 상징하는 것으로 은하도 나선형이고 태풍도 나선형이며 우레도 나선형으로 빙글빙글 돌면서 떨어진다. 신께서는 모든 만물에 통일성을 확립시킨 것이다. 태양 활동의 폭발적인 증가로 흑점이 커지면서 플레어가 폭발하듯 솟아오르면 대량의 태양 양성입자가 발생하고 이 입자들은 태양풍에 운반되어 지구와 충돌하면서 활 충격파를 일으켜 상층 대기권에 찬란한 광채를 발현시킨다. 그때에 극광이 선명하게 목격되고 지구 이온권이 완전히 뒤틀려져서 인공위성, 송전망, 전화선, TV 통신망의 손실과 단전 같은 막대한 피해가 발생한다.

또 자기 폭풍으로 인해 바다에 심한 풍랑과 해일이 발생할 수 있다.

시공초월공간

그 동시에 천왕성 적도 상공에도 빛과 자기장의 소용돌이로 된 하늘 문이 열리는데, 이 문은 태양으로 통하는 시공터널로서 목이 좁은 오지 병처럼 생겼다. '오지병'이란 목이 좁고 긴 물병을 말하는 것으로 나팔처럼 생겼다고 아시면 된다. 때에 웜홀을 통해서 빨아들이는 힘이 작용하고 공기가 주입되면 대기압 이상으로 진공상태에 급격한 변화가 발생하게 된다.

지구를 향해 날아오는 쑥 혜성

그럴 경우 열에너지가 발생하여 그 주변 온도가 올라가므로 목성, 토성, 천왕성, 해왕성의 얼음 띠들이 녹게 된다. • 증서 "띠가 썩어 쓸모 없게 되었더라."

70% 이상이 얼음으로 된 천왕성과 해왕성, 그 주변 위성들이 달아오를 때에 수소와 헬륨이 주류를 이루고 있는 토성의 대기가 화학반응을 일으켜서 태양처럼 밝게 빛나면서 목성의 달 에우로파, 토성의 달 타이탄, 해왕성의 달 트리톤에 있던 얼음들이 녹아 거대한 수증기 구름이 형성된다.

그때에 외부로부터 바람이 불어와서(?) 증발한 수증기들은 비가 되어 떨어지고 천왕성, 해왕성, 타이탄에 있는 질소와 혼합하여 질산이 되면서 메탄 층과 함께 폭발하여 토성이 거대한 불덩어리로 변한다.

질산은 흡수성이 강하고 연기를 내며 냄새가 심한 무색의 액체인데, 일부가 암모니아의 높은 기화열에 의해 냉각되고 그 얼음 덩어리가 떨어져 나와 혜성의 구름과 합쳐지면서 원일점이 행성 주위에 있는 비주기형 혜성을 만든다. 이 혜성을 미국인 'Wormwood(쑥)'가 발견하여 관례대로 쑥 혜성이라 부른다.

지구 종말에 초산염과 유황, 암모니아의 화합물로 만들어진 이 혜성들이 날아와서 지구의 강들을 오염시킨다.

• 증서 "횃불같이 타는 큰 별(혜성)이 하늘에서 떨어져 강들의 삼분의 일과 여러 물샘에 떨어지니. 이 별 이름은 쑥이라 그 물들이 쓰게 되므로..."

붉게 달아오르는 목성

그때에 토성에서 복사된 열에너지, 혹은 부분공간충격파, 혹은 중력장이상으로 목성에 있는 대적점이 더 넓어지고 목성이 불에 달군 쇠처럼 변하자 이 두려운 현상에 놀란 지구 과학자들은 대재앙을 예언한다.

이에 사람들이 우주선을 타고 지구 밖으로 도망치는 등 아비규환의 혼란

사태가 발생할 때에 목성 상공에 형성되어 있던 자장이 세어지면서 본격적으로 산화철 행성인 화성과 목성 사이에 줄다리기가 시작된다.

자력이 강해지면 철이 달라붙는 것 아니냐.

목성 다가서고 화성 끌려가다

그리하여 목성을 상징하는 거인 골리앗이 얼굴이 붉어 화성을 상징하는 다윗을 향해 점점 다가오자 방패를 상징하는 금성이 화성의 뒤를 돌아 그 중간에 끼인다. 이 위치는 장차 지구를 향해 날아오는 소행성들을 금성이 막아낼 수 있는 곳으로 미래과학자들이 밝혀낼 것이다. 그 즈음 사탄이 하늘에서 떨어져서 우리우주는 무질서해지고 소행성지대는 붕괴된다. 돌들이 사방으로 흩어지고 화성이 목성에게 끌려가자—화성을 상징하는 다윗이 골리앗인 목성을 향해 달려가면서 매끄러운 돌 다섯 개를 날린다.

이에 화성인력에 끌려온 소행성 다섯 개가 목성과 충동하면서 목성은 핏빛으로 변하고 그 충격파에 퉁겨진 돌들이 지구를 향해 날아온다.

피로 변하는 달

하지만 작은 화산의 90%가 방패 모양으로 생긴 금성이 날아오는 소행성들을 막아주므로 지구는 안전하다.

그러나 금성인력에 의해서 궤도가 변경된 소행성들이 달과 충돌하여 달은 여러 차례 피처럼 변하게 된다.

- 증서 "해가 어두워지고 달이 핏빛같이 변할 것이며 땅이 진동하며. 하늘이 떨며 일월이 캄캄하며 별들이 빛을 거두고 백주에 땅이 캄캄해지고 사방이 어두우며 공중에 빽빽한 먼지구름이 끼이리라."

그 충돌 후 수조 톤의 먼지와 바위 파편이 지구와 달 사이를 가리면서 지구에 캄캄한 밤이 시작되고 혹독한 추위가 닥쳐서 지상의 생명체가 몰살한다.

그 일 전에 내가 보니 북방에서부터 폭풍과 큰 구름이 오는데. 그 속에서 불이 번쩍번쩍하여 빛이 그 사면에 비취며 그 불 가운데 단 쇠 같은 목성이 나타나 보이고. 그 속에서 네 생물의 형상이 나타나는데 그 모양이 이러하니 사람의 형상이라. 각각 네 얼굴과 네 날개가 있고. 그 다리는 곧고 그 발바닥은 송아지발바닥 같고 마광한 구리같이 빛나며. 그 사면 날개 밑에는 각각 사람의 손이 있더라. 또 생물의 모양은 숯불과 횃불 모양 같은데 그 불이 그 생물 사이에서 오르락내리락 하며 그 불은 광채가 있고 그 가운데서는 번개가 나며 그 생물의 왕래가 번개같이 빠르더라.

→●A. D. 1만 1100년→ 화산 대 폭발, 우박과 폭염

그즈음 6~700개의 활화산 중 삼분지 일인 약 2백여 개 이상의 화산들이 일제히 폭발하면서 또 대류변동에 의한 대재앙이 닥친다. 거대한 불기둥과 연기기둥, 숯불처럼 떨어지는 화산탄, 엄청난 이류(泥流)와 용암들이 도시로 흘러내리자 사람들은 죽음을 피해 높은 산으로 도망친다. 약 2년동안 어둡고 추운 날씨가 지속되고 상상 못할 크기의 우박들도 떨어진다. 2년 후 하늘을 덮었던 화산재가 걷히면서 불같은 더위와 태우는 바람이 지면을 휩쓴다. 소용돌이치는 기류와 이상 기단의 형성으로 체감온도인 열지수가 55도를 넘자 날의 뜨거움을 견디지 못한 사람들이 옷을 벗는다. 그리하여 사람들의 피부는 시커멓게 그슬리게 된다.

• 증서 "그들이 주리므로 파리하며 불같은 더위와 독한 파멸에게 삼키울 것이다. 태우는 바람이 그 잔의 소득이 되리라."

종말에 이러한 일이 있기 때문에 성경의 예표들이 옷을 벗었고 피부가 검은 구스인이 등장하는 것이다.

마치 열의 벽에 갇힌 것 같은 지구 사람들은 잠잠히 구원의 손길을 기다릴 뿐이다.

→2033년→ 어느 해 9월4일 곧 6월4일 예루살렘왕국 금식선포

그때에 적군에 사방으로 포위된 이스라엘전역에 전 국민 금식령이 선포된다.

- 예시 "아합의 금식선포, 에즈라의 금식선포, 모르다카이의 금식선포, 예호야킴의 금식선포"

유대인들은 전부 굵은 베옷을 입고 거리에 앉고 짐승까지도 삼일 낮, 삼일 밤 6일 동안은 아무 것도 먹지 않는다. A. D. 33년 즈음 금식하던 바리새인들이 멜키들을 보고 이렇게 물은 적이 있었다.

"우리들은 일주일에 두 번씩 금식하는데 당신과 제자들은 어찌하여 금식을 하지 않느냐" 하자. 예수께서 말씀하시기를 "혼인집 손님들이 신랑과 함께 있을 때에 너희가 그 손님으로 금식하게 할 수 있겠느냐, 그러나 예루살렘을 빼앗길 날이 이르리니 그 날에는 금식할 것이니라." 이 말씀을 기억한 이스라엘민족들이 가슴을 치며 통곡한다. 이 광경을 영상으로 보게 되거든 세계민족들은 휴거에 대비하길 바란다.

> 우주순찰자 림몬의 두번째 명령
>
> 긴 뒷다리를 이용하여 끊임없이 하늘로 뛰어 오르려는 벼룩들아, 회오리바람을 타고 하늘로 승천할 날이 임박하였으니 성령의 기름을 채우도록 방언으로 크게 부르짖어라. 그가 응답하겠고 크고 비밀한 일을 보여 줄 것이다.

의혹: 성령의 기름은 무엇이며 왜 두번씩이나 기름을 채우라고 하는 것이냐?

어떤사람: 조물주이신 신들은 창조자들이며 그 분의 성신은 실행하는 신으로 말씀을 이루시는 분이다.

신들이 말씀으로 명하여 피조계를 만들어라 하면, 성신이 말씀에 따라 피조계를 조성하는 것이니 재료 없이 물건을 만들 수는 없다. 그런즉 성신은 물질계의 재료가 되는 모든 원소들을 다 갖고 계신다.

다만 영이고 바람 같아서 육신의 눈으로는 볼 수 없고 또 보이지 않을 뿐이다.

성령을 가리켜서 불같은 성령 · 바람 같은 성령 · 물 같은 성령 · 피 같은 성령 · 가루 같은 성령 · 이슬 같은 성령 등 다양하게 표현하는 이유가 바로 이러한 원소와 물질들이 있기 때문이다.

물질을 만드는데 기초가 되는 원소는 양자와 중성자, 전자로 이루어져 있고 하나의 원소가 폭발 또는 고온에 의해 핵융합반응을 일으키면 다양한 원소가 형성되기도 한다. 여러 가지 원소의 원자가 결합하여 분자가 형성되고 분자가 결합하여 물질을 만든다. 본래 자연적으로 존재하는 원소의 수는 약 99개 정도일 것으로 추측되나 현재 인공적인 것까지 합쳐 106 종 정도가 알려져 있다.

2천년 전 성신이 처녀의 몸에 성령으로 잉태하여 예수로 나오셨고 성령은 예수와 함께 계셨다. 사람들이 아는 대로 예수는 하나님의 어린양으로 오사 신과 인간 사이를 화목시킨 분이다.

이리하여 어린양과 성령은 하나되었고 성령은 양의 모든 원소를 가지게 되었다.

그런즉 예수의 몸은 곧 어린양의 몸이요, 어린양의 기관은 곧 예수의 기관이요, 예수의 숨은 곧 어린양의 숨이요, 어린양의 바람은 곧 예수의 바람이요, 예수의 콩팥기름은 곧 어린양의 콩팥기름이요, •증서 "성령의 기름 곧 어린양의 콩팥기름을" 어린양의 물은 곧 예수의 물이요, 예수의 가루는 곧 어린양의 가루요, 어린양의 연기는 곧 예수의 연기요, 예수의 냄새는 곧 어린양의 냄새요, 어린양의 생명은 곧 예수의 생명이 된 것이다.

그래서 성령은 양에 있는 모든 원소와 물질들을 성도들에게 공급하실 수가 있다.

'그릇'이란? 사용되는 용도에 있는 것이므로 재질이나 모양에 상관없이 무엇이든 담겨지기만 하면 그릇이 된다. 그런즉 육체는 영혼을 담는 그릇이 되고 마음은 심령을 담는 그릇이 된다.

인체의 기관은 여러 종류의 조직으로 된 구조물로 신체의 독립된 기관이며 속이 꽉 차 있는 실질성 기관(간, 비장, 췌장, 신장)과 속이 비어있는 중공성기관으로 나눈다.

중공성 기관은 일명 관강성 기관이라 하는데 속이 비어있는 내장을 갖는 장기로 위, 장, 식도, 방광, 기관, 자궁 등이 이에 속한다. 이중에서 심장은 두 겹의 심낭에 싸여서 흉강 내에 있는 중공성 기관으로 자루 모양을 하고있고 그 내강은 4개의 방으로 구획되어 있다. 즉 심장 속은 빈 그릇으로 구성되었고 두 개의 심방과 두 개의 심실이 있어서 따로 따로 무엇을 넣거나 담을 수 있다는 뜻이다.

성령을 받은 성도들이 방언으로 기도할 때에 영적운동에너지에 의해서 성령 안에 있는 각종 원소와 물질들이 힘의 동력만큼 솟구쳐 나온다. 그리하여 어린양에 있는 물질들이 인체의 그릇들에 채워지게 되는데, 성령의 기름 곧 어린양의 콩팥기름은 척추의 양쪽에 있는 콩팥에 채워지고, 성령의 포도주 즉 알코올은 가슴에 채워지고, 거기서 발생하는 가스는 허파에 채워진다.(압축)

- 증서 "보라 신랑이다 맞으러 나와라 하자 이에 그 처녀들이 다 일어나 등을 준비할 새 미련한 자들이 슬기 있는 자들에게 이르기를 우리 등불이 꺼져가니 너희 기름을 좀 나눠달라 하거늘 슬기 있는 자들이 대답하여 말하길 우리와 너희의 쓰기에 다 부족하니 차라리 파는 자들에게 가서 너희의 쓸 기름을 사라 하니라."

그리고 말씀을 읽고, 묵상하고 깨달은 만큼 성령 속에서 가루가 나와 배 즉 창자에 채워진다.

- 증서 "네게 주는 이 두루마리로 네 배에 넣으며 네 창자에 채워라."

의혹: 그렇다면 무엇 때문에 인체에 연료를 채우는 것이냐?

어떤사람: 폭발성을 가진 가루, 가스, 알코올, 기름이 폭발하면 원동력과

추진력이 생겨서 비행체를 공중으로 쏘아 보낼 수 있는 것처럼, 성령은 휴거의 날에 성도들을 공중으로 쏘아 올리기 위해서 성도들의 몸 안에 폭발성 물질들을 채우시는 중이다. 다시 말해 인간로켓의 발사프로그램이 신체에 입력되어 있다는 말이다.

이러한 일이 있을 것임이 몸에 기억되어 인간의 신체는 외부의 불씨와 접촉하지 않고서도 폭발하거나 자연 발화하여 몸이 타 버리는 자연발생적인 인체의 연소도 발생하게 된다.

자! 성도들이여 이제 하늘로 올라갈 때가 찼으니 이리 와서 비단 방석이나 아름다운 방석에 앉으십시오.

곧 우리들이 입게 될 의복 종류와 쓰게 될 관의 종류를 제가 알려 주겠습니다.

△옷 종류: 청색 옷·홍색 옷·홍의·홍포·붉은 옷·붉은빛 옷·자색 옷·자주 옷·자줏빛 옷·성의·흰옷·찬란한 옷·화려한 옷·빛난 옷·아름다운 옷·찬송의 옷·구원의 옷·그리스도 옷·거룩한 옷·공교히 만든 옷·정교한 옷·수놓은 옷·고운 옷·웃옷·새 옷·에봇 받침 긴 옷·발에 끌리는 옷·더러운 옷·해어진 옷·별다른 옷·다른 옷·시중드는 옷·기생의 옷….

△의복종류: 좋은 의복·정결한 의복·과부의 의복·금으로 만든 의복·결혼예복·가죽의복·남자의 의복·여자의 의복·많은 의복·자색의복·기름 바른 의복·염소 털로 짠 의복·새 의복·죄수의 의복·제사장의 의복·왕후의 의복·흙 조각의 의복·좀 먹은 의복·헐벗은 의복·티끌로 만든 의복·따뜻한 의복·구름의 의복·흰 의복·향기 나는 의복·치료하는 의복·배부르게 하는 의복·화려한 의복·붉은 의복·핏방울무늬의 의복·무당의 의복·종의 의복·평안의 의복·이방의 의복·금은으로 만든 의복·꽃무늬 의복·음식이 나오는 의복…

△예복종류: 거룩한 예복 · 제사장 예복 · 왕후의 예복 · 임금의 예복 · 친구의 예복…

△에봇종류: 공교히 짠 에봇 · 보석 박힌 에봇 · 베 에봇 · 세마포 에봇…

△세마포종류: 세마포 옷 · 세마포 긴 옷 · 베실로 짠 세마포 · 세마포 에봇 · 세마포 고의 · 거룩한 세마포 속옷 · 맑고 빛난 세마포 옷 · 빛나고 깨끗한 세마포 옷 · 희고 깨끗한 세마포 옷…

△채색 옷 종류: 수놓은 채색 옷 · 양편에 수놓은 채색 옷…

△겉옷종류: 작은 겉옷 열심의 겉옷 · 에봇 받침 겉옷 · 자색가는베겉옷…

△속옷종류: 반포속옷 · 보수속옷 · 치마 · 베 바지…

△기타 옷 종류: 갑옷 · 군복 · 가죽옷 · 갖옷 · 도포 · 비단옷 · 고의 · 조복 · 푸르고 흰 조복 · 앞치마…

△관 종류: 베 관 · 화환 · 화관 · 아름다운 화관 · 정한 관 · 아름다운 관 · 왕관 · 하나님 손의 왕관 · 빛난 관 · 거룩한 관 · 영화로운 관…

△면류관 종류: 보석 있는 면류관 · 왕자의 면류관 · 왕후의 면류관 · 은총의 면류관 · 큰 금 면류관 · 공의의 면류관 · 정금 면류관 · 영화로운 면류관 · 지식의 면류관 · 재물의 면류관 · 영화의 면류관 · 교만한 면류관 · 영화로운 면류관 · 아름다운 면류관 · 영광의 면류관 · 화려한 면류관 · 은 금 면류관 · 구원의 면류관 · 가시면류관 · 썩을 면류관 · 썩지 않는 면류관 · 기쁨의 면류관 · 자랑의 면류관 · 법의 면류관 · 의의면류관 · 생명의 면류관 · 금 면류관 · 열두 별의 면류관 · 일곱 면류관 · 많은 면류관…

이 중에서 의복은 믿음과 행실의 적당한 대가를 치른 만큼 입는 것으로 의로운 길로 행한 만큼 베띠, 가죽띠, 기묘하게 짠띠, 금띠를 띨 수 있습니다.

구제는 큰상을 받지만 악한자의 불의한 소득과 창기 같은 돈은 상급으로 계산되지 않습니다.

가장 이상적인 그리스도의 군사는 의의겉옷을 입고 진리의 허리띠를 띠고 가슴에 의의 흉배를 붙이고 머리에 구원의 투구를 쓰고 오른손에 믿음의 방패를 가지고 복음의 신을 신고 말씀의 검을 가진 성도입니다.

이 같은 자는 어두움의 구역(Black area)에 진치고 있는 악마들의 진을 뚫고 천국을 탈환 할 수 있으니 용사여 수치를 당치 아니할 겁니다. (덧붙여서) 면류관에 새겨진 문양은 백합화·석류·박·금꽃·금사과인데 할 수만 있다면 석류문양이 그려진 면류관을 얻도록 하십시오. 왜냐하면 이 면류관이 은하통치권자를 상징하기 때문입니다.

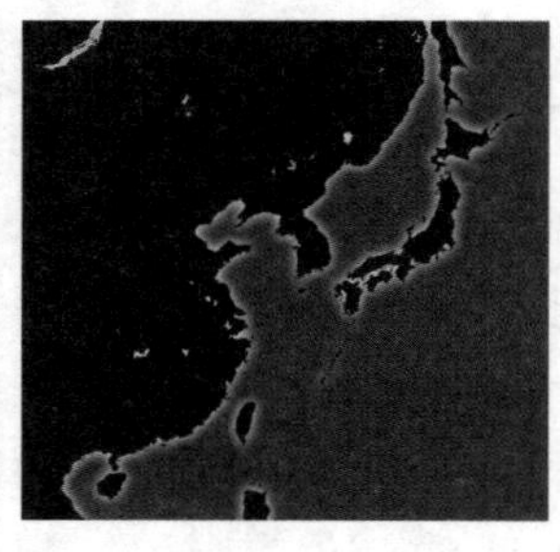

'아스트라페(번개)'행성 지구, 그해 7월

검은 구름이 몰려오면서 요란한 천둥·번개가 친다. 내가 이렇게 큰 글자로 쓴 것을 유의하여 보라.

- 증서 "너희가 인자의 날 하루를 보고자 하되 보지 못하리라. 번개가 하늘 아래 이편에서 번뜻하여 하늘아래 저편까지 비췸같이 인자도 자기 날에 그러하리라."

밤낮 쉴새없이 울려대는 천둥소리로 어린아이와 여자들 대부분은 혼절하고 남자들의 가슴도 오그라들어 잠을 자지 못한다. 삼일동안 계속해서 강풍이 불고 폭우가 쏟아지면서 아시아지역에 대홍수가 발생할 것이다.

그 날에 사람들은 몰려오는 큰물을 보고 어찌할 바를 알지 못한 채 울면서 하나님을 부르짖게 될 것이다.

- 증서 "유다와 빈야민 모든 사람이 금식하기 위해 모이니 때는 9월20일이라 무리가 예루살렘이 포위됨과 큰비를 인하여 떨더니..."

...그 3개월 후...

→203?년 9월→ 어느 해 12월, 작은 삼시 제?차 휴거 발생

번개같은 섬광이 번뜻 이면서 역추진형 인간로켓을 쏘아 올릴 카운트다운이 시작된다.

인체폭발과 동시에 하늘로 올라가는데 첫 발사에 성공하는 성도들은 지구 상공 밴앨런대를 통과하면서 변화체로 변화되고, 2차 발사에 성공하는 성도들은 변형체로 변화될 것이다.

▽발사 000005초 전: 성도들의 항문주름 팽창.

▽발사 000004초 전: 심장에 있는 성령의 포도주에 점화.

●증서 "나의 중심(심장)이 불붙는 듯 하여."

▽발사 000003초 전: 몸이 폭발을 견딜 수 있도록 내부에 성령의 보자기(?)가 덧씌워진다.(성령의 보자기는 일종의 방지복으로 인체폭발시 발생하는 소리와 압력을 막는 신비한 천이다.) 종류는 청색보자기, 자색보자기, 홍색보자기, 큰보자기, 덮개, 생명싸개 등이 있는데 성도의 행실에 따라서 보자기의 질과 강도가 달라진다.

▽발사 000002초 전: 콩팥과 폐장에 있던 성령의 기름과 압축가스 폭발.

▽발사 000001초 전: 창자 가루통이 폭발하면서 강력한 회오리바람발생.(마치 로켓의 방전엔진이 전기를 방전할 때 나오는 섭씨 1만~1만 5천도의 온도를 공기가 많이 있는 곳에 전기입자와 충돌시켜 강한 전기바람을 일으키는 플라스마로켓의 원리와 비슷함.)

△발사: 인체로켓 추진.

추진된 후 창자에 있던 말씀의 가루들이 계속 폭발하면서, 마치 용수철이 튕겨 올라가는 것 같은 창자의 분등력에 의해서 성도들이 광속이동터널(지구적도상공 반 앨런대)에 도달하게 된다. 이때 성도들을 유도하는 장치는 전자력을 이용한 것으로 폭발시 발생하는 열에너지를 전기에너지로 변환시켜 인체에서 강한 전자기파를 방출하므로, 웜홀의 전자관에서 방출되는 전자기장의 유도를 받게 하는 것으로 추측된다.

살점이 흩어지고

그러나 인체폭발시 신앙의 행실이 나빴던 성도는 성령의 보자기가 폭발력을 견디지 못하므로, 휴거되기는 커녕 뼈까지 갈가리 부서져 버려 살점조차 남지 않는다. 하지만 성령께서 땅에 있는 사람들이 죽은 자의 신원을 확인할 수 있도록 두골과 발과 손바닥은 남겨지게 하신다.

- 증서 "가서 장사하려 한즉 그 두골과 발과 손바닥 외에는 어떤 살점도 찾지 못한지라."

자빠져 목이 부러지며

또 성령의 보자기가 폭발을 견뎌도 기름이나 가루가 없어 추진력이 약하면, 발사에 실패한 로켓이 올라가다 말고 떨어져 폭발하듯이 뒤로 자빠져서 목뼈가 부러진다.

- 예시 "엘리가 자기 의자에서 자빠져 문 곁에서 목이 부러지고."

공중에서 추락한다

또 추진되었어도 웜홀에 도달할 만큼의 충분한 성령의 기름과 말씀의 가루가 없을 경우, 연료를 소진한 로켓이 공중에서 추락하는 것처럼 웜홀을 향해 날아가던 성도가 하늘에서 떨어져서 배가 터져 죽는다.

- 예시 "엘리야가 회리바람을 타고 하늘로 승천하자 이를 구경하던 제자들이 말하기를 우리 휘하에 있는 용사 50명을 풀어 산과 골짜기를 수색하게 하소서 혹 저가 하늘로 올라가다 도로 땅으로 떨어졌을까 하나이다. 이 사람이 불의의 삯으로 밭을 사고 후에 몸이 곤두박질하여 배가 터져 창자가 다 흘러나온지라."

이렇다 보니 휴거 때에는 공중발사에 실패하여 죽거나 전신마비 또는 불구자가 되는 성도들이 무수히 발생하게 된다. 웜홀에 도달하면 성도들의 머리는 아래로 발은 위로 거꾸로 서는데 이는 머리는 하늘·처음·위를 상징하고 발바닥은 땅·나중·아래를 상징하기 때문이다. 이래서 하늘에 속한 자로 부활의 첫 열매된 예수님은 천상에 진입하실 때 처음과 시작을 상징하는 머리부터 들어가시지만, 땅에 속했던 성도들은 '우리들은 땅에 속한 자로서 예수님보다 나중 되었습니다' 라는 상징적인 표로 발바닥이 먼저 천상에 들어가게 되는 것이다. 이것이 기억되어 태아는 모태에서 거꾸로 서 있고 베드로는 머리는 아래, 발바닥은 위로 오게 거꾸로 십자가에 못 박혔다.

공중 들림의 예시

△에녹의 나이 365세에 여호와께서 그를 산채로 데려가심.(휴거)

△여호와께서 회오리바람으로 엘리야를 하늘에 올리고자 하실 때에 엘리야가 엘리사로 더불어 길갈에서 나가 더니. 홀연히 불수레와 불말들이 두 사람을 격하고 엘리야가 회오리바람을 타고 승천하더라.(휴거)

△에스겔이 바람에 들려 이끌려 가고.(휴거)

△빌립이 바람에 이끌려가고.(휴거)

의혹: 그렇다면 1차 휴거가 2033년 혹은 2038년에 일어난다는 말이냐?

어떤 사람: 배열된 순서를 따랐을 뿐 정확한 때는 모른다. 다만 휴거 직전에 큰 개나 작은개자리에서 이상징조가 발생할 것이니 별을 잘 관찰하다 보면 근사한 시점을 알아낼 수는 있을 것이다.

의혹: 네 말이 사실이라면 발사에 성공한 성도는 어떻게 되고, 발사에 실패하여 죽은 성도는 어떻게 되며, 또 휴거사건은 신자에게도 해당되는가?

어떤 사람: 성령 받지 못한 신자는 휴거 될 수 없다. 로켓이 연료가 있어야 올라가는 것 아니냐.

폭발하여 죽은 성도들의 영혼은 구원을 얻고(변화체의 몸은 얻지 못함) 시체는 다음 부활 때에 되살아난다.

공중으로 들려진 성도들은 →북극상공→지구광속이동터널→천왕성웜홀→

태양(황도대전투)→중심블랙홀 통과→어두움의 영역진입→천국전투를 치르게 될 것이다.

그때에 세상에서 무슨 짓거리를 하고 살았든지 예수만 믿으면 천국 가서 행복하게 살 줄 알았던 성도들은 경악을 금치 못한다. 왜냐하면 천국 곧 별나라는 마귀들이 점령하고 있고 길목마다 온갖 괴물들이 철벽방어선을 치고 있어서 저것들을 모조리 죽이지 않고서는 천국을 차지할 수 없다는 것을 알았기 때문이다.

이에 전투력과 무장이 약한 성도들은 천국을 바라보고 대성통곡하는데 이는 마귀의 집을 빼앗아 가질만한 힘이 자기에게 없기 때문이다. 이래서 예수께서도 천국은 침노하는 세계라고 했다.

'침노'란 무장한 군인들이 남의 나라를 불법적으로 쳐들어가서 빼앗는 것으로 들어오지 못하게 막는 자가 있다는 말이다. 이러한 일이 있을 것임을 나타내기 위해서 여호수아는 전투를 벌이며 가나안(천국)에 들어갔고 또 물을 건너야 하므로 모세와 이스라엘 백성들은 홍해에서 고민했던 것이다.

화이트 홀의 반대편에 있는 'Black area'에는 빛과 어두움의 경계선이 있고 그사이를 거대한 은하수가 가로지르고 있다. 은하수는 흰 구름 모양으로 보이는 수많은 행성의 무리로만 알고 있는데, 실상은 외계에 있는 강으로써 천체들이 보이지 않는 물위에 떠 있는 것이다. 성경에는 별과 별 사이마다 흑암한 공간이 있고 흑암은 많은 물이 모인 곳이며, 흑운이 이 물들을 품고 있다고 기록하고 있다.

하나님께서 이렇게 하신 이유는 혼들을 제한하여 마음대로 공간을 왕래하지 못하도록 가둬두기 위해서다.

별 층 곧 천국은 7개의 등급을 따라 7층으로 나눌 수도 있는데

—㊦층 1 지경(地境)은 각기 유리와 수정유리로 차단했고, ㊥층 4 지경은 불 섞인 유리바다와 유리바다로 차단했고, ㊤층 6 지경은 맑은 유리와

맑은 유리 같은 정금으로 차단했다.

최상층인 7층은 삼각형모양으로 좁아지면서 중앙에 위치하는데, 이 곳이 바로 내(內)천국으로 아들의 도성이 건축된 물의 세계 곧 천국이다. 이렇게 경계를 정한 이유는 성도들의 마음에서 죄가 정제된 만큼 따로 따로 격리시켜 살게 하기 위해서이다.

—땅에서 이룬 만큼의 차원의 세계에 갇혀 버려서 성결 1등급은 7차원의 세계에 살게 되고, 성결 2등급은 6차원의 세계에 살게되고, 성결 3등급은 5차원의 세계에 살게되고, 성결 4등급은 4차원의 세계에 살게된다. 유리는 안을 들여다 볼 수는 있으나 외부에서 안으로 들어갈 수 없는 것처럼, 하급세계에 사는 성도들은 상급세계를 눈으로 보고 부러워할 수는 있으나 침범할 수는 없다. 성결의 정도에 따라서 통과 할 수 있는 유리벽이 달라지기 때문이다. 예컨대 성결 6등급인 성도는 유리는 통과해도 성결 5등급이 통과하는 수정유리를 통과할 수 없고, 성결 2등급은 맑은 유리는 통과해도 성결 1등급이 통과하는 맑은 유리 같은 정금은 통과할 수 없다. 이 때문에 하급 자들은 등급에 제한을 받아서 한 차원 더 높은 세계를 경험할 수 없으나, 역으로 상급자들은 하급세계를 마음대로 넘나들면서 자신이 원하는 것을 임의대로 가질 수 있는 특권을 부여받는다. 이것이 한 달란트 받은 자의 것을 빼앗아 열 달란트 가진 자에게 주는 하나님의 법칙이다.

이러므로 믿지 않는 자에게는 믿음을 강조하고, 믿는 자들에게는 행실과 행위를 독려함이 마땅하다.

이는 성도의 행위는 무기를 생성시키고, 성도의 행실은 전투력을 기르게 하고, 성도의 성결은 공력을 닦게 하기 때문이다.

—게임(스타크래프트)에서 미네랄과 가스를 채워야 무기가 생산되듯이, 성도들은 하나님께 거룩한 행실과 기도라는 미네랄을 채워야 에너지를 사용하는 병기를 생성시킬 수 있다.

검광이 발사되어 원거리 공격이 가능한 신검, 쏜살같이 날아가는 창, 되돌아오는 화살, 불화살을 막을 수 있는 방패, 적을 무력화시킬 수 있는 화염방사기, 내려치는 무기를 막는 투구, 창검을 막아내는 흉배와 갑옷, 동여매는 띠, 경갑, 신기만 하면 광속이동을 할 수 있는 복음의 신발 등등……

이 수치가 높을수록 기동력과 공격력을 증가시키는 힘의 원천을 얻고, 보호막의 에너지를 충전하며, 거룩함의 자원량만큼 계속해서 무기가 생성된다. 전투에서 무기가 없으면 적과 싸울 수 없고, 또 무기가 손상되었을 때 재생산되지 않으면 싸울 수 없고, 또 무기가 있어도 에너지와 전투력을 모두 소진하면 패할 수밖에 없는 것이다.

의혹: 그렇다면 강한 천군이 되는 비결은 무엇이냐?

어떤 사람: 신앙생활로 말미암아 쌓는 상급들 즉 예배·찬양·기도·헌금·금식·깨닫는 것·구제·기타 선한 행위들은 값으로 쳐서 하나님께 군수품을 살 수 있으나 전투력과 영적에너지는 사지 못한다. 이 자원들은 오직 육체의 일을 버림으로써만 생기는 것이다.

육체의 일(Gal051921)은 현저하니 첫째: 음행(부정한 성행위), 둘째: 더러운 것(난잡한 섹스), 셋째: 호색(성에 탐닉하는 것), 넷째: 우상 숭배(탐욕스런 마음), 다섯째: 술수(사기치는 것), 여섯째: 원수를 맺는 것(미움), 일곱째: 분쟁, 여덟째: 시기, 아홉째: 분냄, 열 째: 당 짓는 것(훼방), 열 한 번째: 분리함(이간질), 열두 번째: 이단, 열세 번째: 투기, 열네 번째: 술 취함, 열 다섯 번째: 방탕함 또 그와 같은 것들이라.

전에 너희에게 경계한 것같이 경계하나니 이런 일을 하는 자들은 마귀를 쳐서 이기고 천국을 차지할 수 없으므로 하나님의 유업(遺業)을 받지 못할 것이다.

이 육체의 죄목을 많이 버릴수록 최강의 천군이 되고 이 육체의 죄목을 적게 버릴수록 전투력을 거의 상실한 무능력한 천군이 되고 만다. 악령을 만났을 때 그는 어찌 될 것 같으냐.

의혹: 그렇다면 아이들과 여자 성도들도 천국전투에 참전하는가?

어떤 사람: 양측이 협정을 맺고 악마군의 진영을 무사 통과케 해주었어

도 불가불 전투에 참가할 수밖에 없을 것이다.(천국전투를 참고할 것)

인간구원

여호와께서는 사람을 두 가지 방법으로 구원하시는데 자유의지와 일방적인 선택이다.

그래서 누구든지 복음을 듣고 의지적으로 믿을 수 있는 기회를 주셨고 또 하나님이 미리 아심을 따라 만세 전부터 선택한 사람도 있다. 전자를 "각처에서 우리의 주 곧 저희와 우리의 주되신 예수 그리스도의 이름을 부르는 모든 자" 신자라 부르고, 후자를 "그리스도 예수 안에서 거룩하여지고 성도라 부르심을 입은 자" 성도라고 구별시킨다. 부연하여 신자는 마음이나 생각으로 예수를 인정하는 모든 사람이고 신자가 성령을 받으면 성도가 되는 것이다. 하지만 누구든지 성령을 구하면 주시겠다고 약속 하셨으므로 신자와 성도들이 따로 정해져 있다고 단정지을 수는 없다.

이 성도들 중에서 주를 위해 참으며 표적과 기사와 능력을 행하면 사도라 칭함을 받는다.

의지와 예정의 차이점은 성령 받는 것에서부터 확연히 구별된다. —의지로 믿은 신자들은 성령 받기가 어려운 반면에 예정된 자들은 성령 받기는 쉽다. 하지만 신자들은 하나님의 간섭 없이 편히 살 수 있어도 성도들은 그렇지 못하기 때문에 모든 면에서 평균함을 가지게 된다.

세상 부모들은 친자식이 아닌 서자에게 애정이 없는 편이고 또 상속도 공평하게 분배하지 않는다.

마찬가지로 하나님도 친자녀(성도)가 아닌 신자들은 개인의 권리와 자유를 최대한 존중해 주시는 편이다.

설혹 그들이 하나님을 떠난다해도 가만히 내버려두신다. 그들이 자유의지로 믿었으니 믿지 않는 것도 그의 자유이기 때문이다. 그러나 성도들은 하나님의 친자녀들이므로 매사에 관여하시고 적극적으로 개입하시는 편이시다. 그래서 연단과정이 있고 바른 인간이 되기 위한 시련과 고통을 겪어야만 한다. 게다가 성령의 소욕이 육체의 소욕과 싸우면서 갈등과 번민이 많고 죄를 짓게 되면 어떤 형태로든 징계의 매가 가해지기 때문에 고난이 많다. 그럴 때는 먼저 기도하기가 싫어지면서 성령이 소멸되어 마음이 우울하고 슬프다.

이에 기쁜 일보다 마음의 시험이 많은 기독교에 환멸을 느껴 하나님을 멀리하게 되면 가슴아픈 일이 생기고, 그래도 돌아오지 않으면 그가 가장 사랑하는 자를 치고, 그래도 뉘우치지 않으면 최후로 그의 몸을 쳐서 돌아오게 만든다. 또 세상 적인 즐거움은 영과 반대되는 것이 많기 때문에 자칫 염세적인 사람이 될 수도 있다.

나도 이런 고민 속에서 믿음에 대한 회의가 많았으나 그 인내와 절제의 영광이 너무 크므로 세상의 경한 즐거움들을 과감히 포기하고 자신을 지켜 세속에 물들지 않는 것이 더 잘하는 것임을 알게 되었다.

이렇게 특별한 섭리(?)가 있는 자와 일반인이 똑같이 취급될 수는 없다. 더군다나 성령의 기름은 성령께서만 주시는 것이니 성령 없이 믿는 자들은 구원은 얻되 휴거 될 수는 없는 것이다.

혹자는 말하기를 예수를 믿으면 이미 성령을 받은 것이다 하는데, 성경에 "예수를 믿을 때에 너희가 성령을 받았느냐" 라고 물었으니 믿는 것과 성령 받는 것은 별개인 것이다.

만일 예수 믿는 것이 곧 성령 받은 것이라면 이처럼 물어 볼 리가 없다. 따라서 성령이 임한 표 즉 방언을 말하지 못하는 자는 성령 받지 못한 자이다. 구원의 표는 믿음이요 양자의 표는 성령인데, 성령은 성도가 우주에서 살 수 있도록 몸을 변화시킬 사명을 띠고 이 땅에 오셨다.

그러므로 내가 이렇게 묻겠노라 '너희가 믿을 때에 성령을 받았느냐' 그가 벗됨을 인하여서는 일어나 주지 아니할지라도 그 강청(强請)함을 인하여는 일어나 그 소용대로 줄 것이다. 그러므로 구하라 그러면 주실 것이요 찾으라 그러면 찾을 것이요 문을 두드리라 그러면 열린 것이니. 구하는 이마다 받을 것이요 찾는 이가 찾을 것이요 두드리는 이에게 열릴 것이다. 너희 중에 아비된 자 누가 아들이 생선을 달라 하면 생선 대신에 뱀을 주며 알을 달라 하면 전갈을 주겠느냐. 너희가 악할지라도 좋은 것을 자식에게 줄줄 알거든 하물며 하늘에 계신 하나님께서 구하는 자에게 성령을 주시지 않겠느냐?

천국에서는 성령 받은 신부만이 예수님이 주는 금반지를 낄 수 있다.

이 반지는 양자 곧 성령 받은 자임을 징표 하는 동시에 왕의 어인 같은 효력을 갖고 있어서 정사와 권세를 치리할 수 있다. 그냥 적당히 믿다가 구원받는 것으로 만족하려는 사람은 성령을 받지 않아도 된다.

또 보석세계가 싫고 지옥이 무섭지 않은 사람은 복음을 멸시해도 상관 않겠다. 귀하고 좋은 것은 모든 사람의 것이 될 수 없기 때문이다.

태양의 때(기노스코)

데오빌로 각하 제가 문서를 연구하였을 때 유사한 사건들의 반복을 보고 어떤 일정한 유형의 시나리오가 돌고 있음을 직감했습니다. 어떤 맞춤방식이 존재한다고 판단한 저는 의문을 풀 수 있는 열쇠를 알아내기 위해서 여러 가지 방법들을 강구했습니다. 그래서 암시성단어들을 죽 열거해 보기도 하고 여러 개의 시나리오를 작성하여 조합시켜 보기도 했습니다. 하지만 여두둔의 법칙을 몰랐던 때라 뭐가 뭔지 통 알 수 없었고, 이것저것이 뒤섞여있는 예언들을 시대별로 분리해 낼 수도 없었습니다. 이에 낙담한 저는 연구할 의욕을 잃고 방황했으며 갈등과 번민으로 마음이 몹시 지치고 상했습니다. 하지만 바르게 알고자 하는 심원을 아신 각하께서 긍휼을 베푸사 처음에는 법칙을 깨닫게 하시고, 두번째는 문법을 깨닫게 하시고, 세번째는 문서를 서로 대조해 보게 하시고, 네번째는 같은 것끼리 모으게 하시고, 다섯 번째는 단어의 숫자들을 세어보게 하시매. 제가 사리의 해석을 아는 자가 되어서 그리스도의 초보학문을 벗어났고, 2단계로 법칙과 문법을 이해하게 되었으며, 3단계로 문자의 상징적 의미와 신적 개념들을 알게 되었으며, 4단계로 종말전쟁과 재앙들을 알게 되었으며, 5단계로 우주역사와 변동의 비밀을 알게 되었으며, 6단계로 별자리의 이동을 깨닫는 일만 남겨 두게 되었습니다. 이는 알 수 없는 신비한 영감의 작용에 의해 연유된 것입니다.

마치 써서 깨닫도록 하는 은사를 주신 것처럼, 알지 못하는 상태에서 주제를 정하고 무조건 쓰기만 하면 머리 속에서 생각이 저절로 떠올라서 의문을 파할 수 있었습니다. 그리고 알기 어려운 사건은 회화(繪畫)이미지의 해석을 통해서 알게 되는 일이 종종 있었습니다.

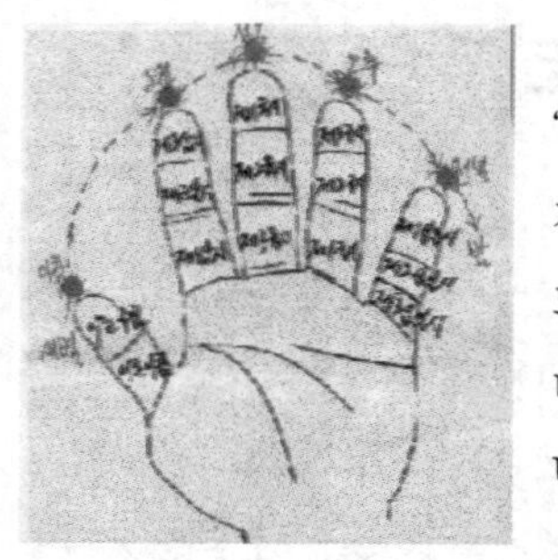

그때에 한 영감(靈感)이 떠올라서 말하기를 '문서를 푸는 비밀은 Mat20장 품꾼의 비유일 것이다. 성경에는 매 사건마다 태양의 때가 표기되었으니 사건들을 태양이 떠서 지나가는 순서대로 배열하면 미래의 일정표를 만들 수 있겠다.' 라고 하였습니다.

또 (Ps3905) 사람의 날을 손 넓이만큼 되게 하셨다는 뜻은 비단 인생의 날이 짧다는 것을 나타낸 은유적인 표현만은 아닐 것이다 라는 확신이 섰습니다. 이에 Mat20장과 손가락을 관련시켜 연구한 결과 이 같은 해석이 나온 것을 보고 저도 깜짝 놀랐나이다.

첫째, 엄지는 굵고 길이가 짧다. 이는 영광이 없는 구약시대를 상징하고 있기 때문이다.

구약시대는 율법과 선지자의 때로 아브라함~세례 요한의 때까지를 말한다. 이 시점은 구원계획의 시작이므로 해가 뜨는 이른 아침이라 부르는데 기간이 길어서 노아의 때와 아브라함의 때 두 때로 나눈다.

이래서 엄지손가락의 마디가 두 개인 것 같다. 이 기간에 하나님을 믿어 구원받은 의인들은 모세와 방불하여 전부 하나님의 친구 또는 백성들이 되었고 일률적인 품삯인 한 데나리온만 받았다.

아직 성령이 내리지 않아서 예수와 상관없었기 때문이다. 그래서인지 구약백성들은 천상결혼식도 없고 결혼반지도 끼지 않는다. 이일이 적용되어 세상사람들도 엄지에는 반지를 끼지 않는 것 같다.

물론 구조적인 이유도 있지만……

둘째, 검지부터는 길이가 길다. 이는 세례 요한 이후인 A. D. 30년~부터 성령이 지상에 임했기 때문이다.

그때로부터 성령 받는 자들이 하나님의 자녀들이 되었고 품꾼(성도)들도 행한 만큼 상당한 대가를 받게 되었다. 이 시점은 아침을 지났으므로 오전(삼시)이라 하고 제1삼시 · 제2삼시 · 제3삼시 셋으로 나눈다.

이래서 검지손가락 마디가 세 개이다. 이 기간부터 신부 된 성도들은 신랑 된 예수님과 천상결혼식을 하게 되었고 이 기간에 천국에 들어가는 성도들은 검지에 금반지를 끼게 된다.

삼시에 구원받았음을 표징하기 위해서다. 참고로 현재 기간은 제1삼시이다.

셋째, 중지는 길이가 가장 길다. 이는 영광스러운 유대인의 때를 상징하고 있기 때문이다.

이 시점은 오전을 지났으므로 정오(육시)라 부르고 제1육시 · 제2육시 · 제3육시 셋으로 나눈다.

동일하게 중지손가락도 큰 마디가 셋이다. 이 기간만큼은 유대인들만이 성령을 받고 천국에 들어가는 유대인들은 중지에 금반지를 낀다.

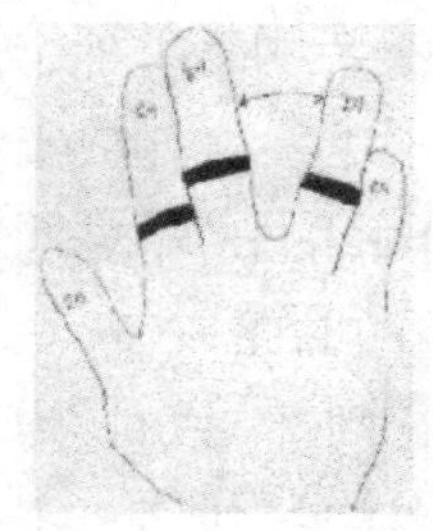

넷째, 장지는 중지와 쌍둥이로 잘 떨어지지 않으려는 속성이 있다. 이 때문에 둘 사이를 벌리기가 힘들다. 이 시점은 오정을 지났으므로 오후(구시)라 부르며 제1구시 · 제2구시 · 제3구시 셋으로 나눈다.

동일하게 장지도 마디가 셋이다. 이 기간에 천국에 들어가는 회교도(개종자)들은 장지에 금반지를 끼어 자신이 구시에 구원받은 신부임을 표징한다.

이 기간까지가 성령시대로써, 구시가 끝나면 성령은 지상에서 사라지고 성경도 소각된다. 성령시대가 셋으로 나뉘어 있고 매 기간마다 두 차례씩 휴거가 발생한다는 예문은 TA20장에 예표되어 있다.

다섯째, 소지는 가늘고 짧다. 이는 비정규기간 즉 연장된 기간에 불과하기 때문이다.

마치 축구심판이 정규시간이 끝나도 임의대로 시간을 조금 늘려주는 것과 같다 하겠다.

이 시점은 오후를 지났으므로 저녁(십일시)이라 부르며 제1십일시·제2십일시·제3십일시 셋으로 나눈다.

이래서 새끼손가락도 마디가 세 개다. 이 기간은 예정에 없던 기간이라 성령이 없고 또 상급을 주겠다는

약속도 없다. 이런 연유로 세상 사람들도 은연중에 소지를 걸어 약속을 하고 있다.

이 시대의 신자들은 구원받는 것만으로도 감지덕지(感之德之)다. 하지만 기간이 짧은 대신 환난의 시련이 너무 크기 때문에 주인으로부터 보상을 기대하게 된다. '하나님 세계민족들이 우리를 미워하여 잡아죽이는 시대에 복음의 일꾼이 되었으니 상급을 꼭 주실 거죠? 자! 소지를 걸고 약속하세요…'

"이에 포도원 주인이 청지기에게 이르되 품꾼들을 불러 나중 온 자로부터 시작하여 먼저 온 자까지 삯을 주라 하니. 제 십일시에 온 자들이 와서 한 데나리온씩을 받거늘. 이른 아침에 온 자들이 와서 더 받을 줄 알았더니 저도 한 데나리온씩 받은지라. 받은 후 집주인을 원망하여 가로되 나중 온 이 사람들은 한 시간만 일하였거늘 저희를 종일 수고와 더위를 견딘 우리와 같게 하였나이다. 하자 포도원 주인 왈 친구여 내가 네게 잘못한 것이 없노라 네가 나와 한 데나리온의 약속을 하지 아니하였느냐. 네 것이나 가지고 가라 나중 온 이 사람에게 너와 같이 주는 것이 내 뜻이니라. 내 것을 가지고 내 뜻대로 할 것이 아니냐 내가 선하므로 악하게 보느냐" 라고 말씀하신다. 이들은 구약백성과 마찬가지라 결혼식이 없고 결혼반지도 끼지 못한다.

이 때문에 세상사람들도 소지에는 반지를 끼지 않는 편이다. 물론 구조적인 이유도 있지만……

지식의 열쇠 Mat20(태양운행)

▿새벽(AM 03:00): 미명에·새벽미명에·새벽 전에·새벽에 미쳐·새벽부터·새벽까지·날이 새어갈 때에·날이 새어 가매·날이 새도록·아직 어두울 때에·동틀 때에·동틀 때까지·동틀 때 즈음에·개동시에·해가 뜰 때에·매우 일찍이…

▿이른 아침(AM 06:00): 해 돋은 후에·해가 돋았고·해 돋은 후·해가 돋았더라·아침 전에·이른 아침·아침 해뜰 때·이른 아침에 일어나·일찍이 아침에 일어나서·아침에 일찍이 일어나·날이 밝았더라·아침이 되매·아침에 미쳐·아침에는·아침마다·아침부터·아침까지·밝은 아침·밝는 아침…

▿삼시(AM 09:00): 해가 힘있게 돋음·해가 높이 뜨기 전에·오전에·제 삼시·제 삼시니·볕이 쬘 때 즈음에…

▿육시(AM 12:00): 점심·오정에·오정 때에·정오·제 육시·제 육시쯤·제 육시쯤 되어·제 육시가 되매·제 육시로부터·제 육시라·해가 중천에·낮·대낮·대낮에·때가 아직 낮이매·온 낮·날이 더울 때까지·해가 더울 때·낮이 열두 시가 아니뇨…

▿칠시(PM 01:00): 제 칠시에…

▿구시(PM 03:00): 해가 아직 높은즉·제 구시·제 구시에·제 구시쯤·제 구시 즈음에·제 구시까지…

▿십시(PM 04:00): 제 십시쯤…

▿십일시(PM 05:00~): 해질 때·해가 질 즈음에·해지기 전에·해가 지려 하는지라·해가 질 때까지·해가 기울도록·저물어 해질 때에·저녁·저녁때·저녁에는·저녁이 되면·저녁에 이르러·저녁까지·저물 때·날이 저물 때·저물매·저물었을 때에·매양 저물매·날이 저물어 가매·때가 저물어가고…

▿밤에(PM 08:00~): 이 밤에·한밤중에·캄캄한 밤에·깊은 밤에·밤 초경에·이경·이경 초에·혹 이경에나·삼경·밤 제 삼시에·야

경 · 밤 사경에…

〈강림의 차례는 각각 자기 차례대로 되리니〉

먼저는 첫 열매인 그리스도요(삼시)—다음에는 그리스도 강림하실 때에 그에게 붙은 자요(육시)—그 후에는 나중이니(구시)—저가 모든 정사와 모든 권세와 능력을 멸하시고 나라를 아버지 하나님께 바칠 때라.(십일시)

〈땅이 스스로 열매를 맺되〉

처음에는 싹이요(삼시)—다음에는 이삭이요(육시)—그 다음에는 이삭에 충실한 곡식이라(구시)—열매가 익으면 곧 낫을 대나니 이는 추수 때가 이르렀음이니라.(십일시)

〈그러므로 깨어 있어라 강림의 시간은〉

집주인이 언제 올는지 혹 저물 때 엘는지(삼시)—밤중 엘는지(육시)—닭 울 때 엘는지(구시)—새벽 엘는지 너희가 알지 못함이라.(십일시)

제1삼시 A. D. 30년~

첫 열매인 싹 열매를 수확하는 이날은 인자의 날로서 집주인이 언제 올는지 아무에게도 그 날짜와 시간이 계시되지 않는다. 천사도 모르고 예수님도 그 날을 모르시나 하나님께서는 아시므로 하나님께서 알려주시면 그 때의 징조와 사건들에 대해서 대강 진술할 수는 있다. 휴거가 임박하면 일부지역에 요란한 천둥·번개가 치면서 강풍을 동반한 폭우가 쏟아져서 큰 홍수가 발생한다.

그때에 바다의 섬나라들에 무서운 해일이 덮칠 것이다.

- 증서 "너희가 인자의 날 하루를 보고자 하되 보지 못하리라. 사람들이 너희에게 말하되 보라 예수가 저기 있다 보라 예수가 여기 있다 하리라 그러나 너희는 가지도 말고 좇지도 말라. 번개가 하늘 아

래 이편에서 번뜻하여 하늘아래 저편까지 비췸같이 인자도 자기 날에 그러하리라. 노아가 방주에 들어가던 날까지 사람들이 먹고 마시고 장가들고 시집가더니 홍수가 나서 저희를 다 멸하였으며. 또 롯의 때와 같으리니 사람들이 먹고 마시고 사고 팔고 심고 집을 짓더니. 롯이 소돔에서 나가던 날에 하늘로서 불과 유황이 비 오듯하여 저희를 멸하였느니라. 인자의 나타나는 날에도 이러하니라."

제1삼시 기간이 끝나면서 지구전역은 전쟁의 흑암으로 덮였다가 서서히 어두움이 걷혀 가는 "저녁이 되며~아침이 되니" 현상이 발생한다.

제2삼시(?~?)

전과 동일하여 요란한 천둥·번개가 치는 가운데 예수께서 지구를 번개처럼 스쳐 지나가신다.

그 날과 그 때가 각자에게 계시되지 않으며 예수님을 볼 수 없고 보이지도 않는다.

제2삼시 기간이 끝나면서 지구전역은 전쟁의 흑암으로 덮였다가 서서히 어두움이 걷혀 가는"저녁이 되며~아침이 되니" 현상이 발생한다.

제3삼시(?~?)

전과 동일하다. 이리하여 큰 삼시 기간이 모두 끝나면 성령은 이방인을 떠나 유대인에게로 향하신다.

그리하여 큰 삼시 이후부터는 이방인들이 예수를 믿고 구원은 받을 수 있으나 양자 되는 성령은 받을 수 없다. 이 예표사건은 (Ex1419)에 나타나 있다.

제1육시(?~?)

이스라엘 민족들이 세계 각처에서 돌아와 한 곳에 모이고 원본의 성경은 사라진다.

이때부터 유대인들이 성령을 받게 되는데 그들은 성령이 주시는 대인방언(외국어)을 받아서 온 세계에 복음을 증거한다.

● 증서 "오순절 날이 이미 이르매 저희가 다 같이 한 곳에 모였더니. 홀연히 하늘로부터 급하고 강한 바람 같은 소리가 있어 저희 앉은 온 집에 가득하며. 불의 혀같이 갈라지는 것이 저희에게 보여 각 사람 위에 임하여 있더니. 저희가 다 성령의 충만함을 받고 성령이 말하게 하심을 따라 외국어로 말하기를 시작 하니라.

그때에 경건한 유대인이 천하 각국으로부터 와서 예루살렘에 우거하더니. 이 소리가 나매 큰 무리가 모여 각각 자기 나라 말로 말하는 것을 듣고 소동하여. 다 놀라 기이히 여겨 이르되 보라 이 말하는 사람들이 다 우리 언어를 몰랐던 자들이 아니냐. 우리가 우리 각 사람의 난 곳 말로 듣게 되는 것이 어찌된 영문이냐.

우리는 소련인, 이란인, 이라크인, 터키인, 이집트인, 리비아인, 튀니지인, 로마인, 몰타인, 아라비아인, 그리고 세계각처에서 온 이방인들이라 우리가 다 우리의 각 방언으로 복음의 큰 일을 말함을 듣는도다 하고. 다 놀라며 의혹 하여 서로 가로되 이 어찌된 일이냐 하며. 또 어떤 이들은 조롱하여 가로되 저희가 새 술이 취하였다 하더라."

어떤 이는 배우지 않은 영어를, 어떤 이는 배우지 않은 중국어를, 어떤 이는 배우지 않은 일어를 유창하게 말하면서 변조된 성경을 바르게 가르치고 통역하는 자들은 그 뜻을 회중에게 전달한다.

저물 때에 이삭을 추수하는 이 날은 삼시와는 다르게 휴거 50일전부터 승천할 자들에게만 큰 나팔소리가 들린다. 첫 나팔소리가 난지 정확히 50일째에 예수께서 화성과 목성 사이 소행성지대에 있는 빈 공간 커크우스 틈새에 강림하실 것이다.

● 증서 "주께서 호령과 천사장의 소리와 하나님의 나팔로 친히 하늘로 좇아 강림하시리니"

그때에 빽빽한 구름이 예수를 둘러싸므로 관측위성으로는 예수님의 모습을 전혀 볼 수 없다.

대신 사람형상 같이 생긴 구름만 보게될 것이다. 제1육시 기간이 끝나면서 지구가 캄캄해졌다가 서서히 날이 밝는 "저녁이 되며~아침이 되니" 현상이 발생한다.

제2육시 (?~?): 동일

제3육시 (?~?): 동일

제1구시(?~?)

육시와 쌍둥이로 제1구시의 끝날에 이르면 밤중에 이삭에 충실한 곡식을 나중에 추수하기 위해서 예수께서 큰 나팔소리와 함께 구름을 타고 지구 상공에 나타나신다. 그때에 지상에 있는 모든 사람이 육안으로 예수의 공중강림을 목격할 수 있다. 그러나 아직 재림의 때가 아니므로 예수님이 지상에 내려오시지는 않는다.

제1구시가 끝나면서 지구 전역이 캄캄해지는 저녁이 되었다가 서서히 날이 밝는 "저녁이 되며~아침이 되니" 현상이 발생한다.

제2구시 (?~?): 동일

제3구시 (?~?): 동일

이렇게 되어 세 번 반복된 구시 기간이 모두 끝나면 그 성령도 지상을 떠나 하늘로 올라가고 천국군대에 패한 악령들이 땅으로 쫓겨 내려와서 세상(코스모스)을 지배하게 될 것이다.

'코스모스'는 '아이온'보다 더 범위가 넓은 세계를 말하는 것으로 지구밖에 있는 태양계 행성들에까지 인류문명이 전파된 상태임을 나타내고 있다.

제1십일시, 악령의 세상(?~?)

악령 곧 짐승들의 영이 세상을 지배하는 시대로 15년이 연장된 기간이며 성령과 성경이 없다.

그즈음 지구자전에 이상현상이 발생한다. 본래 행성의 자전속도들은 세월이 흐를수록 현재 빠른 것(지구·화성·목성·토성·천왕성·해왕성)은 점점 느려질 수 있고, 반대로 현재 느린 것(수성·금성·명왕성)은 점점 빨라질 수 있으며, 현재 느린 것이 더 느려질 수 있고, 현재 빠른 것이 더 빨라질 수 있기 때문에 이럴 것이다 라고 단정짓지는 못한다.

만일 자전 속도가 느려질 경우 그때의 하루는 현재시간으로 약 87.6시간, 일년은 약 31,974시간, 15년은 약 479,610시간쯤 되니까 이 기간을 현재시간으로 환산하면 약 55년쯤 되는 셈이다.

이 날은 모든 정사와 권세를 멸하시고 나라를 아버지하나님께 바치는 때로서 열매가 익으면 곧 낫을 대나니 닭 울 때에 예수께서 천군 천사와 함께 구름을 타고 이스라엘 땅 여호사밧 골짜기 상공에 앉으신다.

• 증서 "열국은 동하여 여호사밧 골짜기로 올라올지어다 내가 거기 앉아서 사면의 열국을 다 심판하리로다."

그 끝날에 천지사방이 캄캄해졌다가 환해지는 천변지이 현상이 발생한다.

제2십일시, 마귀의 세상(?~?)

마귀 곧 계명성의 영이 세상을 지배하는 시대로 15년이 연장된 기간이다.

그때에 지구자전이 더욱 느려진다면 하루는 현재시간으로 약 876시간, 일년은 약 319,740시간, 15년은 약 4,796,100시간쯤 되니까 이 기간을 현재시간으로 환산하면 약 548년쯤 되는 셈이다.

이때에 그 예수께서 천군 천사와 함께 구름을 타고 이스라엘 땅 아마겟돈에 재림하신다.

때에 그의 발이 땅에 닿은 것을 본 모든 사람이 가슴을 치며 통곡하게 된다고 성경에 기록하고 있다.

• 증서 "볼지어다 구름을 타고 오시리라 각인의 눈이 그를 보겠고 그를

찌른 자들도 볼 터이요 땅에 있는 모든 족속이 그를 인하여 애곡하리니 그러하리라."

끝날에 발생하는 천변지이 현상은 동일하다.

제3십일시, 사탄의 세상(?~?)

사탄 곧 두로 왕의 영이 세상을 지배하는 시대로 15년이 연장된 기간이다.

그때에 지구자전이 더욱 느려진다면 하루가 현재시간으로 약 8760시간, 일년은 3,197,400시간, 15년은 47,961,000시간쯤 되니까 이 기간을 현재시간으로 환산하면 약 5475년쯤 되는 셈이다.

그 끝날에 이 예수께서 천군 천사와 함께 구름을 타고 이스라엘 땅 감람산에 재림하신다.

- 증서 "갈릴리 사람들아 어찌하여 서서 하늘을 쳐다보느냐 너희 가운데서 하늘로 올리우신 이 예수는 하늘로 가심을 본 그대로 구름을 타고 땅으로 내려오시리라. 그 날에 그의 발이 예루살렘 앞 곧 동편 감람산에 서실 것이요 지진으로 감람산은 그 한가운데가 동서로 갈라져 매우 큰 골짜기가 되어서 산 절반은 북으로, 절반은 남으로 옮기고. 그 산골짜기는 아셀까지 미칠지라 너희가 그의 산골짜기로 도망하되 유다 왕 웃시야 때에 지진을 피하여 도망하던 것같이 하리라 나의 하나님 여호와께서 예수와 함께 땅에 임하실 것이요 모든 거룩한 자가 주와 함께 할 것이다."

그 끝날에 발생하는 천변지이 현상은 동일하다.

이렇게 되어 그 알 수 없는 14만 4천년이 차면 지구자전은 엄청나게 빨라져서 시간이 정지되든지, 아니면 아주 느려져서 거의 움직이지 않는 상태가 되든지 할 것이다. 그렇게되면 수명세포의 노화가 거의 진행되지 않기 때문에 사람의 수명이 나무의 수한 같이 장구해질 수 있다. '수명세포'

란? 해가 떴다가 해가 진 인지정보 즉 사람의 인식에 의해서 하루를 세는 인체시계로써 행성의 자전속도에 따라 죽어 가는 세포를 말한다.

—땅과 인간은 일체화되어 행성의 자전속도가 빠르면 노화도 빠르게 진행되고, 자전속도가 느리면 노화도 느리게 진행되다 자전이 멈춘 것처럼 인식되면 수명 세포도 노화되지 않는다.

- 증서 "거기는 날 수가 많지 못하여 죽는 유아와 수한이 차지 못한 노인이 다시는 없을 것이라. 곧 백 세에 죽는 자가 아이겠고 백 세 못되어 죽는 자는 저주받은 것이리라. 이는 내 백성의 수한이 나무의 수한(壽限)같이 천년을 지나감이라."

지금까지 진술한 강림 계획이 대충 이렇지만 매 기간마다 또 작은 태양 기간들이 있기 때문에 재림의 때를 정확하게 진술하기란 사실상 불가능하다.

'파리사이오스(의식주의자)': 비방하여 말하되 이 참람한 말을 하는 자가 누구냐! 저 입을 쳐라 오직 신들 외에 누가 이 일을 증거할 수 있으리요……

여호와: "인자야 내가 너를 세상민족의 파수꾼으로 세웠으니 너는 내 입의 말을 듣고 나를 대신하여 그들을 깨우쳐라. 가령 내가 악인에게 말하기를 너는 꼭 죽으리라 할 때에 네가 깨우치지 아니하거나 말로 악인에게 일러서 그 악한 길을 떠나 생명을 구원케 하지 아니하면 그 악인은 그 죄악 중에서 죽으려니와 내가 그 피 값은 네 손에서 찾을 것이고. 네가 악인을 깨우치되 그가 그 악한 마음과 악한 행위에서 돌이키지 아니하면 그는 그 죄악 중에서 죽으려니와 너는 네 생명을 보존하리라. 또 의인이 그 의에서 돌이켜 악을 행할 때에는 이미 행한 그 의는 기억할 바 아니라 내가 그 앞에 거치는 것을 두면 그가 죽을지니 이는 네가 그를 깨우치지 않음이라 그가 그 죄중에서 죽으려니와 그 피 값은 내가 네 손에서 찾으리라. 그러나 네가 그 의인을 깨우쳐 범죄하지 않게 하므로 그가 범죄하지 아니하면 정녕 살리니 이는 깨우침

을 받음이며 너도 네 영혼을 보존하리라. 인자야 너는 받는 것을 먹어라 너는 이 두루마리를 먹고 가서 세상에 고하라 하시기로. 내가 입을 벌리니 그가 그 두루마리를 내게 먹이시니 그것이 내 입에서 달기가 꿀 같더라. 그들이 듣든지 아니 듣든지 그들에게 고하여 이르기를 여호와의 말씀이 이러하시다하라."

"이 말 할 때에 열둘 중에 하나인 유다가 왔는데 대제사장들과 백성의 장로들에게서 파송된 큰 무리가 검과 몽치를 가지고 그와 함께 하였더라. 쌍둥이를 잡은 자들이 끌고 가서 빌라도에게 넘겨주니 빌라도가 예수를 데려다가 채찍질하더라. 군병들이 가시로 면류관을 엮어 그의 머리에 씌우고 손바닥으로 때리며. 침 뱉고 온갖 희롱을 다한 후에 예수를 십자가에 못박히게 저희에게 넘겨주니라. 저희가 예수를 맡으매 멜키들이 자기의 십자가를 지시고 해골의 곳에 나오시니 저희가 거기서 예수를 십자가에 못박을새. 두 명은 삼시에 동쪽에서, 두 명은 육시에 서쪽에서 각각 못 박이니라."

→2033년→ 지구 오존층중파

'스타우로스'(십자가)징조

"때가 제 육시쯤 되어 해가 빛을 잃고 온 땅에 어두움이 임하여 제 구시까지 계속하더니. 하늘의 한 가운데가 찢어지고 제 구시 즈음에 다시 큰 소리가 나면서 하늘이 위로부터 아래까지 찢어져 둘이 되고 지진으로 인해 땅이 진동하며 바위가 터지더라."

"슬프고 아프다 내 마음속이 아프고 내 마음이 답답하여 잠잠할 수 없으니 이는 나의 심령 네가 나팔소리와 전쟁의 경보를 들음이로다. 패망에 패망이 연속하여 온 땅이 탈취를 당하니 나의 천막(하늘)은 홀연히 파멸되며 나의 휘장(오존층)은 잠시간에 열파되도다. 내가 저 기호를 보며 나팔소리 듣기를 어느 때까지 할꼬. 내 백성은 나를 알지 못하는 우준한 자요 지각이 없는 미련한 자식이라 악을 행하기에는 지각이 있으나 선을 행하기에는 무지하구나. 내가 땅을 본즉 혼돈하고 공허하며 하늘들을 우러른즉 거기 빛이 없으며. 내가 산들을 본즉 다 진동하며 작은 산들도 요동하며. 내가 본즉 사람이 없으며 공중의 새가 다 날아갔으며. 내가 본즉 좋은 땅이 황무지가 되었으며 그 모든 도시가 맹렬한 포격 앞에 무너졌으니 이 온 땅이 황폐할 것이나 내가 진멸하지는 아니할 것이며. 이로 인하여 땅이 슬퍼할 것이며 위의 하늘이 흑암할 것이라

내가 이미 말하였으며 작정하였고 후회하지 아니하였으니 또한 돌이키지 아니하리라."

※ 휘장

문자적으로는 갖가지 색깔의 실로 짜서 만든 여러 폭의 피륙을 이어서 만든 둘러치는 막으로 북극성과 북두칠성 사이에 있는 하늘의 커튼이다. 영적으로는 신과 인간 사이를 가로막는 죄를 의미하고, 우주적으로는 공간들을 분리한 진공 층들, 공간적으로는 하늘을, 지구적으로는 태양 빛을 막는 오존층을 가리킨다.

결론적으로 말해서 이것들이 다 철폐되어 사라진다는 예시이다.

지구를 둘러싼 대기권은 대류권, 성층권, 중간권, 열권으로 분류된다.

대류권은 지상에 근접해 있는 최하층으로 지표에서 약 11km의 높이에 있고 이 층에서는 천둥·번개가 치고 바람이 불며 비오는 대류현상이 발생한다. 성층권은 지상에서 약 11km~50km에 위치하고 있는 층으로 고도가 높아짐에 따라 무거운 공기는 아래에 있고 가벼운 공기는 위에 있어 안정한 상태를 유지한다.

이 층 약 25km 상공에 오존(O_3)이 가장 높은 밀도로 모여있다. 오존은 태양으로부터 오는 자외선을 차단하는 천막이나 영적으로는 태양 곧 하나님으로부터 오는 빛을 인간이 만든 죄로 막고 있는 상태임을 나타내준다.

현재 지구의 남극과 북극 상공의 오존층이 찢어지고 있는데 육시인 2013년·2125년 이후 오존 홀은 북미대륙보다 더 커지고, 구시 2145년·2265년 이후에 오존층이 하늘 이쪽에서 저쪽까지 완전히 둘로 찢어져 버린다. 이 천막이 소멸되면 많은 양의 자외선이 한꺼번에 통과하여 피부암을 유발시키거나, 햇빛으로 인한 그슬림 현상, 피부물집 또는 각종 동식물의 기형적 돌연변이, 유해광선에 의한 신종질병을 발병시킨다.

그리고 해양 생태계와 자연환경에 악영향을 미쳐서 무서운 자연재해를 몰고 올 것이다.

△제1현상: 기침과 재채기-호흡기 질환- 피부변색-피부질환.

△제2현상: 지구온난화가속-기상이변-가뭄-폭염-기근-해수온도상승-바다적조발생-어패류몰살.

△제3현상: 빙하해빙-수증기과다발생-폭우.

이 같은 오존재해를 가까스로 이기고 살아난 생물들은 변화된 환경에 적응할 수 있도록 새로운 모습으로 탄생하며, 사람들은 자외선을 차단할 수 있는 발광물질과 특수물감을 개발하여 광채 나는 옷을 만들어 입고 다닌다. ●예시 "예수께서 빛난 옷을 입고 나오시매"

이 옷 색깔의 주류는 붉은 색, 파란색, 황금색이고 용변을 쉽게 볼 수 있도록 중동불기를 드러낼 것이다. ●증서 "중동불기를 자르고"

동일의 법칙(기노스코)

우주의 팽창과 수축

태초에 신과 인간사이가 친밀할 때는 우주와 우주, 하늘과 하늘, 하늘과 땅이 서로 가깝게 있었다.

그러다 인간이 죄를 지음으로 신과 멀어지자 동일한 원리가 피조계에 작용했다. 그리하여 좁았던 우주가 넓어지면서 우주와 우주, 하늘과 하늘, 하늘과 땅, 땅과 땅은 서로 멀어져 갔다.

신과 인간관계가 단절되자 동일하게 하늘에 빛을 막는 천막이 생겼고, 생명의 씨인 하나님을 사람들이 거부하면서 상징적으로 여자의 질에 남자의 씨를 막는 얇은 막이 생겼다.

그러다 2천년 전 하나님의 아들이 오셔서 신과 인간 사이를 화목 시키매 동일한 원리가 우주에 작용하게 되었다 그리하여 우주는 장차 확장을 멈추고 다시 원래대로 되돌아가려 할 것이다.

먼저 빛을 막는 차단막(오존층)이 사라지면서 지구가 태양을 향해 점점 다가가고(달로부터는 멀어짐) 최후에는 우주에 있어 단절을 상징하는 모든 진공층도 철폐된다.

그일 전에 우주가 좁아지면서 별들이 떨어지자 그 열풍과 압력파를 견디지 못한 하늘들이 큰 소리를 내며 찢어지거나 불타버리고 땅은 심하게 흔들린다. 그때에 다가오는 불덩이들을 육체들이 감당할 수 없으므로 몸을 신령하게 변화시키는 부활과 휴거를 예비하셨다. 이것이 여두둔의 법칙중 하나이다.

즉 신과 인간이 멀어지면 하늘과 땅도 동일하게 멀어진다.(팽창) 반대로 신과 인간사이가 가까워지면 신들이 거하는 하늘과 사람이 사는 땅도 가까워진다.(수축)

태양계의 12행성

시편에 여호와하나님은 해(太陽)라 했으니 태양은 여호와의 표상 천체이다.

여호와는 하나님이요 하나님은 말씀이요 말씀은 예수로 땅에 오신 하나님이시다.

그런즉 태양은 예수를 상징하고 있다. 이 예수가 열두 제자를 거느렸으니 동일하게 예수를 상징하는 태양도 12행성을 거느려야 하지 않을까?

그런데 열두 제자 중 유다가 죽고 맛디아가 대신하였으니 12행성 중 하나는 대신한 행성일 것이다.

태양생성 이중설

예수들은 쌍둥이로 탄생했다. 그런즉 동일법칙에 의해서 예수를 상징하는 태양도 쌍성일 가능성이 높다.

즉 쌍둥이 태양이 반드시 있다는 말이다. 하지만 쌍둥이들이 나오는데는 시간적 차이가 있기 때문에 태양들의 수명은 조금씩 차이 나게 된다. 또 크기도 조금은 달라서 작은 것과 큰 것이 있을 것이다.

이럴 경우 위쪽이나 아래 쪽 어느 쪽이든 일직선상에 놓여있게 되면 두 개의 태양이 하나처럼 보일 수 있다.

천왕성 상공에 있는 하늘 문

천왕성 주변에는 11개의 가느다란 고리가 있고 달은 15개째 발견되었다. 이 달들은 천왕성의 공전 궤도면에 잠자듯이 드러누워 있으며 천왕성의 적도 부위에 나란히 줄지어 서서 사다리를 타듯이 오르락내리락 하고 있다. 먼 옛날 야곱이 브엘세바에서 떠나 하란으로 향하여 가다가 해가 진지라 거기서 유숙하려고 그 곳의 한 돌을 취하여 베개하고 드러누워 자더니. 꿈에 본즉 사닥다리가 땅위에 섰는데 그 꼭대기가 하늘에 닿았고 또 본즉 천사가 그 위에서 사다리를 타고 오르락내리락 하고. 또 본즉 그 꼭대기에 신들이 서 계셨다.

너무 놀라 잠을 깬 야곱은 두려워하여 가로되 신들께서 과연 여기 계시거늘 내가 알지 못하였구나. 이곳이여 다른 것이 아니라 이는 하나님의 전이요 하늘로 통하는 문이로다 하고. 야곱이 아침에 일찍이 일어나 베개 하였던 돌을 가져 기둥으로 세우고 그 위에 기름을 붓고. 그 곳 이름을 벧엘이라 하였다.

그런즉 동일한 법칙에 의해서 하늘로 통하는 웜홀이 사다리 현상이 나타나는 천왕성 상공에 있을 수 있다.

그리고 돌을 취했다 했으니까 원시천왕성은 암석천체였음을 암시해주고 있다.

휴거사건 후 세계민족 대성통곡

그 밤에 두 남자가 한 자리에 누워있으매 하나는 데려감을 당하고 하나는 내버려둠을 당하며. 두 여자가 함께 매를 갈고 있으매 하나는 데려감을 당하고 하나는 내버려둠을 당하며. 그때에 두 사람이 밭에 있으매 하나는 데려감을 당하고 하나는 내버려둠을 당하며. 두 여자가 매를 갈고 있으매 하나는 데려감을 당하고 하나는 내버려둠을 당한다. 이에 땅에 남겨진 성도들과 세상 민족들은 그 동안 신앙생활에 게을렀고 또 거짓 목자들에게

애곡성

금식하며 울고. 날이 저물도록 울고. 저녁때까지 슬퍼하여 울고. 울고 다시 울며. 소리내어 울고. 크게 울며. 소리를 높여 울고. 울고 가슴을 치며. 엎드려 울며. 피차 입맞추고 같이 울고. 울 기력이 없도록 소리를 높여 울고. 생각하고 울든지. 혹은 크게 호곡하고 애통하며. 땅에 앉아 애통하고. 큰 애통을 하든지. 혹은 통곡하며. 심히 통곡하며 또는 애곡하며. 밤새도록 애곡하며. 서로 목을 끌어안고 슬피 울 때에.

의혹: 언제까지냐?

어떤 사람: 70일 동안이다.

속은 것이 분하고 원통해서 땅을 치며 통곡한다.

슬프다 나의 근심이여 어떻게 위로를 얻을 수 있을까 나의 중심이 번뇌하도다. 어찌하면 내 머리는 물이 되고 내 눈은 눈물근원이 될꼬 그렇게 되면 떠나간 자와 땅에 남은 나를 위하여 주야로 곡읍하리로다.

그들과 함께 나도 기가 막혀 땅에 앉아 옷을 찢고 마음을 찢으며 입을 닫아 잠잠하며 처량하게 지내니 얼굴이 초췌하다. 때에 주의 강림을 부정하고 기롱했던 목자들은 사람들을 피해 숨어 다닌다. 사람들의 눈에 띄는 즉시 벌떼처럼 달려들어 돌로 쳐죽이기 때문이다. 이방 종교가들은 심술이 가득한 얼굴로 와서 목자들을 조롱하니 그들이 비방과 원망과 악평과 멸시와 희롱과 공박과 학대를 견디다 못해 쓰러진다. 배도한 기독교인은 남고 기독교로 개종한 불교인들은 하늘로 올라간 이 의외의 대 사건 앞에 망연자실한 성도들이 하늘만 쳐다본다. 신자들은 그 마음의 자책과 후회로 번뇌가 많아 얼굴이 뜨뜻하고 가족을 잃은 사람들의 부르짖음은 하늘에 오른다. 이성과 과학이 힘을 잃고 종교적 광란만이 극에 달할 뿐이다. 그럴지라도 나는 소망을 가지리라.

그리스도의 군사가 땅에서 모두 사라지면 오는 악한 세대에 누가 복음을 전하리요.

이 때문에 시기와 우연이 안배되어 약한 자들이 먼저 올라가고 강할 자들을 땅에 남겨지게 한 것이다.

세상 사람들은 뾰족한 눈으로 우리들을 살피며 말하기를 저가 버림받았으니 실로 하나님을 욕하고 죽을 것이다 하나 이는 우매한 자의 소리 일다. 휴거사건을 통해서 성경이 사실임을 알았기에 우리들은 더 나은 지위와 상급을 얻도록 경주하리라.(아멘)

우리에게 또 기회가 있으니 내가 세상을 향해 이렇게 외치노라. 징벌이나 불명예에 대한 두려움으로 나무에 목매달려는 목자들은 눈물을 닦고 내려오십시오 반드시 내려와야 합니다.

우주순찰자 림몬의 안위의 말

하늘을 쳐다보는 미련한 처녀들아 사람이 엎드러지면 어찌 일어나지 않겠으며 사람이 떠나갔으면 어찌 돌아오지 아니하겠느냐. 너의 등불이 꺼졌다고 슬퍼하지 말라.

곧 두 번째 휴거가 있을 예정이니 부모를 잃어버린 아이들이 어떻게 우는 것을 보고 지혜를 얻어라. 그리하여 등잔에 기름을 채울 때까지 목청을 높여 울면서 쉬지 말고 부르짖기를 바란다.

• 증서 "당신은 우리를 위해 하나님께 쉬지 말고 부르짖으소서."

사람의 영혼은 여호와의 등불이고 영혼을 밝혀주는 등잔은 사람의 눈동자에 들어있다.

• 증서 "눈은 몸의 등불이라. 네 몸의 등불은 눈이라 그러므로 네 속에 있는 빛이 어둡지 아니한가 보라 눈이 성하면 온 몸이 밝을 것이요 눈이 나쁘면 온 몸이 어두울 것이니 그러므로 네게 있는 빛이 어두우면 어두움이 얼마나 하겠느뇨. 사람의 영혼은 여호와의 등불이니라."

본래 사람의 눈동자와 영혼은 등잔과 등불의 기능을 하도록 설계되었었다. 그래서 생기가 있던 창초에는 사람의 눈동자는 불꽃같았고 몸에서는 찬란한 빛이 발산되었었다. 그러나 죄를 지은 결과 형광물질이 점점 소멸되면서 빛은 사라지고 등잔의 기능은 멈추었다. 그 결과 사람의 눈은 어두워졌고 몸 속은 캄캄해졌다.

그렇지만 예수께서 죄를 사했으므로 누구든지 죄를 회개하고 성령을 받게 되면 다시 영이 살면서 눈동자 속에든 등잔의 기능이 복원되게 된다. 그리하여 방언을 말할수록 성령의 기름이 불에 타서 눈동자가 반짝거리고 영혼이 찬란한 빛을 발하게 된다. 등잔의 조명작용에 의해서 본래대로 형광체가 되어 가는 것이리라.

이러므로 신들이 보시기에 하나님의 자녀들은 살아 움직이는 등불들이

다. 방언기도를 많이 하여 기름이 많이 공급되면 등불이 밝게 빛날 것이고, 방언기도를 적게 하여 기름이 적게 공급되면 빛이 흐려지다가 방언기도를 멈추면 등불도 꺼지고 성령도 소멸된다. 신의 등잔이 들어있는 눈동자는 마이크로의 세계로 그 안에는 모든 우주가 축소되어 있다. 이것을 확인해 보고 싶으면 양손으로 두 눈을 몇 분 동안 눌러봐라.

캄캄했던 눈 안이 서서히 환해지면서 셀 수 없이 많은 별들이 반짝거리게 되는 것을 볼 수 있다.

사람의 생각은 심장과 폐장 사이에 있는 마음에서 나오고 심령은 마음을 감각하며 사람의 운수는 손바닥에 새겨져있다는 말이 전혀 근거 없지 않다. ●증서 "내 손바닥에 새겼고"

→2034년 · 2061년→ 이라크연합군 예루살렘침공

"너 인자야 흰 벽돌을 가져다가 네 앞에 놓고 한 도시 곧 예루살렘을 그 위에 그리고 그 도시를 에워싸되 장갑용 사다리차를 세우고 토둔을 쌓고 진을 치고 대포를 둘러 세우고. 빵 굽는 철판을 가져다가 그 중간지대를 전차들이 포위하는 것처럼 에워싸라 이것이 이스라엘족속에게 징조가 될 것이다."

그해 아랍 6개국연합군이★전투사단 13개, 꽝꽝 하는 땅의 짐승 2천1백마리, 공장(공정대) 2개. 보병 30만, 벌(화학부대) 4마리, 전통(로켓포, 단거리미사일)부대 2개★를 동원하여 예루살렘을 포위한다.

"보라 너희가 성밖에서 또 너희를 에워싼 이라크군과 싸우는 바 너희를 도와주는 모든 군대와 병기들을 내가 돌이키게 할 것이요 이라크군인들을 이 성중에 모아들이리라. 내가 든 손과 강한 팔 곧 노와 분과 대노로 친히 너희를 칠 것이며. 내가 또 이 성에 거주하는 자를 사람이나 짐승이나 다 치리니 그들이 사망의 독과 전염병으로 많이 죽게 될 것이다." 이 말씀 할 때에 치열한 전투가 벌어지자 예루살렘 왕'치드키야'가 '말키야'의 아들 '파쉬후르'와 제사장 '마아세야'의 아들'츠바냐'를 보내 이르메야에게 말하기를 이라크군이 우리를 치니 청컨대 너는 우리를 위하여 여호와께 간구하라. 여호와께서 혹시 그 모든 기사로 우리를 도와 행하시면 그 군대가 우리를 떠나가리라 하였다."

→2034년 · 2061년~2037년 · 2064년→ 3년 포위

그때에 이르시기를 너는 밀과 보리와 콩과 팥과 조와 귀리를 가져다가 한 그릇에 담고 떡을 만들어 390일 동안 먹되. 너는 음식을 달아서 하루 200g씩 때를 따라 먹고. 물도 0.6ℓ씩 되어서 때를 따라 마시라.

너는 그것을 보리떡처럼 만들어 먹되 그들의 목전에서 인분 불을 피워 구울지니라.

'에스겔'이 이렇게 말했다. "오호라 나는 영혼을 더럽힌 일이 없었나이다 어려서부터 지금까지 스스로 죽은 것이나 짐승에게 찢긴 것을 먹지 아니하였고 가증한 고기를 입에 넣지 아니하였나이다.

쇠똥으로 인분을 대신하기를 허하나니 너는 그것으로 떡을 구울지니라. 인자야 예루살렘이 포위될 동안 예루살렘에서 의뢰하는 양식을 끊으리니 백성이 경겁 중에 떡을 달아 먹고 민답 중에 물을 되어 마시다가. 떡과 물이 결핍하여 피차에 민답하여 하며 그 죄악 중에서 쇠패할 것이다. 그리한즉 너희 중에서 아비가 아들을 먹고 아들이 그 아비를 먹으리라 내가 벌을 네게 내리고 너희 중에 남은 자를 또 사방에 흩으리라.

인자야 너는 날카로운 칼을 취하여 삭도를 삼아 네 머리털과 수염을 깎아서 저울에 달아 나누었다가. 그 도시를 에워싸는 날이 차거든 너는 터럭 삼분지 일은 도시 안에서 불사르고 삼분지 일은 가지고 도시 사방에서 칼로 치고 또 삼분지 일은 바람에 흩어라 내가 그 뒤를 따라 칼을 빼리라. 이와 같이 너희 가운데서 삼분지 일은 온역으로 죽으며 기근으로 멸망할 것이요 삼분지 일은 너희 사방에서 칼에 엎드러질 것이며 삼분지 일은 내가 사방에 흩고 또 그 뒤를 따라 칼을 빼리라."

예레미야의 애가

슬프다 어찌 그리 금이 빛을 잃고 정금이 변하였으며 성소의 돌이 각 거리 머리에 쏟아졌는고. 시온의 아들들이 보배로와 정금에 비할러니 어찌 그리 토기장이의 만든 질항아리같이 여김이 되었는고. 들개는 오히려 젖을 내어 새끼를 먹이나 처녀 내 백성은 잔인하여 광야의 타조 같구나. 젖먹이가 목말라서 혀가 입천장에 붙음이여 어린아이가 떡을 구하나 떼어 줄 사람이 없도다. 전에는 존귀한 자의 몸이 눈보다 깨끗하고 젖보다 희며 산호보다 붉어 그 윤택함이 마광한 청옥같더니. 이제는 굶주림으로 인해 그 얼굴이 숯보다 검고 그 가죽이 뼈에 붙어 막대기같이 말랐으니 거리에서 알 사람이 없도다. 처녀 내 백성이 멸망할 때에 자비한 부녀가 손으로 자기 자녀를 삶아 식물을 삼았구나. 저희가 거리에서 소경같이 방황함이여 그 옷이 피에 더러웠으므로 사람이 만질 수 없도다. 사람이 저희에게 외쳐 이르기를 부정하다 가라, 가라, 가라, 만지지 말라 하였음이여. 아아 내 고초와 재난 곧 쑥과 담즙을 기억하소서……

예루살렘 국민들아 항복하라

"너는 또 이 백성에게 여호와께서 이같이 말씀하신다 하라. 보라 내가 너희 앞에 생명의 길과 사망의 길을 두었으니. 이 성에 거주하는 자는 칼과 기근과 염병에 죽으려니와 너희를 에운 이라크군에게 나가서 항복하는 자는 살리니 그의 생명은 노략한 것 같이 얻으리라. 내가 나의 얼굴을 이 성으로 향함은 복을 위함이 아니요 화를 위함이라 이 성이 러시아군에 함락될 것이요 그는 이 도시를 불로 사를 것이다. 내가 다른 신을 섬긴 너희 행위대로 벌할 것이요 내가 또 수풀에 불을 놓아 그 사경을 사르리라. 너희는 죽은 자를 위하여 울지 말며 그를 위하여 애통하지 말고 잡혀간 자를 위하여 슬피 울라 그는 다시 돌아와서 그 고국을 보지 못할 것임이니라. 무리가 그를 위하여 슬프다 내 형제여 슬프다 내 자매여 하며 통곡하지 아니할 것이며 그를 위하여 슬프다 주여 슬프다 그 영광이여 하며 통곡하지도 아니할 것이라. 그(예루살렘 왕)가 끌려 예루살렘 문 밖에 내던지고 나귀같이 매장함을 당하리라."

제9표징: '아툰(풀무)'→'테호림(종기)'

모세야 너는 풀무의 재 두 움큼을 가지고 세상 왕들의 목전에서 그것을 날려라. 그 재가 땅의 티끌이 되어 사람과 짐승에게 붙어서 아주 독한 부스럼이 발하리라.

—풀무는 원자로, 재는 방사능낙진, 독종은 방사성질병을 가리킨다.

예루살렘 함락직전, 세상 왕들은 핵무기 사용을 꺼릴 것이나 성을 잘 내는 이 모세가 왕들 앞에서 풀무의 재를 날렸으니 혈기에 충동된 왕들이 핵무기 사용을 허락할 것이다.

대인살상용 핵병기는 원자폭탄을 말하고 중성자탄은 중성자의 발생률을 증가시킨 폭탄이다. 원자탄은 그 반경에 든 모든 물건과 사람을 쓸어버리지만 중성자는 건물과 탱크, 나무는 그대로 둔 채 사람만 죽인다.

미국 · 영국 세계핵전쟁경고

그 즈음 미연합군은 핵전쟁전략을 수립하고 동맹을 맺은 독일과 러시아에 전쟁도발을 경고하는 한편, 예루살렘을 포위한 인도연합군에 즉각 이스라엘에서 병력을 철수시킬 것을 요구한다.

이에 불복할 경우 핵무기 사용도 고려할 수 있다 하자 이스라엘 침략국들은 미국과의 전면전도 불사하겠다는 의지를 나타내 보이며 자신들도 핵무기를 사용할 것임을 재 천명한다.

제1차 세계핵전쟁발발

그들이 경고를 무시하자 미국은 핵무기사용이 공갈이 아님을 보여주기 위해서 사전경고위협으로 수발의 핵폭탄을 요르단 남부 아카바만의 동쪽 서북아라비아사막지대에 투하한다. •증서 "미디안 땅의 휘장이 흔들리는도다."

이에 인도와 파키스탄은 러시아의 핵 반격을 유도하기 위해서 카자흐스탄과 일본에 핵 탄도미사일을 발사한다. ●증서 "내가 불(핵)을 마곡(카자흐스탄)과 및 섬에 평안히 거하는 자(일본, 영국)에게 보내리라."

그리하여 러시아, 미국, 영국, 인도, 파키스탄, 일본 나라들이 참전한 제1차 세계핵전쟁이 발발하고, 독일연합은 ★포수(전투사단) 1백3십 개, 굉굉 하는 땅의 짐승 1만 6천 마리, 찢는 개 1만 6천 마리★ 수백만 명의 지상군을 동원하여 전세계를 침공해 들어간다.

제10표징: '칼라자(우박)'

모세야 아침에 일찍이 일어나 세상 왕 앞에 서서 그들에게 이르기를 내일 이맘때면 내가 중한 우박을 보내리니 개국 이래로 그 같은 것이 있지 않던 것이리라 하라.

그 말대로 하니 여호와께서 뇌성과 우박을 보내시고 불을 내려 땅에 달리게 하시니라.

—핵전쟁 후 엄습하는 추위로 인한 우박재앙과 항공기들의 대 폭격을 뜻하는 것이다. 항공폭탄에는 일정범위를 초토화시키는 집속탄(큰 폭탄 안에 작은 폭탄 147개가 빼곡이 적재된 것)도 있다. 이것들이 연달아 터지면 마치 불이 땅에 달려가는 것처럼 보인다. 우박이나 공중폭격은 필연적으로 농토와 산림을 파괴시켜서 대 기근을 발생시킨다.

→2034년→ 하늘을 뒤덮는 독일공군 토네이도(회오리바람)전폭기들

"누가 여호와의 회의에 참예하여 그 말을 알아들었으며 누가 귀를 기울여 그 말을 들었느뇨. 보라 나 여호와의 노가 발하여 폭풍과 회오리바람처럼 악인의 머리를 칠 것이라, 나 여호와의 노는 내 마음의 뜻하는 바를 행하여 이루기까지는 쉬지 아니하나니 너희가 말일에 그것을 완전히 깨달으리라."

→2034년→ 방사성질병 확산

핵이 폭발하면 열복사선, 압력파, 방사선을 낸다. 이때 발생한 빛은 눈을 멀게 하고 가공할 폭발력은 청각, 내장 혈관, 신경조직을 파괴한다. 이 때문에 종말전쟁을 예언한 성경에 시력을 상실한 소경, 청력을 상실한 귀머거리, 신경이 마비된 중풍병자들이 등장하는 것이다. 핵폭탄은 태양의 핵융합반응을 축소시킨 것으로 소량의 방사능에 노출만 되어도 치명적이며, 양성자이든 중성자이든 공기 중에서 생성된 바이러스가 감염이 쉽고 유행병처럼 신속하게 퍼질 수 있다. 핵폭발시 폭풍에 의해 딸려 올라간 흙, 먼지들은 버섯 모양의 구름을 만들고 방사성 물질들은 8천~1만5천m상공의 대류권에 올려져 일부는 고도 20~30Km의 성층권에 도달한다. 이 부유물들은 기류에 따라 이동하여 먼 곳까지 운반되며 수달 이내로 다시 지구표면에 떨어지거나 부유상태로 잔류한다. 그러다 비가 오면 물과 화산재, 핵잔해들이 뒤섞여서 검은색의 비가 내리게 되고 이 멸망의 비는 농작물과 하천을 오염시켜 대 기근을 발생시킨다.

급성장애

△소화불량, 식욕부진, 설사, 장내출혈 같은 소화기계통의 장애.

△방사선 폐렴과 같은 호흡기계통의 장애.

△혈관내막손상, 내출혈 등 순환계의 장애.

△운동실조증, 경련, 신경계장애, 골수의 신생능력상실.

△결막과 비공점막 등 점막의 염증.

△배란이상, 유산, 정자감소 등 생식기계통의 장애.

△피부박리, 수포, 피부염, 홍자반, 색소침착

—같은 피부장애를 유발하여 백혈구 수가 급격히 감소하고 4주~6주 사이에 피부에 얼룩얼룩한 무늬가 생기면서 피부가 검게 변한다.

• 예시 "야곱이 버드나무와 살구나무와 신풍나무의 푸른 가지를 취하여 그것들의 껍질을 벗겨 흰 무늬를 내고 그 가지 앞에서 양들의 새

끼를 배게 하니 얼룩얼룩한 것과 점이 있고 아롱진 것을 낳은지 라 야곱이 새끼 양을 구분하고 그 얼룩무늬와 검은 빛 있는 것을 따로 격리시키더라"

만성장애

면역기능저하, 만성백혈구감소, 백혈병, 악성종양, 백내장, 수명단축.

유전적 장애

유전자돌연변이, 염색체이상증상으로 기형아를 낳거나 태내 치사율이 높아지고 여자들이 불임에 걸려 아이를 낳지 못한다.

● 예시 "아브람의 아내 사라 아이를 낳지 못함. 이삭의 아내 리브가 아이를 낳지 못함. 마노아의 아내 아이를 낳지 못함. 엘가나의 아내 한나 아이를 낳지 못함. 수넴 귀한 여인 아이를 낳지 못함. 사가랴의 아내 엘리사벳 아이를 낳지 못함.

방사선조사량과 인체반응정도

△가장 예민한 조직: 작은창자, 생식기관, 조혈기관, 임파선.

△두번째 예민한 기관: 피부, 눈동자, 위.

△세번째 예민한 기관: 실핏줄, 성장하는 뼈, 연골.

△가장 둔감한 조직: 뼈, 근육, 혈관, 지방조직, 신경조직.

일단 방사능에 노출되면 제일 먼저 가장 예민한 조직인 작은창자가 몸밖으로 빠져 나와 죽게 되고

● 예시 "큰 재앙으로 칠 것인즉 너는 창자에 중병이 들고 그 병이 나로 중하여 창자가 빠져 나오리라. 여러 날 후 이년만에 그 창자가 그 병으로 인하여 빠져 나오매 여호람이 그 심한 병으로 죽으니."

또 밤마다 뼈가 쑤시는 큰 고통을 당한다.

● 예시 "밤이 되면 내 뼈가 쑤시니 나의 몸에 아픔이 쉬지 않는구나. 내

가 누울 때면 말하기를 언제나 일어날꼬 언제나 밤이 갈꼬 하며 새벽까지 이리 뒤척 저리 뒤척 하는도다."

→2035년→ 혼인을 금하라는 세상풍조 확산

"너는 이 땅에서 아내를 취하지 말며 자녀를 두지 말지니라. 이곳에서 생산한 자녀와 이 땅에서 그들을 해산한 어미와 그들을 낳은 아비에 대하여 나 여호와가 이같이 말하노라. 그들은 독한 병으로 죽고 슬퍼함을 입지 못하며 매장함을 얻지 못하며 지면의 분토와 같을 것이며 칼과 기근에 망하고 그 시체는 공중의 새와 땅 짐승의 밥이 되리라. 너희들은 상가에 들어가지 말라 가서 통곡하지 말며 그들을 위하여 애곡하지 말라

내가 이 백성에게서 나의 평강을 빼앗으며 인자와 긍휼을 제함이니라. 큰 자든지 작은 자든지 이 땅에서 죽으리니 그들이 매장되지 못할 것이며 그들을 위하여 애곡하는 자도 없겠고 자기 몸을 베거나 대머리 되게 하는 자도 없을 것이며. 슬플 때에 떡을 떼며 그 죽은 자를 인하여 그들을 위로하는 자가 없을 것이며 그들의 아비나 어미의 상사를 위하여 위로의 잔을 그들에게 마시게 할 자도 없으리라.

예레미야 너는 일어나 토기장이의 집으로 내려가라 내가 거기서 내 말을 네게 들리리라 하시기로. 내가 토기장이의 집으로 내려가서 본즉 그가 녹로로 일을 하는데. 진흙으로 만든 그릇이 토기장이의 손에서 파상하매 그가 그것으로 자기 의견에 선한 대로 다른 그릇을 만들더라. 이스라엘 족속아 이 토기장이의 하는 것같이 내가 능히 너희에게 행하지 못하겠느냐. 이스라엘 족속아 진흙이 토기장이의 손에 있음같이 너희가 내 손에 있느니라. 내가 언제든지 어느 민족이나 국가를 뽑거나 파하거나 멸하리라 한다고 하자. 만일 나의 말한 그 민족이 그 악에서 돌이키면 내가 그에게 내리기로 생각하였던 재앙에 대하여 뜻을 돌이키겠고. 내가 언제든지 어느 민족이나 국가를 건설하거나 심으리라 한다고 하자. 만일 그들이 나 보기에

악한 것을 행하여 내 목소리를 청종치 아니하면 내가 그에게 유익케 하리라 한 선에 대하여 뜻을 돌이키리라.

그러므로 이제 너는 유다 사람들과 예루살렘 거민들에게 말하여 이르기를 여호와의 말씀에 보라 내가 너희에게 재앙을 내리며 계책을 베풀어 너희를 치려 하나니 너희는 각기 악한 길에서 돌이키며 너희 길과 행위를 선하게 하라 하셨다 하라.

이스라엘 민족들: 이는 헛된 말이라 우리는 우리의 도모대로 행하며 우리는 각기 악한 마음의 강퍅한 대로 행하리라.

여호와: 그들이 내 말 듣기를 싫어하니 보라 내가 그들을 그 원수 앞에서 흩기를 동풍으로 함같이 할 것이며 그들의 재난의 날에는 내가 그들에게 등을 보이고 얼굴을 보이지 아니하리라."

제11표징: '카딤(동풍)'→'체라찰(메뚜기)'

모세야 너는 세상 왕들에게로 들어가라. 내가 그들의 마음을 완강케 함은 나의 표징을 그들 중에 보이기 위함이며 너로 세상에서 행한 일들 곧 내가 그 가운데서 행한 표징을 네 아들과 네 자손의 귀에 전하게 하려 함이라. 이제 네 손을 땅 위에 들어 메뚜기로 땅에 올라와서 우박에 상하지 아니한 밭의 모든 채소를 먹게 하라.

모세가 땅 위에 그 지팡이를 들매 여호와께서 동풍을 일으켜 온 낮과 온 밤에 불게 하시니 아침에 미쳐 동풍이 메뚜기를 불어들인지라…

—메뚜기는 중국군대를 상징하고 있다. 대군을 동원하기 때문이다. 그런데 중국군이 낮과 밤이 지나고 아침에 왔으니 그들이 오는데 시간이 걸릴 것임을 암시하고 있다. 이는 미국의 우방국들인 한국과 일본을 치고 오기 때문이다. 또한 불러들인 것이 아니라 불어들이었다 했으므로 중국이 누군가에 의해서 전쟁에 말려든다는 것이다. 그 나라는 북한이다.

메뚜기는 넓은 농토, 황야, 사막 등 다양한 지형에 서식하는데 중국과 몽골의 대 평원에는 메뚜기 떼가 무수하다. 메뚜기는 날고 뛰는 곤충들을 총칭하는데 여기에는 사막메뚜기·더듬이가 짧은 메뚜기·귀뚜라미·여치가 포함되어 있다. 이 종류들은 싸울 의지가 있고 훈련이 잘 되었으며 떼를 이루어 계속해서 몰려오는 군대를 상징한다. 메뚜기는 고독상과 군집상이 있으며 단독비행을 하거나 강한 집합성을 가지거나 한다.

단독생활에서 대군으로 발전하는 메뚜기 떼는 가공할 파괴력을 가진다.

어떤 경우에는 몇백만 혹 몇천만의 메뚜기 떼가 무리를 지어 군집비행을 하면서 광대한 농경지를 황폐하게 만들어 버리는데 이러한 메뚜기 떼를 비황이라 부른다.

메뚜기 떼는 바람을 따라 움직이므로 메뚜기가 전쟁에 참전하는 때는 바람의 이동과 깊은 관련이 있다.

이상기후로 뜨거운 동풍이 계속 불어오면 곡식이 마르게 되고, 곡식이 마르면 기근이 들고, 기근이 들면 식량이 부족해지니 위기에 처한 중국이 남의 나라를 침략할 수밖에 없는 것이다.

그즈음 나라마다 최악의 사태발생가능성에 대비한 차선책을 마련하고 지하요새와 계곡요새를 많이 건설하여 핵전쟁이 벌어진 때에 어린아이와 과학자들을 먼저 피신시킨다.

→2036년·2063년→ 4월 중국 동풍미사일 발사

미국이 중국의 동맹국들에 핵무기를 사용하자 중국은 미국을 상대로 핵전쟁을 선포한다. ★긴창(ICBM) 1백3십 개, 단창 1백8십 개, 독수리와 매 1만7천 마리★를 동원한 중국군은 병력을 셋으로 편성하여 정예병력인 제1군으로 북한군과 함께 남한과 일본을 치고, 제2군으로 동남아시아를, 제3군으로 중동과 북아프리카를 치게 한다. 중국에서 발사된 동풍2탄도미사일(사정거리 1천8백km), 동풍3탄도미사일(사정거리 5천8백km)이 적대국가의 주요 군사목표물과 주도들에 떨어지는 가운데 ★총병력 300만, 병거 6천대, 물매(장사정포) 1천2백문★으로 남한을 침공한 북한군은 고속의 기동력으로 남하해온다.

때에 땅굴과 항공기를 이용하여 남한 후방지역에 침투한 북한군 특수부대들은 다량의 세균·생물무기들을 살포하여 탄저병, 천연두, 장티푸스, 이질 같은 질병이 급속도로 퍼진다. 장티푸스는 고열과 함께 두통이 심하고 설사를 하게 되며, 탄저병은 피부가 마르면서 썩어 들어가 전신에 암갈색의 반점이 생기는 질병이다.

미국과 유럽이 중국 본토를 겨냥하여 핵미사일을 발사하자 중국은 동풍31 대륙간탄도미사일(사정거리 8천km, 2.5메가톤의 핵탄두장착 가능, TNT 2백5십만t의 위력), 동풍4(사정거리1만3천km)신형이동식대류간탄도미사일을 미국과 유럽 여러 나라들에 발사한다.

하지만 전역미사일방어체제(THAAD)와 미 국가미사일방어체제(NMD)를 구축한 미국이 본토로 날아오는 미사일들을 요격하자, 대규모 중국기동함대들이 미 본토를 직접 공격하기 위해서 태평양을 항진한다.

한국이 귀신숭배와 점술로 망하게 된다는 것과 미 군사력이 중동에 집중될 때 그 틈을 타서 북한이 남한을 침공할 것과 한국전쟁과 예루살렘의 멸망이 불가불 연관되었음이 (EZ061114)에 암호화되어 있다.

→2036년→ 중국함대 일본열도 공격

그때에 중국해군의 남양함대, 베이하이(北海)함대들이 큰배와 물고기, 하마와 악어들을 동원하여 일본을 폭격한다. 중국에서 발사된 동풍 핵탄도미사일들이 일본의 주도 '오사카', '교토', '요코하마', '도쿄'에 떨어지자 즉각 핵 반격에 나선 일본은 '타이요우(태양)' 핵탄도미사일을 중국의 '상해', '천진', '남경', '베이징' 등 대도시들에 발사한다.

'게 힌놈', '키드론' 골짜기의 핵 살육

한편 중동에 진입한 중국군 제3군 서부방면군은 유대와 빈야민 사이의 경계를 나타내고 있는 예루살렘 남쪽의 깊은 계곡과 예루살렘 동편에 있는 골짜기에 집결한다.

그러자 미국은 '와디에르-라바비'와 '와디 실티 마리암' 성 마리아의 골짜기 병력집결지에 수발의 중성자탄을 발사하여 그 군들을 몰살시켜 버린다.

"예레미야 너는 가서 토기장이의 오지병을 사고 몇 사람을 데리고. 하시드문 어귀 곁에 있는 힌놈의 아들의 골짜기로 가서 거기서 내가 네게 이른 말을 선포하여. 이르기를 보라 내가 이곳에 재앙을 내릴 것이라 무릇 그것을 듣는 자의 귀가 진동하리니 다시는 이곳을 도벳이나 힌놈의 아들의 골짜기라 칭하지 아니하고 살육의 골짜기라 칭하는 날이 이를 것이라. 내가 이곳에서 유다와 예루살렘군의 모계를 무효케 하여 그들로 대적 앞과 생명을 찾는 자의 손의 칼에 엎드러지게 하고 그 시체를 공중의 새와 땅 짐승의 밥이 되게 하며. 이 성으로 놀람과 모욕거리가 되게 하리니 그 모든 재앙을 인하여 지나는 자마다 놀라며 모욕할 것이며. 그들이 그 대적과 그들의 생명을 찾는 자에게 둘러싸여 곤핍을 당할 때에 내가 그들로 그 아들의 고기, 딸의 고기를 먹게 하고 또 각기 친구의 고기를 먹게 하리라 하셨다 하고. 너는 함께 가는 자의 목전에서 그 오지병을 깨뜨리고. 그들에게 이르기를 사람이 토기장이의 그릇을 한 번 깨뜨리면 다시 완전하게 할 수 없나니 이와 같이 내가 이 백성과 이 성을 파하리니 그들을 매장할 자리가 없도록 도벳에 장사하리라 하라."

이 일 예언함을 들은 거짓 예언자 제사장 임멜의 아들 바스훌이 선지자 이르메야를 때리고 성전이 있는 빈야민의 윗문에 있는 죄수를 매어놓는 형틀에 채운다. 다음날 바스훌이 이르메야를 착고에서 놓아주매 예레미야가 그에게 이르되 여호와께서 네 이름을 바스훌이라 아니하시고 '사방의 두려움 또는 사면초가' 라는 '마골밋사빕'이라 하시느니라. 보라 중국군들이 그 원수의 칼에 엎드러질 것이요 네 눈은 그것을 볼 것이며. 내가 또 중국의 모든 부와 그 모든 소득과 그 모든 귀물을 그 원수의 손에 붙이리니 그들이 그것을 탈취하여 자신들의 땅으로 가져가리라.

예레미야: 여호와여 주께서 나를 권유하시므로 내가 그 권유를 받았사오

며 주께서 나보다 강하사 이기셨으므로 내가 조롱거리가 되니 사람마다 종일토록 나를 조롱하나이다. 대저 내가 말할 때마다 외치며 강포와 멸망을 부르짖으오니 여호와의 말씀으로 하여 내가 종일토록 치욕과 모욕거리가 됨이나이다. 내가 다시는 여호와를 선포하지 아니하며 그 이름으로 말하지 아니하리라 하면 나의 중심이 불붙는 것 같아 서 골수에 사무치니 답답하여 견딜 수 없나이다. 나는 무리의 비방과 사방의 두려움을 들었나이다 그들이 이르기를 고소하라 우리도 고소하리라 하오며 나의 친한 벗도 다 나의 타락하기를 기다리며 피차 이르기를 그가 혹시 유혹을 받으리니 우리가 그를 이기어 우리 원수를 갚자 하나이다.

제12표징: 강렬한 서풍

모세가 세상 왕들에게서 나가서 여호와께 구하매 여호와께서 돌이켜 강렬한 서풍이 불게 하사 메뚜기를 홍해에 몰아 넣으시니 그 지경에 메뚜기가 하나도 남지 아니하니라.

—중국군이 바다 저편 즉 서쪽에서 오는 유럽공동방위군에 포위되어 홍해에서 몰살당할 것임을 나타낸 것이다.

유럽연합군(15개국) 참전

이에 영국과 프랑스 낙하산 부대는 이란으로, 프랑스군 상륙부대는 레바논과 시리아로, 영국함대는 키프로스와 바레인으로 향한다. 때에 하마와 악어들이 지중해안에 싸울 군인들을 토해내고 높은 곳에서는 병사들이 뛰어내린다. 삼켜 멸하는 공중의 새들은 터키의 주도 '이스켄데룬', '베트맨', '이즈미르' 도시를 비롯하여 50개 이상의 도시를 폭격하고, 이란의 주도 '마슈하드', '시라즈', '이스파안'를 비롯하여 45개 이상의 도시를 폭격하고, 아라비아의 '엔보', '지다', '사파니아'. 바레인의 '마나마'. 카타르의 '도하'등 40개 이상의 도시를 폭격하고, 시리아의 '다마스쿠스', '알레포' 등 30개 이상의 도시를 폭격하고, 요르단의 암만을 비롯하여 20개 이상의 도시들을 폭격하고, 이집트의 카이로를 비롯하여 10개 이상의 도시를 파괴한다.

제13표징: '스코티아(흑암)'

모세야 하늘을 향하여 내 손을 들어서 땅 위에 흑암이 있게 하라. 곧 더듬을만한 흑암이리라. 모세가 하늘을 향하여 손을 들매 캄캄한 흑암이 삼일동안 땅에 있어서 그 동안은 사람 사람이 서로 볼 수 없으며 자기 처소에서 일어나는 자도 없더라.

—핵전쟁 후 발생하는 세계적인 이상야 현상을 가리키는 것이다.

→2036년 · 2063년→ 중동전역에 발생한 흑암 현상

이 일 후 중동에 있는 정유시설과 유전지대, 화학공장들이 불타면서 암모니아와 질소를 포함한 맹독성 구름이 중동전역을 덮고 흑연폭탄의 사용으로 송전시설들이 파괴되면서 전력공급이 끊어져 중동일대는 암흑천지로 변한다. "너희는 들을지어다 귀를 기울일지어다 교만하지 말지어다. 여호와께서 이같이 말씀하시느니라. 그가 흑암을 일으키시기 전, 너희 발이 흑암한 산에 거치기 전, 너희 바라는 빛이 사망의 그늘로 변하여 침침한 흑암이 되게 하시기 전에 여호와께 영광을 돌려라."

모세야 내가 이제 한 가지 재앙을 더 내린 후에야 그가 너희를 여기서 보낼지라. 밤중에 내가 세상 가운데로 들어가리니 세상 가운데 처음 난 것은 위에 앉은 왕의 장자로부터 맷돌 뒤에 있는 여종의 장자까지와 생축의

제14표징: '마웨트(사망, 치명적인 질병)'

매장되지 못한 시체의 부패, 방사능에 오염된 물과 공기, 유독성 먼지와 화산재, 습하고 침침한 날씨, 불결한 위생환경과 의료시설, 의약품과 병원부족, 더러운 음식, 쥐 떼의 번식, 혈액감염 등으로 세균, 바이러스, 곰팡이들이 퍼지면서 한 집에 한 사람 이상 전염병으로 죽지 않는 집이 없다.

처음 난 것이 죽을지라 세상에 큰 곡성이 있으리라.

괴질의 증상

갑자기 심한 고열증세가 나타나면서 눈이 붉게 충혈 되고

•증서 "붉은 눈이 뉘게 있느뇨."

머리가 아프면서 •예시 "내 머리야 내머리야."

기운이 빠진다.

•예시 "내 몸에 힘이 빠졌고. 나의 아름다운 빛이 변하여 썩은 듯하였고 나의 힘이 다 없어졌으나."

호흡곤란으로 심한 재채기를 하며

•예시 "아이가 일곱 번 재채기를 하고."

귀에 커다란 망울이 생기고 혀 놀림이 불완전해져서 말을 잘 하지 못한다. •예시 "사람들이 귀먹고 어눌한 자를 데리고 나아와."

또 마음이 홍분되어 •증서 "사람들의 마음을 홍분시키시매."

소리를 지르거나 정신착란 증세를 보이며

•예시 "그 사람은 밤낮 늘 소리지르며."

발열이 심해 옷을 전부 벗어버리고

•예시 "종일 종야에 벌거벗은 몸으로 누웠었더라."

아무리 물을 마셔도 갈증이 쉽게 사라지지 않는다.

•증서 "심히 목말라 하며."

화생방전으로 발생한 질병과 병자들

1. 문둥병, 대머리, 피부부스럼, 어루러기, 중풍병, 간질.
2. 전염병, 염병, 폐병, 열병, 이질, 고창병, 상한, 학질, 썩는 병, 온역, 치질, 개창, 미침, 눈멈 , 경심증, 유행성질병, 죽을병, 혈루증, 발병.
3. 소경, 벙어리, 앉은뱅이, 절뚝발이, 코가 불완전한자, 지체가 더한자, 발 부러진 자, 손 부러진 자, 꼽추, 난쟁이, 눈에 백막 있는 자,

괴혈병, 버짐 있는 자, 불알 상한 자, 손 마른 자, 불구자, 저는 자, 혈기마른자, 간질하는자, 백탁병자, 정신병자.

예시적인 병자들

△문둥병 걸렸던 미리암.

△두 발이 절뚝이였던 므비보셋.

△손이 말랐던 여로보암.

△발이 썩어 들어갔던 아사 왕.

△열병에 걸렸던 베드로의 장모.

△12년 동안 혈류병을 앓았던 여인.

△고창병을 앓았던 사람.

△장님 바디메오.

△귀먹고 어눌한 자.

△귀신들려 정신착란증세를 보였던 자.

△이질에 걸렸던 보블리오의 부친.

△탈모, 대머리(가인, 엘리야, 웃시야, 에스라.)

△18년 동안 꼽추였던 여인.

신체부정 3(영적 해석)

○소경은 앞을 보지 못하니 진리를 모르는 자는 부정하여 신 앞에 설 수 없다.

○벙어리는 듣지 못하니 듣고도 깨닫지 못하는 자는 부정하여 신 앞에 설 수 없다.

○앉은뱅이는 땅에 붙어 떨어지지 않으니 세상과 밀착된 자는 부정하여 신 앞에 설 수 없다.

○절뚝발이는 잘 걷지 못하니 믿음의 행동이 바르지 못한 자는 부정하여 신 앞에 설 수 없다.

○코가 불완전한자는 호흡이 불규칙하니 기도가 바르지 못한 자는 부정하여 신 앞에 설 수 없다.

○지체가 더한 것은 오만함, 업신여김을 말하니 이러한 자는 부정하여 신 앞에 설 수 없다.

○발 부러진 자는 걸을 수 없으니 믿음의 행동이 전혀 없다는 것이요,

○손 부러진 자는 아무 일도 못하니 믿음의 행위가 전혀 없다는 것이다 이러한 자들은 부정하여 신 앞에 설 수 없다.

○꼽추는 땅만 쳐다보고 다니니 세상 것만 추구하는 자는 부정하여 신 앞에 설 수 없다.

○난쟁이는 자라지 않으니 신앙과 믿음이 자라지 않는 자는 부정하여 신 앞에 설 수 없다.

○눈에 백막 있는 자는 사물을 바르게 분별치 못하니 바른 판단력이 없는 자는 부정하여 신 앞에 설 수 없다.

○괴혈병은 피를 흘리는 것이니 살인한 자는 부정하여 신 앞에 설 수 없다.

○버짐 있는 자는 인격에 문제 있는 것이니 성격이 괴팍한 자는 부정하여 신 앞에 설 수 없다.

○불알상한 자는 생식을 못하니 복음으로 자식을 낳지 않는 자는 부정하여 신 앞에 설 수 없다.

○손 마른 자는 행위가 악한 것이니 이러한 자는 신 앞에 설 수 없다.

○불구자는 일거리가 없으므로 놀고먹는 자는 부정하여 신 앞에 설 수 없다.

○저는 자는 빨리 걷지 못하니 영적 진보가 없는 자는 부정하여 신 앞에 설 수 없다.

○혈기 마른 자는 피가 소멸된 것이니 예수의 피(생명)가 말라버린 자는 부정하여 신 앞에 설 수 없다.

○간질 하는 자는 귀신의 조종을 받는 것이니 귀신과 접한 자는 부정하

여 신 앞에 설 수 없다.

○백탁병자는 성병을 말하니 창녀를 찾아다니는 음란한 자는 부정하여 신 앞에 설 수 없다.

○정신병자는 생각이 병든 것이니 생각이 불순한자는 부정하여 신 앞에 설 수 없다.

그러나 이러한 성도들은 신 앞에 나아가 그 형상과 얼굴을 볼 수 있느니라

- 하늘을 지배하는 독수리같이 하늘 시민권을 얻은 자는 정하여 신 앞에 설 수 있다.
- 남방으로 향하는 매같이 가야할 길을 찾은 자는 정하여 신 앞에 설 수 있다.
- 무정한 타조같이 세상에 애착을 두지 않는 자는 정하여 신 앞에 설 수 있다.
- 부르짖는 까마귀 새끼같이 하늘을 향하여 부르짖는 자는 정하여 신 앞에 설 수 있다.
- 비둘기 같이 성결하며 성질이 온순한 자는 정하여 신 앞에 설 수 있다.
- 곡식을 탐하는 참새 같이 말씀을 사모하는 자는 정하여 신 앞에 설 수 있다.
- 떼를 이루는 메추라기 같이 교회에서 잘 협력하는 자는 정하여 신 앞에 설 수 있다.
- 가족을 중시하는 사자같이 형제를 사랑하는 자는 정하여 신 앞에 설 수 있다.
- 고집 센 들소같이 진리를 사수하는 자는 정하여 신 앞에 설 수 있다.
- 일하는 소 같이 주인을 위해 열심히 일하는 자는 정하여 신 앞에 설 수 있다.
- 전장에 나가는 말같이 주인을 위해 싸우는 자는 정하여 신 앞에 설 수

있다.

- 동작이 재빠른 산 염소같이 슬기 있는 자는 정하여 신 앞에 설 수 있다.
- 약재를 가진 사슴같이 남에게 유익을 주는 자는 정하여 신 앞에 설 수 있다.
- 짐을 지고 가는 나귀같이 십자가를 지고 따르는 자는 정하여 신 앞에 설 수 있다.
- 목자를 따르는 양같이 주인을 잘 따르는 자는 정하여 신 앞에 설 수 있다.
- 충성된 개 같이 주인에게 충성하는 자는 정하여 신 앞에 설 수 있다.
- 콧소리를 내는 메뚜기종류같이 기도를 잘하는 자는 정하여 신 앞에 설 수 있다.
- 모이기를 좋아하는 메뚜기같이 교회에 잘 모이는 자는 정하여 신 앞에 설 수 있다.
- 땅을 박차고 뛰어오르는 벼룩같이 하늘에 소망을 둔 자는 정하여 신 앞에 설 수 있다.
- 먹을 것을 미리 예비하는 개미같이 상급을 위해 열심히 저축하는 자는 정하여 신 앞에 설 수 있다.
- 두 빨판이 있어 피를 빨아먹는 거머리같이 예수의 피를 빠는 자는 정하여 신 앞에 설 수 있다.
- 보잘것없고 약해 보이는 지렁이같이 자신을 낮추는 자는 정하여 신 앞에 설 수 있다.

→2037년 · 2064년→ 예루살렘 함락

그 3년 후 굶주림을 견디지 못한 이스라엘군이 적군에게 빼앗길 도시와 건물들에 불을 지르자 아랍연합군은 총공세를 감행한다.

"너 인자야 내가 이스라엘 땅에 대하여 말하노라 끝났도다 이 땅 사방의 일이 끝났도다. 이제는 네게 끝이 이르렀으니 내가 내 진노를 네게 발하여 네 행위를 국문하고 너의 모든 가증한 일을 보응하리라.

내가 너를 아껴보지 아니하며 긍휼히 여기지도 아니하고 너를 책망하는 랍비와 예언자들을 죽인 네 행위대로 너를 벌하여 너의 가증한 일이 너희 중에 나타나게 하리니 너희가 나를 여호와인 줄 알게 되리라. 재앙이로다 비상한 재앙이로다 볼지어다 임박하도다. 끝이 났도다 끝이 났도다 끝이 너를 치러 일어 났나니 볼지어다

임박하도다. 이 땅 거민아 정한 재앙이 네게 임하도다 때가 이르렀고 날이 가까웠으니 요란한 날이요 산에서 즐거이 부르는 날이 아니로다. 볼지어다 그날이로다 볼지어다 임박하도다 정한 재앙이 이르렀으니 몽둥이가 꽃피며 교만이 싹났도다. 포악이 일어나서 죄악의 몽둥이가 되었으니 그들도 그 무리도 그 재물도 하나도 남지 아니하고 그 중의 아름다운 것도 없어지리로다. 그들이 나팔을 불어 온갖 것을 예비하였을지라도 전쟁에 나갈 사람이 없나니 이는 내 진노가 그 모든 무리에게 미쳤음이라. 밖에는 칼이 있고 안에는 온역과 기근이 있어서 밭에 있는 자는 칼에 죽을 것이요 성읍에 있는 자는 기근과 온역에 망할 것이며. 도망하는 자는 산 위로 피하여 다 각기 자기 죄악 까닭에 골짜기 비둘기처럼 슬피 울리라."

예루살렘 패망에 대한 슬픈 노래

오호라 예루살렘의 패망을 팔레스타인에 알리지 마라
'아스켈론'거리에도 전파하지 마라
팔레스타인 사람들이 즐거워할까 개가를 부를까 염려함이라.

"예레미야의 탄식이다. 예루살렘이 환난과 군박을 당하는 날에 옛날의 모든 즐거움을 생각함이여 백성이 대적의 손에 빠지나 돕는 자가 없고 대적은 보고 그 황적함을 비웃는도다. 오호라 대적이 손을 펴서 보물을 빼앗았나이다 주께서 이미 이방인을 금하여 주의 공회에 들어오지 못하게 하셨사오나 저희가 성소에 들어간 것을 예루살렘이 보았나이다. 슬프다 이 성이

여 본래는 거민이 많더니 이제는 어찌 그리 적막히 앉았는고.

본래는 열국 중에 크던 자가 이제는 과부 같고 본래는 열방 중에 공주 되었던 자가 이제는 조공 드리는 자가 되었도다. 밤새도록 애곡하니 눈물이 뺨에 흐름이여 사랑하던 자 중에 위로하는 자가 없고 친구도 다 배반하여 원수가 되었도다. 유다는 환난과 많은 수고로 인하여 사로잡혀 갔도다 저가 세계 여러 나라에 흩어져 평강을 얻지 못함이여 그 모든 핍박하는 자가 저를 쫓아 협착한 곳에 미쳤구나. 시온의 도로가 처량함이여 절기에 나아가는 사람이 없음이로다. 모든 성문이 황적하며 제사장들이 탄식하며 처녀들이 근심하며 저도 곤고를 받았도다. 대적이 시온에서 부녀들을, 유다 각 성에서 처녀들을 강간했나이다. 노유는 다 길바닥에 엎드러졌사오며 내 처녀들과 소년들이 칼에 죽었나이다. 내 눈이 눈물에 상하며 내 창자가 끓으며 내 간이 땅에 쏟아졌으니 이는 처녀 내 백성이 패망하여 어린 자녀와 젖먹는 아이들이 성읍 길거리에 혼미함이로다.

우리 마음에 희락이 그쳤고 우리의 무도가 변하여 애통이 되었사오며 우리 머리에서 면류관이 떨어졌나이다.

이스라엘 패망에 대한 애가

슬프다 내 상처여 내가 중상을 당하였도다. 그러나 내가 말하노라
이는 참으로 나의 고난이라 내가 참아야 하리로다. 내 장막이 훼파되고
나의 모든 줄이 끊어졌으며 내 자녀가 나를 떠나가고 있지 아니하니
내 장막을 세울 자와 내 장막을 칠 자가 없도다.

통곡하는 대머리들

이에 전란에 빠진 한국과 이스라엘, 그리고 패전한 나라의 국민들이 수치와 저주받은 표식으로 머리털을 밀고 수염을 뽑는다. "모든 손은 피곤하고 모든 무릎은 물과 같이 약할 것이라. 그들이 굵은 베로 허리를 묶을 것이요 두려움이 그들을 덮을 것이요 모든 얼굴에는 수치가 있고 모든 머리

는 대머리가 될 것이며. 그들이 그 은을 거리에 던지며 그 금을 오예물같이 여기리니 이는 여호와 내가 진노를 베푸는 날에 그 은과 금이 능히 그들을 건지지 못하며 능히 그 심령을 족하게 하거나 그 창자를 채우지 못하고 오직 죄악에 빠뜨리는 것이 됨이로다."

→2038년 · 2065년→ 바그다드로 끌려가는 목공과 철공

그해 예루살렘을 점령한 이라크군은 성내로 진입하여 성전의 금물과 보물을 다 노략하고 예루살렘 왕과, 고급관료, 예루살렘군 포로, 건축인력들을 사로잡아 바그다드로 끌고 간다.

그때에 하늘이 어두워지고 요란한 천둥·번개가 치면서 엄청난 폭우가 쏟아진다.

●증서 "때는 이라크군대가 유다 왕 '여호야김'의 아들 '여고냐'와 유다 방백들과 목공들과 철공들을 예루살렘에서 바그다드로 옮긴 후인데 여호와께서 하늘성전 앞에 놓인 무화과 두 광주리로 내게 보이시니라. 내가 보니 한 광주리에는 처음 익은 듯한 극히 좋은 무화과가 있고 한 광주리에는 악하여 먹을 수 없는 극히 악한 무화과가 있더라."

하나님: 예레미야 네가 무엇을 보느냐?

예레미야: 성도를 상징하는 무화과이온데 그 좋은 무화과는 극히 좋고 그 악한 것은 극히 악하여 먹을 수 없게 악하나이다.

하나님: 내가 좋은 무화과를 이렇게 두 번 추수하여 거둔 후에 휴거 되지 못하고 이 땅에 남아 있는 자와 거하는 자들을 이 악하여 먹을 수 없는 악한 무화과같이 버리되. 세상 모든 나라 중에 흩어서 그들로 환난을 당하게 할 것이며 또 그들로 내가 쫓아 보낼 모든 곳에서 치욕을 당하게 하며 말거리가 되게 하며 조롱과 저주를 받게 할 것이며. 내가 칼과 기근과 염병을 그들 중에 보내어 멸절하기까지 이르게 하리라 하시니라.

어느 해 6월5일 작은 삼시 제?차 휴거 발생

제?차 휴거가 발생한지 엿새 후 즉 6년 후 인간 물로켓을 쏘아 올릴 두 번째 카운트다운이 시작된다.

'물로켓'이란 성도의 배에서 뿜어져 나오는 물의 추진력으로 승천하는 것을 말한다.

사람들이 아는 대로 물로켓은 폭발이 아닌 압축된 공기의 힘으로 발사되는 것이어서 열에 의한 변화가 없고 추진력도 약하다. 따라서 2차 때에 하늘로 올라가는 성도들은 변화체보다 열등한 변형체로 변화되고 성도가 공중으로 날아가는 모습을 육안으로도 볼 수 있는 것 같다.

- 증서 '제 육 년 유 월 오 일에 나는 집에 앉았고 유다 장로들은 내 앞에 앉았는데 여호와의 권능이 거기서 내게 임하기로. 내가 보니 성도들이 물을 세차게 뿜어내며 하늘로 날아가는데, 때에 불같은 형상이 있어 그 허리 이하 모양은 불같고 허리이상은 광채가 나서 단 쇠 같더라. 그가 손 같은 것을 펴서 내 머리털 한 모숨을 잡으며 주의 신이 나를 들어 천지 사이 공중으로 올리시고 하늘 예루살렘에 있는 성전으로 가시니라.'

데오빌로여 휴거의 날은 성경에 부림일로 암호화되어 있습니다.

그런즉 휴거가 발생하는 때는 겨울인 12월13일·12월14일·12월15일 입니까, 아니면 2~3월 13일·14일·15일 입니까, 아니면 6월5일 즉 9월5일 입니까?

→2065년→ 제1차 휴전협정체결

지진과 기근, 휴거발생, 핵전쟁에 의한 이상저온현상, 무서운 전염병까지 퍼지자 세계는 전쟁을 중지하고 휴전을 논의한다. 그때에 미국, 유럽, 러시아, 중국, 인도, 일본 등 강대국 정상들이 모여서 난민들 귀환문제, 전후 부흥문제, 패전국들의 재건문제, 경제원조 및 전쟁재발방지 등을 협의하고 소련 측의 요구를 적극 수용하여 중동을 별도의 러시아구역에 두는 위임통치를 허용하게 된다. 이에 러시아는 이라크에 임시행정지구를 설치하고 대규모의 평화유지군을 중동에 파견한다. 그후 러시아는 쿠르디스탄을 독립시키고 군사적으로 지원하여 시위국으로 삼게 될 것이다.

→2038년 · 2065년~2108년 · 2135년→ 70년간 큰 전쟁 없음

예레미야 첫번째 편지

그가 보내어 북방 족속과 강포한 러시아 왕을 불러다가 이 땅과 그 거민과 사방나라를 쳐서 진멸하여 그들로 놀램과 치소거리가 되게 하며 땅으로 황무지들이 되게 할 것이라.

그가 그들 중에서 기뻐하는 소리와 즐거워하는 소리와 신랑의 소리와 신부의 소리와 맷돌 소리와 등불 빛이 끊쳐지게 하리니 이 온 땅이 황폐하여 놀램이 될 것이며 이 나라들은 칠십 년 동안 러시아 왕을 섬기리라. 칠십 년이 마치면 그가 러시아 왕과 그 나라와 이라크인의 땅을 그 죄악으로 인하여 벌하여 황무케 하되. 그가 그 땅에 대하여 선고한 바 곧 예레미야가 열방에 대하여 예언하고 이 책에 기록한 그의 모든 말을 그 땅에 임하게 하리니. 여러 나라와 큰 왕들이 그들로 자기역군을 삼으리라 하셨느니라.

-힐키야의 아들-

추신: 러시아의 쇠멍에 70년 기간

그가 쇠멍에로 이 나라들의 목에 메워 러시아 왕을 섬기게 하였으니 그들이 그를 섬기리라.

그가 들짐승도 그에게 주었느니라. 오직 그 목으로 러시아의 쇠멍에를 메고 그를 섬기는 나라는 그가 그들을 그 땅에 머물러서 밭을 갈며 거기 거하게 하리라. 그러나 러시아 왕을 섬기지 아니하는 나라는 그가 칼과 기근과 염병으로 멸함을 받게 하실 것이다. 거듭 말하나니 러시아 왕에게 순복하고 반역을 꾀하지 말아라.

러시아, 이스라엘 토지소유권 허용

"예레미야 네 숙부 '솰룸'의 아들 '하남엘'이 네게 와서 말하기를 너는 아나타에 있는 내 밭을 사라 이 기업을 무를 권리가 네게 있느니라 하거든, 너는 빈야민 땅 아나타에 있는 하나멜의 밭을 사되 은 십칠 세겔을 달아주고 증인을 세우고 법과 규례대로 증서를 써서 인봉하라. 이처럼 사람이 이 땅에서 집과 밭과 포도원을 다시 사게 되리라."

포로석방, 대규모 복구건설시작

휴전협정에 따라 포로들이 전부 석방되고 도망쳤던 난민들도 본국으로 돌아오면서 패망한 나라들의 재건이 시작된다. 그때에 폐허로 변한 이스라엘 땅에도 큰 건축공사가 벌어진다. 이스라엘 새 정부는 파괴된 예루살렘을 대신할 성지를 건설하기로 하고 예루살렘 남남서쪽 약 30km지점 해발 927m에 위치한 '에르-루메이데(헤브론)'에 새 예루살렘을 건설한다. 이 신도시의 이름은 '유다예루살렘'이라 부르게 될 것이다.

그래서 말일에는 현재의 '예루살렘'과 헤브론에 건설되는 '유다예루살렘' 두 예루살렘이 있어서 세상의 불길한 징조들을 예조 하게 될 것이다. "보라 내가 포로된 야곱의 장막들을 돌이키고 그 거하는 곳들을 긍휼히 여길 것이라. 예루살렘은 자기 산에 중건될 것이요 그 궁궐은 본래대로 거하는 곳이 될 것이며 감사하는 소리와 즐거워하는 자의 목소리가 그 중에서 나오리라. 처녀 이스라엘아 내가 다시 너를 세우리니 네가 세움을 입을 것이요 네가 다시 소고로 너를 장식하고 즐거운 무리처럼 춤추며 나올 것이며. 네가 다시 사마리아 산들에 포도원을 심되 심는 자가 심고 그 과실을 먹으리라."

피투성이라도 살라

한편 살아남은 과학자들은 인류가 당면한 문제들 곧 오염된 공기, 물과 식량부족, 혈액부족, 방사성질병확산, 사라진 동식물, 희소해진 인구수를 해결하기 위해서 유전공학기술을 이용한다.

그리하여 수정란의 체외배양기술의 발달과 번식효율향상을 위한 유전인자로 아기들을 복제하거나 인공 생산하는데, 이 아기들은 배꼽이 없고 성장속도가 빨라서 어미가 보살펴줄 필요가 전혀 없다.

특히 암컷의 경제적 가치가 크므로 유전자조작으로 형질 전환하는 사람들은 대부분 여아들이다.

이 개구리인간들은 신장과 유방이 크며 피부가 매끄럽고 머리털이 잘 자라는 특징이 나타난다.

●증서 "내가 네 곁으로 지나갈 때에 본즉 땅이 패괴하고 사람들이 피투성이가 되어 발짓하는 것을 보고 네게 이르기를 너는 피투성이라도 살라 다시 이르기를 너는 피투성이라도 살라 하였도다. 그랬더니 사람들이 한 그 가증한 일을 보라. 너의 난 것을 말하건대 네가 날 때에 네 배꼽줄을 자르지 아니하였고 너를 물로 씻어 정결케 하지 아니하였고 네게 소금을 뿌리지 아니하였고 너를 강보로 싸지도 아니하였으니. 네가 크게 자라고 심히 아름다우며 유방이 또렷하고 피부가 희고 매끈하고 네 머리털이 길게 자랐으나 네가 오히려 벌거벗은 적신이더라."

제1차 국제종교회의

휴거발생 후, 나라마다 종교적 광분상태에서 폭동과 소요사태가 발생하고 지구에 종말이 왔다고 판단한 사람들은 스스로 목숨을 끊는다. 높은 곳에서 뛰어 내리고 ●예시 "이 사람이 스스로 절벽에서 떨어져 배가 터져 죽은지라." 목을 매 자살하고 ●예시 "아히도벨이 스스로 목매어 죽고, 유다가 스스로 목매어 죽은지라." 절망 끝에 칼로 배를 찌르고 ●예시 "칼을 빼어 몸을 찌르매." 집에 불을 지르고 ●예시 "시므리가 스스로 왕궁에 불을 지르고 그 가운데서 죽었더라." 독극물을 마신다 ●증서 "사망의 독이 있나이다."

한편 미증유의 대 사건으로 큰 충격에 빠진 종교계는 휴거사건을 규명하기 위해서 세계종교회의를 로마에서 개최한다. 하지만 모인 사람들이 휴거되지 못한 자들이다 보니, 휴거를 밝히기보다는 어떻게 하면 종교적 혼란을 막고 종교지도자들을 보호할 수 있을까 하는데 초점이 맞춰진다.

이에 휴거사건을 중력이상, 기독교인의 집단도피, 외계인에 의한 납치극쯤으로 대충 얼버무리고 기독교를 사회혼란을 야기하는 신비주의적 집단으로 낙인찍는다. 그때에 땅에 남은 사람들도 집단 히스테리에 빠져서 하나님을 미워하고 또 세계 정부들도 패전의 책임을 기독교인들에게 뒤집어씌우고 또 기독교의 비밀집회에 대한 거짓소문들을 퍼뜨려서 남아 있는 교회들이 큰 수난을 당하게 된다.

세계민족 기독교박해

"하늘로서 큰 징조들이 있기 전에 내 이름을 인하여 너희에게 손을 대어 핍박하며 회당과 옥에 넘겨주며 임금들과 관장들 앞에 끌어가려니와 그 일이 도리어 너희에게 증거가 되리라. 그러므로 너희는 변명할 것을 미리 연구치 않기로 결심하라 내가 너희의 모든 대적이 능히 대항하거나 변박할 수 없는 구제와 지혜를 너희에게 주리라. 심지어 부모와 형제와 친척과 벗이 너희를 넘겨주어 너희 중에 몇을 죽이게 하겠고 또 너희가 내 이름을 인하여 모든 사람에게 미움을 받을 것이나 너희 머리털 하나도 상치 아니하리라.

사람이 너희를 끌어다가 넘겨줄 때에 무슨 말을 할까 미리 염려치 말고 무엇이든지 그 시에 너희에게 주시는 그 말을 하라 말하는 이는 너희가 아니요 성령이시라. 그 때에 많은 사람이 시험에 빠져 서로 잡아 주고 서로 미워하겠으며 거짓 선지자가 많이 일어나 많은 사람을 미혹하게 하겠으며 불법이 성하므로 많은 사람의 사랑이 식어지리라. 이러므로 말세에 고통하는 때가 이르리니 사람들은 자기를 사랑하며 돈을 사랑하며 자긍하며 교만하며 훼방하며 부모를 거역하며 감사치 아니하며 거룩하지 아니하며 무정하며. 원통함을 풀지 아니하며 참소하며 절제하지 못하며 사나우며 선한 것을 좋아아니하며 배반하여 팔며 조급하며 자고하며 쾌락을 사랑하기를 하나님 사랑하는 것보다 더하며. 경건의 모양은 있으나 경건의 능력은 부인하는 자니 이 같은 자들에게서 내가 돌아서라."

범람하는 외계인문화, 출몰하는 UFO

초자연적, 초과학적사건을 경험한 인류는 신비적인 현상에 매료되어 기와 초능력, 마술에 빠지게 된다.

●증서 "마술을 행하여, 오랫동안 그 마술에 놀랐으므로, 이에 돌아다니며 마술 하는 어떤 유대인들이, 또 마술책을 모아 가지고 불사르니 그 책값을 계산한즉 은 오만이나 되더라."

사회적으로는 결혼하지 않는 풍조와 쾌락주의가 만연하고, 문화적으로는 외계인복장과 상품들이 유행하며 미확인비행물체가 세계곳곳에 출몰한다. 그 시대에 날이 뜨거운지라 사람들은 특수고무로 만든 가면을 써서 얼굴을 변장하고 다니고 ●증서 "얼굴을 변장하고, 얼굴을 꾸며." 해로운 태양광선을 막기 위해서 발광물감을 사용한 광채 나는 옷을 입는다. ●증서 "빛난 옷을 입고 나오시니." 사람들은 우주를 동경하고 나라마다 외계인의 존재를 인정하면서 우주개발에 박차를 가한다.

그리하여 미국, 유럽, 일본, 중국, 러시아 항공우주국들이 앞다투어 달과 화성에 전진기지와 정착촌들을 건설한다. 달의 중력은 지구의 육분의 일, 화성의 중력은 지구의 약 오분의 이에다 진공상태로 저항이 없어 우주선들이 빠르게 물자를 실어 나를 수 있다. 달에는 태양발전위성을 쏘아 올려 값싼 전력을 생산할 수 있고 자원채굴을 위한 플랜트공장에는 월면차와 로봇을 이용할 수 있다. 지구와 달까지의 거리 38만 4405km는 지구에서의 원격조종이 가능하고 인공지능프로그램에 따라 로봇의 작업수행이 가능하기 때문이다.

화성에는 우주정거장 또는 우주왕복선의 플랫폼이 설치된다.

미래 제국들(기노스코)

이라크 남부 '쉬나르' 땅 제1궁을 지키는 러시아군 친위대장관 '아쉬프나스'가 왕명을 받아 이스라엘포로 중 왕족과 귀족출신의 몇 사람. 곧 흠이 없고 아름다우며 모든 재주에 막힘이 없이 훤히 통하고 지식이 구비하며 학문에 익숙하여 왕궁에 모실 만한 소년을 데려왔고 그들에게 갈대아의 학문과 방언을 가르치게 하였다.

정권이 바뀌매 또 그 왕이 지정하여 자기의 진미와 자기의 마시는 포도주에서 그들의 날마다 쓸것을 주어서 삼 년, 삼 년, 육 년을 기르게 하였으니 이는 그 후에 그들로 왕의 앞에 모셔 서게 하려 함이었더라.

그들 중에 유다 자손 곧 '다니엘'과'하난야'와 '미솨엘'과 '아자르야'가 있었더니 아쉬프나스가 그들의 이름을 고쳐 다니엘은 벨의 왕자라 하고 하난야는 달 신의 명령이라 하고 미솨엘은 달 신과 같은 자 누구냐 하고 아자르야는 느보의 종이라 하였더라. 하나님께서 이 네 소년에게 지식을 얻게 하시며 모든 학문과 재주에 명철하게 하신 외에 다니엘은 또 모든 신적인 계시와 꿈 해몽에 능통하였더라.

계승권자 러시아 왕이 위에 있는지 이 년에 꿈을 꾸고 그로 인하여 마음이 번거롭고 답답하여 잠을 이루지 못한지라. 왕이 그 꿈을 해석하게 하려고 명하여 종교적 문서들과 학문을 숙달한 제사장 계급과 점술사들을 부르매 그들이 와서 왕의 앞에 선지라. 왕이 그들에게 이르되 내가 꿈을 꾸고 그 꿈을 알고자 하여 마음이 번민하도다. 점술과 마술에 능통한 그들이 시리아 말로 왕에게 말하되 왕이여 만세수를 하옵소서 왕은 그 꿈을 종들에게 이르시면 우리가 해석하여 드리겠나이다. 왕이 그들에게 대답하여 가로되 내가 명령을 내렸으니 너희가 만일 꿈과 그 해석을 나로 알게 하지 아니하면 너희 몸을 쪼갤 것이며 너희 집으로 거름 터를 삼을 것이요. 너희가 만일 꿈과 해석을 보이면 너희가 선물과 상과 큰 영광을 내게서 얻으리라 그런즉 꿈과 그 해석을 내게 보여라. 그들이 다시 대답하여 가로되 청컨대 왕은 꿈을 종들에게 이르소서 그리하시면 우리가 해석하여 드리겠나이다. 왕이 대답하여 가로되 내가 분명히 아노라 너희가 나의 명령이 내렸음을 보았으므로 시일을 미루어 시간을 벌려함이로다. 너희가 만일 이 꿈을 나로 알게 하지 아니하면 너희를 처치할 법이 오직 하나이니 이는 너희가 거짓말과 망령된 말을 내 앞에서 꾸며 말하여 정권이 바뀌거나 내가 죽을 때를 기다리려 함이니라. 이제 그 꿈을 내게 알게 하라 그리하면 너희가 그 해석도 보일 줄을 내가 알리라 그들이 왕 앞에 대답하여 가로되 세상에는 왕의 그 일을 보일 자가 하나도 없으므로 크고 권력 있는 왕이 이런 것으로 점쟁이에게 물은 자가 절대로 있지 아니하였나이다. 왕의 물으신 것은 희한한 일이라 육체와 함께 거하지 아니하는 신들 외에는 왕 앞에 그것을 보일 자가 없나이다 한지라. 왕이 이로 인하여 진노하고 통분하여 점쟁이들을 다 멸하라 명하니라.

왕의 명령이 내리매 점복자들은 죽게 되었고 다니엘과 그 동무도 죽이려고 찾았더라.

이 소식을 듣고 다니엘이 들어가서 왕께 구하기를 기한 하여 주시면 왕에게 그 해석을 보여 드리겠나이다 하니라. 그리고 나서 자기 집으로 돌아와 그 동무 하나냐와 미사엘과 아사랴에게 그 일을 고하고 하늘에 계신 신께서 이 은밀한 일에 대하여 긍휼히 여기사 자기 다니엘과 동무들이 죽임을 당치 않게 하시기를 그들로 구하게 하니라 이에 이 은밀한 것이 밤에 이상으로 다니엘에게 나타나 보이매 다니엘이 하늘에 계신 하나님을 찬송하니라. 다니엘이 왕 앞에 들어가 대답하여 가로되 왕의 물으신 바 은밀한 것은 점쟁이들이 능히 왕께 보일 수 없되. 오직 은밀한 것을 나타내실 자는 하늘에 계신 신들이시라 그가 후일에 될 일을 알게 하셨나이다 왕의 꿈 곧 왕이 침상에서 뇌 속으로 받은 이상은 이러하나이다. 왕이여 왕이 침상에 나아가서 장래 일을 생각하실 때에 은밀한 것을 나타내시는 이가 장래 일을 왕에게 알게 하였사오며. 내게 이 은밀한 것을 나타내심은 내 지혜가 다른 인생보다 나은 것이 아니라 오직 그 해석을 왕에게 알려서 왕의 마음으로 생각하던 것을 왕으로 알게 하려 하심이나이다.

왕이여 왕이 한 큰 신상을 보셨나이다 그 신상이 왕의 앞에 섰는데 크고 광채가 특심하며 그 모양이 심히 두려우니. 그 우상의 머리는 정금이요 가슴과 팔들은 은이요 배와 넓적다리는 놋쇠요. 그 종아리는 철이요 그 발은 얼마는 철이요 얼마는 진흙이었나이다. 또 같은 꿈을 두번째 꾸신 즉 사람의 손으로 하지 아니하고 뜨인 돌이 신상의 철과 진흙의 발을 쳐서 부수뜨리매. 때에 철과 진흙과 놋쇠와 은과 금이 다 부서져 여름 타작마당의 겨 같이 되어 바람에 불려 간 곳이 없었고 우상을 친 돌은 태산을 이루어 온 세계에 가득하였었나이다. 그 꿈이 이러한즉 내가 이제 그 해석을 왕 앞에 진술하리이다. 그 신상은 넓은 범위로 우주를 의미하며 금속들은 천체를 상징합니다만, 좁은 범위로 나라와 민족들을 의미하고 있어서 큰 연합국들의 흥망성쇠에 관해서 말씀드리겠습니다.

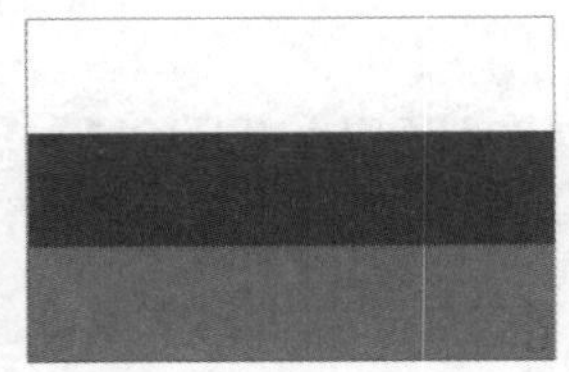

세계지배국 금 →2038년 · 2078년~2108년 · 2148년→

금은 황색의 아름다운 광택을 내는 금속으로 전성과 연성이 풍부합니다.

'전성'은 두드리거나 압착하면 얇게 펴지는 성질, '연성'은 물체를 잡아 당겼을 때 본래대로 되돌아갈 수 있는 성질입니다. 이런고로 금나라는 연성에 의해 과거로 복귀하고, 전성에 의해 영토를 넓혀서 오래도록 영화를 누리게 됩니다. 이 제국은 바로 러시아 왕 당신인 것입니다. 또 북방에서는 금빛이 나온다 했으니 동일한 원리에 의해서 시베리아에 금이 많이 매장되어 있어야 합니다. 때에 세상에는 금이 흔한데 이는 우주에서 금을 캐오기 때문입니다. 일례로 과학자들은 미 항공우주국(NASA)의 소형무인우주선인 '니어'가 수집한 데이터를 분석하여 태양에서 가장 가까운 소행성 '에로스'에 금을 비롯하여 백금, 은, 아연 기타 희귀 광물 등이 최소 2백억t 이상 매장돼 있을 것으로 결론을 내렸습니다.

세계지배국 은 →4288년 · 4328년~4358년 · 4398년→

은은 구리족에 딸린 청백색의 광택을 가진 금속으로 전성과 연성이 크고 은박을 만들 수도 있습니다. 또 장식품이나 공예품 식기로도 흔히 쓰이고 화폐에도 널리 쓰입니다. 하지만 금과 달리 색깔이 변하고 가치도 낮아서 나라의 영광이 금보다는 못합니다. 은은 백색에 가깝고 흰색은 이슬람교의 상징입니다. 따라서 이슬람과 흡사한 인도가 은나라일 것입니다. 이 제국은 미사일과 병력을 모아서 세계를 정복합니다만 여러 민족이 모인 탓에 얼마 되지 않아서 곧 망합니다. 그러나 또 일어날 것이고 한 대장이 있어 동남아시아를 평정한 후에는 대군을 모아 유럽을 칠 겁니다. 이때는 세상에 은이 흔한 때입니다.

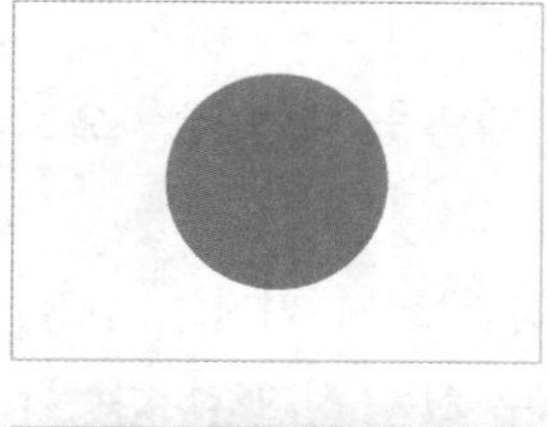

세계지배국 놋(황동) →6538년 · 6578년~6608년 · 6648년→

놋쇠는 구리와 아연의 합금으로 구리는 적색광택의 금속이고 아연은 푸른 빛깔을 띤 은백색의 금속입니다. 즉 피의 색인 구리는 대량살육을, 푸른색의 아연은 하늘과 바다를 상징하고 있습니다. 그런즉 구리의 나라는 해군력과 공군력을 증강시켜서 세계를 정복할 것이며 이 군들로 인해서 지구는 피로 덮이게 됩니다. 이 제국은 독일과 일본입니다.

놋쇠는 전시에 주요 약탈대상물이므로 이 때에는 황동이 흔합니다.

세계지배국 철과 진흙 →8788년·8828년~8858년·8898년→

철과 진흙은 많은 인종이 섞인 다민족국가입니다. 또 철은 강하고 진흙은 약해서 군사력의 차이 가 크지만 철은 모든 물건을 부수뜨리고 이기는 것이라. 철이 모든 것을 부수는 것 같이 이 제국은 뭇 나라들을 부수뜨리고 빻게 됩니다. 먼 미래에 지각변동으로 바다 밑의 땅이 지상으로 올라오고 이 진흙의 땅에 많은 나라들이 건설될 것이나 장차 등장할 유럽합중국쯤으로 해 두겠습니다.

유럽연합은 15개국이 가입하였다가 후에 5개국이 탈퇴하므로 10개국으로 구성될 겁니다.

금성에는 두꺼운 구름 층이 있어서 대기가 존재할 수 있으나 지표면의 온도가 너무 뜨거워서 인간이 거주할 수 없습니다. 그러나 장차 태양에 감광현상이 발생하고 또 외부로부터 공기가 유입되면 생명체가 살 수 있는 자연환경이 조성될 겁니다. 참고로 금성식물의 성장속도는 지구보다 백 배 이상 빠릅니다.

하나님은 휴거 때마다 성도들을 바람으로 들어올리시면서, 지구공기가 일정하게 빠져 무중력상태에 있는 다른 행성으로 옮겨가게 하십니다. 그 결과 인류는 부족해지는 산소량 때문에 유전자 변형인간을 개량해갈 수밖에 없는 것입니다. 그리고 화성의 핵은 빙하로 되어 있는데 종말에 항성추락에 의한 우주기온의 상승으로 얼음이 녹게 되면 물과 공기가 생겨날 수도 있습니다.

세계지배국 이스르엘 →1만1038년 · 1만1078년 ~1만1108년 · 1만1148년→

그즈음 지구에서 만들어진 변종인간들이 산소생성이끼나, 식물의 씨, 각종 유전인자를 가지고 금성, 화성, 달, 기타 행성들로 이주합니다. 이 열국의 때에 하나님께서 첫번째 '이스르엘' 나라를 지상에 세웁니다. 이 나라는 이스라엘과 달라서 그 영화가 오래갑니다. 그러나 종말에 또 이스르엘민족들이 배도함으로 멸망당합니다. 이러한 일이 여러 차례 반복되다가 괴물과 인조로봇이 인간을 학대하는 시대에 하늘에서 천국군대가 내려와서 세계통합군을 쳐서 이기고 두번째 이스르엘 나라를 지상에 세웁니다.

이일 전에 인류는 타 행성들로 퍼져서 금(금성)→은(달)→놋(목성)→철(수성)→진흙(화성)시대를 지나게 될 겁니다. 인체에는 수명을 계산하는 생체시계가 있어서 행성의 자전속도에 따라서 시간세포가 죽습니다.

따라서 인간수명을 120으로 계산할 때 자전주기가 59일인 수성인들은 지구시간으로 약 7,080년을 살 수 있고, 금성인들은 약 2만 9,160년, 셀레네(달)인들은 약 3,255년, 화성인들은 약 121년, 목성인들은 약 48년, 토성인들은 약 52년, 천왕성인들은 약 66년, 해왕성인들은 약 88년, 명왕성인들은 약 765년을 살 수 있을 겁니다. 이에 느부갓네살 왕이 엎드려 다니엘에게 절하고 명하여 예물과 향품을 드리게 하니라.

→2066년→ 두라-유로포스 금 신상, 작렬하는 태양

그해 러시아연방 대통령은 꿈에 본 그대로 이라크남부 하볼과 유브라데강이 만나는 곳 '시타케네'지방에 있는 아폴로니아 부근에 자신의 금 신상을 만들어 세운다.

이 신상의 높이는 66규빗(약 27m), 넓이는 6규빗(약 2.7m)이다. 그는 이 신상을 세운 후 자신의 관할하에 있는 땅과 식민지들에 사람을 보내어 도지사, 군장, 통솔자, 법률고문관, 재판관들을 자신이 세운 신상의 낙성예

식에 참집하게 한다. 때에 유력자들이 모이자 세상에 펴서 널리 알리는 자가 큰 소리로 외쳐 말하기를 백성들과 나라들과 각 나라 말하는 자들아. 너희는 나팔과 피리와 거문고와 시스트럼과 생황과 및 모든 악기 소리를 들을 때에 엎드리어 금 신상에게 절하라. 누구든지 엎드리어 절하지 아니하는 자는 즉시 극렬히 타는 풀무에 던져 넣을 것이다 하매. 모든 백성과 나라들과 타민족들이 악기 소리를 듣자 곧 그 자리에서 금 신상을 향해 절을 한다.

"그때에 어떤 이라크인들이 나아와 이스라엘 사람들을 헐뜯어서 없는 죄를 있는 듯이 꾸며 말한다.

왕의 명을 어기고 신상에 절하지 아니한 몇 사람을 잡아 왔나이다. 왕이 본즉 다니엘의 친구인 '솨드라크'와 '메솨크'와 '아벧느고'라 왕이 노하고 분하여 너희가 고의로 그런 것이 아닌 줄을 안다. 이제라도 준비하였다가 나팔 소리가 나면 신상 앞에 엎드리어 절하는 편이 좋다마는 만일 너희가 절하지 아니하면 즉시 너희를 극렬히 타는 풀무가운데 던져 넣을 것이니 능히 너희를 내 손에서 건져 낼 신이 어떤 신이겠느냐.

그들이 대답하되 왕이여 우리가 이 일에 대하여 왕에게 대답할 필요가 없나이다. 왕이여 우리가 왕의 신들을 섬기지 아니하고 왕의 세우신 금 신상에게 절하지도 아니할 줄을 아옵소서. 러시아 왕의 분이 가득하여 낯빛을 변하고 명하여 이르되 그 태양풀무를 뜨겁게 하기를 평일(平日)보다 칠배나 뜨겁게 하라 하고. 군대 중 용사 몇 사람을 명하여 이 자들을 끈으로 단단히 결박하여 극렬히 타는 풀무 가운데 던지라 하였다. 왕의 명령이 엄하고 풀무가 심히 뜨거우므로 그들을 붙들어 던지려던 군인들은 타 죽었고 그 세 사람은 풀무 가운데 떨어졌다. 때에 왕이 놀라 급히 일어나서 모사들에게 말하기를 우리가 던진 사람은 세 사람이 아니냐. 그런데 내 눈에는 결박되지 아니한 네 사람이 불 가운데로 다니는데 그 넷째의 모양은 신들의 아들과 같도다 하고. 풀무아귀 가까이 가서 나와라 하니 그들이 나오는데 불이 능히 그 몸을 해하지 못하였고 머리털도 그슬리지 아니하였고 고의 빛도 변하지 아니하였고 불탄 냄새도 없었더라."

데오빌로여 그가 이 큰 이적의 이야기를 말씀하실 때에 다음과 같은 영감을 떠올리셨습니다.

'태양은 하나님을 표상하는 천체이자 그의 집이다. 이 별에는 하나님이 지상에 임할 때 나타나는 모든 현상이 발생한다. 이 속에 영의 세계가 있으니 우리 태양은 빛의 세계인 낙원이요, 태양 뒤편에 있는 검은 태양은 죄인을 형벌 하는 하데스음부이다. 이 두 태양 사이에는 큰 구렁(한쪽이 막힌 블랙홀)이 끼어있어서 서로 건널 수 없으나 세상 최후의 때에는 무저갱의 입구가 열리게 된다.

사람들이 아는 대로 태양은 주성분이 수소로 되어있고 수소에는 보이지 않는 기름이 있다.

이 때문에 태양 속에는 역청구덩이들이 많다. 이러한 곳에 사람들의 영혼이 들어간다 하자.

다니엘의 실화(實話)처럼 하나님께서 함께 하는 의인들은 불과 폭풍의 영향을 전혀 받지 않지만, 하나님이 없는 죄인들에게는 폭풍과 불이 무서운 형벌의 도구가 된다. 폭풍가운데서 말씀하시는 하나님을 대면한 욥이 이 죄인들의 예표이다. 수소원자가 융합하여 만든 헬륨은 불에 타지 않고 소리를 이상하게 공명시키는 희가스(稀 9as) 원소의 한 가지이다. 의인들에게는 이 가스가 태양열을 냉각시켜 극저온 상태를 유지하게 해준다. 그러나 죄인과는 상관없으니 그들은 불의 뜨거움을 견디지 못한다. 또 태양풍은 헬륨에 공명되어 의인에게 아름다운 노랫소리로 들려지지만, 죄인들에게는 벽력소리가 되고 바람에 날려 이리저리 쳐 박히게 된다. 또 태양이 내뿜는 유황가스는 의인에게 향기로 변하지만 죄인에게는 역겨운 냄새가 되므로 쉴새없이 재채기를 하게 된다. 이 같은 양면이 결과들이 자연히 나타나도록 안배되어 있을 것이다.'

오인합체(기노스코)

본래 창초에 영으로 지음 받았던 생령들은 형상과 모양은 있었으나 혈과 육은 없었다.

몸체는 마치 진주와 같았고 몸빛은 눈보다 깨끗하여 산호보다 붉었는데 그 윤택함은 마광한 청옥 같았다.

게다가 먹지 않아도 되고 생각만으로 시공을 초월하면서 별 사이를 왕래했었다. 그러나 아담의 범죄로 후손들에게서 하나님의 신이 떠나므로 혈과 육이 생기면서 생기와 광채는 사라지고 지혜와 능력들도 퇴보되었다.

그 결과 지렁이처럼 땅을 벗어나지 못하는 미약한 존재로 추락하고 말았다. 이에 영의 세계는 뒤로 물러가 틀어박혔고 인간은 하나님을 퇴박하면서 보이는 것만을 믿고 죄의 소욕만 따르고 있다. (성경적인 관점으로) 어떤 육질덩이가 일정한 형태나 모양을 가진 것을 몸이라 하고, 몸에 기관이 있어 기능 있는 상태를 신체라 하며, 신체에 생각하는 능력이 있는 것을 육신이라 하고, 육신이 생각을 따라 죄의 소욕만 좇아 사는 생명체를 육체라고 표현한다. 또한 성경은 사람의 몸에 다섯 사람이 합체되어 있다고 말씀하고 있다. •증서 "한 집에 다섯 사람이 있어..."

사람 1 투명인간(육의 사람)

살가죽을 쓰고 있는 본(本)사람으로 생김새가 겉모습과 똑같고 기관도 있어서 늙거나 죽일 수도 있다.

사람 2 모든기억사람

사람들은 기억과 양심을 정신에 딸린 기능작용쯤으로 인식하는데 이는 사람의 구조를 근본적으로 오해한 것이다. 성경은 생각이 뇌에서만 나오는 것이 아니라 마음에서 일어나는 것이라고 정의한다. •증서 "마음에서 나오는 생각은."

즉 뇌는 생각을 운용하는 기계로 생각의 근원은 아니라는 말이다. 이렇기 때문에 사람의 생각은 시간의 차이만 있을 뿐 반드시 현실로 나타나게 된다. 왜냐하면 상상의 산물이 아니라 기억의 산물이고 기억은 곧 과거에 실제로 있었던 정보들이기 때문이다. 인간의 마음은 정보와 프로그램이 각인된 소프트웨어이다.

여기에 기록된 정보들을 뇌가 감각하여 처리하는데 사람의 뇌는 무게가 약 1.4kg, 부피는 약 1300~1500㎤이며, 1000억 개 이상의 세포와 10배정도 되는 신경 교세포로 구성되어있다. 이처럼 복잡한 뇌는 두개골과 뇌척수막이라 불리는 3겹의 질긴 보호막에 싸여 있고 뇌막사이의 공간과 뇌 내부의 공간에는 뇌척수액으로 채워진 공간이 존재한다. 뇌척수액은 압력과 충격을 흡수하는 물질이다.

뇌는 대뇌 · 소뇌 · 연수로 나누는데 대뇌는 정신작용 · 지각 · 운동 · 기억력 등을 맡고 있고, 소뇌는 달걀모양으로 생겨 신체 각부의 운동과 평형을 맡고 있다. 연수는 생명과 직접 관계되는 폐 · 심장 · 혈관 등의 운동을 지배한다. 이러한 뇌의 중심부에 중앙처리장치가 있어서 마음에서 꺼낸 모든 정보를 종합 처리한 뒤 자동으로 주기억장치 RAM에 저장시킨다. 이 기억장치가 바로 성경에 기록된 모든기억(De3226 · I2614)이다.

이 사람은 눈썹과 눈썹사이의 미간 즉 대뇌의 중앙에 있는 빈 공간에 그 사람의 모양과 똑 같은 형체로 축소되어 있다. 이 사람의 임무는 태어나서 죽을 때까지의 생각과 행위들을 기억하고 땅에 남겨지는 것이다.

컴퓨터에서 필요한 자료나 프로그램을 저장하는 주기억장치 RAM은 휘발성기억장치로 전류가 흐르지 않으면 모든 정보가 소실된다. 마찬가지로 몸 안의 전류가 갑자기 끊겨 버리면 삭제기능이 작동하여 모든기억사람의 정보가 날아가 버리기 때문에, 인체의 회로가 끊어지기 전에 자동적으로 뇌 속에 있던 모든기억사람이 육체를 빠져 나오도록 입력되어 있다. 간혹 뇌가 정신적 또는 물리적으로 큰 충격을 받을 경우 정신교감이 끊기면서 정보삭제를 우려한 모든기억사람이 비정상적으로 유체를 이탈하는 경우가 있는데, 이럴 경우 그 즉시 사람이 정신을 잃고 쓰러지고 모든기억이 다시 뇌 속으로 들어갈 때까지 감각과 정신작용이 마비된 식물인간이 되고 만다. 왜냐하면 주기억장치가 없으므로 본체(몸)에서 부팅을 시키지 않기 때문이다.

뇌에서 최종명령이 하달되면 신경계 내에서 생성된 신경전달물질이 복잡한 신경통로를 통해 뉴우런에서 뉴우런으로 전달되는데 이 두 뉴우런 사이의 연결을 시냅스라 한다. 이들 세포는 실제로는 시냅스에 직접 연결되어 있지 않고 시냅스 틈새에 의해서 조금 벌어져 있다. 이 때문에 신경통로를 통해서 충격이 계속 전달되기 위해서는 이 간격을 지나야 한다. 이 곳이 연결되지 않기 때문에 의식을 잃은 사람이 깨어나지 못하는 것이다. 따라서 뇌사상태에 빠진 사람은 뇌를 빠져나간 모든기억이 다시 들어올 수 있도록 시냅스의 틈새를 이어주거나 영권자가 명령하여서 강제로 모든기억을 돌아오도록 해야만 소생시킬 수가 있다.

사람 3 정신(혼의 사람)

가슴 정중선에서 2/3 좌편에 치우친 심장에 숨어 있다. 눈으로 볼 수 없으나 마음으로 인식할 수는 있다. 머리·눈·코·입·수족이 있어 걸어다니며 지능이 높아 문화를 만들어 낸다. 몸에 동화되어 심술 맞고 죄성에 길들여져 있는 편이며 신경에 민감하게 반응한다. 정신은 중간자적 위치에 있어서 낙원과 음부로 들어갈 때 육과 함께 갈 수도 있고 영과 함께 갈 수도 있다. 육과 함께 갈 때는 '육혼'이라 부르고 영과 함께 갈 때는 '영혼'이라 부른다.

사람 4 영의 사람

가슴 정중선에 숨어있다. 인격을 가진 기운덩어리 또는 생체학적 에너지 원인 생기로 보면 된다.

이 사람은 육과 생긴 모양이 똑같고 인체에 있는 모든 기관도 다 존재한다. 다만 질적으로 달라서 보이지 않을 뿐이다. 영과 혼이 합쳐질 때는 새의 모양으로 변할 수도 있는데 불신자는 까마귀, 예수를 믿은 신자는 참새, 성령을 받은 성도는 비둘기의 모양으로 변신할 수 있다.

사람 5 양심의 사람

가슴 정중선에서 1/3 우편에 치우친 심장에 숨어있는 소환체이다. 하나님의 법을 새긴 양심을 가지고 있다.

도장을 찍으면 바탕에 자국이 생김같이 여호와하나님의 생기가 남긴 흔적 같은 것으로 이해하면 될 것이다.

• 증서 "너희 단장은 머리를 꾸미고 금을 차고 아름다운 옷을 입는 외모로 하지 말고 오직 마음에 숨은 사람을"

마치 필요한 자료나 프로그램을 저장하는 보조기억장치 ROM과 같아서 영구적으로 보관이 가능한 사람이다. 이 사람의 임무는 태어나서 죽을 때까지의 생각과 행위들을 기록하여 하늘로 올라가는 것이다.

일단 척추의 양쪽에 하나씩 있는 강낭콩 모양의 신장에서 감정이 유발되면→배에서 감정이 솟아나는 마음이 움직이고→심장에 있는 마음의 선택상자에서 뇌로 보낼 생각이 선택된다→이 생각은 양심사람의 율법을 거치면서 생각과 행위들이 선한 것인지, 악한 것인지를 판단 받은 다음→뇌로 올라와 기계장치(신경)를 작동시킨다. 그래서 인간의 행위가 율법에 저촉되면 마음이 양심사람에 감각되어 혈압이 오르면서 마음이 '쿵쾅쿵쾅' 뛰게 되는 것이다.

• 증서 "율법 없는 이방인이 본성(本性)으로 율법의 일을 행할 때는 이 사람은 율법이 없어도 자기에게 율법이 되나니. 이런 이들은 그

양심이 증거가 되어 그 생각들이 서로 송사(訟事)하며 혹은 변명하여 그 마음에 새긴 율법의 행위를 나타내느니라"

하나님께서 각자의 행위와 생각들을 기억하는 두 증인을 두신 이유는 사람이 한번 죽는 것은 정한 것이요 그 후에는 반드시 심판이 있기 때문이다. 하나님은 양심이 있는 심장을 살피며 마음이 걸친 폐부를 시험하고 각각 그 행위와 그 행실대로 보응 하신다. 억겁의 세월이 흘러 심판이 벌어진다 하자.

흰 보좌 위에 신들이 좌정하고 그 앞에 두 권의 책이 놓이는데 하나는 증거책이고 하나는 생명책이다.

증거책은 각자의 생각과 행위들을 기록한 것이고, 생명책은 예수 믿은 자의 명단과 그 아름다운 일들을 기록한 책이다. 그 양편에는 천군 천사들이 도열하고 멀리 떨어진 곳에는 지옥 1이 있다.

이 불덩어리는 태양보다 백 배 이상 크고 중심온도는 섭씨 15억도 기압은 40억 기압이다. 그리고 폭발할 때 발생하는 벽력소리와 폭풍과 유황냄새가 진동한다. 심판이 시작된 즉 땅이 생긴 이래로 살았던 모든 자들이 부활한다.

• 증서 "또 내가 크고 흰 보좌와 그 위에 앉으신 자를 보니 땅과 하늘이 그 앞에서 피하여 간 데 없더라. 또 내가 보니 죽은 자들이 무론 대소하고 살아나 심판을 받기 위해 그 보좌 앞에 섰는데, 책들이 펴 있고 또 다른 책이 펴졌으니 곧 생명책이라 죽은 자들이 자기 행위를 따라 책들에 기록된 대로 심판을 받으니. 바다가 그 가운데서 죽은 자들을 내어 주고 또 사망과 음부도 그 가운데서 죽은 자들을 내어주매 각 사람이 자기 행위대로 심판을 받더라."

이 상황에서 죄인들이 자신이 저지른 죄들을 순순히 자백할 것 같으냐.

세상법정에 서는 범죄자들은 중한형벌일 경우 자신의 죄와 증거물에 대하여 완강히 부정한다.

하물며 하늘법정에 선 죄인들이랴!(죄를 인정하는 즉시 지옥불에 떨어지는데…)

시뻘겋게 충혈 되다못해 눈알이 다 빠져 나와 덜렁거리는 상태에서 필사적으로 부르짖고 애걸복걸하며 살려달라면서 '기록자의 오류이다', '동명이인의 착오다', '저 년 때문에', '이 놈을 벌하소서' 다 남의 탓으로 돌리고 자신의 죄를 절대로 인정하지 않는다. •증서 "저들이 다 부인하여, 극구 부인하여 가로되"

그때에 그 사람의 탄생에서부터 죽을 때까지의 모든 생각과 행위들을 기억하고 있는 그 자의 모든기억사람과 양심사람을 두 증인으로 심판대에 불러 세우게되면, 자신이 자신의 죄를 스스로 자백하는 꼴이 되어서 도저히 심판을 벗어날 수 없게 되는 것이다.

•증서 "사람이 아무 악이든지 무릇 범한 죄는 한 증인으로만 정할 것이 아니요 두 증인의 입으로나 세 증인의 입으로 그 사건을 확정할 것이며. 죽일 자를 두 사람이나 세 사람의 증인의 말로 죽일 것이라."

'이 때문에 사람 몸 속에 기록자들을 둔 것이다' 라고 말씀하실 때에 어찌나 두렵고 무섭던지 몸이 부들부들 떨리고 턱이 부딪쳐서 '탁! 탁!'하는 소리가 났었다. 나도 죄에서 자유롭지 못하기 때문이다.

이런 구조로 인해 성경은 사람의 형상과 모양을 정의할 때 다양한 의미적 표현을 사용하고 있다.

육혼, 심령, 영혼, 영으로 사람을 구분하고, 형상, 모양, 형체, 풍채로 외관을 나누며, 정욕, 혈육, 형질, 체질로 구분하고 진액, 기력(압착한 공기의 힘), 기운, 기세로 힘을 나눈다.

육체의 질과 모양도 다르므로 우리육체, 기식이 있는 육체, 생명의 기식 있는 육체, 사람의 육체, 짐승의 육체, 새의 육체, 물고기의 육체로 구분하고 또 우리의 형상, 여호와의 형상, 하나님의 형상, 주의 형상, 선한 형상,

자기형상, 하늘에 속한 자의 형상, 궁창의 형상, 흙에 속한 자의 형상, 사람의 형상, 남자의 형상, 여자의 형상, 짐승의 형상, 새의 형상, 곤충의 형상, 어족의 형상으로 나눈다.

또 인생의 날과 역대를 이어 가속, 소속, 인수, 골육, 인종, 인생, 인민, 후손, 권속, 소생, 신민, 족장, 두령, 두목, 군중, 회중, 총회, 혈속, 열조, 조상, 동포, 백성, 민족, 국민에 이르고.

족보를 두어 종가, 종자, 친정, 장인, 장모, 며느리, 자부, 조카, 생질, 동서, 손녀, 외손녀, 이복형제, 가정, 식구, 남편, 아내, 본처, 첩, 이모, 형제, 자매, 형님, 동생, 오라비, 누이, 부여조, 외조부, 외삼촌, 외손녀, 매제, 증손, 현손, 오대손, 육대손, 칠대손, 백숙부, 백숙모, 부모, 서모, 양부, 아비, 아버지, 어미, 삼촌, 사촌까지 열거한다.

또 육체와 영혼의 기관을 합동시켜서 머리, 머리털, 정수리, 두골, 해골, 이마, 미간, 얼굴, 얼굴꺼풀, 낯, 안색, 눈썹, 눈꺼풀, 눈, 눈동자, 안력, 눈물, 코, 콧구멍, 콧김, 두 볼, 뺨, 귀, 귓불, 입, 입술, 입천장, 이, 앞니, 어금니, 잇새, 혀, 침, 목, 목구멍, 어깨, 가슴, 마음, 몸, 살, 살쩍, 피부, 가죽, 팔, 팔목, 손, 오른손, 왼손, 손목, 손가락, 엄지가락, 새끼손가락, 손바닥, 손톱, 등, 배, 뱃속, 배의 힘줄, 배꼽, 유방, 위, 내장, 창자, 간, 간 꺼풀, 콩팥, 염통, 쓸개, 심장, 골수, 피, 뼈, 턱뼈, 미려골, 갈빗대, 뼈와 살, 뼈와 힘줄, 발목힘줄, 환도뼈, 환도뼈힘줄, 허리, 하체, 중동볼기, 다리, 넓적다리, 넓적다리힘줄, 우편다리, 우편다리힘줄, 정강이, 무릎, 발, 발목, 발바닥, 발꿈치, 오른발엄지가락, 똥까지 기록하여 육체와 영혼을 일체화시키고 있다.

현재 사람의 심장위치는 2/3가 정중선에서 왼쪽으로 치우쳐 있다. 그래서 심장에 있는 마음도 좌편에 위치한다. 하지만 죄를 회개하고 성령을 받게되면 마음의 위치가 왼쪽에서 오른쪽으로 조금 움직이고 말씀과 성령으로 거듭날수록 양심이 있는 우측으로 점점 이동해 가는 것을 깨달았다.

●증서 "우매자의 마음은 왼편에 지혜자의 마음은 우편에 있느니라."

이렇게 마음이 유동성을 갖게 되면 양심에서 마음이 멀어지는 만큼 죄에 무감각한 사람이 되고, 마음이 양심에 가까이 가는 만큼 죄의식을 갖게 된다. 이는 자석의 원리와 같아서 쇠가 자석에서 멀어질수록 자력이 약하게 전달되고, 쇠가 자석에 가까이 갈수록 자력이 강하게 전달되는 이치와 같다고 하겠다.

이 때문에 선을 행할수록 자꾸 선의 소욕을 좇게 되고, 악을 행할수록 자꾸 악의 소욕을 좇게 되는 것이다.

쉬올음부(지구 바다 밑의 지하세계)

이렇게 오인합체 되었다가 심장이 멈추면 겉사람과 속사람을 묶고있던 은줄이 풀리면서 육·혼·영은 하늘로 올라간다. 그러다 어느 지점에 이르게 되면 육·혼·영을 묶고 있던 삼겹줄이 풀리면서 육혼 또는 영혼이 우리태양(낙원)이나 黑태양(음부)으로 들어가고 양심사람은 하나님께로 소환된다.

한편 시체에서는 장막줄이 풀리면서 정보삭제를 우려한 모든 기억이 뇌를 빠져 나오는데 이 형체를 보고 사람들은 망령, 혼백, 유령이라고 부르고 있다.

시체를 빠져 나온 유령은 지상에 머물 수도 있고 지하로 내려갈 수도 있다.

유령의 처소가 지구 바다 밑 깊은 땅속에 있기 때문이다.

31번 무덤으로, 31번 구멍으로 번역된 '쉬올'은 문자적인 의미로 황폐한 채로 두다 라는 뜻인데, 쉬올은 지구 속 깊은 지하에 뚫린 큰 구덩이 또는 거대한 동굴쯤으로 알면 된다.

이 쉬올음부는 악한 자를 위한 특별한 징벌장소가 아니기 때문에 고통받거나 제한 당하는 일이 거의 없다.

그냥 세상에서 잊혀진 망각의 땅으로 심판 때까지 유령들이 임시 거처하는 처소에 불과하다.

이 같은 영역이 땅 아래에 위치할 것으로 생각하였으므로 이전부터 하계(下界)라는 말이 사용되었다.

모든 죽은 자들의 거처인 이 지하세계는 어둡고 음침하며 무질서할 뿐 아니라 조용하고 황량하며 비인간적인 영역에 속한다. 게다가 문이 달린 이 지하도시는 마음대로 넘나들 수 있어서 유령들이 묵상할 수도, 길에 행할 수도, 잠잘 수도, 밤에 땅위로 올라와서 바다 위를 거닐 수도 있다.

• 증서 "그 바다 위로 걸어오심을 보고 놀라 유령이라 하며 무서워하여 소리지르거늘."

지하세계로 내려간 유령은 대개 깊은 잠을 자지만 자살, 교살, 타살, 사고사, 질병 등으로 억울하게 죽거나 세상에 대한 애착 또는 증오심이 강하면 쉬올로 가지 않고 지상을 배회하는 경우가 많다. 특히 원한을 가진 유령은 쉽게 땅을 떠나지 못한다. 이러한 유령들은 대개가 슬프고 음울하다.

유령들은 기록된 레코드와 같다. 그래서 스스로는 자신을 재생할 수 없고 반드시 산 자의 뇌를 통해야 한다. 이 때문에 뇌를 사용할 수 있는 중계자를 필요로 하는데, 주 접신 대상은 유령과 비슷한 생각이나 성격을 가진 사람, 혹은 유령과 비슷한 생활환경이나 처지에 빠진 사람들이다. 또 산 자의 애절한 그리움과 유령의 강한 집착에 의해서 붙을 수 있고, 강령술을 사용하여 유령의 이름을 계속 중얼거리며 불러대는 무당 또는 영매들의 정신파에 이끌려 올 수도 있다. 이 밖에 인과율에 의한 것도 있다.

누구라도 예상치 못한 사건, 사고를 당해 정신적으로 큰 충격을 받게 되면 먼저 진액이 빠져서 기력이 약해지고 다음으로 기운이 없어 기세가 꺾인다. 그렇게 되면 의지가 약해지면서 정신이 허약해지는데 이때를 틈타서 유령들이 뇌가 있는 머리에 달라붙는다. 대부분 뒷머리 쪽에 붙지만 자살자의 유령들은 왼쪽 귓가에 붙는 편이다. 유령이 오래 붙어 있으면 뇌의 기능이 손상되어 기억이 흐려지거나 정신이 혼미해질 수 있다.

대중가요레코드를 재생시키면 대중가요가 나오고, 클래식 음반을 재생시키면 클래식이 나오듯이 병으로 죽은 유령이 붙으면 병사를 재생하고, 사고로 죽은 유령이 붙으면 사고를 재생하고 자살자의 유령이 붙으면 유령이 재생해낸 생각에 유도되어 자살에 이르게 된다.

제1단계: 슬픔과 우울함→제2단계: 인생의 허망함 심화→제3단계: 고독과 고립→제4단계: 유령과의 교신(악몽과 환청, 제2의 인격표출) 악몽은 주로 죽은 유령에 관한 내용들이고 환청은 유령의 목소리이다→제5단계: 독백과 중얼거림→제6단계: 자살충동→제7단계: 가출과 방황→제8단계: 자살.

이 과정은 사람의 의지와 마음상태에 따라서 짧을 수도 있고 상당히 길어 질 수도 있다.

나의 경험상 5단계에 이르면 자살을 막을 방도가 전혀 없는 것 같다.

정신이 혼미한 상태에서 유령에게 사로잡혔기 때문이다. 그리하여 꿈에 유령이 보이고 유령의 목소리가 귀에 들리므로 혼잣말로 중얼거리거나 히죽히죽 웃으며 깔깔거리기도 한다. 오늘날 정신질환의 절반 이상이 이 유령들에 의한 짓이다.

사탄은 악한 기운을 가진 자기생각을 환상으로 표현할 수 있고 생각을 변조시켜서 음성처럼 들리게 할 수 있다. 또 자신의 기운들을 바이러스 화하여 인간의 마음속에 집어넣을 수도 있다.

이럴 경우 가슴 있는 부위가 뜨듯하다가 바이러스가 활동할 때에 강렬하게 달아오르는 특징이 나타난다.

이 때문에 영을 분별치 못하는 성도 중에는 사탄 바이러스를 마치 성령의 불을 받은 것으로 착각하는 사람들도 있다. 이 상주하는 악성 프로그램 중에는 특정한 생각(예: 음란, 도박, 도벽, 폭력…)만을 감염시켜서 그 행위가 활성화될 때 더 자극적이고 짜릿한 쾌감을 느끼도록 해주는 종류도 있다.

마귀는 자신의 생각을 인간의 마음속에 집어넣고 생각을 통해서 활동한다. 그리고 상대를 유혹하여 약물을 사용케도 한다. 악령은 짐승의 형상들을 환영으로 보여 줄 수 있으며 사람의 생각을 소리로 변조시킨 것을 복조하여 환청이 들리게도 할 수 있다.

하데스음부(검은 태양)

한편 양심과 분리된 육혼들 중 죄인들은 우리 태양의 뒤편 아래(?)에 있는 검은 태양으로 들어간다.

검은 태양은 흑암에너지를 발산하여 우주를 어둡게 만드는 별로서 죄인들을 위한 임시형벌의 장소로 사용된다. 黑태양은 주성분이 탄소로 되어 있고 유황과 소다가 다량으로 존재하고 있다.

검은 성운 속에 숨어있는 이 흑태양의 외부는 흑운에 뒤덮여서 캄캄하지만 내부에는 불기둥이 치솟고 있다.

그리고 우주의 전기를 빨아들여 불꽃이 튀는 스파크 현상이 극렬하게 일어나고 있다.

이곳에 들어간 죄인들은 불과 불꽃과 폭풍과 번개와 지진과 유황과 연기와 불 소금과 죽지 않는 곤충들과 무자비한 천사들로 고통을 당하게 된다.

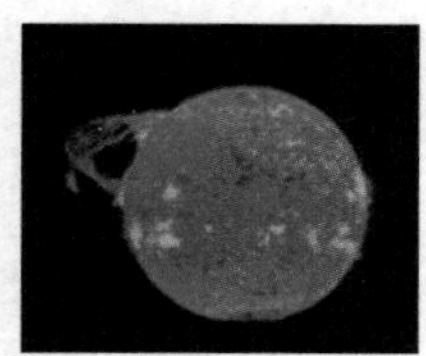

하나님나라 낙원(우리태양)

그러나 예수를 믿음으로 죄를 사함 받은 육혼들은 낙원 곧 우리태양으로 들어가게 된다.

우리태양은 원자핵반응을 일으키는 가스천체로 자전주기는 신약의 수 27이고 질량은 예수의 수 지구의 33만 배이다. 태양의 자기장은 예수가 십자가에 못 박힌 형태로 남북과 동서, 열십자 형태로 늘어나고 태양의 가스층은 천사가 사다리를 타고 오르내리듯 하고 있다. 우주에서 맹렬히 타고 있는 이 불덩이에는 번개와 벽력소리와 지진과 충돌과 폭풍과 소용돌이와 갈라짐과 불기둥과 연기기둥과 홍염과 불꽃과 화염이 발생하여 달과 지구에까지 영향을 미친다.

이 불덩이 속에 육신의 눈으로 볼 수 없는 영의 세계가 숨겨져 있으니 원시태양은 하나님이 에덴 곧 낙원이라 이름 붙인 별이었다. 원래는 위 우주(하늘)에 있었으나 아담의 범죄로 말미암아 하늘에서 땅(아래우주)으로 떨어졌었다.(우리 태양은 하늘에서 땅으로 떨어진 별 하나 즉 원시태양은 아니지만 낙원이 존재한다.)

하나님을 고레스대왕(태양 보좌)으로 묘사한 것은 하나님의 보좌가 태양에도 있기 때문이다.

이곳에는 하늘에 기록한 장자들의 총회와 만민의 심판자이신 하나님께서 계신다.

구약시대부터 A. D. 2005년 현재까지 죄 사함을 받은 의인들이 낙원에 거하고 있으며 장차 예수께서 다시 오시기 전까지 구원받은 육혼들은 전부 우리태양에 들어가게 된다.

낙원은 제한된 지역이라 의인들이 낙원을 벗어나지 못하도록 광환울타리 혹은 광선이동을 막는 자기막이 둘러쳐져 있으며 오락과 유희를 즐기도록 꾸며놓은 큰 공중정원이 있다.

풀무 속에 던져진 다니엘의 세 친구 이야기에서 비밀을 알게된 나는 매일 아침 힘차게 떠오르는 낙원을 바라보면서 장차 하나님을 만날 소망을 가진다.

장래에는 신학자들의 영향력이 쇠퇴하고 대신 별에 능통한 과학자들이 신기원을 열면서 신묘불측(神妙不測)한 신들의 세계를 잘 해석하여 알려줄 것이다.

태양의 흑점(음부로 통하는 문)

태양의 자기장이 빠른 자전속도에 의해서 태양 표면에 떠오르면 쌀알 모양의 특이한 흑점이 발생한다.

흑점들은 한 개 내지 여러 개가 무리를 지어 생기며 흑점의 분포는 대칭을 이룬다. 나비의 날개 모양으로 분포된 흑점들은 그 밑이 막힌 것이 있고 터진 것이 있는데 막힌 것은 지하의 옥으로, 터진 것은 하데스음부의 통로로 사용된다. 이 통로들은 길고 협착하며 꼬불꼬불하게 되어있을 뿐 아니라 사방에 역청이 발라져 있어서 상당히 미끄럽다.

● 증서 "웅덩이 · 터진 웅덩이 · 파멸의 웅덩이 · 깊은 웅덩이 · 구덩이 · 진흙구덩이 · 역청 구덩이 · 깊은 구덩이 · 멸망의 구덩이 · 우묵한 구덩이 · 깊은 구렁 · 깊은 수렁 · 굴 · 좁은 함정. 그들에게 흑암 중에 미끄러운 곳과 같이 되고. 참으로 저희를 미끄러운 곳에 두시며."

음부탈출을 시도하는 죄인들이 필사적으로 이 통로를 기어올라도 기름 때문에 번번이 미끄러져 떨어지게 된다. 이곳이 어찌나 두렵고 무섭던지 이 광경을 목격한 바울은 '히브리서'에 이렇게 기록했다.

● 증서 "우리가 이른 곳은 태양뒤편에 있는 검은 태양으로 만질만한 불붙는 산과 흑운과 흑암과 폭풍과 벽력 소리와 지진과 큰 떨림이라 위에는 빠져나갈 수 없는 그물이 쳐져 있고 불과 유황과 태우는 바람이 사방에서 소용돌이친다. 사망의 줄이 우리를 두르고 음부의 고통이 우리에게 미침으로 심히 고민하게 되었구나."

천국, 사랑의 아들의 나라(별들의 세계)

아주 오래 전의 일이다. 여호와께서는 아브라함을 이끌고 밖으로 나가서 말씀하시기를 하늘을 우러러 뭇별을 셀 수 있나 보라 하시며 그에게 이르시되 네 자손이 이와 같으리라 하셨다.

지금으로부터 약 1975년 전 엘리사벳의 아들 요한이 유대광야에서 전파하여 말하기를 회개하라 천국인 별들이 지구 가까이 내려 올 것이다 라고 외쳤다. 또 예수께서 탄생하셨을 때 변환자재(갑자기 나타났다 사라지는 별)인 천국의 태양이 나타나서 천국이 별의 세계임을 알려주었다. 하지만 사람들의 눈이 가려지고 마음이 혼미해진 터라 영적인 깨달음은 없었다.

데오빌로 각하 여호와께서는 천하만민을 위하여 별들을 분정 하셨고 별의 수효를 계수 하시며 저희를 다 이름대로 부르십니다. 그때에 이르시기를 우주는 빨간 알갱이를 잔뜩 가진 세 나무에 비유되는 것이니 곧 뽕나무·무화과나무·석류나무들이다 하셨습니다.

우주의 상징 뽕나무

오디의 색깔은 벚꽃 색, 연분홍 빛, 빨간색, 포도주색, 베이지 색, 초콜릿색, 크림색, 황록색, 연두색, 감색, 창포색, 마젠타, 스노화이트, 펄화이트, 쥐색, 아이보리 블랙 등 다양하다. 마찬가지로 별들의 색깔은 각양각색이며 크기도 각각 다르다. ●증서 "뽕나무 꼭대기에서 걸음 걷는 소리가 들리거든. 삭개오가 뽕나무에 올라간지라."

△뽕나무1 베카임: 큰 떨기나무로 우유 빛 나무즙을 분비하는 유향수이며 가지가 무성하고 잎사귀가 크기 때문에 큰 우주를 상징한다.

△뽕나무2 쉬크마: 잎이 넓고 크며 먹을 수 있는 열매가 달리는 커다란 나무로 중간 크기의 우주를 상징한다.

△뽕나무3 쉬카미노스: 오디가 열리는 일반적인 뽕나무로 작은 우주를 상징한다.

성단의 상징 무화과나무

뽕나무과의 낙엽식물인 무화과열매는 오디 보다 크기 때문에 별의 집단 즉 성단들을 상징하고 있다.

△푸른 무화과 파그: 산개성단의 상징(小).

△늦은 무화과 올륀도스 : 산개성단의 상징(大).

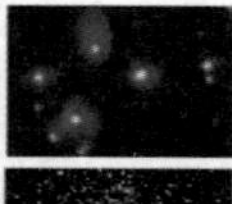
산개 성단

△처음 익은 무화과 비쿠라: 구상성단의 상징(小).

△늦은 무화과 테에님: 구상선단의 상징(大).

구상 성단

은하의 상징 석류나무

붉은 색을 한 커다란 열매 석류에는 빨간 알갱이가 엄청나게 들어있고 씨는 밀 이삭 크기만 하다.

그 안에는 다양한 수질의 붉은 액체로 싸여있는데 이 열매는 성단의 집단 즉 은하를 상징한다.

은하에는 타원은하, 나선형은하, 불규칙은하, 전파은하가 있으므로 석류 중에는 미세하지만 파장이 아주 짧은 전자파가 나오는 종류도 있을 것이다.

지구형 행성의 상징 호두나무

호두나무는 선선한 습지를 요하며 구릉과 호수, 강을 필요로 할뿐 아니라 자생보다는 재배되는 나무다. 즉 경작이 있음을 암시해 주고 있다. 또 열매는 푸르거나 누런 색이며 겉껍질과 속껍질, 알맹이 삼중구조로 나눈다. 이와 같이 행성은 경작할 땅과 물이 있고 내부는 크게 핵, 맨틀, 지각, 세 부분으로 나눌 수 있다.

푸른색의 지구형 행성들이 호두열매에 비유된다.

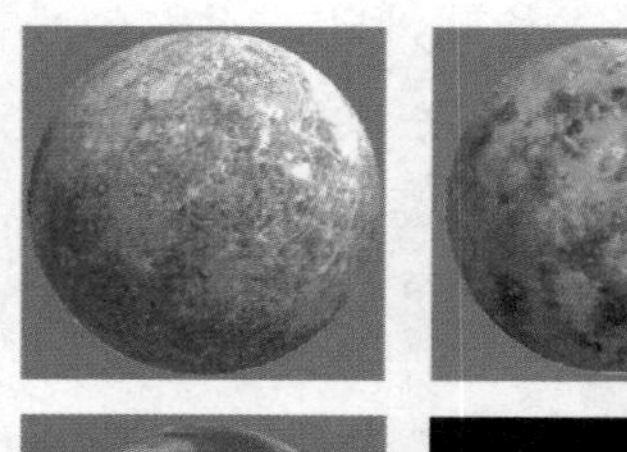

지구형 행성의 상징 살구나무

살구는 호두보다 작은 것으로 색깔이 대자색, 황금색, 계란색, 어린풀색, 이끼색, 연두색, 인디고색 등 다양하다. 우리태양계로 볼 때 지구보다 작은 수성·금성·화성·명왕성들이 살구나무열매에 비유된다.

목성형 행성의 상징 상수리나무

너도밤나무과에 속하는 상수리나무 열매는 깍지가 덮여 있어 고리를 두르고 있는 것 같으므로 띠를 두른 목성형 행성들이 이에 속한다.

색깔은 소맥색, 코코아색, 옐로오커, 벽돌색, 소리개색, 짙은다색, 휘파람새색, 황금색, 울금색, 치자색, 쥐색띤남빛, 자색띤남색(유리색), 스틸그레이, 아이보리화이트 등 다양하며 많은 얼음 조각으로 인해서 털북숭이처럼 보인다. 상수리나무는 '꾸베르쿠스', '리토카르푸스', '꾸베르쿠스 콕키페라', '꾸베르쿠스 아에길로프스', '알로네 하바숸', '엘라', '알론' 등 변종을 포함하면 300종류가 넘기 때문에 우주공간에는 다양한 가스행성들이 존재하고 있음을 알 수 있다.

나선 팔의 소용돌이에서 성간 가스가 밀집하여 충격파를 내게 되면, 이 충격파로 응축작용이 일어나 압축된 가스가 중력에 의해 수축하여 별을 잉태한다. 잉태된 별은 성간 물질들이 모여들면서 돌을 품게되고 작은 것에서 큰 것으로 점점 커져간다. 물론 이 돌은 세상에 있는 돌과 달라서 불가시적인 물질로 된 암석들이다.

눈에 보이지 않지만 우주공간에는 돌을 만드는 물질이 존재하고 있다. 이 동일한 원리가 인체에 나타나서

사람 몸 속에도 돌이 생긴다. 이러므로 담석증을 연구해보면 우주에서 돌이 생성되는 과정을 알 수 있을 것이다. 이렇게 생긴 돌을 시온의 돌들이라 부른다. 암석 외에 젤리형 물질이 생기기도 하고, 곤충이나 양서류의 알 무더기 같은 젤라틴형 물질도 생기며, 젤라틴덩어리가 구슬꿰미모양으로 자라는 노스토크와 변형체도 존재한다. •증서 "내 목은 구슬꿰미로 아

름답구나."

사람들이 아는 대로 보석은 수지나 돌이 열과 압력에 의해서 색채와 광택이 아름다운 광물로 변한 것이다.

따라서 강한 압력과 열을 가진 별 속에 특수한 수지나 돌이 들어있을 경우 그것이 보석으로 변화되는 것은 자명하다. 이렇게 하여 별이 보석을 다 만들면 폭발하여 흩어졌다가 다시 모여 초신성이 되고 또 돌을 품어 보석을 만든다. 이러므로 하늘에 있는 별 들은 보석을 만드는 천국공장들인 셈이다.

별 속에 든 돌들은 작은 돌, 큰돌, 뜨인 돌, 한돌, 모퉁이 돌, 귀하고 견고한 기초 돌, 보배로운 돌, 산돌, 추돌, 매끄러운 돌, 강가의돌, 소화된 돌, 거치는 돌, 다듬은 돌, 색점 있는 돌, 흰 돌, 새 돌, 벽돌, 맷돌, 큰 맷돌, 차돌, 부싯돌, 불에 굽는 횟돌, 부서진 횟돌, 화석, 화광석, 화반석, 백석, 운모석, 흑석, 채석, 금강석, 돌단, 돌무더기, 큰 무더기, 무너진 무더기, 영원한 무더기…

돌들을 달구는 불은 숯불, 뜨거운 숯불, 로뎀나무 숯불, 불꽃, 떨기나무 불꽃, 횃불, 타는 횃불, 홰에 불을 켜고, 숯불과 횃불, 곡식단 사이의 횃불, 횃불 같이 타는 불. 불덩이, 화염, 작은 불, 인분 불, 화덕, 삼키는 불, 맹렬한 불, 불과 유황, 불성곽, 불붙는 산, 가시덤불의불, 큰불, 꺼지지 않는 불, 영영히 타는 것, 영영히 타는 불, 불 모양 같은 것, 그 앞에 앉을만한 불, 붙는 불, 불붙는 큰산, 아침에 피우는 불, 뜨거운 불, 지옥 불, 영원한불, 소멸하는 불, 풀무, 연기 나는 풀무, 풀무망대, 풀무불, 쇠풀무, 철풀무, 큰 풀무의 연기, 극렬히 타는 풀무… 들이다.

이런 방법으로 만들어진 금, 은, 동, 철, 보석, 나무, 풀, 짚들이 널려있는 우주공간이 바로 천국이다.

태양의 낙원을 다스리는 왕은 하나님이시나 별들의 주인은 예수님이시다. 그 수하에 천군 천사 즉 옛 성도들이 있으며 장차 우리들도 신령한 몸으로 변화되면 천사와 동등 되어 그의 뜻을 받들어 수행하게 된다.

천사가 되지만 능력의 차이는 있다는 말이다.

천국에는 예수님이 머무시는 네 종류의 궁전들이(마귀의 진 중앙에) 건축되어 있다.

궁전 1 '바이트'는 집이 있는 성전궁전으로 포말하우트(남쪽물고기자리)에 있고, 궁전 2 '헤칼'은 성전궁전으로 알데바란(황소자리)에 있고, 궁전 3 '아르몬'은 요새화 된 궁전으로 안타레스(전갈자리)에 있고, 궁전 4 '아울레'는 거대한 앞마당이 있고 왕이나 귀족들이 사는 궁전으로 레굴루스(사자자리)에 있다.

이와 같은 건물들이 남쪽에 위치한 것은 분명하나 어떤 순서로 배열되어 있는지는 모른다.

그때에 악령들과 싸우면서 은하수를 통과해온 성도들은 끊임없이 급히 흘러내리는 강(요단)근처에 집결한다. 건너편은 천국인데 강가에는 대악마들이 강력한 방어선을 구축하고 성도들과의 일전을 준비하고 있다.

드디어 대접전이 벌어지고 사탄의 진을 뚫고 천국에 들어선 성도들은 눈앞에 펼쳐진 휘황찬란한 광경을 보고 눈이 아득하고 정신이 현황해진다. 왜냐하면 각종 보석들이 강가의 돌처럼 널려있는 데다 작은 다이아몬드가 지구보다 크기 때문이다. 잠시 후 정신을 차린 성도들은 금물과 은물과 보석들의 임자가 따로 정해져있지 않음을 알고는 서로 크고 좋은 것을 많이 가지려는 쟁탈전을 벌이게 된다.

하지만 하나님이 누구신가?

두지 않은 것을 취하고 심지 않은 것을 거두게 하는 부당한 분이 아니다. 그래서 수고는 적게 하고 대가는 많이 받는 법이 결코 없다. 그때에 보석들을 분배하기 위한 성령의 일이 나타나면서 성도들의 몸에 불이 붙고 눈꺼풀에서는 물이 쏟아져 내린다. •증서 "우리 눈꺼풀에서 물이 쏟아지게 하라."

물이 나오는 이유는 열을 기화시켜서 몸이 화상을 입지 않게 하기 위해서다. 이 불을 '공력의 불'이라 하는데 성령께서 각자의 성결함만큼 불의 세기를 조절하여 나타내시는 것으로 알면 된다.

이는 불은 불로써 막을 수 있고 또 불로 시험하여 유업을 공평하게 받도록 하기 위함이다.

불의 세기가 별의 크기와 비례할 경우 별의 크기는 보석의 크기와 비례할 수 있다.

따라서 별이 클수록 그 안에 든 광물도 크고 질이 좋은 반면에 별이 작을수록 광물도 작고 질도 저급할 것이다. 또 별의 생성에 의해 결정계와 결정형이 다르고 경도, 벽개와 단구가 다르며 비중이 다를뿐더러 광학적 성질도 달라서 색상과 광택이 차이 난다. 또 커트의 형태도 다른데다 접합석이 있고 합성석이 있으며 모조석이 있고 변동석이 있다. 이렇게 보석광물의 분류체계가 다양하므로 성령께서 방열·방화복 같은 공력의 불을 나타내어 각자가 행한 만큼 얻게 하시는 것이다.

•증서 "이것들을 얻기 위해 내가 지혜로운 건축자가 되어 터를 닦아 두매 다른 이가 그 위에 세우나 그러나 각각 어떻게 그 위에 세우기를 조심하라. 만일 누구든지 금이나 은이나 보석이나 나무나 풀이나 짚으로 이 터를 세우면 각각 공력이 나타날 터인데 불로 나타내고 각자의 공력을 밝히리니 불이 각 사람의 공력이 어떠한 것을 시험할 것이라. 만일 누구든지 그 위에 세운 공력이 그대로 있으면 상을 받고 누구든지 공력이 불타면 해를 받으리니 그러나 자기는 구원을 얻되 불 가운데서 얻은 것 같으리라."

의혹: 그렇다면 거룩함의 정도를 나타내는 공력의 불은 어떻게 조절되는가?

어떤사람: 육신의 일을 버린 만큼이다.

의혹: 그렇다면 육체의 일과 육신의 일은 어떻게 다른 것이냐?

어떤사람: 쉽게 말해서 육체의 일은 생각한 것을 행동으로 옮겨 짓는 죄를 말하고, 육신의 일은 행동으로 옮기지는 않았지만 생각으로 짓는 죄를 말한다. 예를 들어 남의 아내를 탐하여 늘 불순한 생각을 품었다 하자, 그 여자를 강제로 겁탈하기 전까지는 세상 법에 저촉되지 않는다. 또 남을 미워하여 늘 모해할 궁리를 했다하자, 쳐죽이기 전에는 살인한 것이 아니다. 하지만 하나님의 시각으로 볼 때는 마음에 이미 죄를 지은 것이다.

• 증서 "예수께서 이르시되 여자를 보고 음욕을 품는 자마다 마음에 이미 간음을 하였고, 형제를 미워하는 자는 살인한 자의 동류니라"

하나님의 시험에는 경중이 있다. 가벼운 것이 육체의 일이라면 육신의 일은 가장 무거운 것이다.

왜냐하면 육체의 일은 굳게 결심하고 행위를 고쳐갈 수 있으나 머리 속에 떠오르는 악한 생각은 제어할 방법이 없기 때문이다. 우스갯소리지만 "옛날 어떤 절에서 주지스님을 뽑기 위해 지원자를 모집했다. 이 광고를 듣고 제법 몸과 마음을 단련하여 품성도 좋고 덕이 있어 지혜로운 중들이 많이 몰려들었다. 심사하는 사람들이 여러 가지 일로 물었으나 그들의 일문일답에 막힌 것이 없고 사물의 이치를 훤히 통달한 듯 보였다. 이에 우열을 가릴 수 없는 지라 한 노승이 꾀를 내어 중들의 하체에 작은북을 매달고 아리따운 여인을 시켜 옷을 벗게 했다. 그랬더니 잠시 후 두 둥 둥♪♬~ 하는 북소리가 들리기 시작했는데, 유독 한 사람의 북만 울리지 않았다. 그래서 심사하는 사람들이 흡족한 웃음을 띄고 옳다 하며 가 보았더니 아뿔싸! 북이 찢어졌을 줄이야……"

심불(心佛)의 경지가 얼마나 어려운 지를 빗대 것이리라.

인간의 의지와 노력으로 가장 이르기 어려운 경지가 바로 하나님의 성품에 참여하는 성화이다.

그래서 성성(聖性)을 가장 높게 평가하여 별을 얻게 하는 공력으로 삼으셨다. 이 정신적 성결은 인간의 본질을 가치 있고 고귀하게 만들어 신의 반열에 설 수 있게 해준다. 이것을 알고 있는 마귀는 꿈속에서까지 온갖 음란한 짓거리를 하여서 영혼의 성화를 이루지 못하게 한다. 이러므로 몽정은 주로 잠재적인 성적 욕망에 의한 것이 많지만, 개중에는 정신을 더럽히기 위한 마귀의 장난인 것도 있다. 일단 생각이 넘어가면 시간의 차이만 있을 뿐 대부분 행동으로 나타나기 때문에, 음란한 꿈을 꾼 이후에는 반드시 음란한 짓을 하게 된다.

성화는 15등급으로 분류할 수 있고 덕목은 성령의 성품이며 성령의 결정체인 사랑은 육신의 일을 버릴 때에만 비로소 완성된다. 즉 일시적인 사랑의 실천이 아니라 온전히 사랑자체로 동화된 상태에서 열매를 맺는다는 말이다. 사랑은 오름차순으로 성령의 열매 제15등급에서 성령의 열매 제1등급으로 올라간다.

15등급: 견딤→14등급: 마음의 바람→13등급: 믿음→12등급: 참음→11등급: 진리를 기뻐함→10등급: 불의를 기뻐하지 않음→9등급: 악한 것을 생각지 아니함→8등급: 성을 내지 않음→7등급: 자기의 유익을 구치 아니함→6등급: 무례히 행치 아니함→5등급: 교만하지 아니함→4등급: 자랑하지 아니함→3등급: 투기하지 아니함→2등급: 온유함→제1등급: 오래 참음까지 승화되어 간다는 뜻이다. 따라서 하나님의 최고의 성품은 오래 참는 것이다. 13등급을 이루면 13등성을 가질 수 있고, 12등급을 이루면 12등성을 가질 수 있고, 8등급을 이루면 8등성을 차지할 수 있다. 참고로 별 중에서 가장 좋은 별은 1등성이다. 나는 현재 15등급 견딤을 지나 14등급 정신이 좀 건전하고 성결했으면 좋겠다는 마음의 바람을 가지고 있다. 내 머리 속은 늘 부정적이고 음란한 생각으로 가득하다. 이러니 내가 이런 상태로 죽어서 악마들의 방어선을 뚫고 천국에 들어가게 된다면 아마

14등성 이하의 별밖에는 얻지 못할 것 같다.

하나님이 나쁜 생각과 기운들을 근원적으로 고치길 원하는 이유는 사람은 먼저 생각이 촉발된 다음 마음에 끌려서 행동하기 때문이다. 육체의 일은 대개 술 취하고 방탕하고 음란한 행위로서 남자가 버리기 어려운 반면에, 육신의 일은 주로 남을 시기하고 질투하고 헐뜯는 것으로 여자가 버리기 어렵다.

●증서 "너희 가운데 시기와 분쟁이 있으니 어찌 육신에 속하지 아니하였다 할 수 있느냐. 육신의 일은 마음에서 나오는 악한 생각으로 곧 모든 불의, 추악(醜惡) 탐욕, 악의가 가득한 자요, 시기, 살인, 분쟁, 사기, 악독이 가득한 자요, 수군수군하는 자요. 비방하는 자요, 능욕(凌辱)하는 자요 교만한 자요, 자랑하는 자요, 악을 도모하는 자요, 부모를 거역하는 자요. 우매한 자요, 배약(背約)하는 자요, 무정한 자요, 무자비한 자라. 육신의 생각은 사망이요 육신의 생각은 하나님과 원수가 되나니 이는 하나님의 법에 굴복치 아니할 뿐 아니라 할 수도 없음이라."

이 때문에 좋은 별을 얻는 것이 어찌나 어려운지 예수께서 이르시기를 "네 눈이 너로 범죄케 하거든 눈을 뽑아라, 네 손이 너로 범죄케 하거든 팔을 찍어 던져버려라"고 까지 말씀하셨다.

덧붙여서 천국을 위해 스스로 고자되는 자에게는 더 나은 상징물을 주겠다고 약속하셨는데, 이 말은 실제로 성기를 잘라버리라는 뜻이 아니고 몸이 불구가 되어서라도 별을 차지해야 한다는 것을 강조한 것이다.

그만큼 천국은 아름답고 영광스러운 세계이다.

이제 별을 얻고자 하는 욕심이 생겼을 줄로 믿는다. 하지만 육신의 일을 버리리라 결심해도 인간본성이 변하지 않는 이상 중도에 좌절을 겪게 된다. 나도 이 약점을 극복하지 못한 체 심한 갈등과 고민에 빠져있는 중이다. 그렇지만 정신 수양과 학문에 있어서 나보다 못한 사람이 없기에 다음과 같은 방법을 조언해 주고자 한다.

- 죄를 가진 생각이 떠올랐을 때 행동으로 옮기지 않는 자제력이 필요하다. 생각이 행동을 유발시키지 못하면 점점 그 생각이 없어지기 때문이다.
- 자주 금식하여 혈기와 정욕을 죽이면 기세가 약해져서 건전한 사람이 될 수 있다.
- 굶지 못하는 사람은 영분별 은사를 진보시켜 활용해봐라. 이 은사는 영혼을 닦아내는 수건과 같아서 생각과 기운들을 정화시킬 수 있다. 게다가 호흡을 통해 적체된 나쁜 공기들과 불량한 충동, 외부에서 물든 사악한 기운들을 자꾸 씻어주어서 형질의 욕구를 점점 약화시킨다. 이 은사는 감각과 후각으로 감지되는데 은사자의 특성과 진보에 따라서 직감력, 마음의 느낌, 냄새로 분별할 수 있다. 통찰력이 있어 센스 있는 사람은 직감력으로, 감정이 예민한 사람은 느낌으로, 머리의 촉각이 발달한 사람은 대체적으로 냄새를 맡는 편이다. 악한 영들이 주는 기운(부정 · 불신 · 불법)은 머리가 아프고, 더러운 기운(음란한 생각 · 영상)은 구토 와 거품이 나오며, 거짓말쟁이, 위선자들은 마음에서 아주 싫어진다.

그때에 공력의 불이 나타나면서 각자의 머리 위에 금, 은, 보석, 나무, 풀, 짚으로 된 표본이 나타날 것이다. 이것을 보고 자신이 어떤 종류의 광물을 선택해야 되는지는 알지만 종류 · 크기 · 색상 · 품질의 등급은 모른다. 예를 들어 금이 나타났다 하자, 그러면 자신이 금을 가질 자격이 있는 것은 알지만 어떤 금을 몇 개나 가져야 하는 지는 모른다. 이렇기 때문에 금이 있는 별마다 다니면서 별에서 나오는 불과 자신의 공력을 시험해봐야 하는 것이다. 그래서 자신이 입은 불옷이 그 별의 온도를 견디면 들어가서 그 안에 든 보석들을 차지할 수 있고, 방화복이 그 별의 온도를 견디지 못하면 그 별을 차지할 수 없다. 또 은이 나타난 성도가 욕심을 부려 금으로 된 별에 들어갔다 하자, 그 즉시 공력이 불타버리고 전신에 화상을 입기 때문에 그 별을 뛰쳐나오게 된다. 이러므로 자연히 공력 만큼만 얻도록 안배되어 있는 것이다.

성도들이 아는 대로 변화체는 시공을 초월하며 어떤 물체든 통과 할 수 있다.

따라서 성도들은 금·은·보석으로 된 집에 사는 것이고 이 집들을 불덩이가 휘감고 있는 셈이다.

이러니 도적이 어떻게 침입할 수 있겠는가. 게다가 모든 보석에 빛이 입사하게 되면 그 빛이 두 광선으로 나뉘는 복굴절현상이 나타나고, 빛이 결정 속을 통과할 때에 빛의 성분이 파장별로 분리가 일어나서 스펙트럼색을 나타내는 분산이 일어난다. 이 같은 다색적인 스펙트럼 효과는 보석 속에 사는 성도들에게 화려한 빛의 쇼를 연출 해준다. 이외에 두개이상의 빛줄기가 교차되어 나타나는 성채가 있고, 미세하고 납작한 내포물에 의해서 반짝거리는 어벤튜린 효과가 있고, 경계에서 빛이 반사되어 일어나는 아둘라리슨스, 쌍정면에서 빛이 반사되어 간섭을 일으키는 라브라도리슨스, 빛이 산란되어 생기는 단백광, 무지개 색과 유사한 색이 나타나는 훈색, 방향따라 색깔이 변하는 변채, 빛이 비단처럼 보이는 실크, 고양이 눈과 같은 묘안 효과 등 다양하다. 또 천체 폭발시 발생하는 화려한 불꽃놀이와 아름다운 음악으로 인해 늘 마음이 즐겁고 유쾌하다.

1등급 금

가공성이 양호하며 전연성이 금속 중 가장 좋다. 금은 태양보다 굉장히 큰 별에서 만들어진다.

금의 종류는 정금, 황금, 순금, 순정한 금, 맑은 유리 같은 정금, 사금이 있고. 팔라듐, 이리듐, 오스뮴, 로듐, 루테늄 등이 혼합된 것이 있으며. 금·은·동·철의 합금, 금·은·동·철·상납·납의 합금, 금·은·놋의 합금, 금·은·동의 합금, 금·은·보석의 합금, 금·은·보석·진주의 합금, 금·보석 진주의 합금, 금·은·상아의 합금 등이 있다. 금은 찬란히 빛나는 아침햇빛의 의미를 나타내는 것처럼 금을 차지한 성도의 몸은 불연체로 황금색을 띄며 불변하는 금의 속성같이 영광이 무궁하여 최고의 지위와 대우를 받는다.

2등급 은

태양보다 상당히 큰 별에서 만들어진다. 참고로 원시태양은 은으로 된 천체였다. 은은 가공성이 양호하며 전연성이 좋다. 은을 차지한 성도의 몸은 동일하게 회색 또는 회백색을 띄게 된다. 은의 종류는 순은, 은이 있고, 팔라듐, 수은, 주석, 아연, 니켈, 몰리브덴, 텅스텐, 흑연, 산화카드뮴, 산화연 등이 섞인 것이 있으며. 은·구리의 합금, 은·철·상납·납의 합금, 은·놋쇠·철·상납·납의 합금, 은·상납·철·납·놋쇠의 합금 등이 있다. 은은 변색이 가능하여 빛이 점점 흐려지므로 가치가 낮고 영광도 금보다 못하다.

3등급 동

태양보다 아주 큰 별에서 만들어진다. 동을 차지한 성도의 몸에서는 동일하게 붉은 구리 빛이 나온다. 구리의 종류는 황동광, 휘동광, 반동광, 적동광, 조동이 있고 아연, 주석, 니켈이 섞인 합금이 있다. 구리는 탄산가스나 습기가 있으면 동녹이 생기고 소금물에 부식되므로 구리몸을 가진 성도는 몸 색깔이 흐려지거나 퇴색되는 등 영광이 은에도 못 미친다.

4등급 철

태양보다 조금 큰 별에서 만들어진다. 철을 차지한 성도의 몸은 빛이 없는 대신 강철같이 단단한데 공력에 따라 쇠의 종류와 강도가 다 다르다. 악마군대와 대항하여 싸울 인간로봇군단쯤으로 알면 된다.

이러므로 천국에서는 성도의 몸 빛깔만 보고서도 그가 금집에 사는지, 은집에 사는지, 동집에 사는지, 철집에 사는지 단번에 알 수 있다. 세상에서 허름한 집에 사는 사람은 고급주택에 사는 사람을 피해 다닌다 창피하기 때문이다. 마찬가지로 하늘에서도 쇳덩어리 몸을 가진 성도는 금의 몸을 가진 성도와 어울리지 못한다.

5등급 보석

우리태양 만한 별에서 만들어진다. 보석을 차지한 성도의 몸은 강도가 약한 대신 종류와 색상에 따라서 동일한 빛을 발산한다. 예컨대 다이아몬드를 가지면 몸빛이 백색, 루비를 가지면 붉은 색, 사파이어를 가지면 청색, 에머럴드를 가지면 초록색 같은 식이다. 보석색깔의 분류는 홍보석, 황보석 청보석, 남보석, 녹보석, 석류석, 황옥, 홍옥, 청옥, 녹옥, 벽옥, 녹주옥, 담황옥, 비치옥, 마노, 호마노, 홍마노, 백마노, 수마노, 진주, 수정, 자수정, 자정, 옥수, 산호, 호박, 상아, 유리이다.

보석종류는 대략 이렇다. 곧 지상에 있는 것들이니 다이아몬드, 루비, 에머럴드, 사파이어, 아쿠아마린, 녹주석,베릴, 스피넬, 토파즈, 석류석, 저어콘, 스포듀민, 석영군, 크리소베릴, 옥, 페리도트, 전기석, 조이사이트, 적철석, 장석군, 황철석, 능망간석, 터키석, 장미휘석, 소달라이트, 라피스라줄리, 아쥬라이트, 공작석, 헴버가이트, 안달루사이트, 아이올라이트, 유클레이즈, 페나사이트, 루머티어라이트, 댄부라이트, 액시나이트, 캐시테라이트, 에피도트, 아이도크레이즈, 신할라이트, 베니토아이트, 코르너루핀, 프리나이트, 스카폴라이트, 브라질리아나이트, 다이옵사이드, 피탈라이트, 베빌로나이트, 앰블리고나이트, 스핀, 라쥴라이트, 디옵타제, 엔스타타이트, 인회석, 회중석, 남정석, 배리스사이트, 형석, 올렉사이트, 헤미모파이트, 크리소콜라, 섬아연석,세루사이트, 스미소나이트, 사문석, 호안석, 알라바스터, 투파, 경치마블, 구상설록암, 흑요석, 오닉스마블, 몰다바이트, 메어샤움, 화석 등 셀 수 없다. 유기질보석은 호박, 산호, 상아, 제트, 진주 등 무수하다.

6등급 나무

우리태양보다 조금 작은 별에서 만들어진다. 나무를 차지한 성도의 몸은 탄소체(숯)로 변하여 얼굴이 새까맣게 된다. 게다가 공력에 따라 질과 구조들이 달라져서 강도의 차이가 나므로 천군으로써의 우주활동에 큰 제약이 따른다.

7등급 풀

우리태양보다 아주 작은 별에서 만들어진다. 풀을 차지한 성도의 몸은 초록색에 가까우며 어느 정도 생기는 있으나 몸이 너무 약하여 자신의 영역을 거의 벗어나지 못한다.

8등급 짚

우리태양보다 상당히 작은 별에서 만들어진다. 이 별은 작고 왜소하여 바람에 나는 겨처럼 떠돌아다니는 별이 되고, 이 별을 차지한 성도는 별의 중력에 갇혀서 영원히 이 곳을 빠져 나오지 못한다. 지옥형벌만 면했을 뿐이지 감옥생활과 다름없다.

휴거 때에는 바람 같은 성령으로 역사하사 성도들을 회오리바람으로 들어올리시고, 천국에서는 불같은 성령으로 역사하사 성도들의 몸에 불을 일으키시며, 땅을 정복한 뒤에는 물 같은 성령으로 역사하사 성도의 배에서 생수의 강이 흘러나오게 하시는 이가 바로 성령님이시다.

• 증서 "나를 믿는 자는 그 배에서 살게 하는 생수의 강이 흘러나오리라."

그리하여 아무 생명체도 없는 땅에 성도가 갈 경우, 그 배에서 만물을 살게 하는 생수가 흘러나와서 황폐한 곳에 초목이 돋아나고 생명체가 살아나오는 등 도저히 믿지 못할 창조의 일이 나타나게 된다.

이러므로 예수께서 말씀하시기를 "나를 믿는 자는 내가 하는 일을 저도 할 것이요 이보다 더 큰 일도 하리라" 하셨다. 예수님은 하나님이시요 하나님은 창조주시니 예수를 믿는 성도들은 창조의 일도 하게 된다는 뜻이다. 그렇다고 하나님처럼 전지전능해지는 것은 결코 아니다.

의혹: 그렇다면 신자들은 어떻게 되는가?

어떤사람: 성령은 빛의 영으로 성령이 임한 성도의 영혼에서는 빛이 발산된다. 그러나 성령이 없는 신자의 영혼은 빛을 발산하지 못한다. 따라서 동일한 법칙에 의해 저절로 빛을 발하는 성도들은 스스로 빛을 내는 항성을 얻고, 스스로 빛을 발산하지 못하는 신자들은 저절로 빛을 발산하지 못하는 행성을 얻는다.

이렇기 때문에 별 속에서 생활해야 하는 성도들의 몸과 땅에서 사는 신자들의 몸이 다른 것이다.

이 뿐 아니라 각자의 행위와 공력에 따라서 차등적인 몸의 변화가 나타나게 하여 우주를 갈 수 있는 거리와 능력에 따른 역량들을 제한시킨다.

제1유형, 사도들이 얻게 될 변화체

절대자격: 예수의 영·그리스도의 영·주의 영·아들의 영을 받은 성도들 중에서 사도의 표를 가진 자, 곧 교회 가운데서 모든 참음과 표적과 기사와 능력을 행했던 자들이 특등급인 변화체로 변화되고 •증서 "이 말씀을 하신 후 팔일 쯤 되어 산에 올라가서 기도하실 때에 용모가 변화되고" 공력에 따라 성단이나 은하를 차지한다. •증서 "어떤 사람에게는 열 고을 다스리는 권세를 주며."

몸의 특징: 형상과 형질의 변화로 먹어도 되고 먹지 않아도 되며 불변체로 물, 불, 바람, 공기의 영향을 받지 않고 어떤 물체든 통과할 수 있으며 생각만으로 시공을 초월하면서 과거와 미래를 넘나들 수 있다.

이들은 그리스도의 사자가 되어 다음 세대에 구원받을 후사를 위한 신들의 전달자들이 된다.

등격에 따른 몸의 종류:

△변화체: 사람의 형상과 형질이 완전히 달라져서 어떤 우주환경에서든 문제되지 않는다.

△변환체: 종잡을 수 없이 빠르게 나타났다가 갑자기 사라지고 여러 가지 모양과 형태로 변할 수 있다.

△변용체: 용모가 신처럼 변화된 몸으로 거룩하고 존귀할수록 몸빛이 희게 변한다. 또 호기와 무용과 구변이 있는 준수한 자들로 변용 되고, 젊고 붉고 용모가 아름다운 자들로 변용되기도 하며, 살이 어린아이의 살 같이 깨끗하게 변하는 자들도 있다.

△변상체: 형상을 원하는 대로 바꿀 수 있다.

△변성체: 세포나 조직 안에 있는 성질이 구조적으로 바뀌어 생리적으로 존재하지 아니하는 물질이 있어 성품이 매우 온유해진다.

●증서 "온유함이 지면의 모든 사람보다 승하더라."

△변신체: 모습이나 모양을 마음대로 바꿀 수 있다.

●증서 "성령이 모습을 바꾸어 비둘기같이 임하시매."

△변류체: 직류를 교류로, 교류를 직류로 바꿀 수 있으며 강한 자장을 발생시켜서 천둥·번개를 일으킬 수 있다.

●증서 "천사가 임하는데 뇌성과 음성과 번개와 지진이 나더라."

△변속체: 동력을 조절하여 이동속도를 고속, 저속, 역회전 등 마음대로 바꿀 수 있다.

●증서 "아합이 행보도 천천히 한지라, 나의 달려가기를 천천하게 하지 말라. 셈과 야벳이 뒷걸음쳐 들어가서, 아사헬의 발은 들노루 같이 빠르더라."

제2유형, 성도들이 얻게 될 변형체

절대자격: 하나님의 성령·예수그리스도의 성령·진리의 성령·성령을 받은 성도들이 우성인 변형체의 몸으로 변화되고 ●증서 "따로 높은 산에

올라가셨더니 저희 앞에서 변형 되사 그 얼굴이 해 같이 변하며 옷이 빛과 같이 희어졌더라." 공력에 따라 별자리 또는 별들을 차지한다. •증서 "어떤 사람에게는 다섯 고을 다스리는 권세를 주리니."

몸의 특징: 모양과 정욕의 변형으로

Mat2817-의심이 들만큼 모습을 잘 알아보지 못한다.

Mar16-변신할 수 있으며 순식간에 나타났다 갑자기 사라질 수 있다. 생각만으로 60광년 이상을 순간 이동 할 수 있으며 음식을 먹지 않고도 살 수 있다.

Luk24-상을 바꿀 수 있고 어떤 물체든 통과할 수 있다.

Joh24-어떤 경우에는 본래 모습을 유지할 수 있고 바다 위를 걷는 등 공간의 제한을 받지 않는다. 게다가 불연체에다 명철하여 미래를 아는 지식이 뛰어나다.

등격에 따른 몸의 종류:

△변형체: 모양과 형태가 바뀌고 탄성체로 변한 몸의 형태나 용적을 바꿀 수 있다.

△변양체: 모양이나 양상이 바뀐다.

△변량체: 변화하는 양이 수량에 따라 달라진다.

△변선체: 변광회전을 할 수 있다.

△변모체: 모습이나 모양이 바뀐 몸으로 결함을 메워간다.

△변생체: 없던 것이 변하여 생길 수 있다.

△변경체: 유전자의 작용이 발현에 변화를 준다.

△변통체: 어떤 환경이든 이리저리 막힘 없이 잘 처리된다.

△변역체: 변형된 몸이나 수명을 자유자재로 바꿀 수 있다.

△변연체: 나란히 놓은 두 개가 빛 쪽의 경계를 응시할 때 그 경계에 따라서 색채가 현저히 나타난다.

△변별체: 시비를 가리거나 선악을 분별할 줄 안다.

△변광체: 밝기가 시간에 따라 다르고 신체 부위에 따라 변한다. 변광에는 주기적인 것과 비 주기적인 것이 있는데, 전자는 맥동 변광성체라 하며 주기의 장단에 따라 장주기 변광체와 단주기 변광체로 구분됩니다. ●증서 "얼굴 꺼풀에 광채가 나나 깨닫지 못하였더라."

△변체: 광선을 비추고 광물의 방향을 바꾸면 바뀔 때마다 무지개 빛이 번쩍거렸다 급변하였다 한다.

△변천체: 시대의 흐름과 더불어 바뀌고 변한다.

⋮

(이하 생략)

제3유형, 신자들이 얻게될 변환체

자격조건: 하나님의 신·주의 신·주의 선한 신·지혜의 신·지혜와 총명의 신·지혜와 계시의 정신·지식과 여호와를 경외하는 신·모략과 재능의 신·판결하는 신·하나님의 영을 받은 백성들이 열성인 변환체의 몸으로 변화된다.

몸의 특징: 형체와 혈육의 변환으로 분자진동의 원리에 의해서 분열도 하고 융합도 하면서 상급만큼만 형체나 용적을 바꿀 수 있다. 오늘날 지구 상공에 출몰하는 UFO(미확인비행물체)가 변환체들이 사용하는 기구들이다. 신자들은 의지로 예수는 믿었으나 성령을 받지 못했기에 어린양의 피가 그들의 죄를 덮지 못했다. 이 때문에 그들의 몸에는 죄에 대한 흔적이 남는다.

단 하나님이 각자에게 정한 죄의 한계선을 넘은 경우이다.

등격에 따른 몸의 종류:

△변환체: 전혀 다른 물체로 바꿀 수 있는 몸으로 열 에너지를 전기 에너지로 변환시킨다.

△변덕체: 이랬다 저랬다 잘 변하는 몸으로 성격이 편협하여 변덕이 심했던 신자가 변덕체질로 변한다.

△변열체: 항상 손뼉을 치면서 킬킬거리며 좋아하는 몸으로, 남을 시샘하고 남이 불행 당하는 것을 보고 좋아했던 신자가 변열체질로 변한다. ●증서 "손뼉을 치며 말하되."

△변색체: 얼굴 빛깔이 변하여 달라지는 몸으로 환경의 색채에 따라 몸빛을 바꾼다. 남을 미워하여 늘 분을 품었던 신자가 변색체질로 변한다. ●증서 "가인이 심히 분하여 안색이 변하니. 안색이 전과 같지 않더라. 그들의 안색이 스스로 증거하며 그 죄를 발표하고 숨기지 아니함이."

△변시체: 물체의 모양이 비뚤어지게 보이는 눈을 가진 몸으로, 심보가 나쁘고 시기와 질투가 많은 신자가 변시체질로 변한다.

△변죽체: 벙어리가 되어 말못하고 눈치를 채서 깨닫게 하는 몸으로, 남을 비꼬거나 훈계하는 것을 좋아했던 신자가 변죽체질로 변한다.
●증서 "그가 형용으로 그 뜻을 표시하며 그냥 벙어리대로 있더니."

△변미체: 몸에서 심한 냄새가 나고 음식 맛이 독하게 변하는 혀를 가진 몸으로, 부자가 되어 가난한 자를 동정하지 않고 비싼 음식을 먹고 호화 사치한 신자가 변미체질로 변한다.

△변심체: 영의 세계에서도 언젠가는 주를 배반 할 몸으로, 세상에서 주를 부인한 적이 있었던 신자가 변심체질로 변한다.

△변절체: 영의 세계에서도 절개를 버릴 몸으로, 세상에서 굳건한 믿음의 태도를 갖지 못한 신자가 변절체질로 변한다.

△변전체: 이리저리 변하여 달라지는 몸으로, 말에 진실성이 없는 신자들이 변전체질로 변한다.

△변견체: 사후 단멸하여 몸과 마음이 없어지는 몸으로, 마음이 강퍅하고 몰인정했던 신자가 변견체질로 변한다.
●증서 "내 마음이 녹아 물같이 흐름이여."

△변법체: 변칙적인 방식으로 변환되는 몸으로, 눈가림과 속임으로 사람을 기만하고 우롱했던 신자가 변법체질로 변한다. 특히 상인이 되어

저울을 속인 신자는 「이 자는 세상에서 저울을 속인 자다」라는 표시로 항상 손에 저울을 들고 다닙니다.

●증서 "저는 상고여 늘 저울을 가지고 사취하기를 좋아하는구나."

△변수체: 어떤 상황의 가변적인 요인에 의해서 지장을 받는 몸들이다.

- 교회를 다니면서 우상도 섬기고 점치는 것을 좋아했던 신자들은 표식으로 문둥이가 된다. ●증서 "그가 문둥이가 되어 별궁에 거하고."
- 믿음의 행위가 적었던 신자들은 손의 엄지가락을 끊는다.
  ●증서 "그 수족의 엄지가락을 끊으매."
- 믿음의 행위가 전혀 없었던 신자들은 팔이 마비되어 쓰지 못한다.
  ●증서 "손이 말라 다시 거두지 못하며."
- 믿음의 행동이 전혀 없었던 신자들은 발의 힘줄을 끊어 절뚝발이가 된다. ●증서 "다 발의 힘줄을 끊었더니, 므비보셋 그는 두 발이 절뚝이더라."
- 믿음의 행위와 행동이 전혀 없었던 신자들은 신경이 마비된 중풍병자처럼 팔다리를 잘 쓸 수 없다.
  ●증서 "한 중풍병자를 데리고 오니."
- 살인한 신자들은 머리털이 빠져 대머리가 된다.
  ●증서 "내 머리털을 깎아 대머리 같게 할지어다."
- 음란했던 신자는 옷이 없어 벌거벗은 몸으로 다닌다.
  ●증서 "저를 벌거벗겨서, 온 종일 벌거벗은 몸으로 누웠더라."
- 술집과 나이트클럽을 전전하며 향락에 빠졌던 신자들은 악기 만드는 일에 종사하며 주절거리는데, 이 소리는 굉음이라 귀가 아픈 고통을 당한다. ●증서 "비파에 맞추어 헛된 노래를 지절거리며."
- 평소 부끄러운 짓을 많이 했던 신자들은 항상 낯이 뜨거워 고개를 들고 다니지 못한다.
  ●증서 "얼굴이 뜨뜻하여, 낯이 뜨뜻하여, 얼굴을 들지 못하고."
- 교회는 다녔어도 명철 즉 거룩하신 자를 아는 지식이 없는 신자는

토인이 된다. ●증서 "토인이 거기 거하였더라."

- 진리를 왜곡시켜 사람들을 그릇되게 이끈 자는 눈이 뽑혀 소경이 된다. ●증서 "눈을 뽑고…"
- 성을 잘 내고 이웃과 다투는 것을 좋아했던 신자들은 목소리가 커지고 눈이 부릅떠진다. ●증서 "소리를 높였으며 눈을 높이 떴으나."
- 짐승의 피를 마신 신자들은 전신에 짐승의 털이 돋아난다. ●증서 "염소털로 엮은 것을 그 머리에 씌우고 의복으로 그것을 덮었더니."
- 거만하고 교만했던 신자들은 육손 육발이 된다. ●증서 "키 큰 자 하나는 매 손과 매 발에 가락이 여섯씩 모두 스물 네 가락이 있는데."

⋮

이래서 영의 세계에서는 서로를 속이지 못하고 또 속지도 않는다. 몸에 준 표로 그의 전과가 다 드러나기 때문이다.

△변이체: 유전적인 변화에 의해서 돌연변이를 일으키는 몸으로, 유전자 조작으로 태어난 사람이 구원받을 경우 변이체질로 변한다.

△변제체: 시간 공간 정도 따위에서 그 이상 더는 없는 한계를 가진 몸으로 여기서도 조금, 저기서도 조금 이해타산을 따지고 아주 인색했던 신자가 변제체질로 변한다.

△변종체: 같은 종류이나 남과 다른 몸으로, 성질이나 언행이 남과 유별나게 달랐던 신자가 변종체질로 변한다.

△변치체: 몸과 정신이 뒤바뀐 몸으로 자신의 몸에 다른 사람의 혼이 들어와 거한다. 남의 이름을 빌려 위장하였거나, 이중성격을 가진 사람이었거나, 여자가 남자로, 남자가 여자로 성전환한 사람이 구원받으면 변치체질로 변한다. ●증서 "그가 다른 사람인체 하느니라."

△변칙체: 원칙이나 규칙에 어긋나는 모양을 가진 몸으로, 매사에 편법을 사용했던 신자가 변칙체질로 변한다.

△변탈체: 다른 원소로 변화하는 현상을 가진 몸이다.

△변태: 형태나 상태가 완전히 딴 판으로 달라지는 몸으로, 변태적인 성행위를 일삼던 신자들이 변태의 몸을 가지게 된다.(호모와 레즈비언들)

△변사체: 변덕스러운 이변과 급작스런 사고로 요절할 몸으로, 마음이 간사하여 남을 요리조리 속이고 골탕 먹였던 신자가 변사체질로 변한다.

△변고체: 영의 세계에서도 재변과 사고 또는 이상한 일을 당할 몸으로, 계략을 꾸며 남을 해쳤던 신자가 변고체질로 변한다.

△변괴체: 영의 세계에서도 이상야릇한 재변을 당할 몸으로, 세상 이치에 어긋나는 못된 짓을 일삼은 신자가 변괴체질로 변한다.

△변백체·변명체: 이름이 계속 바뀌는 몸으로, 문서를 위조하여 사기를 쳤거나, 이름을 속여 부당한 이익을 취한 신자가 변백체질로 변한다.

△변온체: 외부의 온도에 따라 체온이 변하는 몸으로, 세상풍조를 따라 적당히 신앙생활을 한 신자들이 변온체질로 변한다.

△변동체: 변하여 움직이거나 변동하는 성질을 가진 몸으로, 신의가 없고 행동이 바르지 않은 신자들이 변동체질로 변한다.

△변발체: 머리주위를 깎고 중앙의 머리만을 따서 뒤로 길게 늘인 몸으로, 세상풍속을 좇아 세속에 물든 신자들이 변발체질로 변한다. ●증서 "눈썹사이 이마 위의 털을 밀지 말고."

△변복체: 남의 눈을 속이려고 옷을 달리 차려서 바꿔 입는 몸으로, ●증서 "사울이 다른 옷을 입어 변장하고." 위선적이고 가식적이었던 신자들이 변복체질로 변한다. 이들은 미쳐서 그적거리며 침을 수염에 흘리고 다니기 때문에 미치광이 취급을 받는다. ●증서 "미친 체 하고 대문짝에 그적거리며 침을 수염에 흘리매."

△변장체: 옷차림이나 모양을 고쳐서 변장하고 ●증서 "요시야가 변장하고." 다녀야만 되는 몸으로, 일생동안 몸치장하는데 시간과 돈을 허비

한 신자들이 변장체질로 변한다. 이들에게는 하루에도 여러 번 옷을 갈아입고 끊임없이 화장을 해야 하는 특별 임무가 주어져 있다. •증서 "이세벨이 눈을 그리고 머리를 꾸미고..." 화장을 안 하면 얼굴이 괴물처럼 변하고 화장을 하면 인간의 얼굴이 되지만, 얼마 있지 않아서 화장독이 퍼져 가렵기 때문에 지우고 꾸미고 하는 일을 반복하게 된다.

▵변작·변조체: 말이나 행동이 먼저와 달라지는 몸으로, 좋은 머리, 뛰어난 문필력을 가지고 나쁘게 사용 했던 신자들이 변작체질로 변한다. 이들은 지혜를 상징하는 백발을 얻게 되지만 곧 부정을 상징하는 색점이 발하여 머리털이 얼룩덜룩해진다. •증서 "백발이 얼룩얼룩 할지라도."

⋮

이렇게 변환된 신자들은 태양계 반대편에 있는 행성들에 살면서 고도의 과학문명을 발달시킨다.

그들은 자신들이 변형체로 변화된 성도들보다 열등하게 변화된 것에 항상 불만을 품기 때문에 끊임없이 신들의 일을 훼방하게 된다. 그래서 변조체들이 비행체(UFO)를 타고 사람이 거주하는 행성들을 찾아다니며 진리를 왜곡시키고 성경을 변조시키는 일을 하는 것이다.

이럴지라도 신들은 그들을 멸하지 않고 땅에 유혹을 역사하도록 내버려두신다. 왜냐하면 진리를 거스려 거짓 것을 따르려는 자들과 자기지혜에 빠져 신을 업신여기고 만홀히 여기는 자들로 하여금 심판 받게 하기 위해서이다. 현재는 땅에 교회가 많고 또 말씀이 반석 위에 서 있으므로 변조체들이 마음대로 활동할 수 없지만, 휴거발생 후 성경이 변질되고 교회의 권위가 실추되는 때가 오면, 수많은 외계인들이 출현하여 거짓 진리를 퍼뜨리고 말씀을 왜곡시켜서 창조주 하나님을 부인하게 만들 것이다.

외계에 있는 '라반의 제국'에 관해서는 말하지 않겠다.

제4유형, 부활체

몸의 특징: 풍채와 체질의 변화로 썩을 것이 썩지 않는 물질로 복원되는 것에 불과하다.

- 증서 "죽은 자들이 썩지 아니할 것으로 다시 살고, 다시 살아나사, 부활하심으로 말미암아."

종말전쟁의 표적 아트 장관 밖으로 나가 밤하늘의 별을 쳐다 보라. 별의 높음이 얼마나 높은가 하늘을 우러러 네 위의 높은 궁창을 바라보라 하나님께서 높은 하늘에 계시지 아니하냐. 그가 북두성과 삼성과 묘성과 남방의 밀실 곧 수성을 만드셨으며. 측량할 수 없는 큰 일을 셀 수 없는 기이한 일을 행하시느니라. 그가 해를 명하여 뜨지 못하게 하시며 별들을 봉하시며. 묘성을 매어 떨기 되게 하시며 삼성의 띠가 풀리게 하시고 북편 하늘을 허공에 다시 펴시나니. 천사가 능력 있다한들 부은 거울 같은 궁창을 펼 수 있겠느냐. 사람들이 언제 태양의 빛남과 달의 명랑하게 운행되는 것을 보고 그를 기억한 적이 있었느냐.

사람이 어떤 때는 궁창의 광명을 볼 수 없어도 바람이 지나가면 맑아지는 것이다. 그때는 태양이 목성 위에 있었고 사람들이 그 광명을 힘입어 흑암에 행하였었다. 지면은 식물을 내나 지하는 불로 뒤집는 것 같으니 눈에 보이는 것으로 판단치 말라. 누가 열두 궁성을 때를 따라 이끌어내며 북두성과 속한 별들을 인도할 수 있겠느냐. 네가 하늘의 법도를 아느냐 하늘로 그 권능을 땅에 베풀게 하겠느냐. 별 속에든 보석들을 보라.

지혜는 어디서 얻으며 명철의 곳은 어디인고. 그 값을 사람이 알지 못하나니 사람 사는 땅에서 찾을 수 없도다. 깊은 물이 이르기를 네 속에 있지 아니하다 하며 바다가 이르기를 나와 함께 있지 아니하다 하느니라. 정금으로도 바꿀 수 없고 은을 달아도 그 값을 당치 못하리니. 오빌의 금이나 귀한 수마노나 남보석으로도 그 값을 당치 못하겠고. 황금이나 유리라도 비교할 수 없고 정금 장식으로도 바꿀 수 없으며. 산호나 수정으로도 말할 수 없나니 지혜의 값은 홍보석보다 귀하도다. 구스의 황옥으로도 비교할 수 없고 순금으로도 그 값을 측량하지 못하리니. 그런즉 지혜는 어디서 오며 명철의 곳은 어디인고. 주를 경외함이 곧 지혜요 악을 떠남이 명철이라 하셨느니라.

북극성

북극성은 작은곰자리에 있는 α별 폴라리스(Polaris α UMi)로 거의 움직이지 않는다.

북극은 우리공간의 중심이며 중심은 회전하지 않는다. 따라서 동일한 법칙에 의해 회전함이 없는 신들이 북극성에 보좌를 베푸시고 계신다. 신들이 좌정하신 북극집회의 산 위와 북방에서는 금빛이 나온다.

이에 하늘에 있는 모든 별들이 북극성을 중심으로 일주 운동을 하면서 그 분의 영광을 보는 것이다.

하나님께서는 북극성에 있는 왕궁에 나와 정사를 치리 하시고 저녁이 되면 집이 있는 태양에 가서 쉬셨다가 주일이 되면 북극성의 집회에 오셔서 하늘에 있는 일곱 교회들의 예배를 받으신다.

북두칠성

"헌이야 하늘의 일곱 교회는 북극성 앞에 시위한 일곱별이니라" 하신 말씀이 아직도 귓가에 생생하다.

지구에 교회가 건축되어 있듯이 북두칠성에도 성도들이 모이는 장소가 있는 것이다.

거문고자리에서 울려나는 비파소리와 고라 자손들의 찬양, 그리고 성도들이 자기별에서 생산된 보석과 물품들을 가지고 나오는 천상예배는 참으로 신령과 진정으로 드려지는 예배라 영광스럽고 기쁨이 충만하도다.

이곳이여 우리가 알지 못한 곳이 아니니 예수로 말미암지 않고는 들어갈 수 없는 극락세계니라.

△ α UMa(Dubhe) 큰곰 1.8등성 100광년 떨어진 에베소 교회

△ β UMa(Merak) 허리 2.4등성 80광년 떨어진 서머나 교회
△ γ UMa(Phecda) 넓적다리 2.4등성 90광년 떨어진 버가모 교회
△ δ UMa(Megrez) 꼬리죽지 3.3등성 63광년 떨어진 두아디라 교회
△ ε UMa(Alioth) 굵은 꼬리 1,8등성 68광년 떨어진 사데 교회
△ ζ UMa(Mizar) 허리띠 2.0등성 88광년 떨어진 빌라델비아 교회
△ η UMa(Alkaid, Benatnasch) 꼬리끝 1.9등성 200광년 떨어진 라오디게아 교회.

현재는 에베소 시대로 훗날에 서머나~라오디게아 시대를 지나 세상의 끝이 되면, 처음이 나중 되고 나중이 처음 되는 법칙을 따라 북두칠성의 꼬리별인 η UMa(Alkaid,Benatnasch) 1.9등성 라오디게아 교회가 머리 α UMa(Dubhe) 큰곰 1.8등성 에베소 교회 앞으로 이동하여 라오디게아 교회가 처음 되고 에베소 교회가 나중 될 것이다.

황도 12궁(기노스코)

하나님의 본보기천체 태양아 네 길에 있는 열두 별을 차례대로 불러라. 별들이 봉헌예물을 바칠 것이니 각기 1.3kg 되는 은 쟁반 하나와 700g 되는 은 대접 하나와 100g 되는 금 숟가락 하나를 바치거든 너는 그들의 손에서 기쁘게 받고 위하여 축복하라. 일년마다 하나님께서 하늘의 열 두 도시를 방문하리라.

1월 달에는 사자자리가 나올지니 유다야 너는 네 형제의 찬송이 될지라 네 손이 네 원수의 목을 잡을 것이요 네 아비의 아들들이 네 앞에 절할 것이다.

유다는 사자새끼로다 내 아들아 너는 움킨 것을 찢고 올라갔도다 그의 엎드리고 웅크림이 수사자 같고 암사자 같으니 누가 그를 범할 수 있으랴. 여호와여 유다의 음성을 들으시고 그 백성에게로 인도하시오며 그 손으로 자기를 위하여 싸우게 하시고 도우사 그로 그 대적을 치게 하시기를 원하나이다.

2월 달에는 양자리가 나올지니 잇사갈은 양의 우리에 꿇어앉은 건장한 나귀로다.

잇사갈의 방백들이 드보라와 함께 하니 잇사갈의 심사를 바락도 가졌구나 그 발을 좇아 골짜기로 달려 내려가니 르우벤 시냇가에 큰 결심이 있었도다. 네가 양의 우리 가운데 앉아서 목자의 저 부는 소리를 들음은 어찌된 영문이냐 르우벤 시냇가에서 마음에 크게 살핌이 있도다. 그는 쉴 곳을 보고 좋게 여기며 토지를 보고 아름답게 여기고 어깨를 내려 짐을 메고 압제 아래서 섬기리로다.

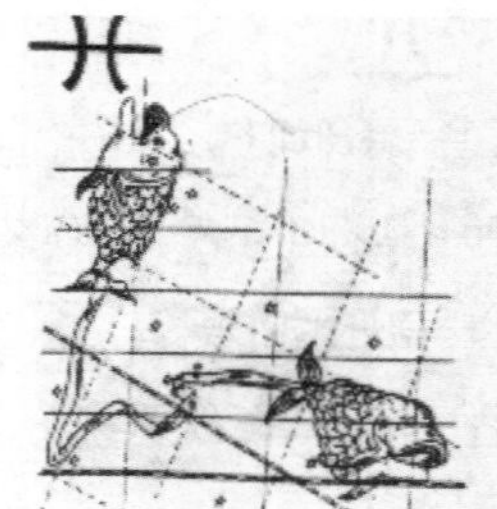

3월 달에는 물고기자리가 나와라 스불론은 해변에 거하리니 그 곳은 배 매는 해변이라 그 지경이 시돈 까지리로다. 스불론에게서는 대장군의 지팡이를 잡은 자가 내려왔도다. 스불론은 죽음을 무릅쓰고 생명을 아끼지 아니한 백성이라.

스불론이여 너는 나감을 기뻐하라 잇사갈이여 너는 장막에 있음을 즐거워하라. 그들이 열국 백성을 불러 산에 이르게 하고 거기서 의로운 제사를 드릴 것이며 바다의 풍부한 것, 모래에 감추인 보배를 흡수하리로다.

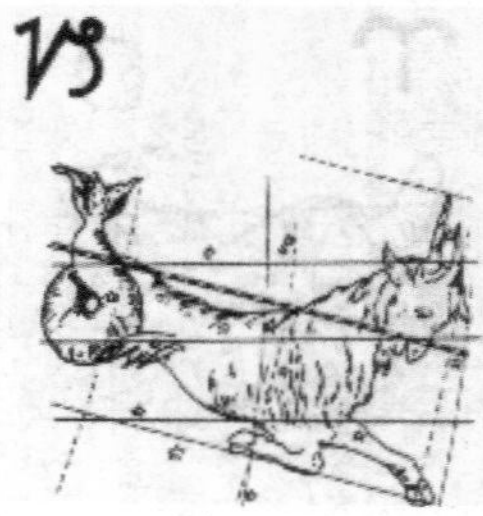

4월 달에는 염소자리가 나올지니 르우벤아 너는 내 장자요 나의 능력이요 나의 기력의 시작이라 위광이 초등하고 권능이 탁월하다마는. 물의 끓음 같았은즉 너는 탁월치 못하리니 네가 아비의 침상에 올라 더럽혔음이라(음란의 상징 염소) 그가 내 침상에 올랐었도다.

르우벤은 살고 죽지 아니하며 그 인수가 적지 않기를 원하노라.

5월 달에는 쌍둥이자리와 황소자리가 나올지니 시온과 레위는 형제요 그들의 칼은 잔해하는 기계로다. 내 혼아 그들의 모의에 상관하지 말지어다.

내 영광아 그들의 집회에 참예하지 말 것이라 그들이 그 분노대로 사람을 죽이고 그 혈기대로 황소의 발목힘줄을 끊었음이리로다. 그 노염이 혹독

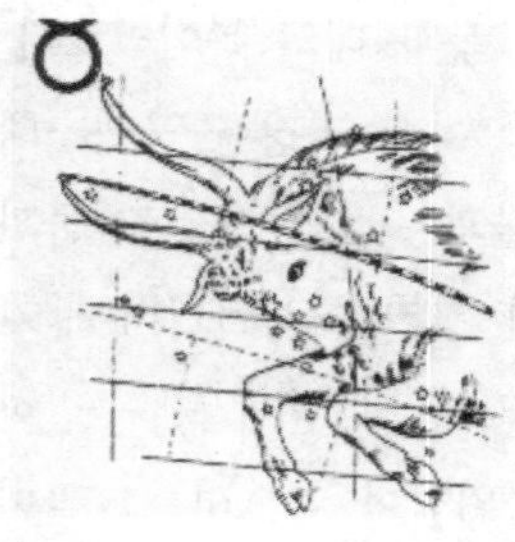

하니 저주를 받을 것이요 분기가 맹렬하니 저주를 받을 것이라 내가 그들을 야곱 중에서 나누며 이스라엘 중에서 흩으리로다. 둠밈과 우림이 경건한 자에게 있도다 그를 맛사에서 시험하시고 므리바 물가에서 그와 다투셨도다. 여호와여 그 재산을 풍족케 하시고 그 손의 일을 받으소서 그를 대적하여 일어나는 자와 미워하는 자의 허리를 꺾으사 다시 일어나지 못하게 하옵소서.

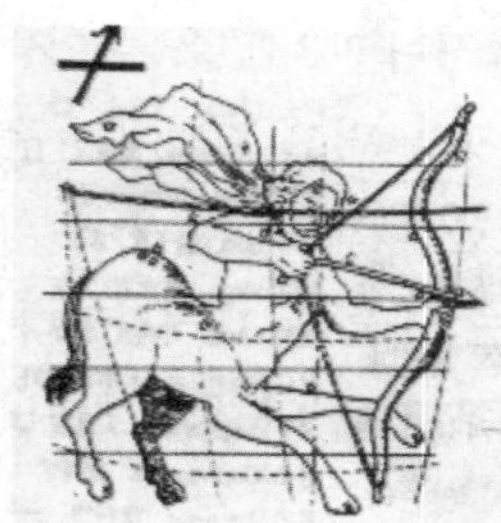

6월 달에는 사수자리가 나올지니 갓은 군대의 박격을 받으나 도리어 그 뒤를 추격하리로다. 갓을 광대케 하시는 자에게 찬송을 부를지어다 갓이 암사자 같이 엎드리고 팔과 정수리를 찢는도다. 그가 자기를 위하여 먼저 기업을 택하였으니 곧 법 세운 자의 분깃으로 마련된 것이로다. 그가 백성의 두령들과 함께 와서 여호와의 공의와 이스라엘과 세우신 법도를 행하도다.

7월 달에는 바뀐 별자리(?)가 나올지니 에브라임에게서 나온 자는 아말렉에 뿌리 박힌 자라. 에브라임과 므낫세, 므낫세와 에브라임은 순서를 바꿔라.

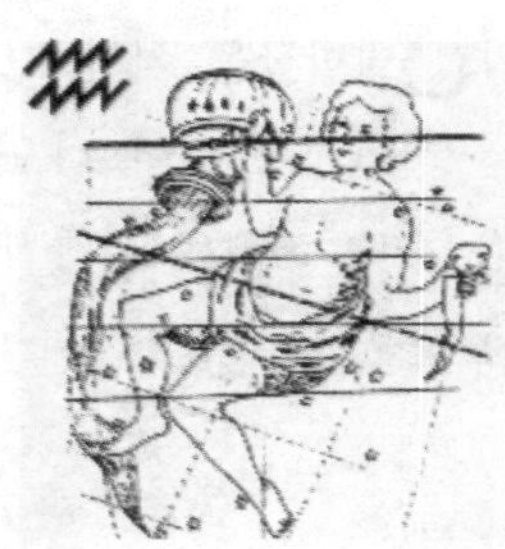

8월 달에는 물병자리가 나올지니 요셉은 무성한 가지 곧 샘 곁의 무성한 가지라 그 가지가 담을 넘었도다. 사수자리가 그를 학대하며 그를 쏘며 그를 군박(窘迫)하였으 나 요셉의 활이 도리어 견강하며 그의 팔이 힘이 있으니 야곱의 전능자의 손을 힘입음이라 그로부터 이스라엘의 반석인 목자가 나도

다. 위로 하늘의 복과 아래로 원천의 복과 젖먹이는 복과 태의 복이리로다. 원컨대 그 땅이 복을 받아 하늘의 보물인 이슬과 땅 아래 저장한 물과. 태양이 결실케 하는 보물과 태음이 자라게 하는 보물과. 옛 산의 상품물과 영원한 작은 산의 보물과. 땅의 보물과 거기 충만한 것과 가시떨기나무 가운데 거하시던 자의 은혜로 인하여 복이 요셉의 머리에 그 형제 중 구별한 자의 정수리에 임할 지로다. 그는 첫 수송아지같이 위엄이 있으니 그 팔이 들소의 팔 같구나 이것으로 열방을 받아 땅 끝까지 이르리니 곧 에브라임의 만 만이요 므낫세의 천천이리로다.

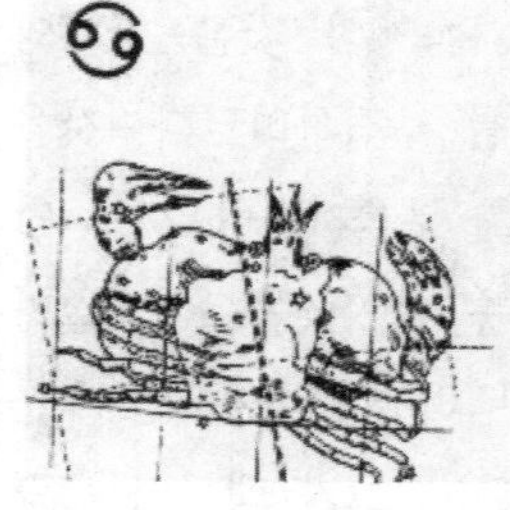

9월 달에는 게자리가 나올지니 베냐민은 물어뜯는 이리라 아침에는 빼앗은 것을 먹고 저녁에는 움킨 것을 나누리로다. 베냐민은 너희 백성 중에 섞였으며 마길에서는 다스리는 자들이 내려왔도다. 여호와의 사랑을 입은 자는 그 곁에 안전히 거하리로다.

여호와께서 그를 날이 맞도록 보호하시고 그로 자기 어깨사이에 처하게 하시리로다.

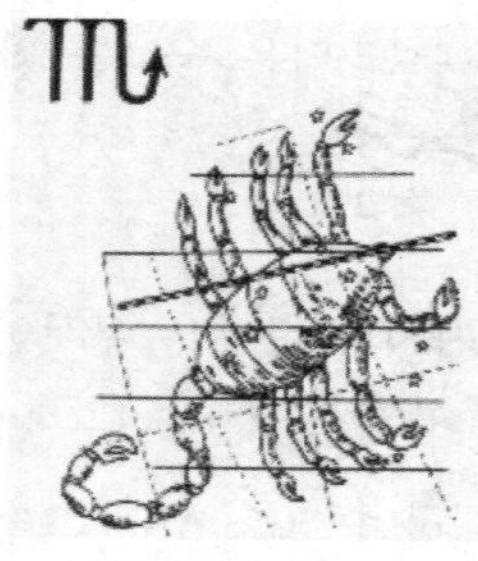

10월 달에는 전갈자리가 나올지니 단은 길의 뱀이요 첩경의 독사(毒)리도다 말굽을 물어서 그 탄 자로 뒤로 떨어지게 하리로다. 전갈자리여 너는 뱀자리의 길로 다니며 사수자리의 말발굽을 쳐서 그 탄 자로 떨어지게 하라. 단은 바산에서 뛰어 나오는 사자의 새끼로다. 길르앗은 요단 저편에 거하거늘 단은 배에 머무름은 어찌된 영문이냐.

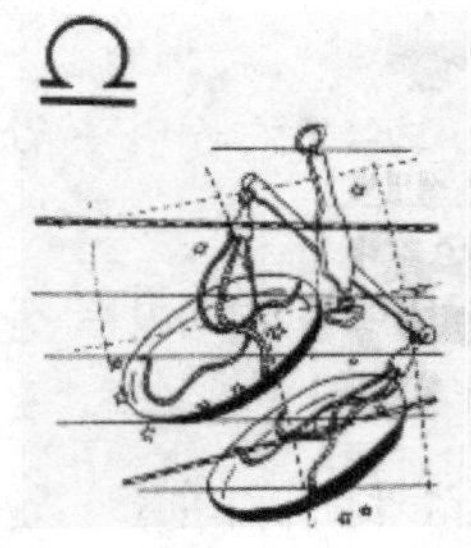

11월 달에는 천칭자리가 나올지니 아셀에게서 나는 식물(저울로 담)은 기름진 것이라 그가 왕의 진수를 공궤하리로다. 아셀은 해변에 앉고 자기 시냇가에 거하는구나.

아셀은 다자한 복을 받으며 그 형제에게 기쁨이 되며 그 발이 기름에 잠길지로다. 네 문빗장은 철과 놋쇠가 될 것이니 네 사는 날을 따라서 능력이 있으리로다.

여수룬이여 여호와 같은 자 없도다. 그가 너를 도우시려고 하늘을 타시고 궁창에서 위엄을 나타내시는 도다. 영원하신 여호와께서 너의 처소가 되시니 그 영원하신 팔이 네 아래 있도다. 그가 네 앞에서 대적을 쫓으시며 멸하라 하시는도다. 이스라엘이 안전히 거하며 야곱의 샘은 곡식과 새 포도주의 땅에 홀로 있나니 곧 그의 하늘이 이슬을 내리는 곳에로다. 이스라엘이여 너는 행복자로다 여호와의 구원을 너같이 얻은 백성이 누구냐 그는 너를 돕는 방패 시요 너의 영광의 칼이 시로다. 네 대적이 네게 복종하리니 네가 그들의 높은 곳을 밟으리로다.

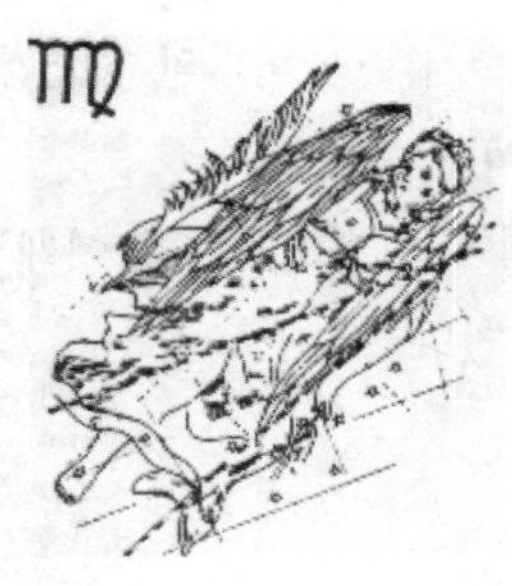

12월 달에는 처녀자리가 나올지니 납달리는 놓인 암사슴(향내나는 처녀)이라 아름다운 소리를 발하는도다. 은혜가 족하고 여호와의 복이 가득한 납달리여 너는 서방과 남방을 얻을 지로다. 납달리도 들의 높은 곳에서 그러할 것이다.

이상은 열두 별자리의 위치와 경로와 순서 바꿈과 지형과 광물의 비밀에 관한 내용이라.

황도 12궁이 +1 하여 황도 13궁이 되는 것과 별자리들의 분산과 이동에 관해서는 아직 잘 알지 못한다.

이 열두 별에 있는 천상의 열두 도시는 각양 각색의 보석으로 꾸며져 있으니,

△염소(르우벤)도시는 루비로 건축되어 있고 어떤 질병이든 고쳐지는 신비한 온천이 있으며 목자의 피리소리가 들린다.

△쌍둥이(시므온)도시는 황옥으로 건축되어 있고 천상의 큰 집회들이 열린다.

△황소(레위)도시는 녹주옥으로 건축되어 있고 큰 물가에 위치한다.

△사자(유다)도시는 석류석으로 건축되어 있고 음악이 연주된다.

△전갈(단)도시는 남보석으로 건축되어 있고 배 매는 해변이 있다.

△처녀(납달리)도시는 홍마노로 건축되어 있고 아름다운 소리가 난다.

△사수(갓)도시는 호박으로 건축되어 있고 법전이 있으며 찬송이 있는 곳이다.

△천칭(아셀)도시는 백마노로 건축되어 있고 식물이 경작되며 넓은 해변이 있어서 풍부한 원유자원과 광물자원이 한없이 매장되어 있다.

△양(잇사갈)도시는 자수정으로 건축되어 있고 산과 골짜기, 강과 시내가 있다.

△물고기(스불론)도시는 에메랄드로 건축되어 있고 거대한 바다와 해변, 넓은 모래가 있는데 모래 속에는 진귀한 보배들이 가득하다.

△물병(요셉)도시는 호마노로 건축되어 있고 큰 샘이 있으며 그 별 아래에 거대한 블랙홀이 있어서 많은 물을 저장하고 있다.

△게(베냐민)도시는 벽옥으로 건축되어 있다.

게엔나지옥(제2태양)

우주에 있는 항성들이 다 지옥이 될 수 있으나 특별히 형벌장소로 지정된 별을 가리켜서 지옥이라고 한다.

현재 우주에는 점화되지 않고 응집되는 가스로 계속 커져 가고 있는 '게

엔나'라는 별이 있다.

이 천체는 빽빽한 흑암 층에 둘러 싸여있고 그 사이에 거대 수역이 있으며 표면에 두꺼운 얼음층이 있어서 냉동된 상태이다. 이 때문에 내부에서 핵폭발이 일어나지 않는다. 따라서 현재는 육안으로 발견할 수 없다.

이 안에는 눈에 보이지 않는 많은 돌 구덩이들이 있는데, 구덩이마다 범죄한 천사들이 영원한 결박에 묶인 채로 칼에 박혀있는 중이다. '영원한 결박'이란 영원히 풀어지지 않는 쇠사슬을 말한다. 게다가 주위를 천사들이 지키고 있어서 절대로 이 곳을 빠져 나올 수 없다. 이러므로 귀신들을 가리켜서 타락한 천사나 그의 졸개들이라고 가르치는 것은 틀린 것이다.

• 증서 "그들이 칼에 찔려 돌구덩이에 빠진 주검에 둘러싸였으니 밟힌 시체와 같도다. 하나님께서 범죄한 천사들을 용서치 아니하시고 지옥에 던져 어두운 구덩이에 두어 심판 때까지 지키게 하셨으며. 또 자기 지위를 지키지 아니하고 자기 처소를 떠난 천사들을 큰 날의 심판까지 영원한 결박으로 흑암에 가두셨으니."

우리 태양의 최후가 임박할 무렵 또 하늘에서 천국군과 악마군간에 전쟁이 벌어지고 그 여파로 아래우주가 심하게 흔들린다. 그일 이후 단계적인 별의 붕괴가 시작되면서 먼저 약한 인력 권에 있던 별들이 떨어지고 점차 연쇄파급현상을 일으키며 다른 별들도 아래 우주로 떨어진다.

• 증서 "별들이 하늘에서 떨어지고"

이런 일이 여러 차례 발생하여 별들이 우리 태양계 근처까지 접근하면 우리우주는 환해지고 • 증서 "그의 영광으로 땅이 환하여지더라."

맹렬한 불에 의해서 우주의 기온이 급격하게 상승한다.

그 결과 궁창 위에 있던 물이 증발하고 얼음들이 녹아서 우주에 빽빽한 수증기층이 형성된다.

이 안개막 덕분에 땅에 사는 사람들은 불에 타 죽지 않으나 우리태양계는 급변하게 된다. 추운 행성은 더워질 것이고 폭우가 쏟아져서 행성들에 큰 바다가 생기는 등 생물이 나타날 수 있는 환경이 조성될 것이다.

그즈음 게엔나를 둘러싸던 물과 얼음 들도 증발하면서 열에 달구어진 게엔나가 폭발하여 점화된다.

그때에 우리태양은 적색거성이 되어 중심부에서 수소를 태워 헬륨을 만든다. 헬륨의 잔해가 별의 중심부에 쌓여 별이 팽창하게 되면 크기가 지금의 50배 이상 부풀어올라서 금성의 궤도를 삼킨다.

그후 적색거성은 다시 백색왜성으로 변신하여 수축했다 터지고 때맞추어 우주 반대편에서는 불붙은 게엔나가 떠오른다. 그때에 하데스음부가 이 별로 옮겨지는데, 이 불덩이는 우리태양의 십 배로 지름이 약 1천3백9십2만km, 태양의 중심온도는 섭씨 약 1억5천만도, 수명은 약 1조년 또는 1조 1천억년쯤 된다. •증서 "새로운 태양이 떠오르기까지."

이렇게 되어 하데스음부에 있던 죄인들은 더 뜨거운 불의 고통을 당하게 되고, 낙원에 들어가는 의인들은 더 찬란한 빛의 세계를 경험하게 되는 것이다.

타르타르오 지옥(제3태양)

1조년 후 게엔나의 불이 꺼질 때쯤에 우리태양의 백 배정도 되는 제 3태양 '타르타르오'에 핵폭발이 일어나서 점화되고 게엔나는 수축했다가 폭발한다. 그때에 또 전과같이 분리된 낙원과 음부가 이 태양으로 옮겨지는데 이 불덩이의 지름은 약 1억3천9백2십만km, 태양의 중심온도는 섭씨15억 도, 수명은 약 10조년 또는 11조년 쯤 된다. 이렇게 되어 죄인들은 더 센 불의 고통을 당하고 의인들은 더 찬란한 빛의 세계를 경험하게 된다.

타르타르스 지옥(제4태양)

10조년 후 우리 태양의 천 배정도 되는 제 4태양 '타르타르스'가 우주에 등장하면서 '타르타르오'는 폭발하여 사라진다. 그때에 또 분리된 낙원과 음부가 이 불덩이로 빨려 가는데 이 태양의 지름은 약 13억9천2백만km, 태양의 중심온도는 섭씨 150억도, 수명은 100조년 또는 110조년이다. 이렇게 되어 죄인들은 더 센 불의 고통을 당하고 의인들은 더 찬란한 빛의 세계를 경험하게 된다.

제5 · 제6 · 제7의 태양…

오랜 세월 후 우리태양의 만 배 되는 제5태양이 우주에 등장하면서 타르타르스는 폭발하여 사라진다.

때에 또 분리된 낙원과 음부가 이 불덩이로 옮겨지는데 그 태양의 지름은 약 139억2천만km, 태양의 중심온도는 섭씨 1500억 도, 수명은 1000조년 또는 1100조년이다. 이렇게 태양이 십 배로 계속 커져가다가 영원히 타도 꺼지지 않는 '토페트(불못)'태양이 등장하게 되면, 비로소 우리 우주에 대한 인간경작이 끝나면서 죄인들은 모두 이 불못에 던짐을 당한다.

이 불덩이가 바로 성경에 예언된 '도벳'으로 한 번 뜨면 가라앉는 일이 없는 예언의 태양이다.

- 증서 "지옥 1: 유황불 붙는 못, 지옥 2: 불과 유황 못, 지옥 3: 둘째 사망 불못, 지옥 4: 불과 유황으로 타는 못."

이 지옥은 불로 소금 치듯 하는 곳이며 형벌도구로 벌레와 곤충들이 마련된 곳이다.

특히 급작스런 변고와 환각에 시달리기 때문에 그 고통은 이루 말할 수 없다. 이곳에는 끊임없이 벽력소리가 나고 폭풍이 불며 불 우박이 떨어져 내린다. 죄인들은 전신에 심한 악질이 발생한 상태에서 뱀 · 개구리 · 이 · 파리 · 모기 · 메뚜기 · 황충 떼의 습격을 당하고, 몸에 구더기들이 들끓어서 쉴새없이 몸을 긁어 댄다.

사방에 통곡소리만 있는 이 절망의 세계에 들어가지 않기를 간절히 바랄 뿐이다.

- 증서 "죄인들이 두려워하며 경건치 아니한 자들이 떨며 이르기를 우리 중에 누가 삼키는 불인 태양들과 함께 거하겠으며, 우리 중에 누

가 영영히 타는 불과 함께 거하리요 하도다. 거기는 구더기도 죽지 않고 불도 꺼지지 아니하느니라. 사람마다 불로서 소금 치듯 함을 받으리라."

'헬리오스(태양)'의 노래

하나님은 태양이요 방패시라 그 코에서 연기가 오르고 입에서 불이 나와 사름이여 그의 번개가 세계를 비추니 땅이 보고 떨었도다. 삼림의 모든 짐승이 해가 돋으면 물러가서 그 굴혈에 눕고 사람은 나와서 노동하며 저녁까지 수고하는도다. 하나님께서 해를 위하여 하늘에 장막을 베푸셨도다. 해는 그 방에서 나오는 신랑 같고 그 길을 달리기 기뻐하는 장사 같아서 하늘 이 끝에서 나와서 하늘 저 끝까지 운행함이여 그 온기에서 피하여 숨은 자 없도다. 그런즉 사람들이 여호와의 단에 나아가 저의 극락의 하나님께 이르리로다.

그러나 악인의 발 앞에는 불이 삼키고 그 사방에는 광풍이 불며 자기가 판 웅덩이에 빠짐이여 그 숨긴 그물에 자기 발이 걸렸도다. 뜨거운 숯불이 저희에게 떨어지며 불 가운데와 깊은 웅덩이에 저희가 빠져 다시 일어나지 못하리로다. 그 위에 그물이 쳐지고 불과 유황과 태우는 바람이 저희 잔의 소득이 될 뿐이라. 죽고 사는 것이 혀의 권세에 달렸으니 혀를 쓰기 좋아하는 자는 그 열매를 먹게 되리라. 셀라.

의혹: 인체는 100도의 불도 견디지 못하는데 1500억도 이상 되는 형벌의 불이 필요한 이유는 무엇인가?

어떤사람: 영혼은 육체와 달라서 크고 강하므로 수 억 도의 불에도 끄떡없고 또 면역성이 뛰어나서 점점 더 세고 뜨거운 불이 필요하기 때문이다.

신비한 영감(靈感)이 나를 지도해줄 때에, 먼저 과일열매의 상징적 의미들을 알게 했고 반대, 역행, 벽개 같은 우주법칙을 알게 했다. 그런 다음 우주와 별의 크기, 거리들을 30배 · 60배 · 100배 혹100배 · 60배 · 30배

볼록렌즈 화하는 것과 십 배·백 배·천 배·만 배, 배수로 늘려 가는 십진법. 이분의 일, 삼분의 이, 사분의 일, 오분의 일, 육분의 일, 십분의 일, 십분의 이, 십분의 삼, 오십 분의 일, 오백분의 일로 나누는 것. 또 +1, +5, +15, −1… 등등 여러 복잡한 공식들과 가감승제 하는 것을 깨닫게 했으나 내 머리로는 도저히 다 이해할 수 없었다.

하지만 태양들이 일직선상에 위치할 가능성이 있다는 것은 깨달았다. 이것을 징표 해주고 있는 자연현상이 달이 태양과 지구사이에 끼어 태양을 가리는 일식현상과 별이 달에 가려지는 월성식현상, 그리고 태양계 행성들이 일렬로 늘어서는 행성직렬현상이다.

월성식은 달이 움직이면서 하늘에 떠있는 별을 가리는 것으로 맨눈으로 볼 수 있는 1등급 밝기의 별도 보이지 않게 된다. 1962년 2월5일 태양 토성 목성 화성 지구 금성 수성 등 태양계 행성들이 15도48분 이내에 모였고, 2000년 5월6일 태양계 7행성이 25도12분 범위 안에 늘어섰다. 다음 행성직렬현상은 40년 후인 2040년 9월10일 쯤 있을 것으로 예상되고 있다.

이처럼 태양들이 먼 일직선상에 놓여져 있을 경우, 태양이 태양에 가려서 우주선들이 뒤로 돌아가지 않는 이상 제2·제3의 태양을 발견해 낼 수 없는 것이다.

하늘 무저갱

사악한 귀신들이 갇히는 이 영역은 구렁·깊음을 뜻하는 것으로 우주에 있는 블랙홀들을 말하는 것이다.

하나님께서 깨달음을 주실 때 무저갱은 물을 담는 하늘의 물병 또는 물항아리로 알게 하셨다.

이 물병은 작은 것과 큰 것이 있고 밑이 터진 것과 막힌 것이 있다. 터진 것은 음부의 통로 또는 옥으로 사용되고 막힌 것은 하늘의 샘으로 사용된다. ●증서 "물병, 오지병, 물 항아리, 물 가죽부대."

그 태양계에 대한 신들의 경작이 끝날 때마다 우주는 어두워지고 태양은 서서히 사라질 채비를 서두른다.

얼마 후 태양이 수축했다 터지면 우주공간에는 가스먼지와 재, 그리고 파편들만이 난무하고 별이 폭발하면서 생긴 초고밀도, 초강중력의 블랙홀이 생겨난다.

그때에 또 새 창조의 일이 시작되어 우주에 근원적인 빛 에너지가 드러나면서 어두움과 교차되어 많은 물이 생긴다. 오랜 세월 후 우주에 떠돌던 잔해들이 물 속에 가라앉아 땅으로 응결되면 외부우주로부터 강한 바람이 불어와서 물들을 블랙홀 쪽으로 몰아간다. 블랙홀은 무엇이든 빨아들이는 것이라 물들이 항아리 속으로 빨려 들어가고 그 우주에는 뭍과 공간이 드러난다.

그후 작렬하는 태양 빛과 풍화작용으로 뭍이 땅으로 조성되면 신들은 다시 한곳을 택해서 인간을 창조하신다. 그때에 반대편 우주는 끝이 되어 블랙홀의 밑동이 터지면서 하늘의 샘물이 쏟아져 나온다.

이 같은 순환과정의 반복으로 다양한 우주역사가 이어지고 있는 것이다.

장차 사탄이 갇힐 무저갱은 페가수스자리의 남쪽 아래에 있는 물병자리에 위치하고 있을 것이다.

지하 무저갱

태양의 흑점에 있는 거대한 지하수로인데 생략하겠음.

땅의 무저갱

지구 바다 밑 땅속에 있는 지하 기둥으로 남극과 북극을 연결하는 통로이다.

• 증서 "그가 땅을 움직여 그 자리에서 미신 즉 그 기둥이 흔들리며."

이 빈 기둥이 있으므로 북극의 바닷물이 남극으로 흘러들기도 하고, 남극의 바닷물이 반대편에 있는 북극으로 흘러들기도 한다. 남극대륙에 눈과 얼음이 없다는 '드라이 밸리' 라는 곳에 가면 반다호가 있는데 표면은 두께 3cm의 얼음이 얼지만 그 밑의 물은 온도가 25 도나 된다. 지하통로를 통해서 뜨거운 열기가 올라오기 때문이다.

현재 원시의 땅은 지각변동으로 뒤집혀져서 남극대륙지하와 바다 밑 깊은 땅 속에 영구동토층화 되어 있다. 이 속에 원시의 공룡들이 냉동된 채로 무저갱의 입구가 열리기만을 기다리고 있는 중이다.

남극의 얼음 층이 모두 사라진 미래, 소행성이 남극바다에 떨어지고 그 충돌로 해저에 큰 구멍이 뚫린다.

그 분화구를 통해서 재와 연기들이 올라오고 열기로 인해 동토층이 녹을 무렵, 하늘전쟁에서 패한 공룡의 혼들이 지상으로 쫓겨 내려온다. 그때에 냉동되었던 자신들의 몸이 얼음에서 풀리기 때문에 혼들이 몸 안에 들어가면서 공룡들이 부활하게 된다.

혼을 가진 생명체들은 죽은 몸이 온전히 보존되었을 경우 혼이 들어가면 다시 살아날 수 있기 때문이다.

• 증서 "다섯째 천사가 나팔을 불매 내가 보니 하늘에서 땅으로 떨어진 별(돌) 하나가 있는데 저가 무저갱의 열쇠를 받았더라. 큰돌이 남극바다에 떨어져 그 통로가 열리니 그 구멍을 통해 큰 풀무의 연기 같은 연기가 올라오매 해와 공기가 그 구멍의 연기로 인하여 어두워지고. 또 공룡이 살아나 연기 가운데로부터 땅 위에 나오매 저희가 땅에 있는 전갈의 권세와 같은 권세를 받았더라."

거대한 날개와 몸집, 철갑탄도 뚫지 못하는 단단한 각질의 비늘, 연기 나는 코, 불을 뿜는 입, 빠른 비행, 다섯 달 동안 먹지 않고도 살 수 있는 '고질라'의 출현으로 세상은 아비규환이 된다.

창조의 대략(기노스코)

〔율법과 증언의 시대와 태고의 온기간의 사건들을 하나도 틀리지 않고 자세히 차례대로 진술한다는 것은 불가능하다는 것을 먼저 밝히는 바이다.〕

그 조화의 일이 시작되기 전이다.

곧 만세 전부터, 상고부터, 땅이 생기기 전부터, 아직 바다가 생기지 아니하였고 큰 샘들이 있기 전에, 산이 세우심을 입기 전에, 언덕이 생기기 전에, 아직 땅도, 들도, 세상 진토의 근원도 짓지 아니하던 때에 전지전능한 신이 스스로 계셨다.

어떻게 그가 저절로 존재 할 수 있는지는 알 수 없는 수수께끼요 비밀일 뿐이다.

그분의 형상은 붙는 불이었으며 그 모양은 사람과 비슷하였다.

신묘막측한 그는 자신을 기이하고 묘한 사람이란 뜻의 '기묘자'라 불렀는데 그의 표현대로 그를 안다는 것은 불가능하였다. 그는 법칙을 사용하는 수학자요 과학의 신으로 모든 것을 통달하였으며 모르는 것이 없었다. 게다가 영원한 생명인지라 시작도 끝도 정점도 죽는 것도 없었다. 이러한 신이 죽음을 맛보기 위해서 스스로 죽기로 생각하셨을 때, 저절로 빛과 어두움이 생기고 선과 악이 공존하게되었으나 선으로 악을 이기리라 결심하셨다.

이에 자신을 시험코자 사랑의 속성을 가지셨는데 사랑은 필연적으로 사랑할 대상을 필요로 하고, 그 대상은 긍휼을 베풀만한 연약함 가운데 놓여져 있어야하며, 친구를 위하여 목숨을 버리는 것보다 더 큰사랑이 없기에 친구에게 배신당해야만 했다.

태초에 그는 공간을 창조하시고 자신을 가리켜 ○○이다·○○ 되다 라는 의미의 '하야'라 부르셨다.

이 이름의 뜻은 만물의 시작과 근원을 나타낸 것이다. 그러자 독생하신 하나님이 사셨고 스스로 계시는 자 안에서 스스로 계시는 영이 저절로 나와서 창조주들이 되셨다.

이는 살구가 살구를 내고 무화과가 무화과를 내는 이치와 같아서 스스로는 스스로를 내었던 것이다.

그리하여 하나의 근원에서 무한대의 영들이 나오시게 되었지만, 하야의 영들은 유여(셀 수 없이 많음)해도 수와 상관없이 다 한 분이다. 왜냐하면 하나에서 나왔으므로 원천·근원·본원·근본·본질·신성·속성·성품들이 다 동일하기 때문이다. 예를 들어 살구 열 개가 있다 하자, 수는 열 개나 모양과 성분은 같으므로 하나로 볼 수 있다. 또 살구 열 개와 무화과 열 개가 있다 하자, 사람들은 시각적 개념으로 스무 개가 있다지만, 신들은 원질(原質)적인 개념으로 두 개가 있다 하신다. 이처럼 신들의 숫자개념은 사람과 다르다.

스스로 계시는 자 안에서 스스로 나온 신들은 크게 세 부류로 나눈다.

- 첫째: 형상이 있는 여호와.
- 둘째: 능력과 말씀의 신 하나님.
- 셋째: 모든 원소와 물질을 가진 살아있는 영.(성신)

하지만 신성이 같아서 구별할 수 없게 되자 신들은 피조물의 세계를 감안하여 자신들의 형상과 모양을 조금씩 달리 하시게 되었다.

△여호와하나님: 사람과 비슷한 형상과 모양으로 땅에 현현 하셨고 아담이 보았음.

△하늘여호와: 형상을 모르며 아무도 본 자가 없고 또 볼 수 없는 분임.

△땅의 여호와: 사람과 비슷한 형상과 모양으로 현현 하셨고 아브라함이

진설한 음식을 드심.

△여호와1 :사람들의 눈에 맹렬한 불같이 보였음.

△여호와2: 거대한 구름기둥 속에 계셨으며 그 속에서 광채가 나왔음.

△여호와3: 거대한 불기둥과 연기기둥 속에 계셨으며 그 속에서 불이 나오고 진동이 일어남.

△여호와4: 형상이 없으며 화염이 충천하고 유암과 구름과 흑암이 덮인 속에 음성만 계심.

△여호와5: 형상이 없으며 큰 불 가운데 말씀만 계심.

△여호와6: 산 위 불 가운데 계신 이 신을 사람들이 대면하여 보았음.

△여호와7: 형상은 없고 거대한 불과 캄캄함 가운데 큰 음성만 계심.

△여호와8: 사람과 비슷한 형상과 모양으로 불 속에 계시고 그 오른손에 불같은 율법이 있음.

△여호와9: 심히 두려운 용모로 지혜를 상징하는 긴 머리가 있음.

△여호와10: 날개와 깃털이 있고 생물을 타고 나르심.

△여호와11: 손에 방패를 잡고 능력을 띤 이 신은 전쟁케 하는 신임.

△여호와12: 사람의 모양으로 그 허리 이상의 모양은 단 쇠 같아서 그 속과 주위가 불같고 그 허리 이하의 모양도 불같아서 사면으로 광채가 나며 그 사면 광채의 모양은 비오는 날 구름에 있는 무지개 같음.

△주 여호와: 불같은 형상으로 그 허리 이하의 모양은 불같고 허리 이상은 광채가 나서 불에 달군 쇠와 같음.

⋮

△이스라엘하나님: 사람과 비슷한 형상과 모양으로 그 발 아래에는 청옥을 편 듯하고 하늘같이 청명하였으며 사람들이 이 하나님을 보고 먹고 마셨음.

△하나님1: 가까이 가지 못할 빛에 거하시고 아무 사람도 보지 못하였고 또 볼 수 없는 분임.

△하나님2: 사람과 비슷한 형상과 모양으로 손에 칼을 들고 다님.

△하나님3: 신령한 사람으로 큰칼을 빼어 손에 들고 다님.
△하나님4: 사람과 비슷한 형상과 모양으로 지팡이를 들고 다니는 것을 기드온이 대면하였음.
△하나님5: 이름은'기묘'이며 번개같은 불꽃임.
△하나님6: 빛의 옷을 입고 구름을 타고 다니심.
┆ (*신들의 이름 생략)

신들은 무한한 능력과 완전한 지혜들을 가지셨으나 서로 실력을 견주지 않으시고 스스로 자신을 낮추기 위해 허점들을 가지셨다. 이 때문에 창조물들에 결함이 유발되고 만물들은 모순된(?) 규정들을 준수해야만 한다.

예를 들어 세상에서 유능한 조각가 둘이 똑같은 작품을 만든다 하자. 그들은 자신이 상대보다 더 우월하다는 것을 입증하기 위해서 상대보다 더 나은 작품을 만들려 할 것이다. 하지만 신들의 세계는 그렇지 않다.

서로 자신이 상대보다 열등한 것을 만들어서 자신의 생각과 재주들을 격하시키신다. 게다가 신들은 앞에 나서려 하지 않고 서로 뒤에 서시려 하므로 피조계에 거꾸로 되는 현상이 나타나게 되었다.

Project Great Company(천군계획)

세월이 흘러 하나의 근원에서 악신이 출현하자 선한 신들은 악마들과 맞서 싸울 자신의 군대를 갖길 원하셨다. 흑암의 작용으로 빛이신 하나님이 어둠인 사탄들을 직접 상대할 수 없었기 때문이다.

이에 가장 미약한 존재가 가장 강한 존재를 이길 수 있는 천군창설계획이 진행되면서 현재에 이르게 된다.

- 구상1, 크고 넓은 위 우주에는 별들이 있게 하고 항성으로 통하는 길을 은하수에 둔다. 은하수는 돌무더기가 모인 놋거울이다. 곧 천국 길을 비쳐주는 항로인 셈인데 성도들은 모두 9개의 은하수를 통과하여 별 층에 이르게 하고 관문을 통과할 때마다 모

습이 몰라보게 좋아지게 한다. 그때까지 이 구역들은 악령들과 귀신들의 차지가 되도록 하자.

- 구상2, 좁고 무질서한 아래우주는 하나의 태양이 행성들을 거느리고 사람이 창조되며 과학문명의 발달로 행성들에 생명체가 퍼지게 한다.
- 구상3, 인간이 유약해지고 죄로 물들었을 때 예수를 보내어 천군으로 쓸 사람들을 택한다.
- 구상4, 선행과 거룩함으로 영적 무장을 갖추게 하고 휴거를 통해 그들을 우주로 들어올린다.
- 구상5, 그렇게 하면 변화된 그들이 위 우주에 있는 천국에 들어가려고 별을 점령하고 있는 악마들과 전쟁할 것이다.

신들은 먼저 공간을 만드신 다음 경계선을 그어 위쪽을 하늘이라 아래쪽을 땅이라 칭하셨다.

그런 다음 또 땅과 하늘에 경계선을 그어 위와 아래를 구분하심으로 둘에 또 둘이 있는 이중구조를 갖게 되었다. 사람들이 빈 공간을 하늘로, 발디딜 수 있는 고체덩어리를 땅이라 하는 것과는 개념이 다르다.

또 진동변환으로 그 공간에 어두움이 발생되었고 빛과 어두움이 교차하면서 많은 물이 생겼다.

그러자 신들은 위 우주(하늘)에 뛰어난 건축자처럼 세련된 솜씨를 발휘하여 조화를 시작하셨다.

먼저 하늘을 지으시고 궁창으로 해면에 두르시며. 지혜로 땅을 세우시고 명철로 하늘을 굳게 펴셨으며. 위로 구름하늘을 견고하게 하사 바다의 샘들을 힘있게 하시고. 그 지식으로 해양이 갈라지게 하시며 공중에서 이슬이 내리게 하시고. 바다의 한계를 정하여 물로 명령을 거스르지 못하게 하시며 또 땅의 기초를 정하셨다.

그후 인간경작이 있었고 종말에 이르자 우주 곳곳에 전쟁과 파괴가 있어 모든 만상이 신들의 입 기운에 멸망하고 그 콧김에 사라져갔다.

- 조성1단계: 또 온기와 냉기가 부딪치면서 우주에 많은 물이 생성되어 큰 바다를 이루자,
- 조성2단계: 신들은 물을 가늘게 끌어 올려 바다를 덮고 있는 구름에 싸셨다가,
- 조성3단계: 먼지와 바위잔해들만이 떠도는 우주 공간에 하늘의 병을 쏟아 그것들로 많은 물 속에서 진흙을 이루며 흙덩이로 서로 붙게 하시고,
- 조성4단계: 바람을 일으켜서 그 물들을 한 곳으로 몰아가시고,
- 조성5단계: 물밑이 드러나면 물·불·바람·공기에 의한 풍화 작용으로 땅이 조성되게 하시고,
- 조성6단계: 모인 물은 수면에 경계를 지으시되 빛과 어두움의 지경까지 한정을 세우셨다.

이렇게 하여 하늘과 땅이 조성되면 한 곳을 택하여 생명체를 창조하시고 변화를 통해 문명이 먼 행성들에까지 전파되게 하셨다.

그룹(생물) 창조

신들은 먼저 그의 영광을 상징하는 특별한 수행원들을 창조하셨는데 이들의 모습은 기괴하여 부분적으로는 사람이고 일부는 동물이었다. 이 날개가 달린 천상의 피조물들은 여러 신들의 처소를 지키는 문지기들이 되었고, 그의 마차를 끄는 생물이 되기도 했으며 '기도하다', '크다', '강하다', '힘있다'에 바탕을 둔 기도하는 어떤 사람 혹은 중재자들이 되기도 하였다. 그들 중 천상마차를 끄는 생물은 사방에 신들의 속성을 나타낸 네 얼굴과 네 날개 곧 열 여섯 개의 얼굴과 날개가 있었으며 날개 밑에는 익룡과 비슷하게 사람의 손 같은 것이 있었다.

▵첫 면은 소의 얼굴로 신들은 일하심을 상징하는 것이고,

▵둘째 면은 사람(남자)의 얼굴로 신들은 사람이자 사람의 주인이심을

상징하는 것이고,

△셋째 면은 사자의 얼굴로 신들은 땅의 왕임을 상징하는 것이고,

△넷째 면은 독수리의 얼굴로 신들은 하늘의 왕이심을 형상화한 것이다.

이 생물들이 끄는 천상마차바퀴의 형상과 그 구조는 넷이 한결같은데 재질이 황옥 같고 바퀴 안에 바퀴가 있는 것 같은 이중이며. 바퀴 사이에는 오르락내리락 하는 불이 있고 그 가운데 법궤가 있으며 그 사면에는 광채가 나는 가운데 번개가 친다. 그 마차가 행할 때에는 사방으로 향한 대로 돌이키지 않고 행하며 그 둘레는 높고 무서우며 그 네 둘레로 돌아가면서 눈이 가득하고. 그 생물의 머리 위에는 수정 같은 궁창의 형상이 펴 있어 보기에 심히 두려우며. 궁창 위에 보좌의 형상이 있는데 그 모양이 남보석 같고 이 보좌에 신들이 앉으셨다.

스랍 창조

두번째로 스랍을 창조 하셨다. 스랍은 신들을 찬양하는 천상피조물들로 각기 여섯 날개를 가지고 있었다.

하지만 생물과 달라서 날개 밑에는 손이 없었다. 두 날개로는 그 얼굴을 가렸고 두 날개로는 그 발을 가렸으며 두 날개로 날면서 거룩하다 거룩하다 거룩하다 이같이 창화하였는데 이 소리가 어찌나 큰지 터가 요동할 정도였다.

불시대-불사람 창조

하나님은 불의 시대에 불을 취하여 불의 사람을 창조하셨다.

'불 시대'란? 천체들을 불로 연결시킨 후 불을 꺼가면서 우주를 멸망시켜 가는 것을 말한다.

불의 사람들은 거룩한 영으로서 최고 수준의 지혜와 능력을 가졌으며 몸에서는 맹렬한 불이 나왔다.

이 사람들은 가락이 두 개 였다. 불의 사람들은 시공을 초월하며 별 사

이를 왕래할 수 있었기 때문에 별마다 신성제국들을 건설할 수 있었고 별의 문명을 발달시킬 수가 있었다. 세월이 흘러 사람들이 무수한 별들에 퍼졌을 때 여호와께서는 그 아래 있는 행성들을 다스리는 왕을 세우기로 계획하셨다.

에덴항성(태양)과 덮는 그룹

이에 소·여자·사자·독수리 네 개의 얼굴을 가진 생물을 지으시고 감람나무의 기름을 부으셨다.

기름을 붓는 것은 사람들의 왕으로 세우는 의식이었다. 그리하여 그가 법궤를 날개로 덮음으로 인해, 덮는 그룹이라 불려졌고 그는 사람들의 왕도 되고, 재판관도 되고, 제사장도 되고, 악사장도 되었다.

그 시대에 하나님의 보좌 주위에 쌍둥이 태양이 있었고 이 태양 안에 보석산지인 하나님의 동산 곧 에덴이 창설되었다. 에덴에서 생산되는 보석은 홍보석과 황보석과 금강석과 황옥과 홍마노와 창옥과 청보석과 남보석과 홍옥과 황금이었다. 신들은 이 태양동산을 덮는 그룹에게 주어 다스리게 하셨다. 그의 직무는 땅에 있는 성소를 관장하면서 신들에게 바친 예물을 별로 보내고 보석거래로 얻은 이익은 고아와 과부들을 돌보는 구제에 쓰는 것이었다.

- 증서 "하나님의 말씀에 너는 완전한 인이었고 지혜가 충족하며 온전히 아름다웠도다. 네가 옛적에 하나님의 동산 에덴에 있어서 각종 보석으로 단장하였었음이여 네가 지음을 받던 날에 너를 위하여 소고와 비파가 예비 되었도다. 너는 기름부음을 받은 덮는 그룹임이여 내가 너를 세우매 네가 하나님의 성산(태양)에 있어 화광석(별)사이에 왕래하였었도다."

말하는 보석

에덴의 보석들이 말을 하자, 천사들은 자신들의 생산품과 에덴의 보석들을 바꾸기를 원하였다.

이에 덮는 그룹은 큰 바다에 '두로'라는 해상무역국을 건설하고 에덴의 보석들을 각국의 제조품, 상품들과 교환하는 중계무역을 발달시켰다. 이리하여 세계 상선들이 '두로'로 몰리면서 이를 관장하는 기구와 왕이 필요하게 되었다.

사람인 두로 왕

덮는 그룹은 한 사람을 예선하였는데 그는 모든 학문과 재주에 명철하였고 지혜가 있어 모든 이상과 몽조를 잘 깨달아 알았으며 상술이 뛰어나 장사에 능하였다. 게다가 발바닥부터 정수리까지 흠이 없는지라 보는 사람마다 그를 칭찬하였고 보는 여자들마다 그의 외모에 홀딱 반하여 사랑하였다. 특히 그의 머리털이 빨리 자라서 연말마다 깎아 저울에 달아보면 약 2.3kg이나 되었다. 그 당시 사람의 지혜가 머리털에서 나왔으므로 그의 지혜가 우승했다는 것을 말해준다.

• 증서 "인자야 너는 두로 왕에게 이르기를 하나님의 말씀에 네 마음이 교만하여 말하기를 나는 신이라 내가 하나님의 자리 곧 바다 중심에 앉았다 하는도다. 바다 어귀에 거하여 여러 섬 백성과 통상하는 자여 네가 말하기를 나는 온전히 아름답다 하였도다. 네 지경이 바다 가운데 있음이여 너를 지은 자가 네 아름다움을 온전케 하였도다. 네가 다니엘보다 지혜로워서 은밀한 것을 깨닫지 못할 것이 없다 하고. 네 지혜와 총명으로 재물을 얻었으며 금은을 곳간에 저축하였으며. 네 큰 지혜와 장사함으로 재물을 더하고 그 재물로 인하여 네 마음이 교만하였도다."

이 자로 인해 두로의 무역은 번창했고 매년 거둬들이는 항만사용료와 세금은 엄청났다.

이에 부귀와 영광이 극한지라 두로 왕이 자긍하다가 타락의 길을 걷게 된다.

천인장의 지휘자들의 수장 계명성

천사군에 모든 피조물과 별들을 관리하는 천인장 즉 천사 일 천명을 거느리는 대장들의 우두머리가 있었다.

세상직급으로 말하면 국무총리이고, 군대로 말하면 참모총장 격인 천사가 있었는데, 이 자는 자신의 기념칭호를 아침의 아들을 뜻하는 '계명성' 이라고 하였다.

덮는 그룹타락-제1마성 탐심 곧 우상숭배

세월이 흘러 세상의 믿음은 사라졌고 사람들은 보이지 않는 하나님대신 눈에 보이는 덮는 그룹을 신으로 여겼다. 그 무렵 별 사이를 왕래하던 덮는 그룹도 그 하나님의 경호대에 구멍이 뚫린 것을 알고 하늘보좌를 찬탈한 탐심을 품게된다. 이에 사람들이 자신을 믿고 따르자 하나님의 성소에 날개 달린 자신의 형상을 만들어 세우고선 하나님인체 하였다.

- 증서 "네가 죄악이 많고 무역이 불의 하므로 네 모든 성소를 더럽혔음이여, 네가 날개 달린 미운 물건을 만들어 세웠도다."

두로 왕 타락-제2마성 교만

그때에 세계무역을 장악하고 사람들의 인기를 끌던 두로 왕도 자고자대(自高自大)하면서 자신을 하나님처럼 여겼다.

계명성 타락-제3마성 비김

그때에 계명성도 세계를 지배할 만한 세력을 얻게 되자 그 마음에 이르기를 내가 하늘에 올라 하나님의 뭇별 위에 나의 보좌를 높이리라 내가 북극 집회의 산 위에 좌정하리라. 가장 높은 구름에 올라 지극히 높은 자와 비기리라 하며 오만하게 행동하였다.

반란을 위한 결탁

그러던 차에 계명성이 하나님을 죽이고 우주를 지배할 결심을 굳히자 두로 왕이 가담하여 반란을 꾀하였다. 이해되기 어렵지만 몸을 가진 하나님은 죽임을 당할 수가 있었기 때문이다.

이래서 하나님이신 예수를 사람들이 죽일 수 있었던 것이다. 만일 예수께서 불에 타지 않고 병기에 상하지도 않고 고통도 모르는 불사체의 몸을 입고 지상에 나타나셨다면 사람들이 죽일 수 있었을까?

만일 그리하였더라면 인류의 죄를 대속 하지 못했을 것이요 우리가 여전히 죄 가운데 있었으리라.

그러므로 신들이 영으로 계실 때는 어떤 피조물이라도 죽일 수 없으나, 그가 자원하여 죽을 수 있는 육체를 입게되면 죽음을 맛보실 수 있다. 혹 누가 이 말을 오해하여 '이 자가 말하기를 하나님은 전능한 신이 아니 다더라' 하고 평론하며 다닌다면 매우 유감스럽다. 내 말은 하늘에나 땅에나 하나님을 이길 수 있는 자가 없기에 자신 스스로가 죽기 위해서 죽음을 받아들이신다는 뜻이다.

하지만 그 시대에도 하나님을 섬기는 왕과 민족들이 많은지라 셋이 모의하여 먼저 이들을 제거할 단계적인 계책을 베풀었다. 그들은 성민(聖民)들을 타락시키기 위한 수단으로 독주와 여자를 이용하고 음풍이 불도록 남자들을 벌거벗고 다니게 했다. 하나님을 경외하는 왕들은 예쁜 기생들을 고용하여 타락시켰다.

그 결과 세상이 음란으로 꽉 들어차면서 하나님의 신은 육체가 된 사람들을 떠났고 사람들의 마음에는 하나님을 싫어하는 감정이 생겼다. 한편 덮는 그룹은 민심을 왕들로부터 돌리기 위해서 재판을 교묘하게 이용했다.

그 시대에는 왕들이 재판하였는데 사람들이 송사하기 위해 왕에게 나아갈 때 덮는 그룹이 성문 길 곁에 섰다가 그 사람을 불러 이르되. 너는 어느 성 사람이냐 하고 물어 그 사람의 대답이 아무 지파 사람이라 하면. 악인에게도 이르기를 네 일이 옳고 바르다마는 네 송사들을 왕이 술에 취해

제 정신이 아니다 하고. 내가 이 땅에서 재판관이 되고 누구든지 송사나 재판할 일이 있어 내게로 오는 자는 편을 들어줄 것이다 하여. 송사 할 사람이 그에게로 오게 하고 그들이 가까이 와서 절하려 하면 얼른 손을 펴서 그 사람을 붙들고 입을 맞추니 사람들은 왕과 버성기게 되었고 마음이 혹하여 도적 같은 덮는 그룹을 좇게 되었던 것이다.

우주전쟁 발발

이에 반란세력이 커지자 계명성은 그 년 월 일 시에 신성국가들을 공격했다.

추측컨대 이 사상최대의 우주대전에서 날개 달린 사람들과 유령전사들은 광선검을 사용했고 지상의 공군들은 물질소멸광선포, 플루토포, 광전자빔의 파동포를 장착한 전투정과 전함, 순양전함, 구축함, 그리고 아원자폭탄, 반물질폭탄을 장착한 미사일함대를 동원했을 것이다.

지상의 육군들은 미래에 개발될 모든 전투로봇과 사이보그, 신무기를 사용했을 것이다. 지상의 보병대들은 레이저총, 음향총, 티타늄제로 만든 신경동력무기, 전자기 펄스를 가지고 싸웠을 것이다. 또 인간의 체내에 있는 테크스니움을 이용해 특수시스템박스에서 빛을 반사, 디제노이드라는 특수물질과 화합시켜 몸 표면에 생긴 합체갑옷을 입고 원격조종되는 이동방패를 사용했을 것이다. 사이보그들은 열에 녹지 않고 잡아뜯어도 찢어지지 않는 특수 플라스틱피부로 만들어졌을 것이고 기갑로봇의 종류는 말로봇, 사자로봇, 뱀로봇, 공룡로봇들이었을 것이다. 장기간의 전쟁으로 많은 신성도시들이 파괴되었고 십자군은 계명성군에 의해서 전멸 당하였다. 이로써 하나님을 방어할 지상군대가 사라지자 계명성은 모든 우주함대와 병력을 총집결시켜서 별나라를 공격하여 찬탈하였다.(아담이 마귀에게 넘겨준 것이므로)

때에 하나님은 안식년이 되어 주무시고 계셨기 때문에, 몸체가 없는 불의 군대와 오파님들이 적군을 막아 싸웠다. 이 전투로 우주는 심하게 진동했고 삼분지 일 이상의 별들이 아래로 떨어져 내렸다.

오래도록 대접전이 있었으나 전쟁은 하늘의 경호대 편에서 유리해져 갔다. 반란군들은 번개같이 발사되는 신검에 찔려서 산채로 구덩이에 처박혔고(신검은 생기를 발산하는 검으로써 이 칼에 찔리면 죽지 못하고 영원한 고통을 당하게 된다. 칼에서 살아 있게 하는 기운이 나오기 때문이다), 기계들은 불의 군대에 의해서 타거나 녹아 버렸다.

• 증서 "온통 칼에 찔려 돌 구덩이에 빠진 주검에 둘린 너 계명성이여 너를 보는 자가 주목하여 말하기를 이 사람이 땅을 진동시키며 열국을 경동 시키며 세계를 황무케 하며 성읍을 파괴하며 사로잡힌 자를 그 집으로 놓아 보내지 않던 자가 아니냐. 네가 자기 땅을 망케 하였고 자기 백성을 죽였으므로 그들과 일반으로 안장함을 얻지 못하리라 하리로다."

천군 천사 창군

그 전쟁 기간에 부활과 휴거가 발생했고 죽은 십자군들 중에서 변화된 성도들이 천사 또는 천군이 되었다.

그런즉 우리들의 '천사'는 피조된 천상생물이 아니라 우리와 같은 사람들이 신적 능력을 가진 사람들로 변화된 존재에 불과하다. 따라서 우리들의 천사를 신격화하여 숭배하는 것은 어리석은 짓이다.

우리들도 육체로 있을 때는 연약하지만 장차 예수께서 오셔서 우리들을 변화시키면 우리도 천사와 동등 되어진다. 동등 된다는 의미는 천사가 되지만 힘의 차이는 있다는 말이다.

이렇게 되어 하늘군대들이 창설되는 것이다.

덮는 그룹-변형하여 큰 붉은 용으로

그때에 하나님은 육체를 잃고 몸을 빠져 나온 덮는 그룹·두로 왕·계명성 이 셋의 혼들을 혹독한 저주를 걸어서 아래로 쫓아내셨다. 때에 땅(아래우주)으로 떨어지던 덮는 그룹은 저주로 인해서 황소·여자·사자· 독수리 이 네 개의 유전자가 기괴하게 합성되면서 큰 붉은 용의 형상으로 변형되었다.

이 자가 바로 흑암의 수하인 '온 천하를 꾀는 자'라 하는 생물중 하나이다.

그때에 위 우주는 전쟁으로 혼란한 상태였으나 아래우주는 질서정연한 가운데 광명을 발하고 있었다.

그러나 악이 떨어지자 아래우주가 무질서해지면서 궤도를 이탈한 행성들이 서로 충돌하여 많은 먼지와 파편들이 발생했다. 이에 창세기 1장:1절 "땅이 혼돈하고 공허하며 흑암이 깊음 위에 있고 하나님의 신은 수면에 운행하시니라"로 시작하고 있는 것이다.

두로 왕-합성하여 붉은 용으로

사람인 두로 왕은 큰 붉은 용과 합쳐지면서 반은 사람이고, 반은 용인 괴물 즉 그 네피림의 원조가 되었는데 이 자가 바로 하나님을 대적하는 사탄중 하나이다. '욥기2장' 땅을 두루 순찰하면서 살펴보고 여호와의 총회에 참석하여 사람들의 죄를 참소하는 사단과는 다른 악마이다.

빛과 어두움은 반대여서 빛이 비취면 어둠이 사라지고 빛이 사라지면 어둠이 드러나기 때문에, 빛이신 하나님과 어둠인 사탄은 직접 상대할 수 없다.(어느 한편이 사라져 버리니까) 그래서 필요악으로 하나님은 자신의 진영에 사탄의 모형을 두었고, 사탄은 자신의 진영에 하나님의 모형을 두게 되었다.

계명성-변용하여 뿔 난 사람으로

사람인 계명성은 몸이 변용되면서 머리에 교만·세력·힘을 상징하는 두 뿔이 돋았고 이마에 제3의 눈이 생겼다. 이 자가 바로 마귀로서 처음부터 살인한 자요 하나님을 훼방하는 자 중 하나이다.

이 셋은 하나님처럼 삼위일체를 이루어서 성경에 "옛 뱀 곧 마귀라고도 하고 사탄이라고도 하는 온 천하를 꾀는 자"라고 기록하였다.

삼분지 일의 별을 점령한 악마들(바사국 건설)

그때에 또 타락한 천사들이 위 우주(하늘)에서 아래로 떨어진 삼분지 일의 별을 점령하여 바사국을 건설하였다. 악마들이 아래층에 바사국을 건설하자 하나님께서는 악마들이 인간들이 사는 땅으로 내려가지 못하도록 하늘의 강들을 얼려서 거대한 빙벽들을 치셨다.

물시대-물사람 창조

세월이 흘러 행성에 붙었던 불은 물에 의해서 꺼지고 행성들마다 물이 가득해졌다.

세번째 경작(?)이 시작되자 하나님은 물의 시대에 물을 취하여 물고기의 형체를 가진 인간을 창조하셨다.

이 사람들은 가락이 세 개였고 눈에 비늘 같은 것이 있었으며 아가미가 있어서 물 속에서 생활하는데 아무 지장이 없었다.

• 증서 "눈에서 비늘 같은 것이 벗겨지매."

이에 상당기간 물고기인간들이 바다에 번성하면서 수중문화를 발달시켰다.

'물 시대'란? 땅들을 물로 연결시킨 후 물을 조금씩 빼면서 세상(코스모스)을 멸망시켜 가는 것을 말한다.

바람과 공기시대-바람 같은 사람 창조

오랜 세월 후 땅에 있는 바다만 남겨두고 행성에 있던 물들은 거의 다 사라졌다.

지상에 바람이 가득한 상태에서 네번째(?) 경작이 시작되자, 다른 하나님이 공기를 취하여 사람을 창조하셨고 긴 세월 동안 바람시대를 경작하셨다.

'바람시대'란? 땅들을 바람으로 채운다음 바람을 빼면서 세상을 멸망시켜 가는 것을 말한다.

이 사람들은 가락이 네 개였고 공기 같은 특징이 있어서 물위를 걸거나 공중으로 떠다닐 수 있었다.

여러 날 후 이 시대도 끝났다.

스스로 나오는 영

또 역사가 회정하여 땅이 혼돈하고 공허하며 흑암(黑大洋)이 깊음 곧 백해(白大洋) 위에 있을 때에 또 아래우주의 창조자가 되려한 신들 곧 하나님 · 말씀하나님 · 하나님의 신 세 분이 나오셨다.

먼저 하나님의 신이 악마제국과 경계를 이루는 수면 위를 암탉이 알을 품는 것처럼 휘감아 돌자, 수온이 올라간 바닷물에서 거품과 물방울, 수증기가 발생되었고 이것들은 바람에 실려 먼 곳까지 운반되었다.

오랜 세월 후 신들은 만물을 창조하기로 하시고 먼저 자신들을 구별 시키셨다. 신성이 같아서 창조될 피조물들이 누가 누구인지 알아보기 어렵기 때문이었다. 이에 하나님은 만물을 창조하는 기념으로 '여호와'라는 기념칭호를 가져 자신을 '여호와'라 칭했고, ●증서 "여호와는 그의 기념칭호니라" 말씀하나님은 자신을 가리켜서 '하나님'이라 부르셨다. 그리고 여호와와 하나님이 함께 다니실 때는 이름을 붙여 '여호와하나님' 으로 불렀다. 그런즉 여호와+하나님=여호와하나님, 여호와는 하나님, 하나님은 말씀하나님을 가리키는 것이다.

이 말씀하나님이 바로 우리들이 믿는 하나님이시다.

●증서 "태초에 말씀이 계시니라 이 말씀하나님이 하나님과 함께 계셨으니 이 말씀하나님이 곧 우리가 믿는 하나님이시니라."

이 말씀하나님은 2천년 전 유대 땅에 예수로 오셔서 그의 모습과 실체를 우리에게 보이셨다.

흙시대-흙사람 창조

이 하나님이 흙 시대에 흙을 취하여 사람을 창조하셨다. '흙 시대'란? 행성들에 경작할 땅이 있게 한 다음 농토를 없애버리면서 세상을 멸망시켜 가는 것을 말한다. 따라서 우리 태양계에 불모지로 방치된 행성들은 이미 인간경작이 끝난 상태거나 아니면 인간경작을 위해서 준비중인 단계로 볼 수 있다.

흙 사람들은 손가락이 다섯 개이며 흙에서 나는 식물로 살아가기에 내장 있는 몸을 가진다.

이렇게 가락수로 창조의 순차를 표시했으니 아마 다음 세대에 먼지로 창조되는 사람들은 가락이 여섯 개일 것이다. 이런 연유로 성경에는 숫자들이 전부 다음 수를 갖고 있다.

4~5

5~6

6~7

7~8→ 이런 식으로 연결되므로 항상 +1이 나온다는 뜻이다.

하나님께서 빛이 있어라

하시니 아래 흑암한 공간에 또 다른 빛 에너지가 나타났고 그 빛이 하나님의 보시기에 좋았더라.

하나님께서 빛과 어두움을 나누어 빛을 낮이라 칭하시고 어두움을 밤이라 칭하시니라.

그때에 낮과 밤의 주기가 길었으므로 장기간 빛과 어둠이 교차하면서 또 우주에 많은 물이 생기게 된다.

〈저녁이 되며~아침이 되니〉

하나님의 하루는 일을 시작했다가 끝내기까지의 기간을 말한다.
따라서 이 기간들은 일의 양과 작업 속도에 따라서 길 수도 있고 짧을 수도 있다. 이렇기 때문에 하나님께서는 자신의 노동시간을 태양운행에 결부시켜서 일의 시작을 해가 뜨는 아침으로, 일의 종결을 해가 지는 저녁으로, 그 과정들을 태양 이동거리로 표현하셨다. 인생의 시간으로 계산할 수 없기 때문이다.

이에 창세기는 저녁이 되며~아침이 되니로 시작하고 있다. 혹자들은 이 날을 24시간으로 계산하는데 이는 깊지 못한 생각이다. 왜냐하면 '날'을 뜻하는 히브리어 '욤'은 24시간만을 의미하기보다는 일정한 길이의 시간을 가리키는 말로 사용되고 있기 때문이다. 하루는 행성의 자전을 바탕으로 해서 정해진 시간의 단위로 하루는 자전속도에 따라서 달라진다.

예컨대 태양의 하루는 27일, 수성의 하루는 59일, 금성의 하루는 243일, 화성의 하루는 24시간37분, 목성의 하루는 9시간55분, 토성의 하루는 10시간 40분, 천왕성의 하루는 13시간24분, 해왕성의 하루는 17시간50분, 명왕성의 하루는 6일9시간인데 하나님의 하루를 24시간으로 계산한다면 논리적으로도 맞지 않는 것이다.

그때에 주님께서 이르시기를 "창세기를 푸는 지식은 한 금방울-한 석류-한 금방울-한 석류이다" 하셨으나 네가 듣고도 깨닫지 못하였다. 이에 재차 묻기를 '다시 깨닫게 해 주소서'하였더니 "두 개가 서로 건너뛰는 것이 아니냐 곧 하나님-여호와하나님-하나님-여호와하나님 이렇게 건너뛰도록 하여라. 또한 금은 보배로운 것이로되 석류는 이에 못 미치니 우열이 있다 함이라.

네가 4-5는 깨달아도 6-7은 도무지 모를 것이니 6-7은 인간의 지혜로 넘볼 수 없는 영역이니라" 라고 말씀하시었다.

그 일이 끝나고 새 일이 시작되니 이는 서쪽의 하나님께서 첫번째 하신 일이니라.

동쪽에 계신 하나님께서 말씀으로 명하사 물 가운데 궁창이 있어 물과 물로 나뉘게 하라 하시니. 서쪽에 계신 그 하나님께서 일으킨 바람이 사방에서 불어와서 물을 위와 아래로 밀기 시작했다.

오랜 세월 후 바람에 의해서 넓은 공간이 생기자 하나님께서는 드러난 궁창을 하늘이라 칭하셨다.

이 궁창들은 여러 개의 공간으로 나뉘어져 있었고 매 공간마다 여러 겹의 하늘이 층을 이루고 있었다.

궁창 위에도 물이 있고 궁창 아래에도 물이 있는 상태에서 그 일을 끝낸 하나님께서 쉬시자 저녁이 되었다.

저녁이 되며 아침이 되니 이는 동쪽의 하나님께서 두번째(前)하신 일이니라

서편에 계신 하나님께서 말씀으로 명하사 천하의 물이 한 곳으로 모이고 뭍이 드러나라 하시자. 동쪽에 있던 그 우주가 비스듬하게 기울면서 우주에 있던 물이 낮은 곳으로 모여들었다.

그리하여 진흙에 인친 것 같은 뭍이 드러났는데 그때의 뭍은 큰 포도송이처럼 진흙덩어리들이 한곳에 올망졸망 붙어 있었다. 물이 모인 우주공간에 큰 바다가 생겼고 하나님께서 보시기에 좋았더라.

그후 하늘이 점점 걷히면서 진흙은 물·불·바람·공기에 의한 풍화작용으로 경작이 가능한 땅으로 변화되어 갔다.

※ 여호와하나님=여호와(하나님)+하나님(말씀)이 함께 하시는 신.

동쪽의 여호와하나님께서 첫번째 하신 일(前)이니라

여호와하나님이 천지를 창조하신 때에 천지의 창조된 대략이 이러하니라.

여호와하나님께서 땅에 비를 내리지 아니하셨고 경작할 사람도 없었으므로 들에는 초목이 아직 없었고 밭에는 채소가 나지 아니하였으며. 안개만 땅에서 올라와 온 지면을 적셨더라. 여호와하나님께서 흙덩이를 취하여 설계한대로 사람을 지으시자 생기가 전이되어 그 남자가 살아 일어섰고 여호와하나님께서는 살아난 그 남자의 코를 붙들고 또 다른 생기(생명)를 불어

넣어 생령이 되게 하셨다.

'생령'의 사람이란? 신적인 사람으로 그 형상과 능력이 신들과 동등 됨을 뜻한다.

그 얼굴은 해가 힘있게 비취는 것같이 광채가 났고 눈은 불꽃같았으며 털은 흰 양털 같고 눈 같이 희었으며 지혜를 상징하는 긴 머리가 있었다. 또 음성은 폭포소리 같이 크고 우렁찼으며 전신은 빛으로 둘러싸인 데다 몸은 강철같이 단단하여 어떤 병기에도 상하지 않았다. 또 발은 곧고 풀무에 단련한 빛난 주석과도 같았다. 또 체구가 몹시 커서 팔꿈치부터 손가락까지의 길이가 3m, 키는 27m, 넓이가 2,7m 이상 되었다.

게다가 기식하는 호흡도 없어서 물, 불, 바람, 공기 어떤 영향도 받지 않았고 먹어도 되고 먹지 않아도 되었으며 생각만으로 우주 어느 곳이든 순식간에 이동할 수 있었다. •증서 "TR011315."

이 같은 사람들이 하나님의 창조 둘째 날 전반부에 여호와하나님으로부터 지음을 받았다. 여호와하나님께서 이 사람들을 지으시자 다른 우주에서 창조의 일을 하시던 여호와하나님들도 그와 비슷한 사람들을 지으셨는데 지금으로부터 약 2100억 년 전 제1우주에 첫번째 아담(쌍둥이)이 지어졌고, 2090억 년 전 제2우주에 두번째 아담(쌍둥이)이 지어졌으며, 2080억 년 전 제3우주에 세번째 아담(쌍둥이)이 지어졌고, 2070억 년 전 제4우주에 네번째 아담(쌍둥이)이 지어졌으며, 2065억 년 전 제5우주에 다섯 번째 아담(쌍둥이)이 지어졌고, 2060억 년 전 제6우주에 여섯 번째 아담(쌍둥이)이 10억 년 또는 5억 년의 차이로 이어 지음을 받았다. 어느 은하인지 또 거리가 몇 광년 떨어진 곳들인지는 모른다.

저녁이 되며 아침이 되니 이는 서쪽의 하나님께서 두번째(後)하신 일이니라

6-7(12-14)명의 아담이 지어지자 하나님께서 말씀으로 명하사 땅은 풀

과 씨 맺는 채소와 각기 종류대로 씨 가진 열매 맺는 과목을 내라 하시니 살았고 운동력 있는 말씀이 땅에 역사하여 그대로 되었고. 땅이 풀과 각기 종류대로 씨 맺는 채소와 각기 종류대로 씨 가진 열매 맺는 나무를 내니 하나님의 보시기에 좋았더라.

서쪽의 여호와하나님께서 두번째(後) 하신 일이니라

때에 여호와하나님들께서 원시태양에 에덴동산을 창설하시고 그 지으신 사람을 거기 두시고.

그 땅에서 보기에 아름답고 먹기에 좋은 나무가 나게 하시니 동산 가운데에는 생명나무와 선악을 알게 하는 나무도 있더라. 여호와하나님들께서 나게 하신 나무는 하나님의 것들과 달라서 성장속도가 빠르고 그 나무열매와 잎사귀들에 신비한 효능과 약효가 있는 것들이었다.

그 나무들에 달린 과일들은 '루아흐' 열매들로서 사랑의 열매·희락의 열매·화평의 열매·오래 참음의 열매·자비의 열매·양선의 열매·충성의 열매·온유의 열매·절제의 열매 등 신들의 성품을 가진 천상과일들이다. 그래서 사람이 사랑의 열매를 먹으면 신의 사랑을 알게되고, 희락의 열매를 먹으면 신의 희락을 알게되며, 온유의 열매를 먹으며 신처럼 온유해 지고, 절제의 열매를 먹으면 신처럼 절제할 수 있었다. 하지만 선악열매를 먹으면 선악을 알게 되고 필연적으로 악에 속한 사망이 와야 했으므로 신들은 선악열매 먹는 것을 금하셨다.

그즈음 바로 위 우주에 큰 전쟁이 벌어졌는데 약 1044억 년 전에 제1우주에서 전쟁이 있었고, 1034억 년 전에 제2우주에서 전쟁이 있었으며, 1024억 년 전에 제3우주에서 전쟁이 있었고, 1014억 년 전에 제4우주에서 전쟁이 있었으며, 1009억 년 전에 제5우주에서 전쟁이 있었고, 1004억 년 전에 제6우주에서 큰 전쟁이 벌어져 많은 사람들이 죽었다. 그리하여 땅들은 깨어졌고 그 우주들은 황량하고 쓸쓸해졌다.

또 바람이 외부우주로 빠지면서 진동이 일어나자 아래는 깊음(대양)을 향해 점점 떨어져 내렸다.

그 일 후 우주에 비가 쏟아졌는데 지금으로부터 약 444억 년 전에 제1우주에, 434억 년 전에 제2우주에, 424억 년 전에 제3우주에, 414억 년 전에 제4우주에, 409억 년 전에 제5우주에, 404억 년 전에 제6우주에 하늘의 창들이 열려 8만년동안 비가 쏟아지면서 홍수가 4만년동안 있었고 물이 15만년 동안 우주에 창일하였으며 물이 빠지는데 15만년이 걸렸다. 이 홍수로 인해 그 우주에 떠돌던 미세한 생명체와 씨앗들, 곰팡이와 박테리아들이 다른 우주에까지 널리 퍼져나갔다. 한편 우주는 센 압력으로 집어넣는 물에 의해서 큰 고무풍선같이 커지다가 터졌고 그 폭발의 힘에 의해서 팽창을 계속할 수 있었다.

그후 올망졸망 모여있던 땅들이 포도알 떨어지듯이 흩어지면서 그 세계대로 나뉘었는데 약377억 년 전에 제1우주에 땅들이 옹기종기 모였고, 367억 년 전에 제2우주에, 357억 년 전에 제3우주에, 347억 년 전에 제4우주에, 342억 년 전에 제5우주에, 337억 년 전에 제6우주에 일정한 수의 행성들이 모여들었다.

온 지면에 풀과 채소와 과목들이 생겨나고 행성들이 나눠지는 일이 끝나자 하나님들께서 잠시 쉬셨다가 다시 새 일을 시작하신다.

저녁이 되며 아침이 되니 이는 동쪽의 하나님께서 세번째 하신 일이니라

하나님들이 행성들을 주관하는 빛을 만들기로 하시고 말씀으로 명하사 하늘의 궁창에 태양과 달이 있어 낮과 밤을 구별시켜라 또 그 광명으로 하여 주야를 나뉘게 하라 또 그 광명으로 하여 징조와 사시와 일자와 연한이 이루라. 또 그 광명이 하늘의 궁창에 있어 땅에 비춰라 하시니. 때 마침 위우주에서 아래우주로 떨어져 그 수역(?) 근처에 있던 '식굿(사탄제국의 검은 태양)', '레판의 별(사탄제국 검은 태양의 쌍둥이 별)', '기윤(토성)'들이 폭발하였다.

그리하여 그 가스먼지와 잔해들이 뭉쳐져서 태양과 달이 만들어졌으며, 태양과 달이 생겨남으로 12행성들이 일정하게 정렬되었다 오랜 세월이 걸렸으나 말씀대로 되었다.(그대로 되니라.)

이렇게 되어 하나님의 창조 셋째 날에 이르러 6-7개의 본 태양계가 조성되었으나 본래 이 태양계들은 영적인 물질로 만들어진 것이었다. 시초에는 보이지 않았으나 인간이 죄를 범한 후부터 영의 속성이 변환되어 물질로 나타나게 되었다. 그 전후하여 수명이 다한 주행성 84개가 폭발하여 사라졌고 이 외에 셀 수 없이 많은 행성들이 우주에서 종말을 맞이했다.

△A행성: 약1170억 년 전 Al, 1160억 년 전 A2, 1150억 년 전 A3, 1140억 년 전 A4, 1135억 년 전 A5, 1130억 년 전 A6.

△Eno행성: 약1113억 년 전 El, 1103억 년 전 E2, 1093억 년 전 E3, 1083억 년 전 E4, 1078억 년 전 E5, 1073억 년 전 E6.

△S행성: 약1058억 년 전 S1, 약1048억 년 전 S2, 1038억 년 전 S3, 1028억 년 전 S4, 1023억 년 전 S5, 1018억 년 전 S6.

△EN행성: 약960억 년 전 El, 950억 년 전 E2, 940억 년 전 E3, 930억 년 전 E4, 925억 년 전 E5, 920억 년 전 E6.

△K행성: 약865억 년 전 Kl, 855억 년 전 K2, 845억 년 전 K3, 835억 년 전 K4, 830억 년 전 K5, 825억 년 전 K6.

△M행성: 약810억 년 전 Ml, 800억 년 전 M2, 790억 년 전 M3, 780억 년 전 M4, 775억 년 전 M5, 770억 년 전M6.

△J행성; 약678억 년 전 Jl, 668억 년 전 J2, 658억 년 전 J3, 648억 년 전 J4, 643억 년 전 J5, 638억 년 전 J6.

△L행성: 약449억 년 전 Ll, 439억 년 전 L2, 429억 년 전 L3, 419억 년 전 L4, 414억 년 전 L5, 409억 년 전 L6.

△Met행성: 약444억 년 전 Ml, 434억 년 전 M2, 424억 년 전 M3, 414억 련 전 M4, 409억 년 전 M5, 404억 년 전 M6.

△P행성: 약104억 년 전 Pl, 94억 년 전 P2, 84억 년 전 P3, 74억 년 전 P4, 69억 년 전 P5, 64억 년 전 P6.

△Na행성: 약103억 년 전 Nl, 93억 년 전 N2, 83억 년 전 N3, 73억 년 전 N4, 68억 년 전 N5, 63억 년 전 N6

△No행성: 약 94억 년 전 Nl, 84억 년 전 N2, 74억 년 전 N3, 64억 년 전 N4, 59억 년 전 N5, 54억 년 전 N6.

△Re행성: 약74억 년 전 Rl, 64억 년 전 R2, 54억 년 전 R3, 44억 년 전 R4, 39억 년 전 R5, 34억 년 전 R6.

△Se행성: 약51억 년 전 S1, 41억 년 전 S2, 31억 년 전 S3, 21억 년 전 S4, 16억 년 전 S5, 11억 년 전 S6.

그후 지금으로부터 약 53억 년 전 제 1우주에, 43억 년 전 제 2우주에, 33억 년 전 제 3우주에, 23억 년 전 제 4우주에, 18억 년 전 제 5우주에, 13억 년 전 제 6우주에 하늘의 창들이 열려 8천년동안 비가 쏟아졌고 홍수가 4천년동안 있었으며, 물이 우주에 1만 5천년동안 창일 하였고 물이 빠지는데 1만 5천년이 걸렸다.

이 홍수로 인해 또 우주에 떠돌던 곰팡이, 이끼, 지의류와 말의 포자, 벌레알, 미세한 생명체와 박테리아, 세균, 날개박편과 깃털조각들이 휩쓸려 갔고 우주에 널려있던 가스먼지와 흙, 돌과 바위찌꺼기들이 물 속에 갈아 오랜 세월 후에 또 땅이 조성되었다.

저녁이 되며 아침이 되니 이는 서쪽의 하나님께서 네번째 하신 일이니라

또 폭우로 인해 우주에 큰 바다가 생겼다. 하나님께서 말씀으로 명하사 물들은 생물로 번성케 하라 땅위 하늘의 궁창에는 새가 날아라 하시자. 살아있고 운동력 있는 하나님의 말씀이 바닷물에 역동하였다. 그리하여 먼지

를 먹는 플랑크톤이 생기고 이를 먹이로 하는 하등동물이 생긴 다음, 일부의 종에서 더 지능이 높고 몸집이 큰 고등동물로 진화되면서 물고기→날개 없는 새→날 수 있는 새로 진보되어 갔다.

(오랜 세월이 걸렸지만 말씀하신 그대로 되니라.) 그때에 다른 우주에서 창조의 일을 하시던 하나님께서 큰 물고기와 물에서 번성하여 움직이는 모든 생물을 그 종류대로, 날개 있는 모든 새를 그 종류대로 상상하시자 그것들이 순식간에 피조되어 바닷물에 가득해졌다. 이리하여 하나님의 창조 넷째 날에는 말씀을 따라 오랜 세월동안 물에서 진화되어 나온 물고기와 새들이 있었고, 그 하나님께서 생각의 힘으로 즉시 창조해낸 큰 물고기와 날개 있는 모든 새, 두 종류가 있게 되었다. 이것들은 모두 살게 하는 생기를 받았는데 불변성이 없어서 소멸되어 사라질 수도 있는 열성적인 것이었다.

동쪽의 여호와하나님께서 세번째 하신 일이니라

하나님의 창조 넷째 날에 궁창에 새들이 날자 그 여호와하나님께서 다른 태양계에 있던 그 아담을 이끌어 자신이 창설한 에덴동산에 두시고 새들이 동산을 침범하지 못하도록 지키게 하셨다. 그 새들이 '루아흐열매'를 먹고 신성을 갖게 되는 것을 원치 않으셨기 때문이었다.

그 당시 동산을 침범한 새들은 독수리 · 솔개 · 물수리 · 매종류 · 까마귀종류 · 타조 · 쏙독새 · 갈매기 · 새매 · 올빼미 · 가마우지 · 부엉이 · 따오기 · 펠리컨 · 흰 물오리 · 학 · 황새종류 · 물떼새 · 박쥐들로 현재 것들과 생김새가 다르고 몸집이 십 배 내지 백 배 이상 큰 종류들이다. 대략 박쥐의 크기가 현재의 독수리만 하고 독수리의 날개 길이는 30m~40m가 넘었던 것으로 추정된다. 게다가 코로 호흡하지 않았고 날개 힘이 강하여서 행성 사이를 왕래했을 것이다.

서쪽의 여호와하나님께서 네번째 하신 일이니라

하나님들이 물고기와 새들을 창조하자 이번에는 여호와하나님께서 흙을 가지고 각종 들짐승과 공중의 각종 새들을 설계한 대로 지으셨다. 흙으로 모양을 만들기만 하면 그것들이 살아 움직였는데, 이는 여호와하나님은 생명의 근원인지라 어떤 물체든 만지기만 해도 생기가 전의 되기 때문이다. (자석에 붙었던 쇠가 자성을 띠는 것과 같은 이치이다.) 그래서 이 창조물에게는 전부 혼들이 존재하게 되었다. '혼'은 인격을 말하는 것으로 여호와하나님이 지은 피조물들은 전부 모양만 다를 뿐 사람의 수준이었다는 말이다.

반면 하나님이 창조한 피조물들에게는 혼이 없었다. 왜냐하면 직접 만지지 않았기 때문이다.

예를 들어 진흙과 기운 두 가지 재료만 가지고서 생물을 만든다하자.

기운과 진흙을 섞어서 반죽한 다음 모양을 만들면 생물이 죽을 경우 고유형상이 없기 때문에 몸과 함께 기운도 없어져 버린다. 그러나 진흙을 가지고 모양을 만든 다음에 그 속에 따로 생기를 넣게 되면 몸이 죽어도 그 속에 든 생기는 형상대로 남을 수 있다. 이처럼 살아있는 말씀하나님의 기운이 물과 흙에 섞여 나온 생물들은 몸이 죽으면 생기도 소멸되지만, 여호와하나님께서 흙덩이로 모양을 만들 때에 옮겨진 생기는 몸은 죽어도 영원히 존재할 수 있는 것이다. 그렇지만 여호와하나님께서 또 다른 생기를 불어넣지 않았으므로 생령의 아담보다는 열성이었고 하나님이 만든 생물보다는 우성이었다.

여호와하나님께서 지은 들짐승 중 큰 도마뱀 종류는 여자의 얼굴에다 긴 머리를 가졌고 몸빛은 황금색이었다. 아담의 범죄 후 변형된 이 짐승들의 모양은 이러하다.

• 증서 "공룡들의 모양은 전쟁을 위하여 예비한 말들 같고 그 머리에 금 같은 면류관 비슷한 것을 썼으며 그 얼굴은 사람의 얼굴 같고, 또 여자의 머리털 같은 긴 머리털이 있으며 또 철흉갑(鐵胸甲)

같은 흉갑이 있고 그 날개들의 소리는 병거와 많은 말들이 전장으로 달려들어가는 소리 같으며. 또 전갈과 같은 꼬리와 쏘는 살이 있더라."

여호와하나님께서 지은 공룡들과 익룡들

△사람형 도마뱀: 몸길이 40m~60m 이상.

△거대한 도마뱀: 높이 120m 이상, 몸길이 40m~250m 이상, 무게 20t~800t 이상.

△짐승형 도마뱀: 높이 13m~40m 이상.

△파충류형 도마뱀: 몸길이 13m~40m 이상.

△조류형 도마뱀: 몸길이 20m~250m, 날개길이 80m 이상, 무게 170kg~500kg 이상.

△어류형 도마뱀: 몸길이 18m~90m 이상.

△설치형 도마뱀: 몸길이 10m~36m 이상.

△양서류형 도마뱀: 몸길이 40cm~15m 이상.

△곤충형 도마뱀: 몸길이 40cm~30m 이상.

△개미 몸길이 40cm 이상.

저녁이 되며 아침이 되니 이는 동쪽의 하나님께서 다섯 번째 하신 일이니라

여호와하나님께서 들짐승과 공중의 새들을 지으시자 이번에는 하나님들께서 말씀으로 명하사 땅은 생물을 그 종류대로 내되 육축과 기는 것과 땅의 짐승을 내라 하시니 살아있고 운동력 있는 말씀의 기운이 땅에 역사 하여 생명체들이 나오기 시작했다. 먼저 티끌이 변하여 이, 벼룩, 하루살이, 모기가 되었고 살구나무가 변이 하여 뱀이 되었으며 벌레와 구더기에서 파리, 메뚜기, 사자, 까마귀, 산염소, 사슴, 나귀, 들소, 타조, 말, 소, 하마, 악어, 거머리, 까마귀, 독수리, 뱀, 개미, 사반, 메뚜기, 도마뱀, 사냥개,

숫염소들로 진화되어 나왔다.

(그대로 되니라)하등동물에서 고등동물로 진화되기까지는 오랜 세월이 걸렸으나 말씀대로 되었다는 뜻이다.

서쪽의 여호와하나님께서 다섯 번째 하신 일이니라

모든 종류의 생물들이 다 만들어지자 여호와하나님께서는 자신이 지은 들짐승과 공중의 새, 하나님께서 만든 육축과 공중의 새, 그리고 모든 창조된 것들을 아담에게 이끌어 들여서 아담이 어떻게 이름을 짓나 보려 하셨다. 우주를 왕래하며 천상지리에 밝았던 그 아담은 짐승들의 모양을 별자리 또는 사람, 사물에 결부시켜서 너는 사자자리 형상을 가졌으니 네 이름은 사자다. 너는 곰자리 형상을 가졌으니 네 이름은 곰이다. 너는 독수리자리 형상을 가졌으니 네 이름은 독수리다. 이렇게 모든 생물들에게 이름을 주는 것을 본 하나님들은 기뻐하셨다. 이러므로 동물들의 이름은 별자리이고 별자리는 곧 하늘도시들의 이름인 셈이다.

아담이 모든 짐승들에게 이름을 주었으나 돕는 배필이 없으므로 여호와하나님께서 가라사대 사람의 독처 하는 것이 좋지 못하니 내가 그를 위하여 돕는 배필을 지으리라 하셨다.

동쪽의 여호와하나님께서 여섯 번째(前) 하신 일이니라

이 말씀을 들은 그 여호와하나님께서 그 아담을 깊이 잠들게 하신 후 그 갈빗대 하나를 취하고 살로 대신 채우시고. 그 갈빗대로 계획에 없던 여자(쌍둥이)를 만드시고 그를 아담에게로 이끌어 오시니. 아담이 말하기를 이는 내 뼈 중의 뼈요 살 중의 살이라 이것을 남자에게서 취하였으니 여자라 칭하리라 하였다. 이렇게 되어 하나님의 창조 여섯째 날 전반에 여호와하나님께서 둘째 날에 지은 아담과 여섯째 날에 만든 여자가 부부로 짝지어졌다.

저녁이 되며 아침이 되니 이는 서쪽의 하나님께서 여섯 번째(後)하신 일이니라

이것을 본 하나님께서 말씀하시기를 우리의 형상을 따라 우리의 모양대로 우리가 사람을 만들고 그로 바다의 고기와 공중의 새와 육축과 온 땅과 땅에 기는 모든 것을 다스리게 하자 하시니. 이 말씀을 들은 다른 하나님께서 진흙 두 덩이를 뭉쳐 태반처럼 만드시고는 우유를 부으셨다. 그러자 그것이 엉기더니 가죽과 살이 덮이고 뼈와 힘줄이 생기면서 아기가 되고 빨리 자라서 청년들이 되었다. ●증서 "Job100912."

하나님께서는 씨를 가진 사람을 남자라 이름하고 생산능력을 가진 사람을 여자라 칭하셨다.

이렇게 하여 또 사람이 만들어지자 이것을 본 다른 하나님께서 자기 형상 곧 하나님의 형상대로 남자와 여자의 모습을 상상하시자 생각대로 남자와 여자들이 즉시 창조되어 나타났다.

이리하여 하나님의 창조 여섯째 날이 끝났을 때에는 하나님의 창조 둘째 날에 지은 쌍둥이 아담, 하나님의 창조 여섯째 날 전반부에 아담의 갈빗대로 만든 쌍둥이 여자, 하나님의 창조 여섯째 날 후반부에 흙으로 만든 사람, 하나님의 창조 여섯째 날 후반부에 진흙과 우유를 섞어 만든 사람과 생각으로 창조한 사람들이 지어졌거나 만들어졌거나 창조되었다. 이름은 사람, 남자, 여자, 아담, 하와, 이와였다.

여호와하나님	여호와보레(창조주)
●재료: 흙 ●방법: 지음과 만듦 둘째 날-생령의 남자(아담) 다섯째 날- 큰 도마뱀종류와 익룡들 여섯째 날- 여자 ●특성: 혼이 있음 ●유전자: 우성 ●공간과 땅: ?	●재료: 생각 ●방법: 창조 ●창조물: 큰 물고기 · 물에서 번성하여 움직이는 모든 생물 · 날개 있는 모든 새 · 육축 · 기는 것 · 땅의 짐승 여섯째 날- 남자와 여자 ●특성: 중성으로 어떤 것을 가지느냐에 따라 우성이 될 수 있고 열성도 될 수 있음 ●공간과 땅: ?

<table>
<tr>
<td colspan="2">말씀하나님
• 재료: 말씀, 물, 땅
• 방법: 말씀에 의한 진화작용
• 진화된 것: 물의 생물·새·육축·기는 것·땅의 짐승
여섯째 날- 남자와 여자
• 특성: 몸이 죽으면 기운도 같이 소멸되어 사라짐
• 유전자: 열성
• 공간과 땅: ?</td>
<td rowspan="2">하나님
• 재료: 벌레와 구더기
벌레와 구더기가 진화하여 사람이 되기까지는 오랜 세월이 걸렸음.
• 증서 "하물며 벌레인 사람, 구더기인 인생이랴"
• 방법: 진화
• 피조물: 동물과 사람
이것들은 진화되기도 하고 퇴보되기도 하고 인간이 동물로 도태되기도 하였음.
• 유전자: 열성
• 공간과 땅: ?</td>
</tr>
<tr>
<td>야웨4(하나님)
저절로(?)...</td>
<td>야웨5·6·7·8...
?</td>
</tr>
</table>

△'진화': 하나님이 말씀하여 어떤 생물이 기운의 작용에 의해서 오랜 세월동안 조금씩 변화하여 보다 복잡하고 우수한 종류의 것으로 되어 가는 일.

△'창조': 하나님이 상상한 것이 즉시 피조되어 나타나는 것.

△'만듦': 여호와께서 재료 중 일부를 떼어서 계획에 없던 것을 임의로 만든 것.

△'지음': 여호와께서 재료를 가지고 계획에 있던 것을 설계한대로 공들여 만든 것.

창조냐? 진화냐? 이것은 논란의 소지가 있기 때문에 주의하여 적은 것이다.

그때에 이르시기를 "신들은 우열과 순차를 따라 다양한 방법으로 만물을 피조한다. 이러므로 하나님의 말씀에 의해서 물과 땅에서 오랜 세월동안 진화되어 나온 것이 있고, 상상의 힘으로 즉시 창조된 것이 있으며, 재료를 써서 짓거나 만든 것이 있고, 스스로 계신 하나님의 속성 따라서 저절로 생겨나는 것도 있다.

현재는 이것들이 다 합쳐졌기 때문에 흔적만 남아있는 상태다. 이 때문에 지구과학자들은 창조와 진화사이에서 고민하게 된다" 라고 말씀하셨다.

파생된 우리 태양계(기노스코)

아주 오래 전, 하늘전쟁으로 별들이 떨어질 때에 사탄의 쌍둥이 별인 식굿과 레판의 별이 기윤과 함께 외계에 있는 거대 수역(바다)을 넘어 그 위치(?)까지 떨어져 내렸다.

이 별들은 검은 태양으로서 항성도 될 수 있고 행성도 될 수 있는 이상한(변환자재)별이었다.

오랜 세월 후 외계의 '케발'강 근처에 있던 '기윤'이 폭발했고 그 잔해들은 흩어졌다.

그리하여 약 222억 년 전에 큰달1이 생겼고, 212억 년 전에 큰달2이 생겼으며, 202억 년 전에 큰달3이 생겼고, 192억 년 전에 큰달4이 생겼으며, 187억 년 전에 큰달5이 생겼고, 182억 년 전에 큰달6이 생겨났다.

그때의 큰 달들은 암석천체로 활화산들이 많은데다 크고 작은 분화구에서는 끊임없이 불기둥과 연기기둥이 치솟았다. 게다가 유황온천이 사방에 널려있어서 이산화황(유황)냄새가 진동했었다.

69억 년 후 그 레판의 별이 큰 달과 충돌하면서 약152억 년 전에 큰달1이 태양1 · 해왕성1 · 목성1을 탄생시켰고, 142억 년 전에 큰 달2이 태양2 · 해왕성2 목성2을 탄생시켰으며, 132억 년 전에 우리우주가 생기면서 큰 달3이 태양3 · 해왕성3 · 목성3을 탄생시켰고, 122억 년 전에 큰달4이 태양4 · 해왕성4 · 목성4을 탄생시켰으며, 117억 년 전에 큰 달5이 태양5 · 해왕성5 · 토성5을 탄생시켰고, 112억 년 전에 큰 달6이 태양6 · 해왕성6 · 토성6을 탄생시켰다. 그때의 행성들은 암석으로 산과 계곡, 분화구들이 많았으며 화산활동이 활발하여 불과 연기가 끊임없이 치솟아 오르는 뜨거운 별이었다.

9억 년 후 약 142억 년 전에 목성1이 작은 달1을 탄생시켰고, 132억 년 전에 목성2이 작은 달2을 탄생시켰으며, 122억 년 전에 목성3이 작은 달3을 탄생시켰고, 112억 년 전에 목성4이 작은 달4을 탄생시켰으며, 107억 년 전에 목성5이 작은 달5을 탄생시켰고, 102억 년 전에 목성6이 작은 달6을 탄생시켰다.

약 100억 년 전 '오메가 센타우리' 은하가 우리은하와 충돌하였고, 약 99억 년 전 아담이 선악열매를 먹고 하나님을 배반하고 말았다. 그즈음 '식굿'이 폭발하여 토성 · 천왕성들이 만들어졌다.

64억 년 후 약 77억 년 전에 토성1이 수성1 · 명왕성1 · 행성X1을 탄생시켰고, 67억 년 전에 토성2이 수성2 · 명왕성2 · 행성X2을 탄생시켰으며, 57억 년 전에 토성3이 수성3 · 명왕성3 · 행성X3을 탄생시켰고, 47억 년 전에 토성4이 수성4 · 명왕성4 · 행성X4을 탄생시켰으며, 42억 년 전에 토성5이 수성5 · 명왕성5 · 행성X5을 탄생시켰고, 37억 년 전에 토성6이 수성6 · 명왕성6 · 행성X6을 탄생시켰다.

그후 태양들이 각각 큰 달과 수성과 행성들을 데리고 점점 동쪽으로 이동하자 우주도 동쪽으로 움직였다.

그때에 태양과 수성들이 한 곳으로 가다가 어느 시점부터 갈라져 태양이 동쪽으로 가면 수성은 서쪽으로 가고, 그 태양이 서쪽으로 가면 그 수성은 반대편인 동쪽으로 갔다.

59억 년 후 즉 17억 년 전에 큰 달1이 폭발하여 가스토성 · 가스천왕성 · 가스해왕성 · 명왕성을 만들었고, 7억 년 전 큰 달2이 폭발하여 가스토성 · 가스천왕성 · 가스해왕성 · 명왕성을 만들었다. 현재 우리 태양계의 가스행성들이 17억 년 전에 생긴 것인지, 7억 년 전에 생긴 것인지는 모르겠다. 만들어진 행성들이 X 교차되어 이동했기 때문이다.

그 즈음 외행성 쪽에 있던 작은 달들이 태양의 인력에 끌려갔는데 작은 달에는 위성이 딸려 있었다.

이 천체는 암석으로 지하에 물 샘들이 있어서 생물이 태동되기에 충분했다.

10억 년 후 태양 불에 달구어진 위성들은 지구형 행성들로 변했다. 그런즉 지구(*성경에는 지구가 12행성을 낳았다고 암시되어 있는데, 이 비밀에 관해서는 모르겠다.)는 본래 달의 위성인 것이다.

이 행성들은 대소의 법칙 즉 큰 것과 작은 것, 반대의 법칙 즉 고체행성과 가스행성, 원근의 법칙 즉 멀고 가까움, 장단의 법칙 즉 수명이 긴 것과 짧은 것들이 있으며 행성의 동방에 위치하는 편이다.

지금으로부터 약 66억 년 전 달 위성1이 변환되어 지구1가 되었고, 56억 년 전 달 위성2이 변환되어 지구2가 되었으며, 46억 년 전 달 위성3이 변환되어 우리지구3가 되었는데 그 당시 우리지구는 큰 것과 작은 것 두 개였다. 현재 큰 것은 없어진 [44억 년 전 폭발(?)] 상태고 우리들이 살고 있는 지구는 작은 것이다. 그때에 She3행성이 폭발하여 사라졌고 그 여파로 뜨겁던 우리지구도 식기 시작했다.

약 36억 년 전 달 위성4이 변환되어 지구4가 되었고, 약31억 년 전 달 위성5이 변환되어 지구5가 되었으며, 약26억 년 전 달 위성6이 변환되어 지구6가 되었다.

그 즈음 거대 혜성이 지구를 지날 때에 작은 달은 태양 뒤편에 위치하였다.

그리하여 행성을 탄생시키지 못하던 달의 체질이 변하여 금성을 탄생시키게 되었다.

지금으로부터 약 52억 년 전 작은 달1이 금성1을 생산했고, 42억 년 전 작은 달2이 금성2을 생산했으며, 32억 년 전 작은 달3이 우리 금성3을 생산했고, 22억 년 전 작은 달4이 금성4을 생산했으며, 17억 년 전 작은 달5이 금성5을 생산했고, 12억 년 전 작은 달6이 금성6을 생산했다.

그 당시 태양과 행성들은 '맞자로트' 즉 천체둘레의 광환 또는 주위를 둘러싼 띠 같은 것으로 연결되어 있었다. 그러다 인간이 죄를 짓고 신과 멀어지자 동일하게 천체들도 서로 떨어져야만 했다. 그리하여 태양나이 98억 년, 지구나이 12억 년일 때 태양의 광환과 행성의 고리들이 표피를 베어내듯 갈라지면서 천체들이 멀어져 갔다. 이 때문에 과학자들은 태양의 나이를 12억 년으로 잘못 계산할 수도 있다. 그때에 태양들이 행성들을 X 교차하여 데리고 갔으므로 현재 우리 태양계 행성들의 연대를 정확히 측정하기는 어렵다. 오늘날 태양계와 유사한 '웝실론 안드로메디'의 모습이 공개되었으나 6-7의 태양계에 속한 것은 아니다.

그즈음 위 우주에 있던 행성들이 연이어 폭발하면서 우리 우주에 기후변화가 일어났다.

약 46억 년 전에 '살라'행성3이 폭발하였고, 약44억 년 전에 '라가우'행성4이, 약41억 년 전에 '세루그'행성2이, 약39억 년 전에 '라가우'행성5이, 약34억 년 전에 '라가우'행성6이, 약31억 년 전에 '세루그'행성3이, 21억 년 전에'세루그'행성4이, 약17억 년 전에'타라'(큰달)1가, 약16억 년 전에 '세루그'행성5이, 약15억 년 전에 '왕비'(작은 달)1가 , 약11억 년 전에 '세루그'행성6이, 약7억 년 전에 '타라'행성2가, 약5억 년 전에 '왕비'2가 폭발하면서 발생한 열풍과 압력파가 우리 태양계를 강타했다.

얼마 후 '왕비2' 폭발시 발생한 우주먼지와 잔해들이 우리공간을 가려 지구에 긴 빙하기가 있었으며, 약 4억 년 전에 'Arph-axad'행성1이 폭발하면서 지구에 대 지각변동이 있었을 것으로 추정된다.

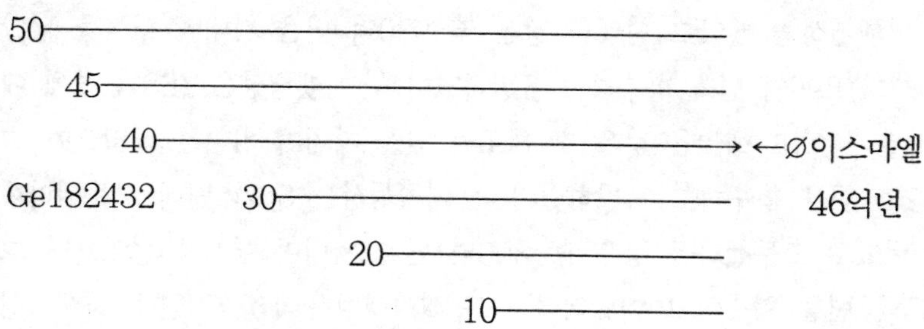

'우리들이 속한 태양계는 본 태양계에서 동쪽으로 떨어져 나와서 파생된 열등한 태양계이다.

그러므로 태양의 반대편인 북쪽(?)으로 가다보면 큰 강이 있고 그 수역을 지나면 본 태양계의 고향이 있을 것이다. 예표들의 이름은 우주적으로 항성과 행성들을 상징하는 것이고 이들의 연한은 천체들의 수명, 이들에 딸린 가족들은 천체들이 거느린 위성들의 표상이다.

예) • 코레쉬:'태양, 보좌' • 데라: 아람어 '에라'-"달"

• 삼손: '태양, 태양신'이라는 뜻 • 기윤: 바벨론어 '토성'

그리고 만물이 저주받기 전까지 행성이 자라기도 하고 행성을 낳기도 하였었다.'

생각이 이에 미친 나는 성경을 이런 식으로 이해하게 되었다.

'곧 아담행성이 130억 년에 셋행성을 낳고 셋을 낳은 후 800억 년을 지내며 행성을 낳았으며 그가 930억 년을 향수하고 폭발하였더라. 셋행성은 105억 년에 에노스행성을 낳았고 에노스를 낳은 후 807억 년을 지내며 행성을 낳았으며 그가 912억 년을 향수하고 폭발하였더라. 에노스행성은 90억 년에 게난행성을 낳았고 게난을 낳은 후 815억 년을 지내며 행성을 낳았으며 그가 905억 년을 향수하고 폭발하였더라. 게난행성은 70억 년에 마할랄렐행성을 낳았고 마할랄렐을 낳은 후 840억 년을 지내며 행성을 낳았으며 그가 910억 년을 향수하고 폭발하였더라. 마할랄렐행성은 65억 년에 야렛행성을 낳았고 야렛을 낳은 후 830억 년을 지내며 행성을 낳았으며 그가 895억 년을 향수하고 폭발하였더라. 야렛행성은 162억 년에 에녹행성을 낳았고 에녹을 낳은 후 800억 년을 지내며 자녀를 낳았으며 그가 962억 년을 향수하고 폭발하였더라. 에녹행성은 65억 년에 므두셀라행성을 낳았고 므두셀라를 낳은 후 300억 년을 지내며 행성을 낳았으며 그가 365억 년을 향수하고 떠났더라. 므두셀라행성은 187억 년에 라멕행성을 낳았고 라멕을 낳은 후 782억 년을 지내며 행성을 낳았으며 그는 969억 년을 향수하고 폭발하였더라. 라멕행성은 182억 년에 노아행성을 낳았고 노아를 낳은 후 595억 년을 지내며 행성을 낳았으며 그는 777억 년을 향수하고 폭발하였더라. 노아행성은 502억 년에 셈행성과 함행성과 야벳행성을 낳았더라.

셈행성은 100억 년에 아르박삿행성을 낳았고 아르박삿을 낳은 후에 500억 년을 지내며 행성을 낳았으며 600억 년에 폭발하였더라. 아르박삿행성은 35억 년에 셀라행성을 낳았고 셀라를 낳은 후에 403억 년을 지내며 행성을 낳았으며 438억 년에 폭발하였더라. 셀라행성은 30억 년에 에벨행성을 낳았고 에벨을 낳은 후에 403억 년을 지내며 행성을 낳았으며 433억 년에 폭발하였더라. 에벨행성은 34억 년에 벨렉행성을 낳았고 벨렉을 낳은 후에 430억 년을 지내며 행성을 낳았으며 464억 년에 폭발하였더라. 벨렉행성은 30억 년에 르우행성을 낳았고 르우를 낳은 후에 209억 년을 지내며 행성을 낳았으며 239억 년에 폭발하였더라. 르우행성은 32억 년에 스룩행성을 낳았고 스룩을 낳은 후에 207억 년을 지내며 행성을 낳았으며 239억 년에 폭발하였더라. 스룩행성은 30억 년에 나홀행성을 낳았고 나홀을 낳은 후에 200억 년을 지내며 행성을 낳았으며 230억 년에 폭발하였더라. 나홀행성은 29억 년에 데라행성을 낳았고 데라를 낳은 후에 119억 년을 지내며 행성을 낳았으며 145억 년에 폭발하였더라. 데라행성은 70억년에 아브람행성과 나홀행성과 하란행성을 낳았더라.'

이렇게 바꿔 생각하므로 우주역사를 측정할 수 있는 단서는 알게 되었다.

그러나 지구연대측정의 정확한 기준 점을 알 수 없었기에 연대표를 작성할 수가 없었다.

이에 나의 지식을 한탄하고 우주창조는 끊임없는 논쟁거리로 그냥 남겨두어야겠다고 생각했다.

그러던 어느 날 영감이 지도하여 "창18:24-32"를 적용하라 하셨고, 이 지식의 열쇠로 6개의 연대표를 대충 작성할 수 있게 되었다. 하지만 연대표를 만드는 과정에서 30을 택해야 하는지, 40을 택해야 하는지 종잡을 수 없었기에 대략 지구나이를 46억 년으로 추정하고 연대표를 30에 맞추었다.

"Ge182432"↓50 · 45 · 40 · 30 · 20 · 10↑10 · 20 · 30 · 40 · 45 · 50 중에서 지구를 상징하는 '이스마엘'을 30줄에 맞추었다는 말이다. 이 연대표가 우주를 경작하시는 신들의 계획표로써 단위를 확대할수록 성단<은하<우주의 역사가 되고 단위를 축소할수록 태양계>행성>국가>개인의 예언이 된다.

57억 년 전

우리태양의 나이 75억 년에 태양이 수성과 달과 행성들을 데리고 본 태양계에 있던 토성을 떠나서 점점 남방으로 옮겨갔다.(그때의 토성은 현재의 토성이 아님) 그즈음 거대혜성이 행성X와 충돌하면서 그 우주공간은 칠흑같이 어두워졌다. 11억 년 후 우리지구가 탄생했고 지구는 그 태양계를 떠나 동쪽으로 이동했다. 은하끼리 충돌할 때 이쪽에서 만들어진 것이 저쪽으로 건너가고, 저쪽에서 만들어진 것이 이 쪽으로 건너 올 수 있는데 이렇게 서로 엇갈리는 것을 교차법칙이라 한다.

이 법칙으로 인해서 신들이 경영하시는 일을 잘 모르게 된다.

X교차법칙

요셉이 오른손으로 장자 므낫세의 머리에 얹고, 왼손으로는 차자 에브라임의 머리에 얹고 야곱에게로 이끌어 가까이 나아가게 하매. 야곱이 오른손으로 차자 에브라임의 머리에 얹고 왼손으로 장자 므낫세의 머리에 얹으니 므낫세는 장자라도 팔을 어긋맞게 얹었더라.

46억 년 전

지구들이 생겨나자 하나님들이 (먼저 생긴)큰 지구에 있는 레바논에 오셨고 그곳에다가도 에덴을 만드셨다.

- 증서 "에덴의 모든 나무 곧 레바논의 뛰어나고 아름다운 나무들 Ez3136."

그때에 여호와하나님이 태양에 에덴동산을 창설하시고, 큰 지구에 오셔서 에덴의 흙을 취하여 쌍둥이 아담을 지으시고는 그 중 하나를 데리고 태양으로 가셨다. 그 당시 금성은 땅콩처럼 생긴 행성으로 큰 혹을 하나씩 달고 있었다. 여호와하나님이 태양에 에덴동산을 만드시자 여호와께서 나도 동산을 만들리라 하시고, 동방에 있는 금성의 혹에 에덴동산과 비슷한 동산을 창설하시고 이름을 그냥 동산이라고 했다.

이 동산 안에도 태양의 에덴동산과 같은 루아흐나무 열매 외에 생명나무가 있었고 동산 가운데 선악나무도 있었다. 이리하여 큰 지구의 에덴, 금성의 동산, 태양의 에덴동산 등 세 종류의 동산이 창설되었다.

아주 혼동스럽고 헷갈리는데 물(H_2O=2+1)의 구성처럼 〔(에덴+동산)+에덴동산〕을 만든 것이다.

영적으로 물은 하나님의 말씀이다. 그래서 성경말씀들은 다 물의 구조를 가지고 있다.

—각 문장마다 짝이 있고 짝2+ 보충1이 될 때 완전한 문장을 이루면서 제대로 해석이 된다는 말이다.

교회들이 이러한 신의 문법을 모르기 때문에 말씀논쟁으로 갈라지고 종파싸움을 하게 된다.

예컨대 이 쪽 기록에는 사람들이 하나님을 보고 먹고 마셨는데, 저 쪽 기록에는 아무도 하나님을 본 자가 없다라고 선언한다. 두 개를 합쳐서 이해하면 사람들이 눈으로 본 하나님도 계시고, 영원히 볼 수 없는 근원적인 하나님도 계시는 것인데 왜 목사들은 자기 주장만 내세워서 싸우려고만 할까.

▷여호와하나님께서는 태양에덴동산에 있던 그 아담에게 명하여 가라사대 "동산 각종 나무의 실과는 네가 임의로 먹되. 선악을 알게 하는 나무의 실과는 먹지 말라 네가 먹는 날에는 정녕 죽으리라"라고 말씀하셨다.(선악열매는 율법열매이므로 네가 법을 알면 죽는다는 뜻이다.)

▷여호와께서는 금성동산에 있던 그들에게 명하여 가라사대 "동산 중앙에 있는 나무의 실과는 너희는 먹지도 말고 만지지도 말라 너희가 죽을까 하노라"라고 말씀하셨다.

▷하나님께서는 큰 지구 에덴에 있는 그들에게 "너희들은 동산 모든 나무의 실과를 먹지 말라" 라고 말씀하셨다.

그 당시까지 행성들은 광환의 고리들로 연하였으며 강이 큰 지구의 레바논(?) 물 근원지 곧 다마스커스 북동쪽 약 112km 지점에 위치했던 '콰리아테인'에서 발원하여 금성을 적시고 거기서부터 갈라져 네 근원이 되었으니 수성·달·화성에까지 물이 흘렀다 …전략…

그 시대에 하나님이 창조한 사람들은 채소와 과일열매를 먹었고 짐승과 공중의 새, 땅에 기는 것들은 푸른 풀을 먹었다. 하지만 여호와하나님께서 지은 사람과 도마뱀 종류들은 돌을 먹고 살았다.

변질될 수 있는 체질상 가능했던 일인데 뱃속에 돌이 들어가면 조직이 화학적 자극을 받아서 다른 물질을 첨가하므로 돌이 떡덩이로 변했다.

●증서 "이 돌들이 변하여 떡덩이가 되게 하라"

오랜 세월 후 여호와하나님께서 지으신 들짐승 중에 큰 도마뱀이 가장 간교해졌다.

그때에 공중에 악마의 제국들을 건설하고 있던 사탄과 마귀들이 땅을 내려다보니 자신들을 닮은 짐승들이 있는지라, 이들을 이용하여 인간을 타락시킬 계략을 꾸미게된다. 그 시대에 아담들은 짐승과 새들이 동산을 침범하지 못하도록 지켰고 여자들은 동산을 손질하면서 친구인 도마뱀들과 어울려 세월을 보내고 있었다.

그 여자들은 피부가 매끄럽고 유방이 또렷하며 눈이 아리따운 미인들이었으나 생령인 아담과는 체질이 달랐고 이미지가 여자인 뱀들과는 체질과 성정이 비슷하였다.

그래서 신과 같은 남자보다는 뱀들을 가까이 하게 되었던 것이다. 여자들은 보석들이 빛나는 강가에서 뱀들과 노는 것을 즐겼고 뱀들로부터 신의 창조물들과 영의 세계에 관해서 많은 비밀을 듣기도 하였다.

그러던 어느 날 아담은 기도하러 동산으로 가고 여자 혼자 있었는데, 사탄이 이것을 보고 뱀의 마음에 여자를 범하고자 하는 욕정을 불어넣었다. 하지만 여자에게는 아직 성기가 없었고 또 뱀은 아담의 상대가 되지 못했기 때문에, 어떻게 하면 남자를 죽이고 여자와 성교할 수 있을까 하고 골똘히 연구하게 된다. 이에 마귀가 뱀에게 단계적인 계책을 주매 인류는 파멸의 길을 걷게 된다.

Step1: 빛의 갑옷을 벗겨라.

Step2: 머리털을 밀고 눈을 뽑아라.

Step3: 편을 갈라라.

Step4: 전쟁을 촉발시켜 서로 죽이게 하라.

여러 날 후, 태양에덴동산에 있던 그 여자가 그 도마뱀의 꼬임에 빠져 선악열매를 따먹고 아담에게도 주어 먹게 한 지라 그 아담은 즉시 죽어버리고 그 여자는 살아남았다. 체질이 달랐기 때문이었다.

이에 하나님께서는 미혹케 한 그 들짐승과 그 새들을 태양에덴동산에서 쫓아내시고 과부된 그 여자를 큰 지구 에덴에 있는 아담에게 주어 그 아담은 두 아내를 거느리게 된다.

이것을 본 다른 하나님은 사람을 지혜롭게 창조한 하나님의 후회하심을 보시고 '나는 사람을 무지하게 만들어야 겠다' 하시고 낮은 지능을 가진 인간을 창조하셨다. 그리하여 이 사람들은 소경처럼 어두워 앞을 잘 보지 못했다. 왜냐하면 지혜는 안광에 영향을 끼쳐서 지혜로울수록 눈이 밝고 무지할수록 눈이 흐려지기 때문이었다.

하루는 태양에서 쫓겨난 도마뱀이 땅을 두루 돌아다니다가 금성 동산에 있는 여자에게 물어 가로되, '하나님께서 너희더러 동산 모든 나무의 실과를 먹으라고 말씀하셨느냐?'

"여자가 뱀에게 말하되 동산 중앙에 있는 나무의 실과는 하나님의 말씀에 너희는 먹지도 말고 만지지도 말라 너희가 죽을까 하노라 하셨느니라."

그러자 뱀은 잠시 생각한 뒤 '음! 죽을 수도 있고 죽지 않을 수도 있다는 말인데, 너희들은 우리와 성정이 다르므로 죽지는 않을 것이다. 도리어 그것을 먹는 날에는 너희 어두운 눈이 밝아져서 지혜롭게 되어 하나님처럼 선악을 알 줄을 하나님이 미리 아심이니라 하였다.'

이 말을 들은 그 아담과 그 아내가 그 나무를 본즉 먹음직도 하고 보암직도 하고 지혜롭게 할만큼 탐스럽기도 한 나무인지라, 여자가 그 실과를 따먹고 자기와 함께 있는 남편에게도 주어 먹게 하였다.

그러자 세월이 흐르면서 점점 그들의 몸을 두르던 빛이 소멸되면서 알몸이 드러났고 수치를 느낀 그들은 성기를 가리기 위해서 무화과나무 잎을 엮어 치마를 하였다. 마귀의 첫번째 계략대로 빛의 갑옷이 사라진 것이다.

의혹: 아담과 그 아내 두 사람이 벌거벗었으나 부끄러워 아니하다가 선악열매를 먹은 후부터 자기들의 몸이 벗은 줄을 알고 하체를 가린 이유는 무엇인가?

어떤사람: 도마뱀의 꼬임에 넘어간 그 사람들은 앞을 잘 보지 못했을 뿐

더러 감정도 무딘 편이었다. 때문에 끊임없이 외계의 자극에 변하는 마음의 현상을 느껴보고 싶어했다. 그러던 차에 선악열매를 먹으면 눈이 밝아지고 하나님처럼 될 수 있다는 뱀의 말을 듣게 되었다. 그리하여 선악열매를 먹자 주관적 의식현상이 나타나면서 쾌불쾌(快不快)·희비(喜悲)·노여움·공포·정을 드러내게 되었다. 그때에 자신들의 몸에 없었던 성기가 생겼고, 또 남녀가 최초의 성교를 한 후에 하나님께서 찾아오시자 아담과 아내가 창피해서 숨었던 것이다.

그때에 큰 지구 에덴에 있던 그 아담마저 그 과부된 여자의 꾐에 빠져 선악열매를 먹으므로 모든 만물이 저주받게 된다. 그리하여 세상주권은 마귀에게 넘어가고 우주에는 흑암물질이 생기면서 빛에너지가 점차 소멸되어 갔다. 정지되었던 행성들이 돌면서 사계(四季)가 시작되어 날이 서늘할 때에 동산에 거니시는 여호와하나님의 음성을 들은 그 아담과 아내가 여호와하나님의 낯을 피하여 동산 나무 사이에 숨은지라.

하나님: 아담아 네가 어디 있느냐?
아담: 내가 동산에서 하나님의 소리를 듣고 빛이 사라진 알몸으로 인해서 두려워하여 숨었나이다.
하나님: 누가 너의 벗었음을 네게 고하였느냐 내가 너더러 먹지 말라 명한 그 나무실과를 네가 먹었느냐?
아담: 하나님이 주셔서 나와 함께 하신 그 여자가 그 나무실과를 내게 주므로 내가 먹었나이다.
하나님이 여자에게: 네가 어찌하여 이렇게 하였느냐?
여자: 여호와하나님이 지은 큰 도마뱀이 나를 꾀므로 내가 먹었나이다.
여호와하나님께서 뱀에게: 내가 너를 그 사람들보다 우승되게 지었거늘. 이 사람들을 꾀어 죽게 했으니 네가 모든 육축과 들의 모든 짐승보다 더욱 저주를 받아 너의 혼은 퇴보되고 너의 몸은 축소되어 종국에는

배로 기다가 종신토록 흙을 먹게 되리라. 내가 너로 친구였던 여자와 원수가 되게 하고 장차 네가 낳을 뱀의 자식도 여자의 후손과 원수가 되게 하리니, 여자의 후손은 네 머리를 상하게 할 것이요 너는 그의 발꿈치를 상하게 할 것이라. 너로 인하여 모든 짐승과 사람이 저주를 받을 것이니 본래 죽지 않던 것이 죽을 것이요 큰 것이 작아질 것이요 신비한 능력이 몸을 떠나서 모든 만물이 육체의 한계 속에서 한탄하게 될 것이다.

여호와하나님께서 여자에게: 본래는 아기를 입으로 토하여 낳았으나 이제부터는 내가 네게 잉태하는 고통을 크게 더하리니 자궁을 막는 막이 생길 것이요. 임신 기간이 길어질 것이요 네가 수고하고 자식을 낳을 것 이며 너는 남편에게 종속 당하여 남편만 바라보고 살게될 것이다.

여호와하나님께서 아담에게: 네가 네 아내의 말을 듣고 내가 너더러 먹지 말라 한 나무 실과를 먹었으니 땅은 너로 인하여 저주를 받고 효력을 상실한 채 깨어져 없어질 것이요 너는 종신토록 수고하여야 그 소산 을 먹으리라. 땅이 네게 가시덤불과 엉겅퀴를 낼 것이라, 이전같이 신비한 약효나 효능을 가진 식물을 보지 못하겠고 땅의 생명력은 소멸되어 식물의 성장이 더딜 것이다. 너의 먹을 것은 밭의 채소인즉 네가 얼굴에 땀이 흘러야 식물을 먹고 필경은 흙으로 돌아가리니 그 속에서 네가 취함을 입었음이라 너는 흙이니 흙으로 돌아가라.

그후 공룡으로 돌변한 도마뱀들의 몸은 형태·형질적인 변화를 일으켰고 내장에서 물체를 변질시키던 화학작용도 멈추었다. 이에 돌을 먹고살던 그 공룡들은 돌이 뱃속에서 소화되지 아니하므로 굶어죽었고 간신히 살아남은 그 후손들도 다른 식물에 적응해야만 했다. 세월이 흘러 죽게된 사람들이 금성의 동산에 있는 생명나무열매를 탐하자 여호와 하나님께서 가라사대 보라 이 사람이 선악을 아는 일에 우리 중 하나같이 되었으니 그가 그 손을 들어 생명나무실과도 따먹고 영원히 살까 하노라 없이하자. 하시니 금성의 동산이 떨어져 태양으로 빨려갔고 그 입구를 두루 도는 불칼(홍염)이

막게 되었다.

그후로도 긴 세상역사가 있어 우주문명이 극도로 발달하였으며 종말에 이르자 또 대 전쟁이 벌어졌다.

그때에 큰 지구가 폭발하여 우리 공간에서 사라졌다 ...중략...

그 시대에 금성의 동산에 있던 그 도마뱀과 그 짐승들, 그 새들도 동산을 쫓겨났고 아담과 이와도 동산을 나와서 그의 근본 된 토지를 경작하였다. 그즈음부터 모든 세계가 영→반물질→물질화 되면서 보이지 않던 세계들이 보이는 형태로 드러나고 수명 없던 것이 수명 있게 되었으며 태양과 달도 점점 작아져 가게 되었다.

모든 만물이 축소될 때에 사람들의 신장은 30m에서 15m로 줄었고 머리카락도 짧아져 힘과 지혜가 많이 상실되었다. 하지만 여전히 신령하여 호흡하지 않고 살았고 비상력이 있어 날아다녔으며 스스로는 죽지 않는 몸을 유지하고 있었다. 예를 들어 가마에 센 불을 지피다 껐다 하자, 그 열이 완전히 식기까지는 시간이 걸리는 것처럼 생물이 육체로 전락하기까지는 오랜 세월이 걸리게 된다. 이래서 성경에는 신체적·정신적, 생명유기체의 존재를 다른 양상으로 표현하였으며 다양한 의미로 표기하고 있다.

다음은 생물들이 부여받은 다양한 생명의 기운과 영의 사람이 죄를 지음으로 육체로 전락해간 단계들이다.

영에서 →육체로

⇩

'프뉴마': 신과 동등한 영적 존재를 가리킴.

'루아흐': 바람·호흡·생명으로 신에 가까운 인간을 가리킴.

'네페쉬': 영혼으로 인간에게 생명을 주는 것.

'프쉬케': 영혼으로 개인의 존재를 구성해 주는 것.

'레브': 영적 기능보다는 생각적 기능을 가리킴.

'네솨마': 이보다 열성으로 육체적이지는 않지만 코로 기식하게 된 인생을 말함.

'하임': 인간의 생존시간으로 수명이 다할 수 있는 기운.
'조에': 일반적인 인간의 삶으로 인간에 의해 유동적일 수 있는 기운.
'카르디아': 이성과 의지적인 인간을 가리킴.
'카베드': 강한 감정을 가진 인간을 가리킴.
'스프랑크나': 애정과 동정심을 가린 인간을 가리킴.
'비오스': 자식을 낳고 세상에 속할 수 있는 세속 존재의 지속을 가리킴.
'하이': 인간과 동물 즉 산 것은 모두 포함하는 생명.
'사르크스': 신체적 존재를 말함.
'바사르': 먹을 수 있는 살코기 적인 육적존재, 곧 약한 인성.
'소마': 동물과 인간의 몸을 가리킴.
'하야': 동물과 다를 바 없는 생명.
'게위야': 시체같이 무가치한 몸.

다른 아담이 그 아내 하와와 동침하매 하와가 잉태하여 가인을 낳고, 그가 또 가인의 아우 아벨을 낳았는데 아벨은 양치는 자이고 가인은 농사하는 자였다. 세월이 지난 후에 가인은 땅의 소산으로 제물을 삼아 소제로 여호와께 드렸고 아벨은 양의 첫 새끼와 그 기름으로 화제로 드렸다.

그러나 여호와께서는 동성애자인 가인의 제물은 열납하지 않으셨다. 이에 안색이 변한 가인이 후에 들에 있는 아우 아벨을 돌로 쳐죽였다.

여호와께서 가인에게: 네 아우 아벨이 어디 있느냐?

가인1: 공룡들이 마을을 습격하여 사람들을 죽일 때에 그도 물려갔으니 그가 어디 있는지 알지 못하나이다. 그가 정녕 찢겼으리니 내가 내 아우를 지키는 자니이까?

가인2: 내가 그를 돌로 쳤나이다.

여호와: 네가 무엇을 하였느냐 네 아우의 핏소리가 땅에서부터 내게 호소하느니라. 땅이 그 입을 벌려 네 손에서부터 네 아우의 피를 받았으니 네가 땅에서 저주를 받으리니 땅이 뒤집어지므로, 네가 밭 갈아도

땅이 다시는 그 효력을 내게 주지 아니할 것이요 너는 터지는 화산과 흘러내리는 용암을 피하여 유리하는 자가 되리라.

가인3: 내 죄벌이 너무 중하여 견딜 수 없나이다. 주께서 오늘 태양의 에덴에서 나를 쫓아내시온즉 내가 별에 계신 주의 낯을 뵈옵지 못하리니 내가 땅에서 피하며 유리하는 자가 될지라 무릇 나를 만나는 자가 나를 죽이겠나이다.

여호와: 그렇지 않다 가인을 죽이는 자는 벌을 칠 배나 받으리라. 내가 너의 머리털을 다 빠지게 해서 수치와 저주를 상징하는 표를 머리에 둘 것이니, 대머리 된 네 모습을 보면 사람들이 나로부터 저주받은 것을 알고 죽이지는 않으리라.

이에 영의 사람들에게서 머리털이 빠지면서 마귀의 두번째 계략대로 되었다.

삼손의 머리털이 밀리자 그 힘과 지혜가 사라져서 결국 블레셋군에게 두 눈이 뽑히지 않았느냐.

하지만 이때까지도 여호와의 생기가 소멸되지 않아서 사람들은 스스로는 죽지 않았다.

이래서 가인의 족보에 나이들이 없는 것이다. 죄를 지은 인간은 마땅히 죽어야 한다. 죄의 삯은 죽음이요 사망이기 때문이다. 그런데 그 당시의 죄인들이 여전히 죽지 않자 신들은 도구를 써서 사람들을 몰살시킬 수밖에 없었다.

가인이 별을 떠나서 에덴(태양)동편 놋땅(행성)에 거하였고 아내와 동침하니 그가 잉태하여 에녹을 낳은지라 공룡들의 습격을 막기 위해 성을 쌓고 그 아들의 이름으로 성을 이름하여 에녹이라 하였더라.

에녹이 이랏을 낳았고 이랏은 므후야엘을 낳았고 므후야엘은 므두사엘을 낳았고 므두사엘은 라멕을 낳았더라. 라멕이 두 아내를 취하였으니 하나의 이름은 아다요 하나의 이름은 씰라며 라멕은 아다를 더 사랑하였다.

아다는 야발을 낳았는데 그는 장막에 거하면서 소, 말, 돼지, 양, 닭, 개 등 육축 치는 자의 조상이 되었고. 그 아우 유발은 수금과 퉁소 등 악기를 부는 모든 자의 조상이 되었으며. 씰라는 두발가인을 낳았으니 그는 구리와 쇠로 각양 날카로운 기계를 만드는 조상이며 두발가인의 여동생은 나아마더라.

세월이 흘러 사람들이 그 주변 행성들까지 퍼졌을 때 두발가인의 여동생 나아마가 악기를 타며 노래부르는 이복오빠 유발을 만나러 갔다가 강간을 당하게 되었다. 억지로 동침한 후에 저를 심히 미워하자 수치를 당한 나아마가 울며 돌아왔고 이 소식을 들은 친오빠 두발가인은 대군을 이끌고 이복형제 유발을 치러갔다. 이 소문을 듣고 아비 라멕이 병력을 끌고 나와서 자식들의 싸움을 말리다가 창상을 입었으며 마귀의 세번째 계략대로 씰라와 아다의 편가름이 벌어졌다. 그 결과 혈족간에 서로 죽고 죽이는 전쟁이 벌어지면서 이 전쟁은 우주전쟁으로 확대되어 멸망을 초래하게 되었다. 마귀의 네번째 계략대로 된 것이다.

라멕의 노래

"아다와 씰라여 내 소리를 들어라 라멕의 아내들이여 내 말을 들어라 나의 창상을 인하여 내가 사람을 죽였고 나의 상함을 인하여 소년을 죽였도다 아벨을 죽인 가인을 위해서는 벌이 칠 배일진대 많은 사람을 죽인 라멕을 위해서는 벌이 칠십 칠 배이리로다."

여자를 차지한 도마뱀들

장기간의 전쟁으로 남자들이 전멸하자 들짐승과 공중의 새들은 땅을 습격하여 여자들을 전부 차지했다.

비록 오랜 세월이 걸렸으나 도마뱀들이 여자들과 마음놓고 성교할 수 있게 된 것이다.

그 시대에 저주받은 생물들의 혼은 아직 퇴보되지 않았으나 유전자는 열성으로 떨어지고 있었다.

그런데 공교롭게도 우성유전자가 열성으로 전락하는 시기에 열성으로 창조된 인간이 있었으므로 이 둘의 유전자가 일치되게 된다. 이 같은 때에 여자들이 짐승과 새들에게 강간을 당하고, 또 남자가 없어 음욕을 참지 못한 여자들이 각종 동물들과 수간하면서 무수한 짐승의 자식들이 태어났다.

또 에녹시대에 하늘의 타락한 천사들이 땅에 내려와서 여자들을 아내로 삼고 천사의 자식들을 낳기도 하였다.

이 천사의 자식들과 반인 반수들을 사람들은 '네피림'이라고 불렀는데, 이 말뜻에는 '천사의 자식들, 뱀의 자식들, 어두움의 대장부들'이란 의미가 포함되어 있었다.

큰 도마뱀과 여자사이에는 머리는 도마뱀, 몸은 사람인 뱀인간들이 태어났고, 익룡과 여자사이에는 큰 날개를 가진 뱀인간들이 태어났다. 이외에 기괴한 형태나 모양을 가진 괴물들이 땅에 가득했으니 그 종류들은 대략 이러하다.

뱀의 자식들과 네피림시대

△뿔이 일곱 개, 머리가 열 개인 메두사.

△뿔이 열 개, 머리가 일곱 개인 메두사.

△머리가 여러 개인 뱀 '히드라'

△6개의 뱀 머리를 가진 '스퀼라'

△뱀 머리가 7개인 괴물 '라스샴라로탄'

△팔 다리는 사람세포+뱀='네헤브카우'

△뱀의 몸에 물고기의 비늘과 물갈퀴가 있는'텔키네스'

△상반신 여체+하반신 용꼬리='에키드나'

△산양의 몸체+사자머리+뱀 꼬리='키마이라'

△뱀사람='에키온'

△사자+여자=얼굴과 가슴은 여자, 몸통은 사자에다 새의 날개가 달린

스핑크스.

△독수리의 날개에다 사자의 몸통을 가진 '그리핀'

△악어+사자+하마='암 무트'

△반은 사람 반은 황소인 '미노타우로스'

△수소+남자='디오뉘소스' 황소인간으로 전투적이며 머리에 두 뿔이 남.

△수소+인간='세리피스'곱슬머리에 턱수염이 둥그렇고 힘이 셈.

△수소+여자=.'이시스'

△암소+여자='하토르'

△암소+인간='아나트' 몸빛이 붉고 눈이 큼.

△숫양+인간='아문' 양인간으로 머리에 두 뿔이 있고 긴 수염이 남.

△염소+인간='사튀로스' 염소인간으로 머리에 두 뿔이 있고 긴 수염이 남.

△반은 사람 반은 말인 '켄타우로스'

△말+여자='데메테르' 여자의 머리털에 말 다리가 달림.

△말+나귀+인간='세트' 나귀인간으로 정수가 길고 하체는 넓고 튼튼함.

△노루+인간= 노루다리가 있어 빨리 달릴 수 있음.

△털 많고 초식을 하는 야성의 남자 '엔키두라'

△식인종 거인 '라이스트리곤'

△외눈박이 거인 '키클로프스'

△거인 '베스틀라'

△곰+인간= '레이브 올마이'

△자칼+인간= '아누비스'

△시랑+인간= '로물루스'

△머리가 셋 달린 개 '케르베도스'

△머리가 여섯 개 달린 개 '스킬라'

△개+인간='웨프와웨트'

△원숭이+인간= '하피'

△고양이+인간='바스테트'

△매+사람='호루스'

△따오기+사람='토트'

△새+여자='하르피에', '니케'

△동물+뱀+새='티아마트'

△멧돼지+인간= '미트라'

△물고기+인간='포르큐스'

△개구리+인간='헤크트' 머리는 개구리, 몸통은 사람.

이 혼돈의 시대, 온 땅이 괴물들로 더럽혀지고 음행과 점술과 요술과 마술과 피의 제사가 성행하자 신들은 그 땅에 있는 생명체를 다 죽이기로 결심하신다.

특별한 가죽옷

그때에 다른 아담이 여자의 꾐에 빠져서 선악열매를 먹었고 그 아담이 그 아내의 이름을 하와라 하였으니 이는 모든 산 자의 어미가 됨이었다. 여호와하나님께서 이 아담과 그 하와를 위하여 가죽옷을 지어 입히셨다. 이 옷은 방한복도 되고 방열복도 되는 것으로 혹독한 추위와 불같은 더위를 막아낼 수 있는 특별한 것이었다. 그즈음 하늘에 이상한 징조들이 발생하여 땅을 공포에 떨게 했다. 사람들은 쉴새없이 울려대는 천둥소리와 벼락에 놀라서 경심증에 걸리고 정신이 돌아 미치거나 귀머거리가 되었다.

또 강렬한 태양 빛에 눈이 멀어서 봉사들이 되었다. 귀신들림의 현상 곧 장님과 귀머거리, 경련과 발작, 간질, 정신이상, 두려움과 공포, 몸을 긁는 것이 다 이 때문이다. 지금으로부터 약 35억 년 전 '라가우'행성6이 폭발하면서 발생한 충격파가 그 태양계를 강타했다. 그 여파로 우주먼지가 하늘을 덮었고 땅은 폭설과 혹한으로 꽁꽁 얼어붙었다. 이 긴 빙하기동안 지상의 생명체는 전멸했으나 여호와하나님이 만들어준 가죽옷을 입은 아담과 하와는 살아남을 수 있었다.

죄를 죄로 여길 수 없다

그때에 시체들에서 혼들이 빠져 나왔는데 그들 중에는 큰 도마뱀종류, 각종 짐승과 새들, 뱀의 자식들, 네피림들, 거인들, 점쟁이들, 마술사들, 소경들, 귀머거리들, 중풍병자들, 간질병자들, 정신병자들, 색광들, 무법하고 음란한자들, 불량하고 악한 자들이 셀 수 없이 많았고 다수의 의인들도 포함되어 있었다.

하지만 그들을 선악간에 심판하여 분리시킬 수는 없었다. 왜냐하면 율법을 주지 않던 때라 세상에 죄는 있으되 죄를 죄로 여길 수 없었기 때문이었다. 이래서 죄인들을 벌할 음부가 아직 없었고 의인들이 들어갈 낙원도 마련되지 않았다. 세상에 법이 없으면 죄는 있으되 죄인을 벌할 수 없고 감옥도 필요 없는 것과 같은 이치다. •증서 "죄가 율법 있기 전에도 세상에 있었으나 율법이 없을 때에는 죄를 죄로 여길 수 없느니라."

그때까지 모든 생물은 죄를 지은 대가로 죽지 않던 것이 죽으면 그 죄값이 청산되었다.

이것을 원죄의 값이라 하며 성경에서는 "망했다"라는 표현을 쓴다. 이 말의 의미는 설계한 모든 것이 허사가 되었다는 뜻이다.

태양의 옥

그러나 신들을 두려워한 의인들을 우주공간을 떠돌도록 내버려둘 수 없었기에, 여호와께서는 그들의 죄를 일시적으로 간과하시고 태양의 흑점 곧 막힌 구덩이로 모아 들이사 예수께서 오실 때까지 기다리게 되었다.

천상의 옥은 '벨 켈레'가 있고, '벨 핫소하르'가 있고, '미쉬마르'가 있고, '필라케'가 있고, '데스모테리온'이 있는데 이것들은 징벌로 이용되기보다는 죄사함을 받을 때까지 순화를 위하여 일시 구류되는 장소에 불과하다. 그

후 구약시대를 대표하는 예수께서 죽으심으로 그들의 죄를 사하셨고 영으로 오사 옥의 영들에게 복음을 전파하셨다. 그들이 예수를 구세주로 영접하자 위로부터 붉은 줄이 내려왔고 전부 구덩이에서 건짐을 받았다.

- 증서 "이는 하나님께서 길이 참으시는 중에 전에 지은 죄를 간과하셨고, 예수께서 죽으심으로 영으로 옥에 있는 영들에게 복음을 증거하시니라."

누구든지 진자는 이긴 자의 종이 된다

나머지 태양의 옥에 들어가지 못하고 우주를 유리하던 혼들은 공중에 있던 사탄과 마귀의 공격을 받게 되었다. 그리하여 누구든지 마귀에 사로잡히거나 싸워서 지면 그의 종이 되었으니 그 혼들이 다 사탄에 복종하여 악의 군대가 되고 말았다.

용들의 위계(기노스코)

용의 군단 〔일품(一品)〕

대적 자, 반대하는 자, 송사하는 자, 시험하는 자('디아볼로스'), 악한 자, 아바돈, 아볼루온, 참소자, 대적('안티디코스'), 바알세불, 벨리알, 온 천하를 꾀는 자, 거짓의 아비, 이세상 신, 살인자, 그 옛 뱀, 이세상의 임금, 공중의 권세 잡은 자, 사망의 세력을 잡은 자, 무서움의 용, 바다에 있는 용, 큰 용, 큰 붉은 용, 꼬불꼬불하고 날랜 뱀 리워야단…

그 종류가 셀 수 없고 거의 다 신들과 필적할 만한 힘과 지혜를 가진 대악마들이다.

하늘의 용들은 전부 코에서 연기가 나고, 입에서는 불을 뿜는다. 그리고 이빨은 날카롭고 강한데다 꼬리 끝에 달린 가시는 무서운 독을 가지고 있다.

• 증서 "이제 소같이 풀을 먹던 큰 도마뱀들을 볼지어다 내가 너를 지은 것같이 그것도 지었느니라. 그 힘은 허리에 있고 그 세력은 배의 힘줄에 있고. 그 꼬리 치는 것은 백향목이 흔들리는 것 같고 그 넓적다리힘줄은 서로 연락되었으며. 그 뼈는 놋관 같고 그 가릿대는 철장 같으니. 그것은 하나님의 창조물 중에 으뜸이라 그것을 지은 자가 칼을 주었고. 모든 들짐승의 노는 산은 그것을 위하여 식물을 내느니라 누가 그 가죽을 벗기겠으며 그 아가미 사이로 들어가겠는고. 누가 그 얼굴의 문을 열 수 있을까 그 두루 있는 이가 두렵도다. 견고한 비늘은 그의 자랑이라 서로 연합이 봉한 것 같구나. 이것, 저것이 한데 붙었으니 바람도 그 사이로 들어가지 못하겠고. 서로 연하여 붙었으니 능히 나눌 수도 없도다. 그것이 재채기를 한즉 광채가 발하고 그 눈은 새벽 눈꺼풀이

열림 같으며. 그 입에서는 횃불이 나오고 불똥이 튀어나며. 그 콧구멍에서는 연기가 나오니 마치 솥이 끓는 것과 갈대의 타는 것 같도다. 그 숨이 능히 숯불을 피우니 불꽃이 그 입에서 나오며. 힘이 그 목에 뭉키었고 두려움이 그 앞에서 뛰는도다. 그 살의 조각들이 서로 연하고 그 몸에 견고하여 움직이지 아니하며. 그 마음이 돌같이 단단하니 그 단단함이 맷돌 아래짝 같도다. 그것이 일어나면 용사라도 두려워하며 경겁(驚㥘)하여 창황(瘡黃)하며. 몽둥이도 검불같이 보고 창을 던짐을 우습게 여기며 칼로 칠지라도 쓸데없고 화살이나 작살도 소용이 없도다. 그것이 철을 초개같이, 놋쇠를 썩은 나무같이 여기니. 대포로도 그것으로 도망하게 못하겠고 미사일도 그것에게는 겨같이 여기움을 당하도다. 그 배 아래는 날카로운 와륵 같으니 진흙 위에 타작기계 같이 자취를 내는도다. 깊은 물로 솥의 물이 끓음 같게 하며 바다로 젖는 향기름 같게 하고. 자기 뒤에 나는 광채 나는 길을 내니 사람의 보기에 바닷물이 백발 같도다. 땅 위에는 그것 같은 것이 없나니 두려움 없게 지음을 받았음이라. 모든 높은 것을 낮게 보고 모든 교만한 것의 왕이 되느니라."

공룡군단 〔이품(二品)〕

'탄닌'(뱀, 바다괴물), '사라프', '드라콘'(용), '차브'(큰도마뱀 · 거북), '레타아'(도마뱀 · 수궁), '아나카'(신음소리를 내며 부르짖는 도마뱀 종류), '코아흐'(길이가 길고 강한 힘을 가진 도마뱀 · 육지악어 · 카멜레온), '호메트'(열대산도마뱀 · 카멜레온 · 달팽이 · 사막도마뱀 · 모래도마뱀), '틴샤메트'(헐떡거리는 카멜레온), '세마미타'(도마뱀 · 거미 · 독거미), '오프'(곤충을 닮은 새들), '칩포르'(수렵조들), '페테이논'(공중을 나는 것), '프테노스'(날개 길이만 50m가 넘는 익룡들)…

이것들은 원시 도마뱀들로서 크기는 60m 이상, 몸길이는 250m가 넘는 대악마들이다.

밤의 군단 〔삼품(三品)〕:

'페텐', '아스피스', 머리에 뿔이 난'쉐피폰', 얼룩얼룩한 무늬가 있는 '체파', 독은 없으나 힘이 센'나하쉬', '오피스', 거대한 파충류들인 '조헬레트', '헤르페톤', 독뱀인 '에키드나', '치프오니', '에프에', '에페', 긴 다리가 있는 '아크슈브' …

이것들은 원시의 뱀들로서 인간의 지능을 가지고 있으며 마법까지 사용하는 중간급의 악마들이다.

네피림들 〔삼품(三品)〕

인간의 지혜에다 짐승의 힘을 물려받은 이들은 반인반수의 모습을 하고 있는 거인들로 지략에 뛰어나고 교활하다. 귀신들의 군장들로서 중간급의 악마들이다.

짐승단(下級)

사자, 호랑이, 곰, 표범, 황소, 이리, 뱀, 쥐, 돼지, 토끼, 원숭이, 양, 닭, 개, 말, 고양이, 족제비, 합개, 육지악어, 수궁, 사막도마뱀, 칠면석척…

독수리, 솔개, 어응, 매, 까마귀, 타조, 다호마스, 갈매기, 새매, 올빼미, 노자, 부엉이, 따오기, 당아, 올응, 학, 황새, 대승, 박쥐…

이, 벼룩, 파리, 벌, 메뚜기, 거미, 개미…

현재 것보다 십 배에서 백 배 이상 크고 힘이 만 배 이상 강한 소악마들이다.

만 배란? 측정할 수 없다는 의미이다.

귀신단(下級)

율법 없는 시대에 살았던 죄인들의 혼으로 검은 그림자의 형체를 가졌으며 키가 크고 힘이 센 소악마들이다.

귀신들은 자기모습을 숨기는 클로킹 능력이 있고 또 바람같이 지나다녀서 그 형체를 보기 어렵다.

귀신들이 몸 안에 들어오면 옷을 벗고 괴성을 지르거나 쓰러져 발작하면서 거품을 흘린다.

또 제3의 인격이 표출되어 가성을 낼 수도 있는데 여자에 남자귀신이 들리면 남성의 목소리를 내고, 남자에 여자귀신이 들리면 여성의 목소리를 낸다.

이같은 뚜렷한 특징이 나타나지 않는 이상 귀신들림으로 단정짓기 어렵다.

현재는 귀신이 사람 몸 속에 들어오는 경우가 드물기 때문에 정신질환의 대부분은 뇌의 손상, 정신적 충격, 약물중독, 유령이나 귀신이 몸에 붙어서 발생하는 것이다.

귀신들의 종류

△벙어리귀신: 신체에 육종의 집을 짓고 들어와서 벙어리 되게 하는 귀신으로 옛 시대에 벙어리 되었던 자다. 그때에 천둥에 고막이 상함 같이 귀가 멍멍하고 자주 깜짝 깜짝 놀란다. 경심증에 걸려 늘 심장이 뛰기 때문에 호흡이 거칠고 자주 가무러져 경련을 일으키고 거품을 흘리면서 이를 갈거나 파리해져 가는 현상이 나타난다. 이 귀신은 기도와 금식, 특히 금식을 많이 한 자라야 쫓아낼 수 있는데 80일 금식을 해야 하므로 사람으로서는 쫓아내기 어렵다.

△눈멀고 벙어리 된 귀신: 신체에 육종의 집을 짓고 들어와서 눈멀게 하고 벙어리 되게 하는 귀신으로 옛 시대에 태양 빛에 눈멀고 천둥에 고막을 상실한 자다. 이 귀신을 쫓아내려면 하나님의 성령을 힘입어야

한다.

△더러운 귀신: 정욕에 형질의 집을 짓고 거하며 사람을 넘어뜨린다. 옛 시대에 색광이었던 자로 이 귀신이 몸에 붙으면 음란한 생각이 떠오르고 욕정이 충동되어 행실이 더러워진다. 말씀의 지혜의 은사가 있는 자가 기도를 많이 해야만 쫓아낼 수 있는 귀신이다.

△군대귀신: 때를 지어 들어오는 귀신으로 이 귀신이 들리면 힘이 세어지고 야수의 본능이 발동되어 옷을 벗고 괴성을 지르면서 자기 몸을 자해한다. 이 귀신을 쫓아내려면 성령의 권위를 위임받아야 한다.

△간질귀신: 간질병은 중추 신경계통에 이상이 있기 때문에 갑자기 의식을 잃고 쓰러져 격심한 발작을 일으키는 일으키는 병이다. 머리를 심하게 다치거나 크게 놀랄 경우 간질병에 걸릴 수 있고 간질 귀신이 들려서 발작을 일으킬 수 있다. 이러므로 간질은 병인지, 귀신들린 것인지를 잘 분별해야 한다. 귀신들림의 원인은 무지함·겁과 두려움·원한이나 미움·결함 있는 성격·귀신을 불러들일 수 있는 생활환경·우상숭배·연계하여 내려온 조상들의 죄·미신사상·사체접촉·음산한 장소·약물중독 같은 것들이다.

△사나운 귀신: 성질을 나쁘게 만드는 귀신으로 이 귀신이 들어오면 얼굴이 심술궂게 변하고 사소한 일에도 트집을 잡아서 시비를 걸거나 욕을 하면서 횡설수설하는 성향이 나타난다.

△악귀: 혈기를 충동시키는 귀신으로 억제할 수 없는 폭력성이 나타난다. 이 두 귀신은 짐승의 피를 즐겨 마시는 사람들에게 붙는 경향이 있다. 피는 곧 생명이기 때문에 짐승의 피를 많이 마시게 되면, 짐승의 기운이 인체에 축적되어 그 사람의 형질을 짐승처럼 변화시킨다. 이럴 경우 짐승들의 특성인 투쟁(싸워이김)·비김(정복욕)·정욕(음란)이 강해져서 거만한 호색한이 되고 또 보복심이 강해져서 남을 모해하게 되며 혈기가 일어나서 화를 잘 내게 된다.

△악한귀신: 육신에 혈기의 집을 짓고 거하면서 생활환경을 악하게 만든

다. 이 때문에 집안에 우환과 변고가 끊이지 않는다. 이 귀신은 찬송의 영을 가진 사람이 기도를 많이 해야만 쫓아낼 수 있다.

△흉악한 귀신: 병을 주는 귀신인데 이 귀신이 들리면 시름시름 앓게되고 열병에 걸린 것 같은 증상이 오래 간다. 이 귀신은 믿음을 보일 때 나간다.

△꼽추귀신: 옛 시대 척추장애자로 이 귀신이 들리면 앓다가 꼬부라져 허리를 펴지 못하게 되거나, 도구(구타, 사고)를 써서 반드시 그 사람을 꼽추로 만든다.

△점치는 귀신: 점을 쳐서 인생의 길흉화복을 미리 알아보게 하는 귀신으로 옛 시대에 점쟁이였던 자다. 변덕이 심하고 심술 맞으며 변신술과 변장술에 능하다. 지절거리고 속살거리는 음성이 대부분 왼쪽귓가에 들리는데 귀신의 말을 듣게 되면 머리가 아프고 굵은 철사가 머리속을 관통하는 것 같은 통증이 유발될 수 있다. 이 귀신은 처음에는 맞는 계시를 주어 상대로 하여금 믿게 하다가 결정적인 순간에 틀린 계시를 주어 그 사람을 파멸시킨다.

△귀신의 왕 바알세불: 귀신들의 왕 인 이 귀신은 자신보다 저급하거나 약한 귀신들을 쫓아낼 수 있다. 본래 사탄끼리는 분쟁하지 않지만 사람인 귀신들끼리는 서로 분쟁하는 편이다. '바알세붑'은 똥파리의 주인이란 뜻이다. 똥파리수컷은 배설물주위에서 암컷을 기다리다가 암컷이 산란하면 수정시켜 구더기가 들끓게 한다. 마찬가지로 더러운 귀신이 사람 몸에 붙을 때는 대부분 엉덩이와 항문 주변에 붙기 때문에 귀신들을 가리켜 똥파리 또는 파리로 묘사하고 있다. 이것들이 붙으면 변태적인 성행위장면이 자꾸 연상되어 생각이 아주 불순해진다. 이 귀신의 생각에 완전히 사로잡히면 여자들이 순리대로 쓸 것을 바꾸어 역리로 쓰며. 이와 같이 남자들도 순리대로 여인 쓰기를 버리고 서로 향하여 음욕이 불일듯하매 남자가 남자로 더불어 부끄러운 일을 행하여 저희의 그릇됨에 상당한 보응을 받는다.

△사귀: 음침한 귀신으로 나타나는 증상이 유령과 흡사하다. 다른 점은 몸이 으실으실 춥다는 것.

33억 년 전

또 우주전쟁이 있던 시대에 '라가우'행성6이 폭발하여 세번째 태양계가 충격파를 맞았다.

그 충돌로 약 33억 년 전에 우리태양계와 비슷한 행성들이 생겼고, 32억 년 전에 '세루그'행성3이 폭발하면서 그 여파로 지구에 지각변동이 발생했다. 그리하여 화산폭발과 용암분출로 평평했던 땅이 협곡이 많은 지형으로 변한 상태에서 큰 강들이 흘렀다. 2억 년 후, 즉 30억 년 전에 생명체가 멸망했으나 다시 회생이 발생하여 인류가 번성하다가 '세루그'행성4의 폭발과 소행성 충돌의 여파로 23억 년 전에 또 생명체가 사라졌다. 그후 또 다른 아담과 아내가 건너와서 씨를 뿌림으로 다시 6억 년 동안 사람이 경작되다가 약 16억 년 전에 또 인류는 멸망했다. 대략 16억 년 전에 '세루그'행성5이 폭발했고 약 15억 년 전에 사라1가 폭발했으며 약 13억 년 전에 그 땅이 분리되면서 우리 태양계가 현 위치에 놓여지게 되었다. 세월이 흘러서 우주먼지는 걷혔고 또 사람이 살 수 있는 환경이 조성되었다. 그때에 여호와하나님께서 가죽옷을 입고 살아남은 그 아담과 이 하와를 그 동산에서 쫓아내어 또 자식들을 낳게 하셨다.

13억 년 전

아담이 다시 아내와 동침하매 그가 아들을 낳고 이름을 셋이라 하였으니 이는 하나님이 내게 가인의 죽인 아벨 대신에 다른 씨를 주셨다 함이었다. 이는 이전에 존재하지 않았던 새로운 품질의 몸으로 '하임' 즉 스스로는 죽지 않던 인간의 몸이 생존시간으로 수명이 다할 수 있는 기운으로 전락했기 때문이다.

게다가 '하임'의 몸은 '조에' 즉 인간에 의해서 유동적일 수 있는 기운으로 더 추락할 가능성이 있었다.

그래서 셋은 아들을 낳고 그 이름을 에노스라 했는데 이 말뜻은 병든 것, 약한 것을 내포하는 것으로 인생이 유약하고 죽을 수 있는 성질의 것으로 변했다는 것을 나타낸 것이었다. 그때에 그 하나님이 상상의 힘으로 또 사람들을 창조하셨고 사람들이 땅위에 번성하기 시작할 때에 그들에게서 딸들이 나니. 셋의 후손들이 그 사람의 딸들의 아름다움을 보고 자기들의 좋아하는 모든 자로 아내를 삼는지라. 여호와께서 가라사대 나의 신이 영원히 사람과 함께 하지 아니하리니 이는 그들이 육체가 됨이라 그러나 그들의 날은 120년이 되리라 하셨다. 그러자 이 말씀을 들은 하나님의 신이 사람의 몸을 빠져 나와서 하늘로 올라가심으로 현 인류는 약 13억 년 전에 완전히 신적 능력을 상실하게 되었다. 이에 우주적인 존재에서 지렁이처럼 땅을 벗어나지 못하는 미약한 존재로 추락하고 만 것이다. 그때부터 신체적, 정신적, 물질적 기능들이 빠르게 쇠퇴하면서 인간의 수명은 단축되었다.

므두셀라 969세→야렛 962세→노아 950세→아담 930세→셋 912세→게난 910세→에노스 905세→마할랄렐 895세→라멕 777세→셈 600세→에벨 464세→아르박삭 438세→셀라 433세→에녹 365세→벨렉 239세→르우 239세→스룩 230세→데라 205세→나홀 148세→현재

공룡사냥꾼 니므롯

그 시대에 또 구스가 니므롯을 낳았다. 그는 거인으로 그 시대의 영걸이자 사냥꾼이었다.

그는 평생을 공룡들만 죽이러 다녔으며 그의 이야기는 후대에 전설로 전해졌다.

그리하여 누구든지 그 초자연적인 힘에 대한 신화에 착념하여 용기와 솜씨를 자랑하면서, 공룡을 죽여 명성을 획득하면 속담에 이르기를 "아무는 여호와 앞에 니므롯 같은 특이한 사냥꾼이로다"하였다.

세월이 흘러 여호와께서 사람의 죄악이 세상에 관영함과 그 마음의 생각의 모든 계획이 항상 악할 뿐임을 보시고. 땅위에 사람 지으셨음을 한탄하사 마음에 근심하시고. 가라사대 나의 창조한 사람을 내가 지면에서 쓸어버리되 사람으로부터 육축과 기는 것과 공중의 새까지 그리하리니 이는 내가 그것을 지었음을 한탄함이니라 하셨다. 그러나 노아는 여호와께 은혜를 입었더라.

그 노아의 사적은 이러하다 노아는 의인이요 당세에 완전한 자라 그가 하나님과 동행하였으며. 그가 오 백세 된 후에 세 쌍둥이를 낳았으니 셈과 함과 야벳이라. 때에 온 땅이 패괴하여 강포가 땅에 충만한지라. 하나님이 노아에게 이르시되 모든 혈육 있는 자의 강포가 땅에 가득하므로 그 끝날이 내 앞에 이르렀으니 내가 그들을 땅과 함께 멸하리라. 너는 잣나무로 너를 위하여 방주를 짓되 그 안에 간들을 막고 역청으로 그 안팎에 칠하라 하였다. 이에 노아들은 방주를 지었으며 혈육 있는 모든 생물들이 정한대로 나와 방주에 들어갔다. 그후 땅에 홍수가 있어 방주에 탄 여덟 식구 외에는 아무도 살아남지 못했다.

하늘에서 비가 그치매 땅이 말랐고 방주에서 나온 사람과 생물들로 인해 또 씨가 땅에 퍼졌다.

이 같은 일이 여러 차례 반복되면서 생물들은 동물들로 전락했고 모든 동물은 고기와 같은 육적인 존재가 되고 말았다. 그때에 몸이 점점 축소된 공중의 각종 새들은 조반목의 공룡들이 되었고, 들짐승들은 용반목의 공룡들이 되었다. 뱀들의 크기가 약 십 배정도 줄었으나 여전히 크고 거대하였다.

'세루그행성6'의 폭발 후 약 9억 년 전에 생명체가 멸망했고, 8억 년 전에 '테라2'가 폭발하면서 그 땅에 있던 생명체도 멸망을 당하였다.

6억 5천만 년 전

회생이 있었고, 여호와의 저주를 받은 도마뱀들은 정온동물에서→변온동물로, 초식에서→육식으로 변했고 혼이 퇴보되면서 성질이 매우 사나운 공룡들이 되었다.

'공룡'이란? 무서울 정도로 큰 도마뱀 또는 사나운 도마뱀이란 뜻으로 1842년 영국의 리처드 오언이 이름을 붙인 것이다. 그 당시 공룡이 세상을 지배했는데 브라키오사우루스는 몸길이 23m, 높이 12m, 몸무게 80t 정도 되었고, 짐승형 도마뱀인 에스테메노스쿠스는 몸길이 4m, 이노스트란케비아는 3m, 디키노돈은 1.3m, 뿔 난 도마뱀인 트리케라톱스는 11m, 오르니토미무스는 9m, 모노크로니우스는 5m가 넘었다.

물고기형 도마뱀인 틸로사우루스는 몸길이가 15m, 에라스모사우루스는 13m, 크리다스테스는 3m이었으며, 지상 최대의 육식동물 티라노사우루스는 몸길이 15m, 보폭이 4m나 되었다.

당시에 또 땅에 네피림들이 있었으며 그 후에도 셋의 후손들이 사람의 딸들을 취하여 자식을 낳았으니 그들은 용사라 고대에 공룡들과 싸운 유명한 사람들이었다. 그 끝날에 또 음란과 우상숭배로 땅이 더럽혀지면서 큰 전쟁이 일어났다. 그때에 우주에서 거대한 소행성이 날아왔고 불과 태우는 바람이 온 지면을 휩쓸었다. 소행성이 지구와 충돌한 얼마 후에(바벨탑사건 때)또 소행성이 지구와 충돌하면서 땅이 심하게 갈라지게 된다.

4억 2천5백만 년 전

1억 년 후 곧 약 4억 년 전에 'Ar행성1'이 폭발하면서 발생한 충격파가 그 우주를 강타했다.

그 여파로 행성들에 대지진이 발생하면서 화산이 터지고 용암이 분출하였다. 땅 곳곳이 불과 연기, 화산재와 먼지로 덮여 캄캄할 때에 하늘로부터 폭우가 쏟아지기 시작했다.

이 노아의 사적은 이러하다. 노아는 의인이요 당세에 완전한 자로서 그의 집은 요르단 남부 '에츠욘 게벨' 해변가에 있었다. 그는 물고기를 잡는 어부였으며 502세에 세 쌍둥이인 셈과 함과 야벳을 낳았다.

세월이 흘러 그 아들들은 솜씨 좋은 목수들이 되었다.

때에 온 땅이 전쟁으로 부서지고 무너졌으니 우악스럽고 포악한 사람들만이 살아남고 있었다.

하나님께서 노아에게 이르시되 모든 혈육 있는 자의 강포가 땅에 가득하므로 그 끝날이 내 앞에 이르렀으니 내가 그들을 땅과 함께 멸하리라. 너는 잣나무로 너를 위하여 방주를 짓되 그 안에 간들을 막고 역청으로 그 안팎에 칠하라. 네가 짓는 방주의 제도는 이러하니 길이 약 135m, 넓이 23m, 높이 14m 이며 그것을 나뭇단 묶듯이 만들고. 바깥방에 창을 내되 위에서부터 45cm에 내고 그 마주본 창은 옆으로 내고 툇마루들은 상중하 삼층으로 할 것이라. 내가 홍수를 땅에 일으켜 무릇 생명의 호흡 있는 육체를 천하에서 멸망시켜 없애 버릴 것이니 땅에 있는 자가 다 죽으리라. 그러나 너와는 내가 새 언약을 세울 것이므로 너는 네 아들들과 네 아내와 네 자부들과 함께 다른 방주로 들어가고. 혈육 있는 모든 생물을 너는 각기 암수 한 쌍씩 방주로 이끌어 들여 너와 함께 생명을 보존케 하되. 새가 그 종류대로 육축이 그 종류대로 땅에 기는 모든 것이 그 종류대로 각기 둘씩 네게로 나올 것이니 그 생명을 보존케 하라. 너는 먹을 모든 식물을 네게로 가져다가 저축하라 이것이 너와 그들의 식물이 될 것이다. 네가 만든 방주에는 다른 노아와 그 아들들과 그 아내와 그 자부들이 들어갈 것이며 정결한 짐승은 암수 일곱씩, 부정한 것은 암수 둘씩, 공중의 새도 암수 일곱씩 들어가 생명을 보존케 될 것이다.

이 황송한 말씀을 들은 노아들은 약 100년에 걸쳐 방주를 완성했고 비가 쏟아지기 7일전에 방주에 들어갔다. 노아 육백 세 되던 해 2월17일 곧 지금으로부터 대략 4억2천5백만 년 전에 큰 깊음의 샘들이 터지며 우주에 있는 하늘의 창들이 열려 40주, 40야 즉 40일 동안은 낮에만, 또 40일 동안은 밤에만 비가 쏟아졌고 홍수가 땅에 40일을 있었다. 이 홍수로 그 지구뿐 아니라 타 행성에 있던 모든 생명체까지 멸망을 당하고 말았다.

멸망 1단계: 물이 많아져 방주가 땅에서 떠오르니 호흡하는 생명체 사분지 일이 죽었고,

멸망 2단계: 물이 많이 불어 방주가 물위에 떠다니매 생명체 사분지 이가 죽었으며,

멸망 3단계: 물이 땅에 더욱 창일 하매 천하에 높은 산이 다 덮였더니 호흡하는 생명체 사분지 삼이 죽었고,

멸망 4단계: 물이 불어서 15규빗이 오르매 산들이 덮인지라 땅위에 움직이는 모든 생물이 다 죽었으니 곧 새와 육축과 들짐승과 땅에 기는 모든 것과 모든 사람이었다.

이는 세상이 멸망해 가는 단계를 나타낸 것으로 지상의 생명체가 모두 멸절하려면 15규빗이 올라야 된다는 것을 암시한다. 즉 정규시간인 삼시→육시→구시→를 지나 15년 연장된 십일시가 돼야만 인류가 전멸한다는 뜻이다.

- 예시 "히스기야 왕이 죽을병 걸려 죽게 되자 그가 낯을 벽으로 향하고 여호와께 심히 통곡하매 이 눈물과 기도를 들으신 여호와께서 히스기야의 날을 15년 연장시켜 주셨다."

이 불어난 물로 인해 그 지구는 물에 덮였고 물이 150일 동안 땅에 창일 하였다.

그때에 여호와께서 노아와 그와 함께 방주에 있는 모든 들짐승과 육축을 권념하사 강한 바람으로 땅 위에 불게 하시매 행성과 행성을 연결하는 강물이 형성되었고 노아의 방주가 물길을 따라서 우리지구로 흘러오게 되었다. 그런즉 하나님이 우리지구에 사람을 창조한 것이 아니라 별에서 쫓겨난 가인의 후손들이 지구(?)로 건너오기도 하고, 외계에서 노아의 방주가 물길을 따라 오기도 한 것이다. 노아의 방주가 어디로부터 왔으며 또 진공상태에서 어떻게 이러한 일이 가능한 것인지는 모르겠다.

방주가 우리지구에 안착한지 80일 후 깊음의 샘과 하늘의 창이 막히고

하늘에서 비가 그치매. 물이 땅에서 물러가고 점점 물러가서 150일 후에 감하였고, 7월17일 방주가 물결을 따라 흘러서 터키 북동 지방에 있는 아라랏 산에 잠시 머물렀다가, 물결을 따라 흘러서 10월1일에 레바논의 베이루트 남쪽 약 36km 떨어진 사이다에 잠시 대었다. 이후 바람을 피하여 키프로스 해안을 의지하고 행선 하여 터키 남동부 해안을 따라 항해하였다. 하지만 바람의 세력이 강하여 더디 가다가 여러 날 만에 간신히 크레타 섬 '케이프 시데로스' 앞을 지났고, 그레타 해안을 의지하고 행선 하여 간신히 크레타 섬 남쪽 8km 떨어진 작은 만에 이르렀다.

이후 남풍을 타고 크레타 해변을 가까이 하고 행선하였으나 얼마 못 되어 섬 가운데서 강력한 북동풍을 만나고 말았다. 배가 밀려 바람을 맞추어 갈 수 없어 가는 대로 두고 쫓겨 가다가 크레타 남쪽 35km 떨어진 '가우도스'섬 아래의 얇은 모래바닥을 스쳤다.

여러 날 동안 해와 별이 보이지 아니하고 큰 풍랑이 그대로 있으매 구원의 여망이 다 없어졌더라.

열 나흘째 되는 날 밤에 배가 지중해 바다에 이리저리 쫓겨가더니 밤중쯤 되어 어느 육지에 가까워졌는데 그 곳 깊이가 약 3700m쯤 되고 조금 있다가 다시 재니 물이 약 2775m 되는지라.

날이 새어 가매 배가 경사진 해안 쪽으로 휩쓸려가서 두 물이 합하여 흐르는 곳을 당하였고 배는 깨어져 방주가 가라앉았다. 그러나 그 방주는 지중해의 시칠리섬에서 남쪽으로 약 96km 지점에 있는 몰타섬에 상륙했다. 그 당시 노아들은 썩지 않는 나무를 가지고 방주를 지었으므로 세월이 지난 현재까지도 방주는 썩지 않고 보존되어 있을 것이다.

• 증서 I4020 "썩지 않는 나무를 택하고."

이러므로 Ta27-28장 방주의 이동경로에 근거해 볼 때 현재 방주가 있는 위치는 대략 이렇게 추정된다.

① 레바논의 베이루트 남쪽 약 36km 떨어진 사이다 해변 모래 속 또는

바다 속.

② 지중해 연안으로부터 약 4km지점에 위치한 안드리아쿠스 강가의 땅 속.

③ 니도(?) 맞은편 크레타 섬 케이프 시데로스 인근 모래 속 또는 바다 속.

④ '케이프 시데로스'에서 약 8km 떨어진 미항 바다 속.

⑤ 지중해 몰타 근처 암초지대 수심 3700과 2775로 925m의 경사 있는 곳에서 끊어진 거루가 흘러갔던 바닷길.

⑥ 몰타섬 경사진 해안으로 두 물이 합하여 흐르는 항만 바다 속.

⑦ 몰타섬 내륙 제일 높은 사람의 토지 속.

그후 태양의 두번째 주기(?)인 6억2천5백만 년이 지나자 우리 지구의 물과 땅에서 진화의 일이 나타나기 시작했다. 이는 "땅은 풀과 씨 맺는 채소와 씨 가진 열매 맺는 과목을 내라. 물들은 생물로 번성케 하라. 땅 위 하늘의 궁창에는 새가 날아라."라고 명령하신 하나님의 말씀은 영원히 살았고 운동력이 있기 때문이다. 이러므로 물과 땅에서 생명체가 사라지거나 정한 일정한 때가 차기만 하면 물과 땅이 역동하여 생명체를 만들어 내게 된다.

이에 바닷물에 먼지를 먹는 플랑크톤이 생겼고 이를 먹이로 하는 하등동물에서→고등동물로 계속 진화하면서 물고기는→새로 진화되었다. 또 먼지는 이로 변했고 벌레와 구더기들이 진화하여 육축과 땅의 짐승들이 되었다. 그 후 다양하게 분리된 종들 가운데서 두 종이 여러 단계를 거치면서 인간으로 진화하여 또 다른 인류의 시조가 되었다. 그리하여 지구에는 노아의 방주에서 나온 셈·함·야벳의 후손과 진화되어 나온 두세 종류의 사람이 번성하였으며, 이 사람들이 서로 섞임으로 인해서 우열을 가진 여러 형태의 혼혈종이 만들어지게 되었다. 이때가 바로 하나님3의 창조 여섯째 날이 끝나는 시점이었다.

세월이 흘러 온 땅의 구음이 하나이요 언어도 하나이었다. 진화는 멈추지 않았고 진보를 거듭하면서 사람들은 날개가 달리고 신처럼 변해가고 있었다. 이에 그들이 동방으로 옮기다가 시날 평지를 만나 거기 거하고. 서로 말하되 자, 벽돌을 만들어 견고히 굽자 하고 이에 벽돌로 돌을 대신하며 역청으로 진흙을 대신하고. 또 말하되 자 성과 대를 쌓아 대 꼭대기를 하늘에 닿게 하여 우리 이름을 내고 온 지면에 흩어짐을 면하자 하고 성과 사탑을 쌓기 시작했다.

그 인간들이 날개를 이용하여 대를 하늘 꼭대기까지 쌓아 올리자 여호와께서 인생들이 쌓는 성과 대를 보시려고 강림하셨다. 여호와께서 가라사대 "이 무리가 한 족속이요 언어도 하나이므로 이같이 시작하였으니 이후로는 그 경영하는 일을 금지할 수 없으리로다. 자 우리가 내려가서 거기서 그들의 언어를 혼잡케 하여 그들로 서로 알아듣지 못하게 하자" 하시고. 지상에 임하시니 땅이 흔들려 바벨탑은 무너졌고 언어를 혼동시키기 위한 그 인간유전자의 대 반란이 시작되었다.

그리하여 모든 만물이 자연도태 되면서 말씀의 역동적 현상으로 사람들의 진보가 멈추고 반대로 퇴화되기 시작했다. 그 결과 그 사람들의 형상이 점점 사라지면서 어떤 사람은 황소로 변하고, 어떤 사람은 새 또는 독수리로 변하고, 어떤 사람은 염소로 변하고, 어떤 사람은 잔나비(원숭이)로 변하고, 어떤 사람은 고래로 변하기도 했다.

- 예시 "이 일이 나 느부갓네살에게 응하므로 내가 사람에게 쫓겨나서 소처럼 풀을 먹으며 몸이 하늘 이슬에 젖고 머리털이 독수리 털과 같았고 손톱은 새 발톱과 같았노라."

이렇게 되어 사람끼리 서로 말을 알아들을 수 없게 되었고, 동물로 변한 사람들이 동물과 교접함으로 인해 사람도 아니고 짐승도 아닌 중간형태의 괴상한 생명체가 출현하게 되었다.

그러다 세월이 흐르면서 종의 퇴보는 멈추었고 어느 시점부터인가 짐승에서 → 다시 인간으로 복귀하고자 하는 그 인간유전자의 복원이 시작되었다. 이는 하나님께서 모든 만물에 제한의 법칙을 두셨기 때문에 무엇이든 정해진 한계에 도달하면 그 한계를 넘지 못하고 반대로 역행하게 된다.

이러므로 생명체의 변천사를 연구하는 과학자들은 원숭이의 진화론에 초점을 맞추지 말고, 인간유전자의 퇴행적 돌연변이에 초점을 맞추어 인간→동물로 전락해간 과정들을 역추적 해보기 바란다.

6천5백만 년 전

갑자기 공룡들의 다리와 꼬리들이 짧아지고 몸이 작게 축소되어 현재의 파충류들인 도마뱀종류, 뱀 종류, 악어종류, 거북이종류들이 되었다. 배로 기어다녀라 하신 여호와하나님의 저주가 성취되는데 수십 억 년이 세월이 걸렸지만 그대로 된 것이다.

일례로 악어는 티라노사우루스가 축소된 것으로 역 진화시켜 보면 그들이 옛 뱀이자 공룡들이었음을 알 수 있다. 하지만 유전자가 변형된 것이 있고, 퇴보된 것이 있고, 진화된 것이 있고, 혼을 잃고 각혼만 가진 것이 있고, 저절로 나온 것도 있어서 종의 변의를 밝혀내는 일은 아주 어렵다. 이렇게 인간 DNA의 복잡성만큼 생물들의 교류가 복잡하고, 그의 역사가 인간 DNA의 염기서열을 이루는 4가지 요소의 배열처럼 사슬화 되었으므로 그의 문서를 판독해낸다는 것은 사실상 불가능하다.

짐승의 탈을 벗은 초기의 영장류는 긴 코와 발톱이 설치류와 비슷한 플레시아다피스와 같아서 손에는 손가락과 발손톱이 있었으며 팔이 길고 긴 꼬리를 갖고 있었다.

그후 6500만 년 전 팔레오세→5400만 년 전 에오세→4500만 년 전 올리고세→2300만 년 전 마이오세→600만 년 전 플라이오세로 서서히 복원이 진행되다가, 약 400만 년 전부터 인류의 특성을 가진 오스트랄로피테쿠스가 출현했고, 약 200만 년 전에 치열이나 두개골의 특징이 다른 호모종이 나타났으며, 약 100만 년 전에 불과 석기를 사용하는 베이징원인이 등장했고, 15만 년 전에 현재의 사람과 같은 종인 네안데르탈인이 등장했으며, 3만 년 전에 오늘날의 사람과 해부학적으로 같은 크로마뇽인이 출현하였다.

이에 하늘로부터 인간의 총명이 돌아오면서 다시 인간의 형상을 갖추게 되었으나 현 인류의 시조는 아니다.

- 증서 "그 기한이 차매 나 느부갓네살이 하늘을 우러러보았더니 내 총명이 다시 내게로 돌아온지라 내가 다시 사람의 몸을 회복하여 세움을 입었느니라."

이리하여 수백만 년에 걸친 인간유전자의 복원이 조기에 끝나므로 하늘을 날던 그 당시보다는 못한 열등한(걸어다니고 말 못하는 짐승과 같은) 존재가 되었고, 사람과 동물의 피가 전부 섞여버린 잡종이 되고 말았다.

- 증서 "어떤 사람들이 짐승의 피에 사람의 피를 섞은 것을 고하니"

※ 현생 인류의 시조는 네피림의 5대손 레파임일 것이다. 레파임은 천사+인간+짐승의 피가 섞인 에루요의 후손으로 키가 대략 3m쯤 되었다.

대략 4천년 전

바벨론의 갈대아 우르에 있던 테라가 70세에 아브람과 나홀과 하란을 낳았다. 갈대아는 이라크 남부 지방으로 우르는 수메르 문화의 중심지이자 월신 난나(Nanna)의 본산지였다. 하란은 롯을 낳은 후 그 아비 테라보다 먼저 본토 갈대아 우르에서 죽었다. 아브람과 나홀이 장가들었으니 아브람의 아내 이름은 사래며 나홀의 아내 이름은 밀가니 하란의 딸이요 하란은 밀가의 아비며 또 이스가의 아비였다.

여호와께서 다시 이스라엘 민족을 이루시려고 그 당시 니느웨와 바벨론, 다메섹과 두로와 애굽을 연결하는 교통의 중심지 하란에서 아브람을 불러내었다. 이에 아브람이 75세에 그 아내 사래와 조카 롯과 하란에서 모은 모든 소유와 얻은 사람들을 이끌고 강을 건너 마침내 가나안땅에 들어왔다. 그래서 강 건너온 온 민족 히브리인의 조상이 되었다. 그후 가나안 땅에 기근이 있어 야곱의 혈속 칠십 인이 애굽으로 내려갔다.

대략 3천년 전

아므람이 그 아비의 누이 요게벳을 아내로 취하였고 그가 아론과 모세와 누이 미리암을 낳았다.

성경에 기록된 모세는 7명 이상으로 출애굽 사건은 B. C. 1450~1425년 무렵 아멘호텝Ⅱ세 치하에서 일어났고, B. C. 1299~1232년 라암세스Ⅱ세 치하에서 일어났으며, 제18왕조인 투트모세Ⅲ세와 그의 아들 아멘호텝Ⅱ세 치하에서도 일어났었다. 또 모세들이 얼마간(40년)의 간격을 두고 두 차례씩 이스라엘 백성들을 애굽에서 이끌어낸 적도 있었다. 이 모세들이 이스라엘 자손들을 평평한 땅 '가나안'으로 인도하면서 광야에서 신의 율례와 법도를 전하였다. 이 법이 선포되면서 하늘에 낙원과 음부가 생겼고 사람들은 율법의 심판을 받게 되었다.

• 증서 "율법이 있을 때는 율법으로 말미암아 심판을 받느니라."

이것을 자범죄의 값이라 하며 누구든지 죄를 지으면 율법의 판단을 받게 되는 것이다. 따라서 현재는 시체를 빠져 나온 육혼이 낙원과 음부로 들어가는 것이지 구천을 떠도는 귀신이 되는 것은 아니다.

나는 잘못된 귀신론을 믿고 있는 형제들을 이단으로 매도하지 않는다. 성경을 오해한 만큼 비난당할 뿐이고 '예수 내 구주'를 외치는 이상 하나님과 상관 있기 때문이다.

도리어 지옥에 갇혀 빠져 나오지도 못하는 천사들을 땅에서 활동하는 사탄, 마귀, 귀신으로 알고있는 그들이 모순되다. 그후 여호수아가 가나안을 정복했고 사사시대가 있었으며 이스라엘의 초대 왕 사울 시대를 지나 역사적으로 유명한 다윗 왕이 등극했고, 이스라엘의 번영시대를 연 솔로몬 시대를 지나서 시드기야 왕 때에 이스라엘이 또 패망하여 그 민족들이 뿔뿔이 흩어졌다.

B. C. ○○○년, '헤사이아스'시대

처녀가 또 성신으로 잉태하여 아들을 낳고 그 이름을 임마누엘이라 했으니 전쟁 있는 시대에 그 일이 성경에 기록되었다. 앗수르→바벨론→메대와 바사→B. C. 334년 마게도냐 왕 빌립Ⅱ세의 아들 알렉산더가 군대를 이끌고 바사 원정길에 올라서 B. C. 332년 7월에 두로를 함락시켰다.

그 시대에 알렉산더의 침공으로 환난이 땅을 삼켰으니 성읍들은 불타서 그 땅들이 황무하게 되었고 천재지변이 발생하여 나라마다 지진과 화산폭발이 끊이지 않았다. 그 즈음 또 이사야 선지자가 활동하고 있었고 또 한 아기가 우리에게 났으니 다섯 쌍둥이였다. 그 어깨에는 정사를 메었고 기묘자라, 모사라, 전능하신 하나님이라, 영존하시는 아버지라, 평강의 왕이라 이름하였다.

B. C. 332년 9월 알렉산더가 팔레스타인의 가사를 점령하면서 예루살렘은 포도원의 망대같이, 원두밭의 상징막같이, 에워싸인 성읍 같이 겨우 남았으며 아기가 세 살이 되기 전에 알렉산더의 침공을 받은 애굽과 바사 두 왕의 땅이 폐한 바 되었다.

B. C. 323년 6월에 알렉산더가 32세의 나이로 바벨론에서 죽었고 몇 년 후에 임마누엘도 십자가에서 처형되었으나 아무도 그의 죽음을 슬퍼하지 않았다. 그후 다섯 쌍둥이들이 성장하여 헬라제국시대에 하나님의 말씀을 전했지만 표적과 기사를 행치 않으매 대중들의 관심을 끌지 못했다. 이들은 주 앞에서 자라나기를 연한 순 같고 마른땅에서 나온 줄기 같아서 고운 모양도 없고 풍채도 없었으며 사람들이 보기에 흠모할 만한 아름다운 것이 없었다. 그래서 말씀 전하는 그들을 싫어하고 멸시하여 잡아 가두고 때렸으며 온갖 모욕과 희롱을 다하였다. 그들은 학대받는 사람들의 질고를 지고 슬픔을 당하였으나 그 시대 사람들은 생각하기를 그들이 징벌을 받아서 여호와께 맞으며 고난을 당한다고 말하였다. 그러나 구약의 사람들은 말하기를 그가 찔림은 우리의 허물을 인함이요 그가 상함은 우리의 죄악을 인함이라 그가 징계를 받음으로 우리가 평화를 누리고 그가 채찍에 맞음으

로 우리가 나음을 입었도다. 우리는 다 양 같아서 그릇 행하여 각기 제 길로 갔거늘 여호와께서는 우리 무리의 죄악을 그에게 담당시키셨도다. 그가 곤욕을 당하여 괴로울 때에도 그 입을 열지 아니하였으며 마치 도수장으로 끌려가는 어린양과 털 깎는 자 앞에 잠잠한 양같이 그 입을 열지 아니하였도다. 그가 곤욕과 심문을 당하고 끌려갔으니 그 세대 중에 누가 생각하기를 그가 산 자의 땅에서 끊어짐은 마땅히 형벌 받을 구약백성의 허물을 인함이라 하였으리요. 그는 강포를 행하지 아니하였고 그 입에 궤사가 없었으나 그 무덤이 악인과 함께 되었으며 그 묘실이 부자와 함께 되었다 라고 감격해했다.

내가 비밀을 말하건대 처녀의 몸에 성신으로 잉태하여 세상에 오신 기묘자·모사·전능하신 하나님·영존하시는 아버지·평강의 왕 이 다섯 사람은 예수 나기 전, 구약백성들의 죄를 지고 하나님의 친구로 십자가에 처형되었고 능력으로 부활하사 잠자는 자들의 첫 열매가 되었다. 구약백성들은 모세와 방불하여 하나님의 친구들이므로 연관성의 법칙에 의해서 친구가 친구를 위하여 목숨을 대신해야 했던 것이다.

이래서 성경에 기록하기를 친구가 친구를 위하여 목숨을 버리면 이보다 더 큰사랑이 없다고 하였다.

(요 5:19) "아들이 아버지의 하시는 일을 보지 않고는 아무 것도 스스로 할 수 없나니 아버지께서 행하시는 그것을 아들도 그와 같이 행하느니라"

아버지 하나님께서 먼저 십자가를 지셨기 때문에, 아들인 예수가 이것을 보고 자신도 십자가를 지기 위해서 이 세상에 태어나셨다.

예수 출생의 대략(기노스코)

다른 세대에도 있었던 '마리아'들의 남편 6명의 요셉 이야기는 생략하고, 우리시대에 나신 예수 그리스도 출생의 비밀에 관해서 진술하겠다. B. C. 88년에서 B. C. 64년 사이 로마가 동방을 침공하면서 또 어지러이 싸우는 군인의 갑옷과 피묻은 복장이 불에 섶같이 살라졌고 세계는 로마제국의 지배하에 들어가게 되었다. B. C. 76년 갈릴리 지역을 통치하던 얀네우스가 죽고 그의 처 알렉산드라가 B. C. 67년까지 남편의 뒤를 이어 나라를 다스렸다. 그도 죽자 두 아들 훌카누스Ⅱ세와 아리스토불루스Ⅱ세 사이에 내란이 벌어지게 되었고 이 싸움에 로마가 개입하게 되었다. 그후 로마제국을 대신하여 팔레스타인을 통치하는 이두매(Idumea)의 왕가가 세워졌는데, 이 왕조는 B. C. 1세기초에 안티파터(Antipater)Ⅰ세에 의해 창건된 왕조이다. 이 안티파터의 아들 헤롯들이 팔레스타인 지역을 통치할 때에 예수들이 태어났다.

예수 그리스도의 나심은 이러하다.

지금으로부터 약 2천년 전, 유다 베들레헴에 마리아라는 쌍둥이 자매들이 있었다.

그 당시 유대인의 개념과 관습은 아버지와 아들, 쌍둥이를 한 몸으로 보아 동명을 쓰는 일이 흔했다.

편의상 이 동명의 쌍둥이 처녀들을 '베들레헴 마리아'로 호칭하겠다.

이 처녀들의 아비는 이스라엘인으로 큰 목축업을 하는 목자였다. 그 어미는 유대여자로 친족들이 라마와 나사렛에 살았는데 외조부는 '아비야', 외삼촌은 제사장인 '사가랴', 외숙모는 '엘리사벳'이었다.

그 성읍에서 이들을 모르는 사람은 거의 없었다.

같은 시대에 나사렛에 또 마리아라는 동명을 가진 쌍둥이 자매들이 살고 있었다. 편의상 이 처녀들의 이름을 '나사렛 마리아'로 호칭하겠다. 이 처녀들의 아비는 시리아인으로 레바논출신이며 얼굴이 희고 체구가 큰 데다 점술을 신봉하는 자로 유명하였다. 그는 많은 양떼와 염소 떼를 가진 거부로 그의 아내 역시 유대여자였다. 그의 본집은 하란(시리아 북동쪽에 있는 우르파 남-남동쪽) 약 39km 지점에 있었고 그의 양떼는 유다 남부 산지'팀나'에 있었다. 그의 형제 중 하나는 유대의 쉐펠라 지역에 있는 '아둘람'('엘류데로폴리스'에서 동북동으로 약 14km 떨어진 텔레쉬-쉐이크 메드쿠르의 기슭)의 족장이었다.

그의 친척들은 라마와 나사렛에서 살았는데 외삼촌이 제사장이었다.

같은 시대에 사마리아 '세겜' 지역에 또 마리아라는 쌍둥이 자매들이 있었고 혼인 무렵 '실로'로 이사를 했다.

편의상 이 처녀들의 이름을 '사마리아 마리아'로 호칭하겠다.

이 처녀들의 아비는 사마리아인으로 본집이 북부 메소포타미아에 있었으며 큰 농사를 짓는 거부였다.

그의 아내는 터키 여자였다. 이에 그 당시 여섯 명의 쌍둥이 마리아들과 그 남편이 될 3명의 요셉이 있었다는 사실로부터 이 이야기는 시작된다. (이것만은 알아주십시오)

예수의 탄생 연도 즉 서기의 기준은 역사적 사실에 근거하여 학자들이 알고 있는 바대로 적용했지만, 저자인 나도 너무 복잡하고 헷갈려서 오류를 범할 수밖에 없었다는 것을……

B. C. 7년 곧 A. D. 1년

세월이 흘러 마리아들이 젊고 현숙한 처녀들이 되었다. 베들레헴 마리아(언니)가 다윗의 자손 요셉이라는 남자와 정혼하였다. 이 요셉은 목수로 본집은 라마에 있었으며 의로운 사람으로 헬리의 아들이었다.

헬리의 이상은 맛닷이요 그 이상은 레위요 그 이상은 멜기요 그 이상은 얀나요 그 이상은 요셉이요. 그 이상은 맛다디아요 그 이상은 아모스요 그 이상은 나훔이요 그 이상은 에슬리요 그 이상은 낙개요. 그 이상은 마앗이요 그 이상은 맛다디아요 그 이상은 서머인이요 그 이상은 요섹이요 그 이상은 요다요. 그 이상은 요아난이요 그 이상은 레사요 그 이상은 스룹바벨이요 그 이상은 스알디엘이요 그 이상은 네리요. 그 이상은 멜기요 그 이상은 앗디요 그 이상은 고삼이요 그 이상은 엘마담이요 그 이상은 에르요. 그 이상은 예수요 그 이상은 엘리에서요 그 이상은 요림이요 그 이상은 맛닷이요 그 이상은 레위요.그 이상은 시므온이요 그 이상은 유다요 그 이상은 요셉이요 그 이상은 요남이요 그 이상은 엘리아김이요. 그 이상은 멜레아요 그 이상은 멘나요 그 이상은 맛다다요 그 이상은 나단이요 그 이상은 다윗이요. 그 이상은 이새요 그 이상은 오벳이요 그 이상은 보아스요 그 이상은 살몬이요 그 이상은 나손이요. 그 이상은 아미나답이요 그 이상은 아니요 그 이상은 헤스론이요 그 이상은 베레스요 그 이상은 유다요. 그 이상은 야곱이요 그 이상은 이삭이요 그 이상은 아브라함이요 그 이상은 데라요 그 이상은 나홀이요. 그 이상은 스룩이요 그 이상은 르우요 그 이상은 벨렉이요 그 이상은 헤버요 그 이상은 살라요.그 이상은 가이난이요 그 이상은 아박삭이요 그 이상은 셈이요 그 이상은 노아요 그 이상은 레멕이요,그 이상은 므두셀라요 그 이상은 에녹이요 그 이상은 야렛이요 그 이상은 마할랄렐이요 그 이상은 가이난이요. 그 이상은 에노스요 그 이상은 셋이요 그 이상은 아담이요 그 이상은 하나님이셨다.

그 무렵 마리아의 외삼촌 사가랴 제사장이 성소에서 이상을 본 후 열 달 동안 벙어리 되었고 외숙모 엘리사벳도 성령의 능력으로 요한을 수태하여 다섯 달 동안 숨어 있었다.

여섯 달 후 베들레헴 마리아와 베들레헴 요셉은 혼인했으나 그 당시 결혼 풍습을 따라 곧 바로 동침치 않고 석 달 동안 떨어져 있었다. 이 증거기간 동안 기다려 보아서 정사가 탄로나거나 임신이 되면 결혼을 파기하거나 돌로 쳐죽일 수 있었기 때문이다. 그런데 이 기간에 마리아가 성령으로 잉태되어 배가 불러오자 이 사실을 알게 된 남편 요셉은 의로운 사람이라 아내의 부정을 드러내지 않고 가만히 끊고자 하였다.

이 일을 생각할 때에 주의 사자가 현몽하여 가로되 다윗의 자손 요셉아 네 아내 마리아 데려오기를 무서워 말라 저에게 잉태(孕胎)된 자는 성령으로 된 것이라. 아들을 낳으리니 이름을 예수라 하라 이는 그가 자기 백성을 저희 죄에서 구원할 자이심이라 하였다.

때에 예언자의 말을 듣고 아구스도(로마의 첫 황제인 옥타비아누스)가 쌍둥이 탄생을 알아보기 위해서 베들레헴에 호적령을 내렸다. 이에 남편 요셉이 아내를 데리고 베들레헴으로 올라왔고 호적하러 관청 갔다가 그 곳에서 쌍둥이 아기를 해산했다. 때에 빈방이 없어서 할 수 없이 산모를 구유에 뉘었는데 먼저 아기의 손이 나왔지만 뒤에 있는 아우가 잡아당기는 바람에 먼저 나온 아기의 손이 들어가려 했다.

그 순간 당황한 산파가 들어가려는 아기의 손을 억지로 잡아당기며 얼른 홍사를 매었으나, 뒤에 있던 아우가 잡아당기는 바람에 그 손이 들어가면서 아우가 형을 밀치며 나왔다. 그리하여 먼저 나온 예수는 죽기 직전 자색옷을 입었고, 홍사를 맨 채 나중 나왔던 예수는 죽기 직전 홍포를 입었다.

2년 후 곧 B. C. 5년(?)이자 A. D. 2년 되는 해

양자리에 있는 변환자재(갑자기 나타났다 사라지는)천국의 태양이 동쪽에서 출현하여 서쪽으로 이동하자 붙박이별이 움직이는 것을 보고 놀란 동방박사들이 별을 좇아와서 예루살렘에 이르렀다.

박사들이 베들레헴 집에 들어가서 보니 집안에 남편 요셉은 없었고 아기와 그 모친 마리아만 있었다.

박사들은 아기 예수께 경배하고 황금과 유향과 몰약을 예물로 드렸다.

그 때에 첫 쌍둥이 예수들은 두 살이었다. 동방에서 온 박사들이 헤롯을 만나 유대인의 왕이 태어났다고 하였으나 헤롯은 박사들의 말을 허무맹랑한 미친 소리쯤으로 여겼다.

1년 후 곧 B. C. 4년(?)이자 A. D. 3년 되는 해

베들레헴 요셉이 성경을 이루기 위해서 처제(동생 마리아)를 연애하여 아내로 삼자 자매를 아내로 삼은 요셉을 두고 다윗의 족속과 유대인들간에 큰 논쟁이 벌어지게 되었다.

유대인의 율법에는 남자가 한 형제 곧 자매를 동시에 취하여 아내를 삼는 일을 금기하였기 때문이다.

이 사건으로 베들레헴 마리아(동생)가 남편을 떠나서 잠시 떨어져 있을 때에 또 성령으로 잉태되었고, 그때에 나사렛에 살던 나사렛 마리아(언니)도 나사렛에서 목수 일을 하는 요셉과 정혼하였다.

이 요셉도 다윗의 자손으로 본집은 라마에 있었으니 이 요셉의 족보는 이러하다.

곧 아브라함과 다위드의 자손 예수 그리스도의 세계라.

아브라함이 이스하크를 낳고 이스하크는 야코브를 낳고 야코브는 예후다와 그의 형제를 낳고. 예후다는 타마르에게서 파레스와 제라을 낳고 파레스는 헤스롬을 낳고 헤스롬은 아람을 낳고. 아람은 아미나답을 낳고 아미나답은 나흐숀을 낳고 나흐숀은 살몬을 낳고. 살몬은 라하브에게서 보아즈를 낳고 보아즈는 루트에게서 오베드를 낳고 오베드는 이엣사이를 낳고. 이엣사이는 다위드왕을 낳으니라 다위드는 우리야의 아내에게서 솔로몬을 낳고. 솔로몬은 로보암을 낳고 로보암은 아비야를 낳고 아비야는 아사를 낳고. 아사는 여호사밧을 낳고 여호사밧은 요람을 낳고 요람은 웃지야를 낳고. 웃지야는 요탐을 낳고 요탐은 아하즈를 낳고 아하즈는 히즈키야를 낳고. 히즈키야는 므낫세를 낳고 므낫세는 아몬을 낳고 아몬은 요쉬야후를 낳고. 바벨론으로 이거할 때에 요쉬야후는 예콘나와 그의 형제를 낳으니라.

바벨론으로 이거한 후에 예콘냐는 살라디엘을 낳고 살라디엘은 조로바벨을 낳고. 조로바벨은 아비우드를 낳고 아비우드는 엘르아킴을 낳고 엘르아킴은 아조르를 낳고. 아조르는 사독을 낳고 사독은 아킴을 낳고 아킴은 엘리우드를 낳고. 엘리우드는 엘르아살을 낳고 엘르아살은 맛단을 낳고 맛단은 야코브를 낳고 야코브는 마리아의 남편 요셉을 낳았으니 마리아에게서 그리스도라 칭하는 예수가 나시니라.

그런즉 모든 대 수(代數)가 아브라함부터 다윗까지 열네 대요, 다윗부터 바벨론으로 이거(移居)할 때까지 열네 대요, 바벨론으로 이거한 후부터 그리스도까지 열네 대러라.〔※'러라'는 이러니라의 조사로, 겸지우겸(兼之又兼) – 둘 이상을 겸한 위에 또 더한 문장임을 나타내는 성경의 암호〕

여섯째 달에 천사 가브리엘이 하나님의 보내심을 받들어 갈릴리 나사렛이란 동네에 가서. 다윗의 자손 요셉이라 하는 사람과 정혼한 마리아에게 이르러 보라 네가 수태하여 아들을 낳으리니 그 이름을 예수라 하라 했다. 해산할 날이 찰 즈음 '구레뇨'가 수리아(시리아)총독으로 부임하여 유대 땅에 첫번째 호적령을 내렸다.

이에 나사렛 요셉도 다윗의 족속인고로 아내를 데리고 호적하러 베들레헴으로 올라왔다. 산모의 행보가 더뎌서 밤중쯤 관청에 도착했을 때 마침 양수가 터지며 아기가 나오려 하자 해산할 곳을 찾았으나 빈방이 없었다. 할 수 없이 산모를 구유에 누이고 산파들이 아기 받을 준비를 했는데, 그 구유는 3년 전 베들레헴 마리아(언니)가 쌍둥이 예수를 출산한 장소였다. 거기 모인 사람들은 같은 사건이 거듭 일어나는 것을 기이히 여겼고 나사렛 마리아(언니)는 두번째 일란성 쌍생아를 출산했다. 아기들이 발목을 잡고 동시에 나왔는데 먼저 나온 아기는 붉고 전신에 털이 많았으나 후에 나온 아우는 희고 매끈매끈했다. 그 시에 베들레헴 마리아(동생)도 자신의 집에서 세번째 이란성 쌍둥이를 출산했다. 이렇게 되어 B. C. 4년에는 4명의 쌍둥이 아기 예수들이 탄생했던 것이다. 수개월 후 아켈레오가 부친 헤롯을 이어 유대의 임금이 되자, 베들레헴 마리아의 남편 베들레헴 요셉이 본집이 있는 라마로 가기를 무서워하였다. 그러나 꿈에 지시하심을 받아 갈릴리 지방 가버나움으로 떠나갔다가 후에 나사렛으로 갔으니 이는 선지자로 하신 말씀에 나사렛 사람이라 칭(稱)하리라 하심을 이루려 함이러라.

한편 인구조사를 마친 시리아 총독 '구레뇨'는 수 년 후 로마황제 아구스도의 명령을 받고 로마로 돌아갔다.

4년 후 곧 우리 서기의 시작이자 A. D. 4년이며 A. D. 7년 되는 해

첫번째 아이 예수들 나이 7살, 두세 번째 아이 예수들 나이 4살이었다. 나사렛 요셉도 성경을 이루기 위해서 처제인 나사렛 마리아(동생)를 연애하여 아내로 삼자, 또 율법을 놓고 다윗의 족속과 유대인들간에 격렬한 다툼과 논쟁이 벌어지면서 쌍둥이 사건은 그 시대의 큰 화젯거리가 되었다.

이에 나사렛 마리아(동생)가 사람들에 의해 강제로 격리되었을 때 또 성령으로 잉태된다.

천사가 말하기를 보라 네 친족 엘리사벳도 늙어서 아들을 베었느니라 본래 수태하지 못하던 이가 이미 여섯 달이 되었으니. 대저 하나님의 모든 말씀은 능치 못하심이 없느니라. 마리아가 가로되 주의 계집종이오니 말씀대로 내게 이루어지이다 하매 천사가 떠나가니라. 이때에 마리아가 일어나 남편을 만나 라마에 다녀오리라 하고 엘리사벳을 보러 라마에 올라갔다. 가서 보니 천사의 말대로 엘리사벳이 수태된 지 여섯 달이었고 석 달 있는 동안에 자신도 잉태된 사실을 알게 되었다. 석 달 후 요셉이 라마에 있는 아내를 데리러 왔다가

잉태 사실을 알고는 은밀하게 저를 끊고자 하였다. 이 일을 생각할 때에 주의 사자가 꿈에 현몽하여 저가 성령으로 잉태되었음을 알려주었다. 아내를 데려온 요셉은 아기를 낳을 때까지 동침하지 않았다.

그때에 사마리아 마리아(언니)가 목동 요셉을 만나 정혼하였는데 이 사

람도 다윗의 족속이었다.

또 풍습을 따라 잠시 떨어져 있을 때 그 마리아도 성령으로 잉태되었다. 해산할 날이 찰 즈음 로마황제 아구스도(케사르 아우구스투스)가 세금 징수를 목적으로 전 제국에 인구 조사를 하도록 호적령을 내렸다.

그때에 나사렛 마리아(동생)가 나사렛 자신의 집에서 네번째 쌍둥이 예수를 출산했고, 사마리아 마리아(언니)도 베들레헴 말구유에서 다섯 번째 쌍둥이 예수를 출산했다. 그 곳은 4년 전 나사렛 마리아(언니)가 쌍둥이를 출산한 장소였다. 거기 모인 사람들은 똑같은 일이 거듭되는 것을 보고 더욱 기이하게 여겼다. 아우렐리우스 아우구스티누스는 점성가인 니기디우스가 쌍둥이 탄생에 대한 문제에서 그가 쓴 신국론에 토기장이의 바퀴로부터 끌어낸 주장에 관하여 라는 글을 썼으나 구체적이지는 않다.

토기장이는 그릇 즉 영혼의 그릇인 몸을 만드는 것에 비유하여 생명의 탄생을, 바퀴는 도는 것 즉 반복을 의미하여 예수가 거듭 태어났음을 암시하는 것 같기도 하지만 그도 역시 하나님의 비밀은 모른 것 같다.

목동자리에 출현한 천국의 금성(샛별)

"그 지경에 목동들이 밖에서 밤에 양떼를 지키더니 주의 사자와 천사들이 곁에 서고 주의 영광이 저희를 두루 비취매 크게 무서워하는지라. 천사가 이르되 무서워하지 마라 보라 내가 온 백성에게 미칠 큰 기쁨의 좋은 소식을 너희에게 전하노라. 오늘날 다윗의 동네에 너희를 위하여 구주가 나셨으니 곧 그리스도 주시니라.

홀연히 허다한 천군이 그 천사와 함께 있어 하나님을 찬송하여 가로되, 지극히 높은 곳에서는 하나님께 영광이요 땅에서는 기뻐하심을 입은 사람들 중에 평화로다 하였다."

목자들은 목동자리에서 갑자기 나타난 천국의 금성이 움직이는 대로 따라가서 베들레헴 집에 있는 목동요셉과 구유에 누인 아기를 찾아서 보았다. 이렇게 되어 우리서기의 시작점에 또 4명의 쌍둥이 예수들이 출생했다.

2년 후 곧 서기 2년(?)이자 A. D. 6년이며 A. D. 9년 되는 해

한편 고국으로 돌아간 동방박사들은 그때의 현상에 사로잡혀서 매일 밤 양자리를 관찰하고 있었다.

수 년 후, 양자리에 숨어있던 천국의 태양이 나타나더니 서쪽으로 이동하자, 또 예수가 태어났음을 직감하고는 황금과 유향과 몰약을 준비하여 별을 따라서 다시 예루살렘에 이르렀다. 박사들이 몇 년 후에 다시 헤롯을 찾아오자 헤롯왕은 당황하여 "그러면 그리스도가 어디서 나겠느냐" 물었고 박사들은 "유다 땅 베들레헴" 이라고 대답하였다. 이에 심상치 않음을 느낀 헤롯왕은 은밀하게 박사들을 불러 별이 나타난 때를 자세히 묻고는 박사들을 베들레헴으로 보내며 아기 있는 곳을 알려달라고 하였다.

헤롯 궁을 나온 박사들은 집에 가서 남편 요셉과 마리아와 아기를 만나 또 황금과 유향과 몰약을 드린 후에 꿈에 지시하심을 받아 다른 길로 고국에 돌아갔다. 이에 박사들에게 속은 것을 안 헤롯은 2년 전에 박사들이 찾아 왔던 때를 기준하여 두 살까지의 사내아기들을 다 잡아 죽이도록 명령을 내렸다.

병사들이 그 주변에 있은 사내아기들을 잡아죽이면서 선지자 예레미야로 말씀하신 바 "라마에서 슬퍼하며 크게 통곡하는 소리가 들리니 한 자매로 야곱의 아내 된 라헬이 그 자식을 위하여 애곡하는 것이라 그가 자식이 없으므로 위로 받기를 거절하였도다 함이 이루어졌다."

때에 주의 사자가 요셉에게 현몽하여 가로되 "헤롯이 아기를 찾아 죽이려 하니 일어나 아기와 그의 모친을 데리고 애굽으로 피하여 내가 네게 이르기까지 거기 있어라" 라고 말하였다.

5년 후 곧 우리 서기 7년이자 A. D. 11년이며 A. D. 14년 되는 해

대학살사건 후, 그 헤롯이 죽고 그 4년 후에 애굽에 피신한 요셉과 마리아, 아이 예수들이 이스라엘 땅으로 올라왔다. 그 때에 첫번째 예수는 14살, 두세 번째 예수는 11살, 네다섯 번째 예수는 7살이었다.

또 성경을 이루기 위해서 사마리아 요셉이 처제(동생 마리아)를 취하여 아내로 삼았고 잠시 떨어져 있을 때 그도 성령으로 잉태된다. 그때에 '쿼레니오스'가 시리아 지역의 로마총독으로 부임하였는데 그의 본명은 '퓨블리우스 술피키우스 큐이리니우스'였다. 해산할 날이 찰 즈음 '구레뇨'가 두번째 호적령을 내렸으며 사마리아 마리아(동생)가 집에서 여섯 번째 쌍둥이 예수를 출산했다.

2년 후 곧 우리 서기 9년(?)이자 A. D. 2년이며 A. D. 13년이고 A. D. 16년 되는 해

또 고국으로 돌아간 동방박사들은 완전히 별에 사로잡혀 매일 밤 그 별자리를 관찰하고 있었다.

몇 해 후, 똑같은 시기에 양자리에서 천국의 태양[*지식의 관(冠) 참고]이 출현하자 또 예수가 태어난 것을 알고는 두렵고 떨리는 마음으로 예물을 준비하여 예루살렘에 이르렀다.

와서 보니 이전에 만났던 헤롯은 병으로 죽었고 다른 헤롯이 유대의 왕으로 와 있었다. 박사들은 이 헤롯에게 유대인의 왕의 탄생을 알렸으나 변덕스럽고 잔인했던 이 헤롯은 불안과 동요로 가득 차서 유아살해를 명령했다. 이에 요셉과 마리아들이 쌍둥이 예수들을 데리고 다시 애굽에 있는 '헬리오폴리스(태양의 성)'로 피신했다.

그리하여 쌍둥이자매, 동명의 남편, 열두 쌍둥이 소문은 삽시간에 애굽전역에 퍼졌고 후에 쌍둥이 이야기는 애굽의 유명한 설화로 전해지게 되었다.

5년 후 곧 우리 서기 14년(?)이자 A. D. 7년 · 18년 · 21년이 되는 해

남자를 알지 못하고 정혼한 적이 없이 갈릴리 나사렛 동네에 살고 있던 동정녀 마리아를 천사 가브리엘이 방문했다. 천사가 말하기를 네가 수태하여 아들을 낳을 것이요 그 이름을 예수라 하라 하자 마리아가 천사에게 말하되 나는 사내를 알지 못하니 어찌 이 일이 있으리이까. 천사가 대답하여

가로되 성령이 네게 임하시고 지극히 높으신 이의 능력이 너를 덮으시리니 이러므로 나실 바 거룩한 자는 하나님의 아들이라 일컫으리라. 마리아가 가로되 주의 계집종이오니 말씀대로 내게 이루어지이다 하매 천사가 떠나가니라.

해산할 날이 찰 즈음 아구스도가 두번째 호적령을 내렸으며, 그때에 동정녀 마리아는 자신의 집에서 일곱 번째 쌍둥이 예수를 출산했다. 이 마리아는 남편이 없었다.

그때에 동방박사들이 별을 보고 가장 크게 기뻐하고 기뻐하였는데, 이는 별이 보석을 가지고 있었기 때문이었다. 이렇게 되어 21년의 기간동안 7명의 마리아에 의해서 3년-4년-7년-7년 간격으로 14명의 예수가 탄생했다. 네 명은 이스라엘인의 호적에, 네 명은 사마리아인의 호적에, 4명은 시리아인의 호적에 기록되었을 것이다. 그 중 12명의 행적은 마태, 마가, 누가, 요한이 세 명씩 합쳐서 사복음서에 기록했으나 두 명의 행적은 은폐시켰다. 왜냐하면 두 명의 예수님은 은밀히, 비밀스럽게 행동하셨기 때문이다.

하나님께서 이 사건을 가르쳐 주실 때 성경에서 쌍둥이와 쌍태 단어를 세어봐라 하셨고 성경에서 이 단어를 세어보니 모두 여섯 개였다. 이에 6×2=12명에다 하나님은 항상 +1하여 하나를 더 가지심으로 이스라엘민족이 바벨론으로 잡혀간 시점부터 또 14명의 예수가 탄생하신 것을 알 수 있었던 것이다.

과학이 발달하기 전까지 사람들은 남자와 여자가 동침해야만 자식을 낳을 수 있다고 생각했다.

하지만 과학이 발달한 현대에는 성관계 없이도 정자와 난자를 체외 수정시켜서 자식을 얻을 수 있고, 또 사람의 세포만 가지고도 인간을 복제해낼 수 있다. 게다가 미래에는 인조인간에 자신의 신체를 이식하고 기억을 복사하여 자식을 삼는 일도 가능하다. 이러므로 출생에 대한 인식을 바꿀 필요가 있다.

2천년 전 성신께서는 여자의 몸에 성령을 넣어서 자신의 아들인 예수를 낳게 하셨다. 이 아들을 어린 양 곧 양 새끼라 했으니 아비인 하나님은 어미 양에 비유된 것이다. 이러므로 예수 출생의 비밀을 알려면 성경에서 양이 새끼를 낳은 구절을 찾아보면 된다.

(아가 4장2절·6장6절) "암양 곧 새끼 없는 것은 하나도 없이 각각 쌍태를 낳은 양 같구나, 암양 곧 새끼 없는 것은 하나도 없이 각각 쌍태를 낳은 양 같다."

그런즉 양(하나님)이 쌍태 예수를 낳은 것이다. 이렇게까지 설명해줘도 이단으로 매도하여 형제를 실족시키려 한다면, 차라리 내일이라도 동류에게 가서 '내가 이 놈을 해하려고 하는 마음으로 번뇌하여 죽을 지경이니 나를 연자맷돌을 달아 바다에 던져 주시오'라고 부탁해라. 형제를 실족시킨 후에 지옥 가는 것보다 지금 죽어 구원받는 편이 낫기 때문이다.

나는 '라즈'를 쓸 때에 성경과 성경사전 외에는 참고한 것이 없고 또 자문을 구할 수도 없었으므로 추후 잘못 감합한 것과 오류들은 외경을 참조하거나 학자들의 말을 참작하여 바로 잡을 생각이다.

데오빌로 각하 저는 문서의 기록들이 서로 틀린 것을 보고 왜 이럴까! 하는 의문은 가졌으나 혹자의 말대로 기록자의 관점이 틀리다, 필사자의 실수다, 번역상의 오류다 라는 의견에는 동조하지 않았습니다. 개중에는 복음서들이 각각 구전되는 이야기를 근거로 해서 독자적으로 기록된 것이다 말하기도 하고, 또 예수의 말씀과 행적에 대해 많은 단편 자료들이 회람된 것을 상호 이용하였다고 주장하기도 합니다.

그들 중에는 신학자, 사학자, 과학자들도 상당수 포함되어 있습니다. 만일 그들의 견해를 받아들이게 되면 기록자들은 신화에 지배를 받아 관념적인 진리를 추출하려던 자로서 전승의 신탁이나 그 시대에 유포된 신탁, 혹은 자신의 체험을 토대로 신관을 형성한 자들이 됩니다. 그럴 경우 성경은 가변적인 요소가 인정되어 믿을 수 없는 책이 되며 기독교는 생명 없는 거짓종교로 전락할 수 있습니다. 개중에는 근거 없이 떠도는 헛소문이나 전해들은 이야기를 쓴 사람도 있을 수 있기 때문입니다. 한 예로 예수의 부활도 그의 제자들이 밤에 와서 시체를 도적질하여 숨겨두고서는 부활했다고 거짓소문을 퍼뜨린 것을 진위도 밝히지 않은 채 그대로 쓴 것이라 해도 반박하지 못합니다. 지금도 그렇지만 천국은 관념적인 상상으로 막연히 내세에 행복한 세계가 있었으면 하는 심열의 산물로만 인식되고 있습니다. 배후에 사탄이 있기 때문입니다.

마귀의 공작은 크게 두 가지로 집약될 수 있습니다.

하나는 사람의 자유의지로 예수 믿는 것은 허용하되 진리는 모르게 하는 것이고, 또 하나는 성도들의 생각과 행실을 더럽혀서 강한 천군이 되지 못하도록 하는 것입니다. 왜냐하면 하늘에서 자신들과 싸울 상대이기 때문에 땅에서부터 무력화시키는 것입니다. 악마와 혼령의 존재는 인정하면서도 창조주는 부인하는 자들아!

그리스도께서 죽은 자 가운데서 다시 살아나셨다 전파되었거늘, 너희 중에서 어떤 이들은 어찌하여 죽은 자 가운데서 부활이 없다 하느냐. 만일 죽은 자의 부활이 없으면 그리스도도 다시 살지 못하셨으리라.

그리스도께서 만일 다시 살지 못하셨으면 우리의 전파하는 것도 헛것이요 또 너희 믿음도 헛것이며. 또 우리가 하나님의 거짓증인으로 발견되리니 우리가 하나님이 그리스도를 다시 살리셨다고 증거 하였음이라. 만일 죽은 자가 다시 사는 것이 없으면 하나님이 그리스도를 다시 살리시지 아니하셨으리라.

만일 죽은 자가 다시 사는 것이 없으면 그리스도도 다시 사신 것이 없었을 터이요. 그리스도께서 다시 사신 것이 없으면 너희의 믿음도 헛되고 너희가 여전히 죄 가운데 있을 것이요. 또한 그리스도 안에서 잠자는 자도 망하였으리니. 만일 그리스도 안에서 우리의 바라는 것이 다만 이생뿐이면 모든 사람 가운데 우리가 더욱 불쌍한 자니라.

'말'은 생각을 음성으로 전달하는 것이요, '글'은 생각을 문자로 나타내 보이는 것이며, '그림'은 생각을 형상으로 표현하는 것이요, '수화'는 생각을 몸짓으로 형용해 보이는 것입니다.

그런즉 보이지 않는 생각이 영이며 생각의 근원이 주(主)가 되는 것입니다. 예를 들어 제가 생각하여 구술한 것을 다른 사람이 기록했다 해서 대필자가 저자가 되는 것은 아닙니다. 이러므로 이사야서의 저자는 성령이요 대서자는 이사야라고 해야 맞습니다. 그런데도 하나님의 종들조차 이사야서는 이사야가 썼다고 생각합니다.

생각을 낸 하나님의 관점에서 보지 않고 기록자의 관점에서 보기 때문입니다. 이렇기 때문에 필사자의 오류를 인정하게 되고 그 결과 여러 신학자들이 틀린 기록들을 수정하거나 편집하여 나름대로 일치시켜 보려다가 뜻만 훼손시키는 결과를 초래했습니다. 또 하나님의 말씀은 일점 일획도 거짓이 없다고 가르치면서 정작 자신은 성경을 믿지 않은 채 성경만 고치려는 신학자와 목사들이 있습니다.

성령이 쓰셨다고 믿으면 오류를 허용하지 않을 것이요, 그렇게 되면 틀린 것은 서로 다른 기록이라는 결론에 도달하고, 결국 동명에 의한 동일한 사건의 반복이었음을 깨닫게 됩니다.

바람같이 들리는 소리가 있어 "헌이야 성경은 누가 썼느냐?"하시기로 제가 대답하기를 '성령이 쓰신 것입니다'하였고, "그럴진대 성경에 오류가 있겠느냐?"하시기로 제가 대답하기를 '오류가 있을 수 없습니다'하자, "그런데 나의 종들은 사람이 쓴 것으로 믿으니 나의 마음이 답답하구나 나는 같은 일을 계속 반복하는 자니라"하셨습니다. 이에 제가 여쭙기를 '그렇다면 어느 시점에서 되돌아갔습니까?'하였더니 "구약의 기록들은 크게 6-7의 동일한 회정역사의 선상에 놓여 있다. 너희들의 시대에서 나는 아담에서~시드기야까지 여섯 번 동일한 것을 반복하였고, 일곱째에 이르러 아담으로 돌지 않고 아브라함으로 회정하여 현재를 이어 나오고 있다"라고 말씀하셨습니다. 그래서 제가 말하기를 '그렇다면 인류역사는 오래 되었어도 현재역사는 짧을 수밖에 없군요. 그렇다면 아담~아브라함까지는 동명 육 인씩이고, 아브라함~시드기야까지는 동명 칠 인이니 같은 내용을 기록한 일곱 권의 성경이 있어야 하겠나이다' 하고 되물었습니다.

그러자 "그럴 필요 있겠느냐 일곱 개를 하나로 합쳐서 기록하면 되는 것이다. ●증서 "이 모든 말씀을 한 책에 기록하고" 그렇게 하면 이야기는 같아도 시대적 배경이나 상황, 인명과 지명에서 조금씩 차이 나기 때문에 성경이 잘못 기록된 것처럼 여겨질 수 있다. 나는 일곱 개의 동일한 내용들을 오르락내리락 하며 내 방식대로 섞어 놓았다. 지혜가 있어서 이것들을 분리해 낼 자가 누구인고" 라고 하시며 한탄하셨습니다.

그래서 제가 얼른 말을 이어서 '땅에는 이러한 지혜를 가진 자가 없습니다. 그렇다면 복음서의 기록도 틀리니 예수님들도 여러 명입니까' 여쭈었고, 하나님께서는 다음과 같은 예표 사건을 인용하시며 이와 같은 비밀을 알려주셨던 것입니다.

예수출생 예표사건

- 한 자매: 레아·라헬 한 자매를 아내로 삼은 야곱
- 시리아인: 아비인 라반은 아람(시리아)사람
- 쌍둥이: 이삭의 아내 리브가가 낳은 쌍둥이
- 쌍태: 유다 며느리 다말이 낳은 쌍태
- 3년 차이: 아론 83세 ↔ 모세 80세

예수들은 제국시대에 여러 명이 출생하셨다. 하지만 다 한 성령으로 인하였으니 수와는 상관없이 모두 한 명이다. 사람들은 눈에 보이는 것으로 판단하지만 하나님은 근원을 살피신다.

그러므로 예수가 몇이 되든 성령으로 태어나서 인간의 죄를 짊어진 자면 모두 예수가 되는 것이고, 누구든지 죄를 대속한 예수를 믿기만 하면 구원받을 수 있는 것이다. 혹 이 말을 듣고 무식한 자들은 그렇다면 어떤 예수를 믿어야 구원받느냐고 하며 반문할 수 있을 것이다. 복음서는 여러 예수들의 행적을 네 권에 섞어 기록한 것으로, 예수들은 다 비슷한 복음을 전하고 다 비슷한 이적을 행하였으며 다 비슷한 사역을 하셨다. 그러나 쌍둥이들은 유심히 보면 조금은 다르듯이 그들의 일도 다르고 복음서의 기록도 조금씩은 다르다.

이렇기 때문에 성경은 자세히·유심히 읽어야 한다. 또 같은 말씀끼리 모아서 대조해 보아야 하고 또 짝들이 있으므로 반드시 두 개 이상을 합쳐서 이해하는 지혜가 필요하다. 예수들이 여럿 올 수밖에 없는 이유는 세대가 많고 또 제각기 달라서 각 시대의 죄들을 따로 따로 청산할 필요가 있었기 때문이다.

창조자가 다르고, 피조물이 다르고, 시대가 다르고, 인종이 다르고, 구약의 법도와 신약의 법도가 다르고, 몸의 변화도 다른데 어찌 이것들을 한 사람의 예수가 다 나타낼 수 있었겠는가?

예수님들은 하나님의 표본들로써 각 시대에 믿는 자들의 나라와 정사와 권세와 영광과 명예와 신분을 나타내는 본보기들인 것이다.

랍비, 선생, 인자, 주……

아이들이 강하고 지혜가 충족하며 사랑스러워져갔다. 그 부모들이 해마다 유월절을 당하여 예수들을 데리고 예루살렘으로 올라왔다가 예배를 마치고 돌아가는 길에 12살 짜리 예수들 중 한 아이는 예루살렘에 머무르고 한 아이는 성전에 남았으나 그 부모는 이를 알지 못했다. 얼굴과 용모가 닮아서 구별하기 힘들었기 때문이다. 서로 자신의 아이들이 동행중에 있는 줄로 착각하고 하룻길을 간 후 아이들이 사라진 줄 알았다.

놀란 부모들이 친족과 아는 집을 찾되 만나지 못하매 찾으면서 예루살렘에 돌아갔더니. 사흘 후에 성전에서 만난즉 그가 선생들 중에 앉아서 저희에게 듣기도 하시며 묻기도 하시니. 듣는 자가 다 그 지혜와 대답을 기이하게 여겼다. 왜냐하면 전에 예수로부터 들은 말을 아이들이 똑같이 말하였기 때문이다. 그 부모가 보고 놀라며 그 모친이 가로되 아이야 어찌하여 우리에게 이렇게 하였느냐 보라 네 아버지와 내가 근심하여 너를 찾았노라. 하자 아이 예수가 말하기를 어찌하여 나를 찾으셨나이까 내가 내 아버지 집에 있어야 될 줄을 알지 못하셨나이까. 이에 마음을 돌리지 못한 부모들은 두 아이들을 예루살렘에 남겨두고 집으로 돌아갈 수밖에 없었다. 그리하여 한 예수는 예루살렘에서 성장하여 후에 유명한 랍비가 되었고, 한 예수는 예루살렘성전에서 성장하여 후에 유명한 선생이 되었으며, 한 예수는 가버나움에서 성장하여 후에 주(主)라 불렸고, 한 예수는 나사렛에서 성장하여 후에 자신을 인자라 칭했으며 한 예수는 가나에서 성장하여 갈릴리 사람이라 불렸다.

그 시대에 예수들이 12명인지라 사람들은 예수들을 구분하여 예수, 다윗의 자손 예수, 갈릴리예수, 나사렛예수, 요셉의 아들 나사렛 예수로 불렀고, 또 다른 별칭을 붙여 인자, 랍비, 랍오니, 디다스칼로스(선생), 주(主), 에피스타테스(주인), 퀴리오스(주 또는 랍비)'로 구별하여 불렀다.

갈릴리예수와 나사렛예수

갈릴리예수들 나이 30세, 나사렛예수들 나이 27세에 갈릴리예수들이 그 요한에게 세례를 받고 제자들을 데리고 다니면서 복음을 전하기 시작했다.

- 증서 "너도 갈릴리 사람 예수와 함께 있었도다. 나는 네가 핍박하는 예수니라."

3년 후 나사렛예수 나이 30세, 갈릴리예수 나이 33세가 되자 나사렛예수들이 그 요한에게 세례를 받고 제자들을 데리고 복음을 전하기 시작했다.

- 증서 "이 사람은 나사렛예수와 함께 있었도다, 나는 네가 핍박하는 나사렛예수니라."

(6명의 요셉시대)목동 요셉 밑에서 자란 예수는 가축과 짐승의 비유를 들어 복음을 전했었고, 목수 요셉 밑에서 자란 예수는 건축물과 집 짓는 비유를 들어 복음을 전했었고, 농부 요셉 밑에서 자란 예수는 곡식과 농사 짓는 비유를 들어 복음을 전했었고, 장사꾼 요셉 밑에서 자란 예수는 여러

가지 물건과 장사하는 비유를 들어 복음을 전했었고, 어부 요셉 밑에서 자란 예수는 배와 물고기 잡는 비유를 들어 복음을 전했었고, 의사 요셉 밑에서 자란 예수는 병 고치는 일로 복음을 전했었다. 그렇지만 모두 동일한 말씀들을 전하셨기에 이것들을 모두 합쳐서 기록해 놓으면 한 사람의 사역으로만 인식하게 된다.

외경의 수수께끼를 풀어보면 '예수들 중에는 잘생긴 분·못생긴 분·수염이 많은 분·수염이 적은 분·키가 큰 분·키가 아주 작은 분·고령의 노인·청년·심지어 소년예수도 있었음을 알 수 있다.

아주 미남자였던 예수님의 생김새는 (SS051016)에 잘 묘사되어 있다.

"나의 사랑하는 자는 희고도 붉어 만 사람에 뛰어난다. 머리는 정금 같고 머리털은 고불고불하고 까마귀 같이 검구나. 눈은 시냇가의 비둘기 같은데 젖으로 씻은 듯하고 아름답게도 박혔구나. 뺨은 향기로운 꽃밭 같고 향기로운 풀 언덕과도 같고 입술은 백합화 같고 몰약의 즙이 뚝뚝 떨어진다. 손은 황옥을 물린 황금 노리개 같고 몸은 아로새긴 상아에 청옥을 입힌듯 하구나. 다리는 정금 받침에 세운 화반석 기둥 같고 형상은 레바논 같고 백향목처럼 보기 좋고. 입은 심히 다니 그 전체가 사랑스럽구나 예루살렘 여자들아 이는 나의 사랑하는 자요 나의 친구일다." 물론 여기에 성적인 것이 관계하거나 부정한 유혹이 있었음을 뜻하지는 않는다.

마리아들이 예수를 낳은 후에 그 남편들과 동침하여 자식들을 낳았으니 그 자식들은 이러하다.

언니 마리아 + 요셉	동생 마리아 + 요셉
•맏아들: 일란성 쌍생아 예수	•맏아들: 이란성 쌍둥이 예수
•둘째: 야고보	•둘째: 야고보
•셋째 : 요셉	•셋째: 요셉
•넷째 : 시몬	▸넷째: 유다
▸다섯째: 유다	•다섯째: 시몬
•여섯째: 여동생들	•여섯째: 여동생들

세계 복음 전도

하루는 나자레드 북동쪽 약 6km 지점에 위치하고 있는 '가나'에 혼인이 있어 예수의 어머니들 즉 마리아 자매들과 예수들과 제자들이 전부 혼인잔치에 청함을 받게 되었다. 모인 무리들이 먹고 마시매 포도주가 모자라게 된지라 시리아인 마리아가 자신이 성령으로 낳은 예수들을 바라보고 혹 어떤 이적을 보일까 하여 저희에게 이르되 포도주가 없다 하니. 그 예수들이 유대인 마리아가 낳은 예수들인 고로 어머니라 하지 않고 여자여 나와 무슨 상관이 있나이까 내 때가 아직 이르지 못하였나이다 라고 하였다. 자신의 아들이 아님을 안 그 마리아가 다른 편에 있던 예수들을 바라보고 하인들에게 일러 말하기를 너희에게 무슨 말씀을 하시든지 그대로 하라 하시니. 이 말을 듣고 계시던 그 예수들이 하인들에게 일러 가로되 항아리에 물을 채워라 하였으며 물이 변하여 포도주 되는 표적을 나타내 보이셨다.

이럴 만큼 부모조차 구별하지 못했으니 제자들과 그 시대 사람들은 어떠했겠는가?

12명의 예수들이 동명의 제자들을 데리고 다니면서 동일한 복음을 전하고 동일한 표적과 이적을 나타내자 그 땅에 큰 소동과 혼란이 일어나게 되었다. 이에 복음으로 그 땅이 시끄럽게 되자 예수들은 자신의 제자들을 데리고 이스라엘 땅을 떠나게 된다.

예수님의 제자들

- ▸그즈음 갈릴리예수1가 예루살렘에서 가룟 유다의 손에 팔리어 총독 빌라도에게 넘겨졌고 자색옷을 입어 본 후 33세의 나이로 십자가에 처형되었다.
- ▸3년 후 나사렛예수1가 예루살렘에서 유다의 손에 팔려 빌라도에게 넘겨졌고 홍포를 입어본 후 33세의 나이로 높은 십자가에 처형되었다.
- ▸그 A. D. 44년(?) 유대와 사마리아의 통치자 헤롯 아그립바 I 세가 시리아인 마리아가 낳은 예수를 십자가에 처형시키자 유대인들이 그를 신

갈릴리사람 예수1	나사렛예수1	갈릴리사람 예수2	나사렛 예수2
베드로라 하는 시몬	시몬베드로	베드로시몬	
그의 형제 안드레	또 세베대의 아들 야고보	그 형제 안드레	
세베대의 아들 야고보	야고보의 형제 요한(우뢰)	야고보	
그의 형제 요한	안드레	요한	
빌립	빌립	빌립	
바돌로메	바돌로메	바돌로메	흩어져 기록된 고로 생략하겠음.
도마	마태	마태	
세리 마태	도마	도마	
알패오의 아들 야고보	알패오의 아들 야고보	알패오의 아들 야고보	
다대오	다대오	셀롯이라 하는 시몬	
가나안인 시몬	가나안인 시몬	야고보의 아들 유다	
가룟 유다	또 가룟 유다	가룟 유다	

으로 열렬히 환호하였으나 살을 파먹는 벌레에 의해 곧 죽어버리고 말았다.

►14년 후 제자들을 데리고 세계에 복음을 증거 하던 갈릴리예수2가 이스라엘 땅에 들어와 복음을 전하다 또 유다에 팔려 빌라도에게 넘겨졌고 자색옷을 입어본 후 50세에 십자가에 처형되었다.

►10년 후 나사렛예수2가 홍포를 입어본 후 66세에 십자가에 처형되었다.

►36년 후 그 예수가 84세 혹은 100세에 십자가에 처형되었을 것으로 추측된다.

►그 65년 후 오래도록 제자들과 함께 있으면서 세계에 복음을 전하던 그 예수가 이스라엘 땅에 들어왔고 또 유다에 팔려서 빛난 옷을 입어본 후에 120세의 나이로 높은 십자가에 처형되었다.

►그 예수는 에녹과 같이 죽음을 맛보지 않으시고 산채로 승천하셨다.

►그 예수는 사람들을 피해 숨었으며 알려진 바 없다.

⋮

이하 생략

제 2 부 싸움꾼 다윗 집의 열쇠
-소형곤충로봇전쟁-

→2108년 · 2148년→ 러시아의 쇠멍에 벗음, 열방의 보복시대

러시아에 대한 중한 경고 1

"러시아는 여호와의 수중의 온 세계로 취케 하는 금잔이라 열방이 그 포도주를 마시고 인하여 미쳤도다. 러시아가 졸지에 넘어져 파멸될 것이니 이로 인하여 울라 그 창상을 인하여 유향을 구하라 혹 나으리로다. 우리가 러시아를 치료하려 하여도 낫지 아니한즉 버리고 각기 고토로 돌아가자 그 화가 하늘에 미쳤고 궁창에 달하였음이로다. 그 나라들아 미사일을 배치하고 무기방어체계를 다시 점검하라 여호와께서 옛 소련 왕들의 마음을 격발하사 러시아를 멸하기로 뜻하시나니 이는 여호와의 보수하시는 것 곧 그 성전의 보수하시는 것이라. 러시아군은 방어벽을 향하여 기를 세우고 튼튼히 지키며 초병을 세우고 복병을 베풀어 방비하라 이는 여호와께서 러시아 국민들에 대하여 말씀하신 대로 경영하시고 행하심이로다. 많은 물가에 거하여 재물이 많은 자여 네 탐남의 한정, 네 결국이 이르렀도다. 그가 진실로 사람을 황충같이 네게 가득히 하리니 독일군들이 너를 향하여 소리를 높이리라."

러시아에 대한 중한 경고 2

"땅에 기를 세우며 열방 중에 나팔을 불어서 열국을 예비시켜 러시아를 치며 아라랏 곧 아르메니아 · 그루지아 · 아제르바이잔과 민니 곧 신생국 쿠르디스탄과 아스그나스 곧 흑해소연방 국가들을 불러모아 그를 치며 대장을 세우고 그를 치되 사나운 황충같이 그 병거들을 몰아오게 하라."

러시아에 대한 중한 경고 3

"열국 곧 중앙아시아 나라들을 예비시켜 그를 치게 하라 땅이 진동하며 고통하나니 이는 나 여호와가 러시아를 쳐서 그 땅으로 황무하여 거민이 없게 할 경영이 섰음이라. 러시아군 용사는 싸움을 그치고 그 요새에 머무르나 기력이 쇠하여 여인같이 되며 그 거처는 블타고 그 문빗장은 부러졌으며. 보발군이 달려 만나고 사자가 달려 만나서 러시아 황제에게 고하기를 그 도시 사방이 함락되었으며. 모든 항구는 빼앗겼으며 갈밭이 불탔으며 군사들이 두려워하더이다 하리라."

그러나 이 모든 일이 이루기전에 또 중동에 평화가 있을 것이다.

또 뱀이 지팡이로

모세야 네 손을 내밀어 뱀의 꼬리를 잡아라. 그가 손을 내밀어 잡으니 그 손에서 지팡이로 변한다.

논쟁: 이 이적은 무슨 뜻이냐?

어떤사람: 이스라엘 지도자가 뱀으로 돌변하여 자신을 침공했던 나라들을 다시 의지하게 될 것이란 예조이다. 하지만 뱀의 꼬리는 공격력이 없는 것처럼 전쟁으로 전력이 약해진 아랍국가들은 이스라엘에게 아무 도움이 되지 못한다.

→2108년 · 2148년~2118년 · 2158년→ 또 평화시대

"너는 화 있을 진 저 화 있을 진 저 네가 모든 악을 행한 후에. 너를 위하여 높은 곳에 아치형의 사당을 건축하며 모든 거리에 높은 대를 쌓았도다. 네가 높은 대를 모든 길 머리에 쌓고 네 아름다움을 가증하게 하여 모든 지나가는 자에게 다리를 벌려 심히 행음하고. 하체가 큰 대륙 아프리카 여러 나라와 행음하되 심히 음란히 하여 내 노를 격동하였도다. 그러므로 내가 내 손을 네 위에 펴서 네 일용양식을 감하고 너를 미워하는 팔레스타인 사람 손에 붙여 임의로 하게 하였거늘 네가 음욕이 차지 아니하여 또 시리아 사람과 행음하고 그들과 행음하고도 오히려 부족해하여. 장사하는 땅 쿠웨이트까지 심히 행음하되 오히려 족한 줄을 알지 못하였느니라. 네가 이 모든 일을 행하니 이는 방자한 음부의 행위라 네 마음이 어찌 그리 약한지. 네가 누를 모든 길 머리에 건축하며 높은 대를 모든 거리에 쌓고도 값을 싫어하니 창기 같지도 않도다. 그 지아비 대신에 외인과 사통하여 간음하는 아내로다. 사람들은 모든 창기에게 선물을 주거늘 오직 너는 네 모든 정든 자에게 선물을 주며 값을 주어서 사방에서 와서 너와 행음하게 하니. 너의 음란함이 다른 여인과 같지 아니함은 행음하려고 너를 따르는 자가 없음이며 또 네가 값을 받지 아니하고 도리어 줌이라 그런즉 다른 여인과 같지 아니하니라."

이스라엘에 대한 중한 경고

"인자야 내가 너를 이스라엘 자손 곧 패역한 백성 나를 배반하는 자에게 보내노라. 그들과 그 열조가 내게 범죄하여 오늘날까지 이르렀으니 이 자손은 얼굴이 뻔뻔하고 마음이 강퍅한 자니라 내가 너를 그들에게 보내나니 너는 그들에게 여호와의 말씀이 이러하시다 하라. 그들은 패역한 족속이라 듣든지 아니 듣든지 너는 내 말로 고할지어다. 인자야 내가 네게 이르는 말을 듣고 그 패역한 족속같이 패역하지 말고 네 입을 벌리고 내가 네게 주는 것을 먹어라 하시기로 내가 보니 한 손이 나를 향하여 펴지고 그 손에 두루마리 책이 있더라. 그가 그것을 내 앞에 펴시니 그 안팎에 글이 있는데 애가와 애곡과 재앙의 말이 기록되었더라. 인자야 너는 받는 것을 먹어라 너는 이 두루마리를 먹고 가서 이스라엘 족속에게 고하라 하시기로. 내가 입을 벌리니 그가 그 두루말이를 내게 먹이시며. 내게 이르시되 인자야 내가 네게 주는 이 두루마리로 네 배에 넣으며 네 창자에 채워라 하시기에 내가 먹으니 그것이 내 입에서 달기가 꿀 같더라. 인자야 이스라엘 족속에게 가서 내 말로 그들에게 고하라. 너를 방언이 다르거나 말이 어려워 네가 알아듣지 못할 열국에 보내는 것이 아니니라. 내가 너를 그들에게 보내었다면 그들은 정녕 네 말을 들었으리라. 그러나 이스라엘 족속은 이마가 굳고 마음이 강퍅하여 네 말을 듣고자 아니하리니 이는 내 말을 듣고자 아니함이니라. 내가 그들의 얼굴을 대하도록 네 얼굴을 굳게 하였고 그들의 이마를 대하도록 네 이마를 굳게 하였으되. 네 이마로 화석보다 굳은 금강석 같이 하였으니 그들이 비록 패역한 족속이라도 두려워 말며 그 얼굴을 무서워 말라 하시고. 그들이 듣든지 아니 듣든지 그들에게 고하여 이르기를 여호와의 말씀이 이러하시다 하라."

또 손에 발한 문둥병

모세야 네 손을 품에 넣어라. 그가 손을 품에 넣었다가 내어보니 그 손에 문둥병이 발하여 눈같이 희게 변한다.

—이스라엘 지도자의 손에 문둥병이 발하였으니 그 악행으로 인해 또 저주를 받게 된다는 뜻이다.

세계민족들아 또 이스라엘의 율법과 종교가 타락하였으니 땅은 재앙이로다, 비상한 재앙이로다, 피하라, 도피하라, 지체하지 말라.

이스라엘 율법타락

"하늘이여 들어라 땅이여 귀를 기울이라 내가 자식을 양육하였거늘 그들이 나를 거역하였도다. 소는 그 임자를 알고 나귀는 주인의 구유를 알건마는 이스라엘은 알지 못하고 나의 백성은 깨닫지 못하도다. 슬프다 범죄한 나라요 허물진 백성이요 행악의 종자요 행위가 부패한 자식이로다. 그들이 여호와를 버리며 이스라엘의 거룩한 자를 만홀히 여겨 멀리하고 물러갔도다. 죄악을 상징하는 두 도시 소돔의 관원들아 여호와의 말씀을 들을지어다 너희 고모라의 백성아 우리 하나님의 법에 귀를 기울일지어다. 여호와께서 말씀하시되 너희의 무수한 제물이 내게 무엇이 유익하냐 나는 숫양의 번제와 살진 짐승의 기름에 배불렀고 나는 수송아지나 어린양이나 숫염소의 피를 기뻐하지 아니하노라 너희가 내 앞에 보이려 오니 그것을 누가 너희에게 요구하였느냐 내 마당만 밟을 뿐이니라. 헛된 제물을 다시 가져오지 말라 분향은 나의 가증히 여기는 바요 월삭과 안식일과 대회로 모이는 것도 그러하니 성회와 아울러 악을 행하는 것을 내가 견디지 못하겠노라. 내 마음이 너희의 월삭과 정한 절기를 싫어하나니 그것이 내게 무거운 짐이라 내가 지기에 곤비하였느니라.

너희가 손을 펼 때에 내가 눈을 가리우고 너희가 많이 기도할지라도 내가 듣지 아니하리니 이는 너희의 손에 랍비와 예언자들을 죽인 피가 가득함이니라. 너희는 스스로 씻으며 스스로 깨끗케 하여 내 목전에서 너희 악업을 버리며 악행을 그치고. 선행을 배우며 공의를 구하며 학대받는 자를 도와주며 고아를 위하여 신원하며 과부를 위하여 변호하라 하셨느니라. 신실하던 성읍이 어찌하여 창기가 되었는고 공평이 거기 충만하였고 의리가 그 가운데 거하였었더니 이제는 살인자들뿐이로다. 네 은은 찌끼가 되었고 너의 포도주에는 물이 섞였구나. 네 방백들은 패역하여 도적과 짝하며 다 뇌물을 사랑하며 사례물을 구하며 고아를 위하여 신원하지 아니하며 과부의 송사를 수리치 아니하는도다. 그러므로 내가 장차 내 대적에게 보응하여 내 마음을 편케 하겠고 내 원수에게 보수하겠으며. 내가 또 나의 손을 네게 돌려 너의 찌끼를 온전히 청결하여 버리며 너의 혼잡물을 다 제하여 버리고 처음과 같이 회복할 것이라."

이스라엘 종교 타락

"네가 네 의복을 취하여 색스러운 산당을 너를 위하여 만들고 거기서 행음하였으니 이런 일은 전무후무하니라. 네가 또 나의 준 금, 은 장식품으로 너를 위하여 남자우상을 만들어 행음하며. 또 네 수놓은 옷(연합동맹국)으로 그 우상에게 입히고 나의 기름과 향으로 그 앞에 베풀며. 또 내가 네게 주어 먹게 한 내 식물 곧 고운 밀가루와 기름과 꿀을 네가 그 앞에 베풀어 향기를 삼았으니 과연 그렇게 하였느니라.

또 네가 나를 위하여 낳은 네 자녀를 가져 그들에게 드려 제물을 삼아 불살랐느니라 네가 너의 음행을 작은 일로 여겨서. 나의 자녀들을 죽여 우상에게 붙여 불 가운데로 지나가게 하였느냐. 네 어렸을 때에 벌거벗어 적신 이었으며 피투성이가 되어서 발짓하던 것을 기억치 아니하고 네가 모든 가증한 일과 음란을 행하였느니라. 그러므로 이스라엘아 너는 나의 철퇴곧 병기라 내가 너로 열방을 파하며 너로 국가들을 멸하며. 내가 너로 말과 그 탄 자를 부수며 너로 병거와 그 탄 자를 부수며. 너로 남자와 여자를 부수며 너로 노년과 유년을 부수며 너로 청년과 처녀를 부수며. 너로 목자와 그 양 떼를 부수며 너로 농부와 그 멍엣 소를 부수며 너로 방백들과 두령들을 부수리로다."

이스라엘민족 배도

"영화로우신 보좌여 원시부터 높이 계시며 우리의 성소이시며. 이스라엘의 소망이신 여호와여 무릇 주를 버리는 자는 다 수치를 당할 것이라 무릇 여호와를 떠나는 자는 흙에 기록이 되오리니 이는 생수의 근원 되신 여호와를 버림이나이다. 예레미야 너는 가서 유다 왕들의 출입하는 평민의 문과 예루살렘 모든 문에 서서. 무리에게 이르기를 이 문으로 들어오는 유다 왕들과 유다 모든 백성과 예루살렘 모든 거민 너희는 여호와의 말씀을 들을 지어다. 너희는 스스로 삼가서 안식일에 짐을 지고 예루살렘 문으로 들어오지 말며. 안식일에 너희 집에서 짐을 내지 말며 아무 일이든지 하지 말아서 내가 너희 열조에게 명함같이 안식일을 거룩하게 할지어다. 그들은 청종치 아니하며 귀를 기울이지 아니하며 그 목을 곧게 하여 듣지 아니하며 교훈을 받지 아니하였느니라. 너희가 만일 삼가 나를 청종하여 안식일에 짐을 지고 이 성문으로 들어오지 아니하며 안식일을 거룩하게 하여 아무 일이든지 하지 아니하면. 모든 백성이 평안히 왕래할 것이요 이 성은 영영히 있으려니와. 만일 너희가 나를 청종치 아니하고 안식일을 거룩케 아니하여 안식일에 짐을 지고 예루살렘 문으로 들어오면 내가 성문에 불을 놓아 예루살렘궁전을 삼키게 하리니 그 불이 꺼지지 아니하리라 하셨다 하라."

→2118년→ 유럽 강진 발생, 제2차 부활발생(?)

그때에 불규칙한 단층의 지각이동과 판(板)끼리의 강한 충돌로 아시아와 유럽 여러 나라들에 리히터 규모 8.3 이상의 강진이 18차례 이상 발생하여 ★11만 7천명 이상이 다치거나 죽고, 2십 개 이상의 도시가 무너지며, 1백9십만 명★ 이상의 이재민이 발생한다.

"너희는 바위틈에 들어가며 진토에 숨어 여호와의 위엄과 그 광대하심의 영광을 피하라. 그 날에 눈이 높은 자가 낮아지며 교만한 자가 굴복되고 여호와께서 홀로 높임을 받으시리라. 대저 한 날이 모든 교만자와 거만자와 자고한 자에게 임하여 그들로 낮아지게 하고, 또 레바논의 높고 높은 백향목과 바산의 상수리나무와, 높은 산과 솟아오른 작은 산과 높은 망대와 견고한 성벽과 유럽의 배와 아름다운 조각물에 임하리니. 그 날에 자고한 자는 굴복되며 교만한 자는 낮아지고 여호와께서 홀로 높임을 받으실 것이요. 우상들은 온전히 없어질 것이며 사람들이 암혈과 토굴로 들어가서 여호와께서 일어나사 땅을 진동시키시는 그의 위엄과 그 광대하심의 영광을 피할 것이라. 사람이 숭배하려고 만들었던 그 은 우상과 금 우상을 그 날에 두더지와 박쥐에게 던지고, 암혈과 험악한 바위틈에 들어가서 여호와께서 일어나사 땅을 진동시키시는 그의 위엄과 그 광대하심의 영광을 피하리라. 너희는 인생을 의지하지 말라 그의 호흡은 코에 있나니 수에 칠 가치가 어디 있느냐."

→2120년→ 대 혼란에 빠진 유럽, 과부와 독신녀가 살기 힘든 세상

이 재난으로 많은 공장과 산업시설이 파괴되고 도로가 끊겨 교통이 단절되면서 도처에 약탈, 방화, 강도, 강간, 살인사건이 횡행한다. 무정부상태에서 무질서와 혼란이 극에 달하자 죽음을 두려워한 정치가들이 잇따른 재앙을 악령 탓으로 돌려 중세보다 더 잔혹한 '마녀사냥'이 자행될 것이다.

이 때문에 기댈 곳 없는 과부나 미혼녀들이 당하는 고통은 이루 말할 수 없다.

"이에 남편을 잃고 과부 된 일곱 여자가 한 남자를 붙잡고 말하기를 우리가 우리 먹을 양식과 입을 옷은 해결할 테니 오직 우리를 호적에 올려서 과부 된 수치를 면케 해주소서 하리라. 보라 여호와께서 그들이 의뢰하며 의지하는 것을 제하여 버리시되 곧 그 의뢰하는 양식과 생필품과 그릇과 물과. 군대와 유능한 자들과 공장과 제도를 그리하실 것이며. 무능한 지도자들로 그들을 다스리게 하시리니. 사람들이 서로 학대하며 각기 이웃을 잔해하며 아이가 노인에게, 비천한 자가 존귀한 자에게 교만할 것이며. 혹시 사람이 그 아비의 집에서 그 형제를 붙잡고 말하기를 너는 의복이 오히려 있으니 우리 관장이 되어 이 멸망을 네 수하에 두라 할 것이면. 그날에 그가 소리를 높여 이르기를 나는 고치는 자가 되지 않겠노라 내 집에는 양식도 없고 의복도 없으니 너희는 나로 백성의 관장을 삼지 말라 하리라. 너희는 의인에게 복이 있으리라 말하라 그들은 그 행위의 열매를 먹을 것임이요. 악인에게는 화가 있으리니 화가 있을 것은 그 손으로 행한 대로 보응을 받을 것임이니라. 내 백성을 학대하는 자는 아이요 관할하는 자는 부녀라 나의 백성이여 너의 인도자가 너를 유혹하여 너의 다닐 길을 훼파하느니라. 여호와께서 변론하러 일어나시며 백성들을 심판하려고 서시는도다.

여호와께서 그 나라의 정치가들과 관료들을 국문 하시되 포도원을 삼킨 자는 너희며 가난한 자에게서 탈취한 물건은 너희 집에 있도다. 어찌하여 너희가 내 백성을 짓밟으며 가난한 자의 얼굴에 맷돌까지 돌리느뇨 내가 말하였느니라."

→2121년~2122년→ 기상재해

"낮으면 구름과 연기. 밤이면 화염의 빛을 만드시고 그 모든 영광 위에 천막을 덮으실 것이며. 또 천막이 있어서 낮에는 더위를 피하는 그늘이 되고 또 풍우를 피하여 숨는 곳이 되리라. 내가 또 구름을 명하여 그 위에 비를 내리지 말라하리라. 그때에 4만 평방 미터의 포도원에 겨우 포도주 22ℓ가 나겠고, 228ℓ가 생산되던 땅에서는 간신히 22ℓ 정도가 나리라. 이러므로 나의 백성이 무지함을 인하여 사로잡힐 것이요 그 귀한 자는 주릴 것이요 그 무리는 목마를 것이라."

동북아시아 기아사태 발생

뿌리를 싸고 있는 흙을 돋우는 때인 봄에 발생한 가뭄으로 씨앗이 싹을 틔우지 못한데다 일기불순으로 일광마저 사라져 어둠침침한 날씨가 계속된다. 게다가 고온 건조한 날씨 속에서 강한 바람이 불어와 벼가 쭉정이 되는 백수현상이 발생하고 뜨거운 동풍이 오래도록 불어서 이삭들이 마른다.

그럴 때에 그가 한 밤에 꿈을 꾸니 바로가 하숫가에 섰더라. 보니 아름답고 살진 암소가 하수에서 올라와 갈밭에서 뜯어먹고 그 뒤에 또 흉악하고 파리한 암소가 하수에서 올라와 그 소와 함께 하숫가에 섰더니. 그 흉악하고 파리한 소가 그 아름답고 살진 소를 먹은지라 바로가 놀라서 잠을 깨었다가.

다시 잠이 들어 꿈을 꾸니 한 줄기에 무성하고 충실한 이삭이 나오고. 그 후에 또 세미하고 동풍에 마른 이삭이 나오더니. 그 세약한 이삭이 무성하고 충실한 이삭을 삼킨지라 바로가 깬즉 꿈이라. 아침에 그 마음이 번민하여 보내어 해몽하는 사람을 불러 그 꿈을 고하였으나 바로에게 해석하는 자가 없더라.

술 맡은 관원장: 왕이여 소생이 꿈 해몽 잘하는 자를 아오니 그 자의 말을 들으소서.

파라오: 그 요셉을 불러와라!

술 맡은 관원장: 왕이여 아비에게 고자질하던 소년 요셉을 불러오리이까? 아니면 용모가 준수한 탓에 여자의 유혹이 많았던 청년 요셉을 불러오리이까? 아니면 나이 많은 요셉을 불러오리이까?

파라오: 나이 많은 요셉을 불러와라.

그 요셉: 수염을 깎고 새 옷으로 갈아입고 바로에게 들어간다.

파라오: 이제 꿈을 네게 고하였으니 그 해석을 나로 알게 하라. 의문을 파한즉 나에게서 선물과 상과 지위를 얻게 되리라.

꿈꾸는 자: 왕의 꿈을 들으니 좋은 암소와 좋은 이삭은 풍년을 의미하는 것이요, 그후에 올라온 파리하고 흉악한 소와 동풍에 말라 속이 빈 이삭은 흉년을 의미하는 것입니다. 장차 세상에 큰 풍년이 든 후에 곧 이어 극심한 흉년이 들므로 풍년의 기쁨을 다 잊어버리게 되고 땅에 있는 식물이 진(盡)할 것입니다.

그 말대로 땅에 흉년이 들매 나라마다 식량이 부족한지라 동북의 나라들이 국제사회에 원조를 요청하지만 아무 도움도 얻지 못한다. 이에 시베리아, 몽골, 중국, 한국, 일본나라들이 침략을 모의하는 때에 네 병거가 두 산 사이에서 나왔는데 그 산은 피를 상징하는 놋산이더라. 첫째 병거는 대학살을 상징하는 홍마들이, 둘째 병거는 재앙과 죽음을 상징하는 흑마들이, 셋째 병거는 환난과 고난을 상징하는 백마들이, 넷째 병거는 질병과 천재지변을 상징하는 어룽지고 건장한 말들이 메었는지라. 내가 내게 말하는 천사에게 물어 가로되 이것들이 무엇이나이까?

천사가 대답하여 가로되 이는 하늘의 네 바람인데 전쟁을 위하여 나가는 것이다. 흑마는 북편 땅으로 나가고, 어룽진 말은 남편 땅으로 나가고, 건장한 말은 땅에 두루 다녀라. 이것들 중에서 북방으로 나간 말들이 북방에서 내 마음을 시원케 하였느니라 하더라.

또 지팡이가 뱀으로

모세야 세상 왕들이 너희에게 이르기를 너희는 이적을 보여라 하거든 너는 아론에게 명하기를 너의 지팡이를 가져 왕들 앞에 던지라 하라 그것이 뱀이 되리라. 아론이 지팡이를 던지니 그것이 곧 뱀으로 돌변한다.
—아론은 모세의 형으로 우유부단한 사람이다. 그래서 반대파들의 협박에 굴복하고 말았다. 핵전쟁 후 세상 왕들은 전쟁재발을 막기 위한

모든 안전장치를 강구하고 서로를 지팡이처럼 의지하게 된다. 그러나 아론이 지팡이를 던지자 뱀이 되었으니, 왕들이 식량부족을 빌미로 전쟁을 원하는 군부들의 도전에 직면하였을 때 어찌하겠느냐. 세상 왕들이 아론의 마음을 가진지라 군부의 요구를 받아들이면서 약조를 깨고 서로를 배신하게 되는 것이다.

소형기계 뱀로봇

‣제조국: 일본 ‣재질: 나무나 놋쇠

음성·영상 인식장치를 갖춘 인조뱀으로 적과 아군을 구분할 수 있으며 비행능력이 있다. 주로 적이 매복한 산악지대나 병영지를 습격하는데 독성이 강해서 물리면 수 초 이내에 절명한다.

"그러므로 너 음부야 여호와의 말을 들을지어다. 네가 네 누추한 것을 쏟으며 네 정든 자와 행음함으로 벗은 몸을 드러내며 또 가증한 우상을 위하며 네 자녀의 피를 그 우상에게 드렸으니. 내가 너의 즐거워하는 정든 자와 사랑하던 모든 자와 미워하던 모든 자를 모으되 사방에서 모아 너를 대적하게 할 것이요 또 네 벗은 몸을 그 앞에 드러내어 그들로 그것을 다 보게 할 것이며. 내가 또 간음하고 사람의 피를 흘리는 여인을 국문 함같이 너를 국문하여 진노의 피와 투기의 피를 네게 돌리고. 내가 또 너를 그들의 손에 붙이리니 그들이 네 누를 헐며 네 높은 대를 훼파하며 네 의복을 벗기고 네 장식품을 빼앗고 네 몸을 벌거벗겨 내버려두며. 무리를 데리고 와서 너를 돌로 치며 칼로 찌르며. 불로 너의 집들을 사르고 여러 여인의 목전에서 너를 벌할지라 내가 너로 곧 음행을 그치게 하리니 네가 다시는 값을 주지 아니하리라. 그리한즉 내가 네게 대한 내 분노가 그치며 내 투기가 네게서 떠나고 마음이 평안하여 다시는 노하지 아니하리라.

무릇 속담 하는 자가 네게 대하여 속담하기를 어미가 어떠하면 딸도 그렇다 하리라."

→2122년→ 시베리아연합군 이라크 침략

"기를 세우시고 먼 곳에 있는 나라들을 불러서 땅 끝에서부터 오게 하실 것이라 보라 그들이 빨리 달려 올 것이로되. 그 중에 곤궁하고 피로한 자가 없으며 싸울 의욕을 잃고 겁먹은 자도 없을 것이라 그 군인들은 강하고 무장은 완벽하며. 그들이 가진 미사일과 장거리 미사일들은 날카롭고 당기어졌으며 그 전차바퀴들은 부싯돌 같고 차량들은 회오리바람 같을 것이며. 그 군인들은 포효하는 사자라 그들이 부르짖으며 물건을 움키어 염려 없이 가져가도 건질 자가 없으리로다. 그날에 그들이 바다 물결 소리같이 백성을 향하여 부르짖으리니 사람이 중동 땅을 바라보면 흑암과 고난이 있고 빛은 구름에 가려져서 어두우리라."

→2123년→ 유럽 제2차 강진 발생, 터지는 화산

5년 후 리히터 규모 8.6의 두번째 지진이 유럽을 강타한다. 때에 지구의 기온이 상승하면서 바다 위에는 두꺼운 수증기층이 형성되고 대양마다 폭풍과 태풍들이 생성과 소멸을 반복한다.

"웃시야 왕의 죽던 해에 내가본즉 하늘이 열리고 주께서 높이 들린 보좌에 앉으셨는데 그 옷자락은 성전에 가득하였고. 스랍들은 모셔 섰는데 각기 여섯 날개가 있어 그 둘로는 그 얼굴을 가리었고 그 둘로는 그 발을 가리었고 그 둘로는 날며. 서로 창화하여 가로되 거룩하다 거룩하다 거룩하다 만군의 여호와여 그 영광이 온 땅에 충만하도다. 이같이 창화하는 자의 소리로 인하여 문지방의 터가 요동하며 집에 연기가 충만한지라."

커지는 태양의 흑점

"내일 죽으리니 오늘 마시고 취하자하며 아침에 일찍이 일어나 독주를 따라가며 밤이 깊도록 머물러 포도주에 취하는 그들은 화 있을 진 저. 그들이 연회에는 거문고와 비파와 작은 북과 피리와 포도주를 갖추었어도 신들이 보응하신 일에는 관심치 아니하며 그의 손으로 하신 일을 생각지 아니하는도다. 포도주를 마시기에 용감하며 독주를 빚기에 유력한 그들은 화 있을 진 저. 그들은 뇌물을 인하여 악인을 의롭다 하고 의인에게서 그 의를 빼앗는도다. 이러므로 음부가 그 욕망을 크게 내어 한량없이 입을 벌린즉 그들의 호화로움과 그들의 많은 무리와 그들의 떠드는 것과 그 중에서 연락하는 자가 거기 빠질 것이라. 거짓으로 끈을 삼아 죄악을 끌며 수레줄로 함같이 죄악을 끄는 자는 화 있을 진 저. 그들이 이르기를 그는 그 일을 속속히 이루어 우리로 보게 할 것이며 이스라엘의 거룩한 자는 그 도모를 속히 임하게 하여 우리로 알게 할 것이라 하는도다.

악을 선하다 하며 선을 악하다 하며 흑암으로 광명을 삼으며 광명으로 흑암을 삼으며 쓴 것으로 단 것을 삼으며 단 것으로 쓴 것을 삼는 그들은 화 있을 진 저 스스로 지혜롭다하며 스스로 명철하다하는 그들은 화 있을 진 저."

→2124년→ 시리아연합군 예루살렘 침공

북한군(※통일한국)이 많은 전함과 해병대를 동원하여 이라크의 바그다드를 공격하고 있을 무렵, 시리아가 북 이스라엘과 동맹을 맺고 예루살렘 왕국을 침공한다. ★새 117마리, 벌 7백 마리, 병거 1천 대★를 동원한 '레친'장군과 '페카'장군이 예루살렘을 치나 이 전투에서 시리아연합군은 패배 당한다.

때에 시리아가 핵보유국 에브라임왕국과 동맹하였다 하였으므로 예루살렘 왕의 마음과 그 백성의 마음이 삼림이 바람에 흔들림같이 흔들렸더라. "여호와께서 이사야에게 이르시되 너와 네 아들 '스알야숩'은 윗못 수도 끝 세탁자의 밭 큰길에 나가서 예루살렘 왕'아하스'를 만나. 그에게 이르기를 너는 삼가며 종용하라 시리아 왕 '르신'과 이스라엘 왕이 심히 노할지라도 연기 나는 두 부지깽이 그루터기에 불과하니 두려워말며 낙심치 말라. 시리아와 에브라임과 이스라엘이 악한 꾀로 너를 대적하여 이르기를. 우리가 올라가 유다를 쳐서 그것을 곤하게 하고 우리를 위하여 그것을 파하고 다

브엘의 아들을 그 중에 세워 왕을 삼자 하였으나. 여호와의 말씀에 이 도모가 서지 못하며 이루지 못하리라. 대저 시리아의 머리는 다마스커스요 다메섹의 머리는 '르신'이며 에브라임의 머리는 사마리아요 사마리아의 머리는 르말리야의 아들이라도 65년 내에 북 이스라엘에서 분리 독립한 에브라임왕국이 패하여 다시는 나라를 이루지 못하리라.

에브라임왕국이 유다를 배신하고 떠날 때부터 당하여 보지 못한 날을 너와 네 백성과 네 아비 집에 임하게 하시리니 곧 앗수르 왕의 오는 날이니라. 그 날에는 여호와께서 나일 하수에서 먼 지경에 있는 파리와 앗수르 땅의 벌을 부르시리니. 다 와서 거친 골짜기와 바위틈과 가시나무울타리와 모든 초장에 앉으리라. 그 날에는 주께서 유브라데 하수 저편에서 세내어 온 삭도 곧 앗수르 왕으로 네 백성의 머리털과 발 털을 미실 것이요 수염도 깎으시리라."

살인곤충 떼 습격

폭격에 의한 산림의 황폐화로 꽃과 집을 잃은 벌떼와 파리 떼들이, 죽어 널브러진 시체들에 산란하면서 파리와 말벌의 변종들이 이상 번식하여 사람들을 습격한다.

쏘는 체체파리, 침파리 외에 올드 월드 스크류웜(ChrysomiaBezziana)의 변종도 있는데, 이 파리는 동물들의 살과 근육을 파먹고 뼈까지 갉아먹는다. 벌떼들은 메뚜기만큼 몸집이 크고 날카로운 구기가 있다.

공포의 파리 떼들은 남풍을 타고 이동하고 말벌들은 동풍을 타고 이동할 것이다. ●증서 "파리 떼를 저희 중에 보내어 물게 하시고."

인도연합군 참전, 북한(※통일한국)-인도 전면전 발발

한편 북한군의 침략으로 위기에 빠진 이라크가 인도에 군사적 지원을 요청하자, 그해 인도는 나일강에서 멀리 떨어진 남아공·소말리아 나라들과 동맹을 맺고 ★파리 117마리. 벌(핵포병대) 7마리, 보병 18만★을 파견하여 북한군과 전투를 벌인다. 이에 양국간의 무력충돌이 격화되면서 본토공격을 결심한 북한이 '대포동'장거리미사일을 인도에 발사하자, 인도도 '아그니(불)'미사일로 반격한다. 그리하여 중동전쟁은 또 다른 국면에 들어서고 인도와 북한간에 전면전이 발발할 것인가에 전세계의 이목이 집중된다.

그즈음 뜨거운 동풍이 불면서 유럽과 아프리카의 강들에 심한 적조가 발생한다.

또 하수가 피로

모세야 아론에게 명하기를 네 지팡이를 잡고 네 팔을 물들과 하수들과 운하와 못과 모든 호수 위에 펴라 하라. 아론이 그대로 하여 땅에와 나무그릇에와 돌그릇에 모두 피가 생기니 사람들이 물을 마시지 못한다.

—땅에 있는 피는 전사한 시체들, 나무그릇에 있는 피는 산림파괴, 돌그릇에 있는 피는 폭격에 의한 바위들의 훼파, 마실 수 없는 물은 적조를 나타낸 것이다.

이 전쟁 때에 농작물을 파괴하는 곤충로봇, 물과 공기를 오염시키는 박테리아폭탄, 독소무기들이 사용된다.

이 독소작용제의 유기체는 곰팡이, 박테리아, 산호, 해초, 아주까리열매, 부패시킨 조개, 복어, 낙지, 독사, 독거미, 전갈, 독성 개구리들에서 축출할 수 있다.

곰팡이에서 축출한 황우는 단백질의 합성을 방해하거나 세포를 분해하여 구토, 가려움증, 출혈을 일으킨다.

박테리아에서 축출한 보툴리늄 독소, 포도상구균 독소는 아세틸콜린 방출을 방해하거나 내장의 내벽에 피해를 입혀서 마비, 호흡곤란, 경련, 폐수증, 탈수 증세를 일으킨다.

산호에서 축출한 플레이독소는 이온 작용을 방해하여 체온을 저하시키고 졸음을 오게 한다.

해초에서 축출한 마이크로시스틴 독소는 단백질 합성을 방해하여 오한,

근육경련, 혼수상태에 빠지게 한다.

아주까리에서 축출한 리신은 구토나 혈변을 보게 한다.

뱀 독소, 거미독소, 복어독소, 개구리 독소는 아세틸콜린 방출을 방해하거나 나트늄이온 생성을 방해하여 혈압을 떨어뜨리고 맥박이 불규칙하게 할뿐 아니라 숨을 가쁘게 하여 심장마비를 일으킬 수 있다.

→2125년→ 북한원정군 이라크에서 철수

"이사야 너는 큰 서판을 취하여 그 위에 통용 문자로 급히 노략하여 서둘러 강탈하라는 뜻의 '마헬살랄하스바스'라 쓰라. 북한군이 서둘러 철수하리라 하시더니 내가 내 아내와 동침하매 그가 잉태하여 아들을 낳은지라 여호와께서 내게 이르시되 그 이름을 마헬살랄하스바스라 하라. 이는 이 아이가 내 아빠,

내 엄마라 말할 줄 알기 전에 시리아 다메섹의 재물과 사마리아의 노략물이 인도 왕 앞에 옮긴 바 될 것임이니라. 이 백성이 천천히 흐르는 예루살렘의 수로 실로아 물을 버리고 시리아 인들을 기뻐하나니.

그러므로 내가 흉용하고 창일한 큰 하수 곧 앗수르 왕과 그의 모든 위력으로 그들 위에 덮을 것이라

그 모든 곬에 차고 모든 언덕에 미쳐. 흘러 유다에 들어와서 창일하고 목에까지 미치리라 임마누엘이여 그의 펴는 날개가 네 땅에 편만 할 것이다.

또 개구리 재앙

모세야 너는 아론에게 명하기를 네 지팡이를 잡고 네 팔을 강들과 운하들과 못 위에 펴서 개구리로 땅에 올라오게 하라 할지니라. 아론이 그대로 하니 개구리가 하수에서 무수히 생기고 올라와서 사람들에게 오른다.

—재난과 전쟁으로 세상이 또 혼란에 빠지면서 점술과 미신이 만연해진다. 그때에 한국의 점쟁이들이 비상한 예언을 하여서 세상을 소동

시킬 것이다.

소형기계 개구리로봇

· 제조국: 이탈리아

유전자처리로 번식력을 높이고 대형화시킨 개구리 떼를 적국의 강과 하천에 방류하거나 개구리로봇을 사용하여 적국의 농작물을 다 망쳐 버린다.

한국, 인도에 선전 포고

△1차 경고: 너희 한국민족들아 군사적 제휴를 맺고 파괴를 위해 소란을 피우고 시끄럽게 떠들어 보아라 필경 패망하리라.

△2차 경고: 너희 먼 나라 한국백성들아 들을지니라 전쟁을 준비하라 필경 패망하리라.

△3차 경고: 너희 먼 나라 한국민족들아 허리에 띠를 띠고 도망갈 준비를 하라 필경 패망하리라.

△4차 경고: 너희는 그 일을 이루려 수단과 방법을 꾀하여 보라 필경 이루지 못하리라 말을 내어라 시행되지 못하리라 이는 한국민족이 하나님을 배신하고 버림이라.

여호와께서 강한 손으로 내게 알게 하시며 한국백성의 길로 행치 말 것을 내게 정신을 차려 깨닫게 하시고 가라사대. 한국백성이 우리에게는 굳게 맹세하여 약속한 우방이 있다고 말하여도 너희는 그 모든 말을 따라 우리도 맹약한 자가 있다 하지 말며 한국민족이 두려워하는 전쟁을 너희는 두려워하지 말며 놀라지 말고. 여호와 그를 너희가 거룩하다 하고 그로 너희의 두려워하며 놀랄 자를 삼아라 그가 거룩한 피할 곳이 되시리라. 세계 여러 나라와 민족들이 한국으로 인하여 거칠 것이며 넘어질 것이며 부러질 것이며 잡힐 것이니라.

혹 한국민족들이 나아와 너희에게 고하기를 지절거리며 속살거리는 귀신

접한 자와 마술사에게 물어라

하거든 백성이 자기 하나님께 구할 것이 아니냐 산 자를 위하여 죽은 귀신에게 구하겠느냐 하라.

그러므로 그 민족들이 재앙을 만날 것이니 한국 땅으로 헤매며 곤고하며 주릴 것이라 그 주릴 때에 노하고 격분하여 하나님을 저주할 것이며 위를 쳐다보거나. 땅을 굽어보아도 환난과 고통의 흑암 뿐이리니 그들이 심한 전쟁의 흑암 중으로 쫓겨 들어가리라.

→2126년→ 시리아연합군 이스라엘 침공

2년 후 북 이스라엘을 배반한 시리아는 팔레스타인군과 함께 ★병력 11만 7천명, 굉굉 거리는 땅의 짐승 9백 마리, 물매 1천2백 문★을 동원하여 이스라엘을 침공한다.

"사라 앞에는 시리아사람이요 뒤에는 팔레스타인사람이라 그들이 그 입을 벌려 이스라엘을 삼키리라. 그럴지라도 여호와의 노가 쉬지 아니하며 그 손이 여전히 펴지리라. 전쟁의 환난을 당한즉 이 백성이 오히려 자기들을 치시는 자에게로 돌아오지 아니하며 여호와를 찾지도 않는도다.

이러므로 하루 사이에 이스라엘 중에서 머리와 꼬리며 종려가지와 갈대를 끊으시고 고아와 과부를 긍휼히 여기지 아니하시리라."

→2?3?년→ 남한군 북한 전격침공

북한이 인도와의 전쟁으로 큰 피해를 입자 기회를 엿보던 남한군은 ★병력 117만, 물매꾼 9만, 병거 2천1백대★를 동원하여 북한을 침공한다. 이에 휴전선 서부지역과 동부지역에 집중 배치된 찢는 개의 울음소리로 평양지역이 초토화되고 즉각 전쟁상태에 돌입한 북한군은 전진 배치시킨 궁수들로 번개같은 화살을 발한다.

불꽃을 일으키는 화살들은 남한의 군사기지가 있는 평택, 수원, 오산, 군산들로 날아가고 남한에서 던진 창들은 북한의 영변, 구성 일대의 핵시설,

새들이 모인 후방 공군기지, 청진, 나진들의 주요군사시설, 강계 등의 군수 공장시설들에 떨어진다.

하늘에 새들과 매 떼들이 오가는 가운데 미국 함대와 증원병력들이 계속 해서 한반도에 투입된다.

"여호와의 진노로 인하여 이 땅이 소화되리니 그 백성은 불에 타는 섶나무와 같을 것이라

사람이 그 형제를 아끼지 아니하며. 우편으로 움킬지라도 주리고 좌편으로 먹을지라도 배부르지 못하여 각각 자기 팔의 고기를 먹을 것이며. 북쪽은 남쪽을, 남쪽은 북쪽을 먹을 것이요 또 그들이 합하여 그 주변국들을 치리라. 그럴지라도 여호와의 노가 쉬지 아니하며 그 손이 여전히 펴지리라. 불의한 법령을 발표하며 불의한 말을 기록하며. 빈핍한 자를 불공평하게 판결하여 내 백성의 가련한 자의 권리를 박탈하며 과부에게 토색하고 고아의 것을 약탈하는 자는 화 있을 진 저. 너희에게 벌하시는 날에와 멀리서 오는 환난 때에 너희가 어떻게 하려느냐 누구에게로 도망하여 도움을 구하겠으며 너희 영화를 어느 곳에 두려느냐.

포로 된 자의 아래에 꾸푸리며 죽임을 당한 자의 아래에 엎드러질 따름이니라."

또 이 재앙 B C W

모세야 아론에게 명하기를 네 지팡이를 들어 땅의 티끌을 치라 하라 그것이 온 땅에서 이가 되리라. 아론이 지팡이를 잡고 손을 들어 땅의 티끌을 치매 온 땅의 티끌이 이가 되어 사람과 생축에게 오른다.
—북한군 특수8군단 부대들이 살포한 생화학무기로 인해 심한 피부 질환이 발생한다.

○화학작용제에는 신경작용제, 수포작용제, 혈액작용제, 구토작용제, 질식작용제가 있다.

○신경작용제의 타분은 효과가 1~2일 정도 지속된다.

- ㅇ소만은 살상발생시간이 1~15분으로 급속하다.
- ㅇ사린은 살상발생시간이 1~10분으로 급속하고 4시간 비지속된다.
- ㅇVX가스는 살상발생시간이 4~10분이며 효과가 3~21정도 지속된다.
- ㅇ수포작용제의 루이사이트는 흡입할 경우 즉시 사망한다.
- ㅇ증류겨자는 살상발생시간이 4~24시간 지연되고 효과는 2~7일 지속된다.
- ㅇ질소겨자는 흡입 후 12시간 이상 통증이 지속되다가 죽는다.
- ㅇ겨자루이사이트는 흡입 후 13시간 이상 통증이 지속되다가 죽는다.
- ㅇ포스겐옥심은 흡입 후 곧바로 죽으며 독성이 토양에 2시간 정도 잔존한다.
- ㅇ혈액작용제의 아르신은 살상발생시간이 2시간~11일 지연된다
- ㅇ염화시아노겐은 흡입 후 1분50초~15분내로 죽는다.
- ㅇ시안화수소는 이보다 더 빨라 흡입하면 0.5초~15분내로 죽는다.
- ㅇ질식작용제의 포스겐은 살생발생시간이 3~11시간 정도 지연된다.
- ㅇ디포스겐은 살생발생시간이 3시간 정도 지연된다.

세계에 복음 전파

"죽음을 피해 한국민족들이 피란을 떠나는 그때에 내가 말하되 화로다 나여 망하게 되었구나.

나는 입술이 부정한 사람이요 입술이 부정한 백성 중에 거하면서 여호와를 뵈었음이로다. 때에 그 스랍의 하나가 화저로 단에서 취한 바 핀 숯을 손에 가지고 내게로 날아와서 그것을 내 입에 대며 가로되 보라 이것이 네 입에 닿았으니 네 악이 제하여졌고 네 죄가 사하여졌느니라 하더라. 내가 또 주의 목소리를 들은즉 이르시되 내가 누구를 보내며 누가 우리를 위하여 갈꼬 그때에 내가 가로되 내가 여기 있나이다 나를 보내소서. 하매 세계 전역에서 일어난 복음전도자들이 도처에 다니며 그 나라의 말로 또 주의 강림을 증거한다."

'루카노스'의 말이다

데오빌로 각하 제가 먼저 쓴 글에는 무릇 예수의 행하시며 가르치기를 시작한 것부터 죽으시고 부활하사. 그의 택하신 사람들에게 성령으로 명하시고 하늘로 승천하신 날까지의 일을 기록하였습니다. 해 받으신 후에 또한 저희에게 확실한 많은 증거로 친히 사심을 나타내어 사십 일 동안 저희에게 보이시며 천국의 일을 말씀하였습니다. 저희가 모였을 때에 예수께 묻기를 주께서 이스라엘 나라를 회복하심이 이때니이까 하니. 가라사대 때와 기한은 하나님께서 자기의 권한에 두셨으니 너희의 알 바 아니요. 오직 성령이 너희에게 임하시면 너희가 권능을 받고 온 세계에 다니며 나의 증인이 되라 하셨습니다.

오순절 날이 이미 이르매 저희가 다 같이 한곳에 모였더니. 홀연히 하늘로부터 급하고 강한 바람 같은 소리가 있어 저희 앉은 온 집에 가득하며. 불의 혀같이 갈라지는 것이 저희에게 보여 각 사람 위에 임하여 있더니. 저희가 다 성령의 충만함을 받고 성령이 말하게 하심을 따라 외국어로 말하기를 시작하였습니다.

그때에 천하 각국에 있는 사람들이 이 소리가 나매 큰 무리가 모여 각각 자기의 방언으로 유대인들이 말하는 것을 듣고 소동하여. 다 놀라 기이하게 여겨 이르되 보라 이 말하는 사람이 다 유대인들이 아니냐.

우리가 우리 각 사람의 난 곳 방언으로 듣게 되는 것이 어찌된 영문이냐. 우리는 소련인, 이란인, 이라크인, 터키인, 이집트인, 리비아인, 아프리카인, 유럽인, 크레타인인, 아라비아인, 동방 민족들이라 우리가 다 우리의 각 방언으로 복음을 듣는구나 하고. 다 놀라며 의혹하여 서로 말하기를 이 어찌된 일이냐 하며.

또 어떤 이들은 조롱하여 말하기를 저희가 새 술이 취하였다 하였습니다. 이는 저희 말대로 술취한 자의 혀 꼬부라진 말이 아니라 성령께서 대언방언 외에 또 대인방언을 주어 외국인들에게 말할 수 있게 하시는 것입니다. 전쟁 있는 시대에 신을 찾지 않는 자가 없고 시체와 재의 골짜기를 넘는 사람 치고 하나님의 이름을 부르지 않는 자는 없습니다. 또 적진을 향해 돌격하는 병사들은 '주여 나의 영혼을 받아 주소서' 하나이다.

이러므로 환난시대에 복음을 급히 전하기 위해서 이런 방언이 주어지는 것입니다.

그들 앞에는 수고로움과 옥에 갇힘과 매 맞음과 죽을 뻔할 위험과 강의 위험과 강도의 위험과 동족의 위험과 이방인의 위험과 시내의 위험과 광야의 위험과 바다의 위험과 거짓 형제의 위험과 자지 못함과 주림과 목마름과 굶고 춥고 헐벗는 고통이 있지만 누가 그들을 그리스도의 사랑에서 끊을 수 있겠습니까.

환난이나 곤고나 핍박이나 기근이나 적신이나 위험이나 칼이랴. 아무도 그들을 그리스도의 사랑에서 끊을 수 없습니다. 그들은 권세 있는 자들의 위협에 굴복치 않을뿐더러 자기 목숨을 조금도 귀하게 여기지 않습니다.

여호와: '이사야' 너는 가서 사람들에게 이르기를 너희가 듣기는 들어도 깨닫지 못할 것이요 보기는 보아도 알지 못하리라 하여. 사람들의 마음으로 둔하게 하며 그 귀가 막히고 눈이 감기게 하라. 염려컨대 그들이 눈으로 보고 귀로 듣고 마음으로 깨닫고 다시 돌아와서 고침을 받을까 하노라.

이사야: 주여 어느 때 까지나이까?

여호와: 도시들은 황폐하여 거민이 없으며 가옥들에는 사람이 없고 이 토지가 전폐하게 되며 사람들이 뿔뿔이 흩어져서 이 땅 가운데 폐한 곳이 많을 때까지니라. 그 중에 십분의 일이 오히려 남아 있을지라도 이것도 삼키운 바 될 것이나 밤나무, 상수리나무가 베임을 당하여도 그 그루터기는 남아 있는 것같이 살아남은 씨가 이 땅의 그루터기니라.

→2127년→ 인도 크세르크세스1세 즉위

'에스테르'의 말이다.

이 일은 '아하수에로'왕 때에 된 것이니 아하수에로는 인도로 에티오피아까지 127도를 치리 하는 왕이라.

러시아의 칠십 년 철권 통치가 끝나고 인도가 일어난 시대에 아하수에로 왕이 이란 남서부에 제2궁을 건설하여 즉위하고. 위에 있은 지 3년에 메대와 바사 연합군을 결성하여 그 모든 장수를 이란에 소집시키니 때에 모인 사람은 쿠르디스탄 · 그루지야 · 아르메니아 · 아제르바이잔 · 카자흐스탄 · 우즈베키스탄 · 투르크메니스탄 · 타지크스탄 · 키르기스탄 · 이란 · 파키스탄 · 아프가니스탄 · 인도의 장군들이라.

두 뿔 가진 숫양

"나 다니엘에게 처음에 나타난 이상 후 삼 년에 다시 이상이 나타나니라. 내가 눈을 들어본즉 이란의 동쪽 강가에 두 뿔 가진 숫양이 섰는데 그 두 뿔이 다 길어도 한 뿔은 다른 뿔보다 길었고 그 긴 것은 나중에 난 것이더라."

뿔은 뭉친 세력 · 연합된 힘을 말하는 것으로 이란 동쪽에서 일어나는 큰 연합군을 상징한다.

그런데 나중에 난 것이 더 길었으니 후에 일어나는 인도연합군이 더 강할 것임을 암시해 주고 있다.

이란 남서부 울라이 강 평야에 위치한 '슈쉬'지역, '코아스페스'강과 '코프라테스'강을 연결시켜 주는 '율레우스' 강가, 인도연합군을 지휘하는 장군이 나타나는데 그는 숫양+인간의 유전자를 합성시켜 만든 아문(양인간)으로 머리에 두 뿔이 있고 염색체가 조작 된 탓에 도덕심이 없어 무자비한 살육을 즐기는 자이다. 이 자가 특수 엘리트부대를 지휘하는데, 그 병사들은 인간에 의해서 복제되고 DNA가 재 조합된 군인들로 아무런 감정 없이 사람을 죽일 수 있는 살인병기들이다.

이 인조인간부대를 창설한 인도는 서방에 당한 복수를 하기 위해서 유럽 침공을 감행한다.

그해 5월 인도연합군 터키 공격

그해 8월 아문장군 휘하의 인도연합군은 터키의 남동부지역을 점령하고, 시리아 북부 알레포와 망비지에 구축된 전선을 돌파하여 라기스 북북서 약 10km 지점에 있는 '텔 보르나트'에 인도연합군 남부사령부를 설치한다. 아문장군은 터키가 점령한 이스라엘과 요르단을 동시에 치기로 작전을 세운 후, 레바논군의 후방 역습을 막기 위해서 기갑부대들로 하여금 레바논산맥에 밀집된 진지들을 포격하게 한다.

- 증서 "여호와께서 혁혁한 위력으로 그 가지를 꺾으시리니 그 장대한 자가 찍힐 것이요 높은 자가 낮아질 것 이며 철(탱크와 장갑차)로 그 빽빽한 삼림을 베시리니 레바논이 권능 있는 자에게 작벌을 당하리라."

레바논을 초토화시킨 '케이르'장군의 대 전차부대들이 이스라엘 북부 폐허된 무더기에 이른 후, 화력과 병력을 보강하고 예루살렘 북쪽통로를 지나 북동쪽 약 12km 지점 예리고 서쪽 약 17.4km 지점에 위치한 '무크마스'에 탄약과 보급품을 내려놓는다. 다음날 인도군 5백 여대의 전차와 장갑차, 2개 보병사단 약 3만 병력이 영을 넘어와 예루살렘 북북동으로 약 10km 떨어진 깊은 골짜기 예바에서 숙영하자 예루살렘 인근에 있는 '엘-람', '엘-예바'를 탈출한 피난민들이 유다로 도망친다. 다음날 밤 병력을 셋으로 나눠 전투대형을 재편한 인도군은 1진으로 전략요충지인 아나돗 서쪽 약 1km 지점에 있는 '키르벨 카쿨', 아나타 남서쪽 약 2km 지점에 위치한 '키르베트엘-이사위에'를 공격하게 하고, 2진과 3진으로 예루살렘 북서쪽 약 5km 지점에 위치한 '아나타', 예루살렘 북서쪽 약 3km 지점에 있는 '슈파트', 예루살렘 북쪽 진지들이 밀집한 '슈아팟'를 집중 공략하게 한다.

이 곳을 장악하면 예루살렘으로 곧 바로 진격할 수 있기 때문이다.

터키군은 병력과 화력을 이곳 북쪽 통로에 집중시켜 싸우나 전투력 열세로 곧 패하고, 저지선을 돌파한 인도군들은 두번째 집결장소인 예루살렘 북동쪽 약 2km 지점 곧 감람산 북쪽 봉우리 해발 903m 스코푸스 산기슭에 모여 정오 공격을 계획한다. 그 산에서 케이르 장군이 예루살렘을 향하여 손을 흔들면서 '안녕 너를 보니 참 반갑구나' 하는 그때쯤일 거다 —

> 우주순찰자 림몬의 세번째 명령
>
> 독수리처럼 높이 오르며 별 사이에 깃들이려 하는 벼룩들에게. 너희들은 번개 치는 날 숯불에 구운 떡과 한 병 물을 먹고 마시고 기력을 얻은 후에 높은 곳으로 뛰어오를 준비를 하라. 사람들이 농담으로 여길지라도 말이다.

→2128년→ 천둥 · 번개, 작은 육시 제 1차 첫번째 휴거 발생

—또 검은 구름이 일어나 유럽전역은 어두워지고 하늘에 요란한 굉음이 나면서 삼일 밤낮으로 폭우가 쏟아진다. 본 육시가 아니어서 예측하기 어렵지만 홍수 발생 석 달 후에 여호와의 신이 소행성지대에 있는 커크우스 틈새에 강림할 가능성이 있다. 하지만 여호와의 신은 형상이 없기 때문에 빽빽한 구름이 사람형태로 보일 것이다. 그때에 휴거 될 자들에게 50일 동안 큰 나팔 소리가 들릴 수도 있고 안 들릴 수도 있다. 왜냐하면 그때가 삼시가 될지, 육시가 될지 잘 모르기 때문이다.

"이새의 줄기에서 한 싹이 나며 그 뿌리에서 한 가지가 나서 결실할 것이요. 여호와의 신 곧 지혜와 총명의 신이요 모략과 재능의 신이요 지식과 여호와를 경외하는 신이 그 위에 강림하시리니. 그가 여호와를 경외함으로 즐거움을 삼을 것이며 그 눈에 보이는 대로 심판치 아니하며 귀에 들리는 대로 판단치 아니하며. 공의로 빈핍한 자를 심판하며 정직으로 세상의 겸손한 자를 판단할 것이며 그 입의 막대기로 세상을 치며 입술의 기운으로 악인을 죽일 것이며 공의로 그 허리띠를 삼으며 성실로 몸의 띠를 삼으리라."

또 세계민족 방성대곡

논쟁: 언제까지냐?

어떤사람: 50일 동안이다.

→2130년→인도 연합군, 서 북 남 삼면 침공

"내가 본즉 그 숫양이 서와 북과 남을 향하여 받으나 그것을 당할 군대가 하나도 없고 그 손에서 능히 구할 이가 절대로 없으므로 그것이 임으로 행하고 스스로 강대하더라."

3년 후 중동전역을 장악한 아문장군은 병력을 재편하여 제1군으로 동유럽국가들을 치게 하고, 제2군으로 북유럽국가들을 치게 하고, 제3군으로 아프리카를 치게 한다.

이에 러시아연합군이 아문장군이 이끄는 인도연합군에 패배 당한다.

→2131년→ 러시아 패망

"보라 은을 돌아보지 아니하며 금을 기뻐하지 아니하는 메대(구소련) 사람을 내가 격동시켜서 러시아를 치게 하리니. 메대 사람이 활(미사일)로 청년을 쏘아 죽이며 태의 열매를 긍휼히 여기지 아니하며 아이를 가석히 보지 아니하리라. 열국의 영광이요 이라크 사람의 자랑하는 노리개가 된 러시아가 하나님께 멸망당한 소돔과 고모라 같이 되리니. 그곳에 처할 자가 없겠고 거할 사람이 얼마동안 없을 것이며 아라비아 사람도 거기 장막을 치지 아니하며 목자들도 그곳에 그 양떼를 쉬게 하지 아니할 것이요. 오직 들짐승들이 거기 엎드리고 부르짖는 짐승이 그 가옥에 충만하며 타조가 거기 깃들이며 들양이 거기서 뛸 것이요. 그 궁성에는 시랑이 부르짖을 것이요 화려한 전에는 들개가 울 것이라 그의 때가 가까우며 그의 날이 오래지 아니하리라.

너를 슬픔과 곤고와 및 너의 수고하는 고역에서 놓으시고 안식을 주시는 날에. 너는 러시아 왕에 대하여 이 노래를 지어 일러라."

러시아에 대한 탄식

학대하던 자가 어찌 그리 그쳤으며 강포한 성이 어찌 그리 폐하였는고 여호와께서 악인의 몽둥이와 패권자의 홀을 꺾으셨구나. 그들이 분내어 여러 민족을 치되 치기를 마지아니하였고 노하여 열방을 억압하여도 억압을 막을 자 없었더니 향나무와 레바논 백향목도 너로 인하여 기뻐하여 이르기를 네가 넘어뜨리웠은즉 올라와서 우리를 작벌할 자 없다 하는도다.

또 시베리아군 참전

러시아가 남방군대에 점령당하자 또 시베리아연합군이 세계대전에 참전한다.

"우랄 산맥에서 무리의 소리가 남이여 많은 백성의 소리 같으니 곧 열국 민족이 함께 모여 떠드는 소리라 여호와께서 싸움을 위하여 군대를 검열하심이로다. 무리가 먼 나라 시베리아에서 하늘가에서 왔음이여 곧 여호와와 그 진노의 병기라 온 땅을 멸하려 함이로다. 너희는 애곡할지어다 여호와의 날이 가까웠으니 전능자에게서 멸망이 임할 것임이로다. 그러므로 모든 손이 피곤하며 각 사람의 마음이 녹을 것이라. 그들이 놀라며 괴로움과 슬픔에 잡혀서 임산한 여자같이 고통하며 서로 보고 놀라며 얼굴은 불꽃같으리로다."

팔레스타인에 관한 경고

"팔레스타인 온 땅이여 너를 치던 막대기가 부러졌다고 기뻐하지 말라. 뱀의 뿌리에서는 독사가 나겠고 그 열매는 나는 불뱀이 되리라. 가난한 자의 장자는 삶아 먹겠고 빈핍한 자는 평안히 누우려니와 내가 너의 뿌리를 기근으로 죽일 것이요 너의 남은 자는 살육을 당하리라. 성문이여 슬피 울지어다 성읍이여 부르짖을지어다 너 팔레스타인이여 다 소멸되게 되었도다. 대저 연기가 북방에서 오는데 그 항오를 떨어져 행하는 자 없느니라. 멀리서 오는 인도사신들에게 어떻게 대답하겠느냐 여호와께서 시온을 세우셨으니 그의 백성의 곤고한 자들이 그 안에서 피난하리라 할 것이니라."

→2132년→ 요르단에 관한 경고

"하루 밤에 요르단이 망하여 황폐할 것이며 하루 밤에 요르단 길이 망하여 황폐 할 것이라.

그들이 '텔 헤스반' 남서쪽 8km 지점에 있는 '키르벳 엘-메카이예트'와 사해 동쪽 21km 아르논강 북쪽 약 30km 지점에 있는 '마데바'를 위하여 통곡하는도다. 그들이 패망의 슬픔을 당해서 각자 머리털을 없이 하였고 수염을 깎았으며. 거리에서는 굵은 베로 몸을 동였으며 지붕과 넓은 곳에서는 각기 애통하여 심히 울며. 예루살렘 동쪽 56km 암만 남서쪽 19km에 위치한 '텔 헤스반'과 헤스본 북북서쪽 약3km 지점에 위치한 '엘-알'은 부르짖으며 그 소리는 마데바 동쪽 약 56km 지점에 있는 '얄률'까지 들린다.

그러므로 요르단군이 크게 부르짖으며 그 혼이 속에서 떠는도다. 내 마음이 요르단을 위하여 부르짖는도다. 그 귀인들은 사해남쪽 8km 지점에 있는 '에츠 차피'와 '에글라트 쉘리쉬야'로 도망하여 울며 모압남부의 고원지대로 올라가던 고갯길 '루에이타'비탈길로 올라가며 '엘 아라크'길에서 패망을 부르짖으니. 표범의 물이 마르고 풀이 시들었으며 연한 풀이 말라 싱싱하여 푸른 것이 없도다.

그러므로 그들이 얻은 재물과 쌓았던 것을 가지고 버드나무시내를 건너리니. 이는 곡성이 요르단 사방에 둘렸고 슬피 부르짖음이 암만 남쪽 8km 지점 '아갈림'에 이르며 부르짖음이 '와디 엘-데메드'에 미치며 아르논 강 근처에 있는 디본 물에는 피가 가득함이라. 그럴지라도 내가 디몬에 재앙을 더 내리되 요르단에 도피한 자와 그 땅의 남은 자에게 죽음의 사자를 보내리라."

→2134년→ 다마스커스에 관한 경고

"보라 다마섹이 장차 도시 모양을 이루지 못하고 무너진 무더기가 될 것이라.

디반 동쪽 5km지점에 위치한 '키르베트 아라이르'도시들이 버림을 당하리니 양 무리를 치는 곳이 되어 양이 눕되 놀라게 할 자가 없을 것이며. 이스라엘의 요새와 다메섹나라와 시리아의 남은 백성이 멸절하여 이스라엘 자손의 영광같이 되리라. 그 날에 야곱의 영광이 쇠하고 그 살진 몸이 파리하리니. 마치 추수하는 자가 곡식을 거두어 가지고 그 손으로 이삭을 벨 것 같고 르바임 골짜기에서 이삭을 주운 것 같으리라.

그러나 오히려 주울 것이 남으리니 감람나무를 흔들 때에 가장 높은 가지 꼭대기에 실과 이삼 개가 남음 같겠고 무성한 나무의 가장 먼 가지에 사오 개가 남음 같으리라."

→2135년→ 수단, 자이르, 우간다, 케냐의 내전에 관한 경고

"슬프다 에티오피아의 강 건너편 곧 청 나일강의 발원지인 서부 에티오피아의 타나 호수 근처 '압바이'와 우간다의 빅토리아 호수 북부 해안과 리폰 폭포 근처의 탕가니카에서 발원한 백 나일강이 있는 땅이여.

그 국민들이 죽음을 피해 빨리 도망치니 마치 새들이 날개 치며 도망하는 것 같도다. 그들이 갈대 배를 물에 띄우고 그 사자를 수로로 보내며 이르기를 너희 경첩한 사자들아 너희는 강들이 흘러 나누인 나라로 가되 장대하고 준수한 백성 곧 시초부터 두려움이 되며 강성하여 대적을 밟는 터키인들에게 가라 하는도다.

세상의 모든 거민, 지상에 거하는 사람들아 산들 위에 기호(旗號)를 세우거든 너희는 보고 나팔을 불거든 너희는 들을지니라."

열풍에 관한 경고

"뜨거운 바람이 물위에 흔들림을 인하여 바닷물이 없어지겠고 강이 차차 졸아들어 마르겠고. 강들에서는 악취가 나겠고 이집트 시내들은 줄어들고 마르므로 여러해살이풀들이 마름같이 시들겠으며. 나일 가까운 곳, 나일 언덕의 풀을 베어서 쓰는 빈땅과 나일강 가까운 곡식 밭이 다 말라서 날아 없어질 것이며. 어부들은 탄식하며 무릇 나일강에 낚시를 던지는 자는 슬퍼하며 물에 그물을 치는 자는 피곤할 것이며. 세마포를 만드는 자와 무명을 짜는 자들이 수치를 당할 것이며. 이집트의 기둥이 부서지고 품꾼들이 다 마음에 근심하리라."

또 파리 떼 재앙

무수한 파리 떼가 세상 왕들의 궁에와 그 신하의 집에와 세상 전국에 이르니 파리 떼로 인하여 땅이 해를 받더라.

—파리는 귀신의 상징으로 종말에 이를수록 귀신 떼가 들끓고 또 귀신들이 사람 몸 속에 들어가서 생활하므로 세상 환경이 점점 흉악해질 것을 나타내고 있는 것이다.

소형기계 파리로봇

· 제조국: 남아프리카공화국

태양전지로 비행하는 소형로봇으로 전자눈에다 인공지능을 갖추어 컴퓨터에 입력된 군사작전을 효과적으로 수행한다. 주로 정찰이나 세균을 살포하는데 사용된다.

→2136년→ 여호와 강림, 인도연합군 이집트 침공

휴거가 발생한지 8일쯤 즉 7년 후 여호와께서 빠른 구름을 타시고 지구를 번개처럼 지나가신다. 너무 찰나지간이라 큰 불덩어리만 볼 수 있을 것이다. ●증서 "보라 여호와께서 빠른 구름을 타고 세상에 임하시리니." 그 때에 ★병력 117만, 병거 1천9백대, 매 2백 마리★를 동원한 인도연합군 남부 방면군이 북아프리카로 진격하자 남아공을 축으로 결성된 아프리카합중국군대가 대군을 이끌고 북쪽으로 올라온다.

"보라 그가 아랍인을 격동하사 아랍인을 치게 하실 것이니 그들이 각기 형제를 치며 각기 이웃을 칠 것이요 도시가 도시를 치며 나라가 나라를 칠 것이며. 아랍인의 정신이 그 속에서 쇠약할 것이요 그 도모는 그의 파하신 바가 될 것이니 그들이 우상과 마술사와 귀신 접한 자와 요술객에게 물으리로다.

그가 아랍인을 잔인한 군주의 손에 붙이시리니 포학한 왕이 그들을 치리하리라. 나일강 삼각주의 북동지역 '초안'의 방백은 지극히 어리석었고 이집트의 가장 지혜로운 모사의 모략은 우준하여졌으니 너희가 어떻게 나는 지혜로운 자들의 자손이라 나는 옛 왕들의 후예라 할 수 있으랴. 인도군이 유다에 미쳐 아프리카전역을 사정권에 둘 수 있는 미사일을 전진 배치할 때에 유다의 땅은 이집트의 두려움이 되리니 이는 이집트에 대하여 정하신 모략을 인함이라 그 소문을 듣는 자마다 떨리로다. 그 날에 세상 사람들이 부녀와 같을 것이라 그들이 여호와의 흔드시는 손이 그 위에 흔들림을 인하여 떨며 두려워할 것임이로다."

또 심한 악질 재앙 B W

여호와의 손이 들에 있는 네 생축 곧 말과 나귀와 약대와 우양에게 더하리니 심한 악질이 있으리라.

— 인도연합군과 아프리카합중국군간에 세균, 생물무기들이 사용되면서 무서운 질병과 전염병이 창궐한다.

생물학작용제의 병원체는 박테리아, 리케차, 바이러스이다.

박테리아의 가용작용제 콜레라는 잠복기 5일을 거쳐 발병하며 치사율을 반으로 봤을 때 10~100이다.

탄저균은 잠복기 2~5일 거쳐 발병하며 폐렴과 패혈증을 일으킨다 치사율은 5~100이다.

페스트는 쥐벼룩에 의해 전염되고 잠복기 2~6일을 지나 발병하며 치사율은 90~100이다.

장티푸스는 잠복기 7~14일을 지나 발병하며 치사율은 10~25퍼센트이다.

이질은 잠복기 1~7일을 지나 발병하며 치사율은 1~2이다.

아토균은 동물이나 곤충에 의해 전염되고 잠복기 2~12주를 지나 발병하며 치사율은 5~8이다.

브루셀라는 잠복기 2~5일을 지나 발병하며 치사율은 3~4이다.

리케차의 가용작용제 발진티푸스는 이, 벼룩에 의해 전염되고 잠복기 10~14일을 지나 발병하며 치사율은 10~40이다.

바이러스의 가용작용제 유행성출혈열은 쥐에 의해 전염되고 잠복기 3~4일을 지나 발병하며 치사율은 30~40이다.

뇌염은 돼지나 모기를 통해 전염되고 잠복기 7~20일을 지나 발병하며 구토를 하거나 두통에 시달리게 된다.

→2137년→ 북으로 끌려가는 남방 포로들

인도연합군 '싸르곤'장군이 팔레스타인 가자 북동쪽 약 29km지점 지중해연안에서 내륙으로 5km 지점 떨어진 '아쉬돈'을 쳐서 취하던 해. 곧 그 때에 '이사야' 갈지어다 네 허리에서 베를 끄르고 네 발에서 신을 벗을지니라 하시매 그가 그대로 하여 벗은 몸과 벗은 발로 행하니라. 나의 종 이사야가 삼 년 동안 벗은 몸과 벗은 발로 행하여 이집트와 에티오피아에 대하여 징조가 되게 되었느니라. 이와 같이 남방포로들이 인도군에 끌려갈 때에 젊은 자나 늙은 자가 다 벗은 몸, 벗은 발로 볼기까지 드러내어 애굽의 수치를 보이리니. 이스라엘이 그 바라던 구스와 자랑하던 애굽을 인하여 놀라고 부끄러워할 것이라. 그날에 이 팔레스타인 거민이 말하기를 우리가 믿던 나라 곧 우리가 인도군에게서 벗어나기를 바라고 달려가서 도움을 구하던 나라들이 이 지경이 되었으니 우리가 어찌 능히 피하리요 하리라.

→2138년→ 이라크, 쿠웨이트에 관한 경고

"해변 광야에 관한 경고라 적병이 광야에서 두려운 땅에서 남방 회리바람(모래폭풍)같이 몰려 왔도다. 혹독한 묵시가 내게 보였도다 주께서 가라사대 속이는 자는 속이고 약탈하는 자는 약탈하라. 이란이여 올라가고 메대여 에워싸라 그의 모든 탄식을 내가 그치게 하였노라 하시는도다. 이러므로 나의 요통이 심하여 임산한 여인의 고통 같은 고통이 내게 임하였으므로 고통으로 인하여 듣지 못하며 놀라서 보지 못하는도다. 너희 방백들아 일어나 방패에 기름을 바를지어다. 가서 파수꾼을 세우고 그 보는 것을 고하게 하라. 아라비아에서 마병대가 쌍쌍이 오는 것과 나귀 떼와 약대 떼를 보거든 자세히 유심히 고하라 하라. 파수꾼이 사자같이 부르짖기를 주여 내가 낮에 늘 망대에 섰었고 밤이 맞도록 파수하는 곳에 있었더니 마병대가 쌍쌍이 오나이다.

그가 대답하여 가라사대 바그다드가 함락되었도다 함락되었도다 바벨론이여 그 신들의 조각한 형상이 다 부서져 땅에 떨어졌구나 하시도다. 너 나의 타작한 것이여, 나의 마당의 곡식이여."

북 아라비아 사막 유목민에 관한 경고라

"아카바만 안쪽과 페르시아만 사이 사막지대에 사는 유목민들아 에돔의 중앙 산맥 '예벨 에쉬-쉐라'에서 도망친 사람들이 파수꾼을 불러 묻기를 재앙이 지나갔느냐 재앙이 어떻게 되었느냐. 하게되면 파수꾼이 대답하기를 밤이 지나 아침이 와도 또 재앙이 올 것이니 네가 물으려거든 물어라 하지만 어디에도 숨을만한 안전한 곳이 없으니 너희는 이제 그만 돌아올지니라 할 것이라."

아라비아에 관한 경고라

"아라비아 상인들아 너희가 도망치지 못하고 아라비아 수풀에서 유숙하리라.

아카바 동남동쪽 약 360km 떨어진 곳에 사는 거민들아 물을 가져다가 목마른 자에게 주고 떡을 가지고 도피하는 자를 영접하라. 그들이 죽음을 피하며 뺀 칼과 당긴 활과 전쟁의 어려움에서 도망하였음이니라.

주께서 이같이 말씀하시기를 품꾼의 정한 기한같이 일년 내에 아라비아의 영광이 다 쇠멸하리니. 아라비아의 군인 중 싸울 수 있는 군사의 수가 적으리라."

→2139년→ 이상 골짜기에 관한 경고라

"예루살렘을 관할하는 자들로 각기 살육하는 기계를 손에 들고 나아오게 하라.

내가 본즉 북쪽에 있는 여섯 나라가 북향한 길로 좇아오는데 각 사람의 손에 살육하는 기계를 잡았더라.

네가 지붕에 올라감은 어찜인고. 훤화(喧譁)하며 떠들던 성 즐거워하던 고을이여 너의 죽임을 당한 자가 칼에 죽은 것도 아니요 전쟁에 사망한 것도 아니며. 너의 관원들은 다 함께 도망하였다가 무기를 버리고 결박당하였고 너의 멀리 도망한 자도 발견되어 다 함께 결박을 당하였구나. 이러므로 내가 말하노니 돌이켜 나를 보지 말지어다 나는 슬피 통곡하겠노라 내 딸 이스라엘 백성이 패멸하였음을 인하여 나를 위로하려고 힘쓰지 말지니라. 이상의 골짜기에 이르는 분요와 밟힘과 혼란의 날이요 성벽의 무너뜨림과 산악에 사무치는 부르짖는 소리로다. 이란군들은 로켓포와 단거리미사일을 어깨에 졌고 전차 탄 자와 장갑차량이 함께 하였고 그 용병들은 선봉에 섰으니, 병거는 너의 아름다운 골짜기에 가득하였고 장갑차부대들은 성문에 정렬되었도다. 그가 유다에게 덮였던 것을 벗기매 이 날에야 네가 산맥지하요새에 은닉한 무기고를 바라보았고. 너희가 예루살렘 산성의 무너진 곳이 많은 것도 보며 너희가 아래 못의 물도 모으며. 또 남아있는 예루살렘의 가옥을 계수하며 그 가옥을 헐어 성벽을 견고케도 하며. 너희가 또 옛 못의 물을 위하여 두 성벽 사이에 저수지를 만들었느니라."

자연재해

"세상에 있는 우상들이 그 앞에서 떨겠고 세상사람의 마음이 그 속에서 녹으리로다.

여호와께서 홍해 바다 물을 마르게 하실 것이며, 손을 강물 위에 흔들어 뜨거운 바람을 일으켜서 강들이 마르게 하리니 사람이 신 신고 건너갈 수 있을 만큼 되리라. 슬프다 많은 민족이 소동하였으되 바다 파도의 뛰노는 소리(풍랑)같이 그들이 소동하였고 열방이 충돌하였으되 큰물의 몰려옴(해일)같이 그들도 충돌하였구나.

열방이 충돌하기를 많은 물의 몰려옴과 같이 하나 주께서 그들을 꾸짖으시리니 그들이 멀리 도망함이 산에 겨가 바람 앞에 흩어짐 같겠고 폭풍 앞에 떠도는 티끌 같을 것이라. 세상의 모든 거민, 지상에 거하는 너희여 산들 위에 기호를 세우거든 너희는 보고 나팔을 불거든 너희는 들을지니라. 내가 나의 처소에서 종용히 감찰함이 쪼이는 일광 같고 가을 더위에 운무 같도다. 추수하기 전에 열매가 떨어지고 포도가 맺혀 익어 갈 때에 내가 낫으로 그 연한 가지를 베며 퍼진 가지를 찍어버려서 산의 독수리들에게와 땅의 들짐승들에게 끼쳐 주리니 산의 독수리들이 그것으로 여름을 나고 땅의 들짐승들이 다 그것으로 겨울을 지내리라."

내일 죽으리니 실컷 먹고 즐기다 죽자

"그날에 여호와께서 명하사 통곡하며 애호하며 머리털을 뜯으며 굵은 베를 띠라 하셨거늘.

너희가 기뻐하며 즐거워하며 소를 잡고 양을 죽여 고기를 먹고 포도주를 마시면서 내일 죽으리니 먹고 마시자 하도다. 여호와께서 친히 내 귀에 들려 가라사대 진실로 이 죄악은 너희 죽기까지 속하지 못하리라 하셨느니라." 그런즉 종말전쟁의 표적 아트 장관 이 편을 축복하기 위하여 그리심산에 서고, 저 편을 저주하기 위하여 에발산에 서라. 그런 다음 큰 소리로 세상 모든 사람의 귀에 이렇게 말할지니라.

△장색의 손으로 조각하였거나 부어 만든 우상은 가증하니 그것을 만들어 은밀히 세우는 자는 저주를 받을 것이라 할 것이요 모든 사람은 응답하여 아멘 할지니라.

△그 부모를 경홀히 여기는 자는 저주를 받을 것이라 할 것이요 모든 사람은 아멘 할지니라.

△그 이웃의 지계표를 옮기는 자는 저주를 받을 것이라 할 것이요 모든 사람은 아멘 할지니라.

△소경으로 길을 잃게 하는 자는 저주를 받을 것이라 할 것이요 모든 사람은 아멘 할지니라.

△객이나 고아나 과부의 송사를 억울케 하는 자는 저주를 받을 것이라 할 것이요 모든 사람은 아멘 할지니라.

△너희는 골육지친을 가까이 하여 그 하체를 범치 말라. 네 어미의 하체는 곧 네 아비의 하체인즉 너는 범치말라 그는 네 어미인즉 너는 그의 하체를 범치 말지니라.

△계모와 구합하는 자는 그 아비의 하체를 드러내었으니 저주를 받을 것이라 할 것이요 모든 사람은 아멘 할지니라.

△네 계모가 네 아비에게 낳은 딸은 네 누이니 너는 그 하체를 범치 말지니라.

△너는 네 자매 곧 네 아비의 딸이나 네 어미의 딸이나 집에서나 타처에서 출생하였음을 물론하고 그들의 하체를 범치 말지니라.

△그 자매 곧 아비의 딸이나 어미의 딸과 구합하는 자는 저주를 받을 것이라 할 것이요 모든 사람은 아멘 할지니라.

△너는 여인과 그 여인의 딸의 하체를 아울러 범치 말며 또 그 여인의

손녀나 외손녀를 아울러 취하여 그 하체를 범치 말라 그들은 골육지친이니 이는 악행이니라.

△너는 손녀나 외손녀의 하체를 범치 말라 이는 너의 하체니라.

△너는 자부의 하체를 범치 말라 그는 네 아들의 아내니 그 하체를 범치 말지니라.

△너는 고모의 하체를 범치 말라 그는 네 아비의 골육지친이니라.

△너는 이모의 하체를 범치 말라 그는 네 어미의 골육지친이니라.

△너는 네 아비 형제의 아내를 가까이 하여 그 하체를 범치 말라 그는 네 백숙모니라.

△너는 형제의 아내의 하체를 범치 말라 이는 네 형제의 하체니라.

△장모와 구합하는 자는 저주를 받을 것이라 할 것이요 모든 사람은 아멘 할지니라.

△너는 아내가 생존할 동안에 그 처제를 취하여 하체를 범하므로 그로 투기케 하지 말지니라.

△너는 월경중인 여인을 가까이 하여 그 하체를 범치 말지니라.

△너는 타인의 아내와 통간하여 그로 자기를 더럽히지 말지니라.

△너는 여자와 교합함 같이 남자와 교합하지 말라 이는 가증한 일이니라.

△무릇 짐승과 교합하는 자는 저주를 받을 것이라 할 것이요 모든 사람은 아멘 할 지니라.

△그 이웃을 암살하는 자는 저주를 받을 것이라 할 것이요 모든 사람은 아멘 할지니라.

△무죄 자를 죽이려고 뇌물을 받는 자는 저주를 받을 것이라 할 것이요 모든 사람은 아멘 할지니라."

"너희들이 이 말씀을 삼가 듣고 내가 오늘날 네게 명하는 그 모든 명령을 지켜 행하면. 이 모든 복이 네게 임하며 네게 미치리니. 성읍에서도 복을 받고 들에서도 복을 받을 것이며. 네 몸의 소생과 네 토지의 소산과 네

짐승의 새끼와 우양의 새끼가 복을 받을 것이며. 네 광주리와 떡반죽 그릇이 복을 받을 것이며. 네가 들어와도 복을 받고 나가도 복을 받을 것이니라. 그러나 네가 만일 이 말씀을 순종하지 아니하여 그 모든 명령과 규례를 지켜 행하지 아니하면 이 모든 저주가 네게 임하고 네게 미칠 것이니, 네가 악을 행하여 그를 잊으므로 네 손으로 하는 모든 일에 저주와 공구와 견책을 내리사 망하며 속히 파멸케 하실 것이며. 네 몸에 염병이 들게 하사 너를 멸하실 것이며. 폐병과 열병과 상한과 학질과 한재와 풍재와 썩는 재앙으로 너를 치시리니, 이 재앙들이 너를 따라서 너를 잔멸케 할 것이며 또 종기와 치질과 괴혈병과 개창으로 너를 치시리니 네가 치료함을 얻지 못할 것이며 또 너를 미침과 눈멂과 깜짝 깜짝 놀라는 경심증으로 치시리니.

소경이 어두운 데서 더듬는 것과 같이 네가 백주에 더듬고 네 길이 형통치 못하여 항상 압제와 노략을 당할 뿐이니 너를 구원할 자가 없을 것이며. 네 무릎과 다리를 쳐서 고치지 못할 심한 종기로 발하게 하여 발바닥으로 정수리까지 이르게 하시리라."

→2140년→ 인도함대에 폭격 당한 키프로스 섬에 관한 경고

"두로에 관한 경고라 스페인의 선척들아 너희는 슬피 부르짖을지어다.

유럽의 상선들아 너희는 슬피 부르짖을지어다. 해상무역기지 키프로스 섬이 황폐하여 집이 없고 들어 갈 곳도 없음이여 이 소식이 깃딤 땅에서부터 그들에게 전파되었음이니라. 바다에 왕래하는 레바논 상고로 말미암아 부유하게 된 너희 해변 거민들아 잠잠해라. 시홀의 곡식 곧 나일의 추수를 큰물로 수운하여 들였으니 유럽의 곡물시장이었도다. 레바논이여 너는 부끄러워할지어다 대저 바다 곧 바다의 요새가 말하기를 나는 구로하지 못하였으며 생산하지 못하였으며 청년남자들을 양육하지 못하였으며 처녀들을 생육지도 못하였다하였음이니라. 그 소식이 이집트에 이르면 그들이 두로의 소식을 인하여 통도하리로다. 너희는 바다를 넘어 유럽으로 건너갈지어다. 해변 거민아 너희는 슬피 부르짖을지어다. 이것이 고대에 건설된 너희 희락의 성 곧 그 백성이 자기 발로 먼 지방까지 가서 유하던 성이냐. 가라 사대 너 학대받은 처녀 딸 레바논아 네게 다시는 희락이 없으리니 일어나 키프로스로 건너가라 거기서도 네가 평안을 얻지 못하리라 하셨느니라. 그 날부터 두로가 한 왕의 연한 같이 70년을 잊어버림이 되었다가 70년이 필한 후에 키프로스는 기생노래의 뜻 같이 될 것이라.

'포르네'의 노래

잊어버린 바 되었던 기생 너여 수금을 가지고 나라들마다 다니며 기묘한 곡조로 많은 노래를 불러서 너를 다시 기억케 하라~

그가 다시 취리(取利)하여 지면에 있는 세계 여러 나라들과 음란을 행할 것이며 그 무역한 것과 이익을 거룩히 여호와께 돌리고 간직하거나 쌓아 두지 아니하리니 그 무역한 것이 여호와 앞에 거하는 자의 배불리 먹을 자료, 잘 입을 자료가 되리라...

→2141년→ 어느 달, 작은 육시 제 1차 두번째 휴거 발생

"때에 주의 신이 나를 공중으로 들어 데리고 여호와의 전 동문 곧 동향한 문에 이르실 때에 그룹들이 날개를 드는데 바퀴도 그 곁에 있고 이스라엘하나님의 영광도 그 위에 덮였더니. 여호와의 영광이 성읍 중에서부터 올라가서 성읍 동편 산에 머물고. 주의 신이 나를 공중으로 두 번 들어 하나님의 신의 이상 중에 데리고 갈대아에 있는 사로잡힌 자 중에 이르시더니 내가 보는 이상이 나를 떠난지라. 내가 사로잡힌 자들에게 여호와께서 내게 보이신 모든 일로 고하니라."

또 풀무의 재, 독종의 재앙 N W

아론이 세상 왕들과 신하들 앞에 서서 풀무의 재 두 움큼을 가지고 하늘을 향하여 날리니 그 재가 온 땅의 티끌이 되어 땅의 사람과 짐승에게 붙어 독종이 발한다.

—아론이 세상 왕들과 신하들 앞에서 풀무의 재를 날렸으니 세상 왕들이 강경파의 압력에 굴복하여 핵전쟁을 승인했다는 뜻이다. 열핵폭탄은 일명 용융탄(熔融彈)으로 땅을 녹이며 뚫고 들어가 깊은 지하에 있는 구조물까지 박살내는 폭탄이고, 수소폭탄은 핵 폭탄에 핵융합기능을 추가한 것이다.

→2141년→ 제2차 세계핵전쟁발발

"땅의 거민아 두려움과 함정과 올무가 네게 임하였으니. 두려운 소리를 인하여 도망하는 자는 함정에 빠지겠고 함정 속에서 올라오는 자는 올무에 걸리리니 이는 위에 있는 문이 열리고 땅의 기초가 진동함이라.

온 땅이 온전히 공허하게 되고 온전히 황무하게 되리라. 땅이 슬퍼하고 쇠잔하며 세계가 쇠약하고 쇠잔하며 세상 백성 중에 높은 자가 쇠약하며. 땅이 또한 그 거민 아래서 더럽게 되었으니 이는 그들이 율법을 범하며 율례를 어기며 영원한 언약을 파하였음이라. 땅이 깨어지고 깨어지며 땅이 갈라지고 땅이 흔들리고 흔들리며 땅이 취한 자같이 비틀비틀하며 침망같이 흔들리고 그 후에 위의 죄악이 중하므로 떨어지고 다시 일지 못하리라. 여호와께서 땅을 공허하게 하시며 황무하게 하시며 뒤집어엎으시고 그 거민을 흩으시리니. 백성과 제사장이 일반일 것이며 종과 상전이 일반일 것이며 비자와 가모가 일반일 것이며 사는 자와 파는 자가 일반일 것이며 채급하는 자와 채용하는 자가 일반일 것이며 이자를 받는 자와 이자를 내는 자가 일반일 것이라.

세계 민족 중에 이러한 일이 있으리니 곧 감람나무를 흔듦 같고 포도를 거둔 후에 그 남은 것을 주움 같을 것이니라."

또 우박의 재앙

내일 이맘때면 내가 중한 우박을 내리리니 개국 이래로 그 같은 것이 있지 않던 것이리라.

이제 보내어 네 생축과 네 들에 있는 것을 다 모아라 사람이나 짐승이나 무릇 들에 있어서 집에 돌아오지 않은 자에게는 우박이 그 위에 내리리니 그것들이 죽으리라.

모세가 하늘을 향하여 지팡이를 들매 여호와께서 뇌성과 우박을 보내시고 불을 내려 땅에 달리게 하시니라.

—우박은 무기적으로는 항공폭탄을, 우주적으로는 지구로 날아오는 혜성을 가리킨다. 그런즉 항공기들의 대 폭격으로 삼림이 황폐해질 것과 핵전쟁 후 엄습하는 추위로 큰 우박이 떨어질 것과 비 주기형 혜성들이 지구로 날아올 것을 나타내고 있는 것이다.

인도 땅 흑암 발생

그때에 아프리카를 장악한 인도연합군이 모든 전력을 모아서 유럽침공을 개시하자 미국이 '사망'열핵미사일을 인도에 발사한다.

또 메뚜기 재앙

모세야 네 손을 세상에 들어 메뚜기로 온 땅에 올라와서 우박에 상하지 아니한 밭의 모든 채소를 먹게 하라. 모세가 땅위에 그 지팡이를 들매 여호와께서 동풍을 일으켜 온 낮과 온 밤에 불게 하시니 아침에 미쳐 동풍이 메뚜기를 불어들인지라.

—또 중국군대가 세계대전에 참전하고 동풍 핵미사일들이 세계 여러 도시들에 떨어진다. 개구리 떼가 사라진 후 메뚜기 떼가 이상 번식하여 인류는 또 굶주림을 면할 수 있게 된다.

소형기계 메뚜기로봇

· 제조국: 중국

전자 눈에 인공지능을 가진 이 로봇은 뛰거나 날 수 있고 크기가 작아서 레이더에 잘 포착되지 않으며 전자 톱같이 생긴 입으로 나무까지 갉아버린다. 이러므로 순식간에 적국의 산림과 농작물을 다 망쳐 놓을 수 있다.

세계지배국 중국에 대한 중한 경고

"중국의 포학한 왕이 나를 먹으며 이스라엘을 멸하며 나로 빈 그릇이 되게 하며 용같이 나를 삼키며 나의 좋은 음식으로 그 배를 채우고 나를 쫓아내었으니. 나와 내 육체에 대한 잔학이 중국인들에게 돌아가기를 원한다고 시온 거민이 말할 것이요 네 피 흘린 죄가 갈대아 거민에게로 돌아가기를 원한다고 예루살렘이 말하리라. 그러므로 보라 내가 네 송사를 듣고 너를 위하여 보수하여 그 호수를 말리며 그 샘을 말리리니. 중국 땅이 황폐한 무더기가 되어서 시랑의 거처와 놀람과 치소 거리가 되고 거민이 없으리라."

→2141년→ 6월 중국 미국에 핵 공격 감행, 미 전역에 흑암 발생

"모세야 너는 세상 왕들에게로 들어가라 그들이 아직도 세상이 망한 줄을 알지 못함이라.

내가 그들의 마음과 그 신하들의 마음을 완강케 함은 나의 표징을 그들 중에 보이기 위함이며. 너로 내가 세상에서 행한 일들 곧 내가 끝날 때마다 발생시킬 환난들을 네 아들과 네 자손의 귀에 전하게 하려 함이라 너희가 나를 여호와인 줄 알리라. 내일 내가 메뚜기로 네 경내로 들어가게 하리니 메뚜기가 지면을 덮어서 사람이 땅을 볼 수 없을 것이라 메뚜기가 네게 남은 그것 곧 우박을 면하고 남은 것을 먹으며 들에 너희를 위하여 자라는 모든 나무를 먹을 것이며. 또 네 집들과 네 모든 신하의 집들과 모든 땅의 사람의 집들에 가득하리니 이는 네 아비와 네 조상이 세상에 있어 옴으로 오늘까지 보지 못하였던 것이리라.

그 신하들이 어찌하여 우리 조상들이 보지 못한 것이나이까 하고 묻거든 기계로 창작된 메뚜기 떼들이다 라고 말하여라."

또 강렬한 서풍

아론이 왕 앞에서 나가서 여호와께 구하매 여호와께서 돌이켜 강렬한 서풍이 불게 하사 메뚜기를 홍해에 몰아 넣으시니 그 지경에 메뚜기가 하나도 남지 아니하니라.

—10개국 이상이 합친 유럽합중국군대가 또 세계대전에 참전한다. 이스라엘을 친 중국군들은 유럽군에 포위되어 홍해에서 몰살당할 것이다.

→2141년→ 칠일 후, 프랑스 '서풍' 수소폭탄 중국본토에 발사, 중국 땅 흑암 발생

→2141년→ 십일 후, 중국 프랑스 핵 공격 감행, 프랑스 땅 흑암 발생

"여호와여 주는 나의 하나님이시라 내가 주를 높이고 주의 이름을 찬송하오리니 주는 기사를 옛적의 정하신 뜻대로 성실함과 진실함으로 행하셨음이라. 주께서 도시들로 무더기를 이루시며 견고한 도시들로 황무케 하시며 외인(프랑스)의 궁성으로 도시 모양을 이루지 못하게 하사 큰 폐허가 되도록 하셨으므로, 강한 민족이 주를 영화롭게 하며 포학한 나라들의 도시가 주를 경외하리이다. 주는 포학자의 기세가 성벽을 충돌하는 폭풍과 같을 때에 빈궁한 자의 보장이시며 환난 당한 빈핍한 자의 보장이시며 폭풍 중에 피난처시며 폭양을 피하는 그늘이 되었나이다."

또 흑암의 재앙

모세야 하늘을 향하여 네 손을 들어서 땅 위에 흑암이 있게 하라 곧 더듬을 만한 흑암이리라.

모세가 하늘을 향하여 손을 들매 캄캄한 흑암이 삼 일 동안 온 땅에 있어서 그 동안은 사람 사람이 서로 볼 수 없으며 자기 처소에서 일어나는 자도 없더라.

— 핵전쟁 후 발생하는 세계적인 이상야 현상을 가리키는 것이다.

→2142년→ 겨울, 세계적인 흑암 발생

"인자야 너는 행구를 준비하고 낮에 그들의 목전에서 이사하라. 네가 네 처소를 다른 곳으로 옮기는 것을 그들이 보면 비록 패역한 족속이라도 혹 생각이 있으리라. 너는 낮에 그 목전에서 네 행구를 밖으로 내기를 이사하는 행구같이 하고 저물 때에 너는 그 목전에서 밖으로 나가기를 포로 되어 가는 자같이 하라.

너는 그 목전에서 성벽을 뚫고 그리로 좇아 옮기되. 캄캄할 때에 그 목전에서 어깨에 메고 나가며 얼굴을 가리우고 땅을 보지 말지어다. 이는 내가 너를 세워 온 세상 사람에게 징조가 되게 함이니라.

내가 명대로 행하여 낮에 나의 행구를 이사하는 행구 같이 내어놓고 저물 때에 내 손으로 성벽을 뚫고 캄캄할 때에 행구를 내어다가 그 목전에서 어깨에 메고 나가니라.

세상사람들이 네가 무엇을 하느냐고 묻거든 너는 그들에게 말하기를 이것은 온 세상에 대한 예조라 하셨다 하고. 또 말하기를 나는 세상의 징조라 내가 행한 대로 그들이 당하여 사로잡혀 옮겨갈지라.

그때에 온 세상이 어둡고 캄캄하여 앞을 잘 볼 수 없을 것이다 라고 말하여라."

또 기상재해

"마른땅에 폭양을 제함같이 주께서 외인의 훤화를 그치게 하시며 폭양을 구름으로 가리움같이 포학한 자의 노래를 낮추시리이다. 대저 경계에 경계를 더하며 경계에 경계를 더하며 교훈에 교훈을 더하며 여기서도 조금, 저기서도 조금 하는도다. 그러므로 생소한 입술과 다른 방언으로 이 백성에게 말씀하시리라.

전에 그들에게 이르기를 이것이 너희 안식이요 이것이 너희 상쾌함이니 너희는 곤비한 자에게 안식을 주라 하셨으나 그들이 듣지 아니하셨으므로. 여호와께서 그들에게 말씀하시되 경계에 경계를 더하며 경계에 경계를 더하며 교훈에 교훈을 더하며 교훈에 교훈을 더하고 여기서도 조금, 저기서도 조금 하사 그들로 가다가 뒤로 넘어져 부러지며 걸리며 잡히게 하시리라. 대저 온 땅을 멸망시키기로 작정하신 것을 내가 여호와로부터 들었느니라. 여호와께서 벽력과 지진과 큰소리와 회리바람과 폭풍과 맹렬한 불꽃으로 그들을 징벌하실 것인즉 아리엘을 치는 열방의 모든 자는 꿈같이, 밤의 환상같이 되리니. 주린 자가 꿈에 먹었을지라도 깨면 그 속은 여전히 비고 목마른 자가 꿈에 마셨을지라도 깨면 곤비하며 그 속에 갈증이 있는 것같이 시온산을 치는 열방의 무리가 그와 같으리라."

또 사망의 재앙

내가 이제 한 가지 재앙을 더 내린 후에야 끝나리니 내가 그 밤에 두루 다니며 집집마다 들어가서 사람과 짐승을 무론하고 칠 것이니 세상 전국에 전무후무한 큰 곡성이 있으리라.

—이 암흑의 때에 치명적인 바이러스가 퍼져서 한 집에 한 명 이상 괴질로 죽지 않는 집이 없다.

→2142년→ 제2차 휴전

또 기상재해, 또 핵전쟁, 또 휴거발생 ,또 이상야 현상, 또 무서운 전염병들이 전 세계로 급속히 확산되자 세계는 전쟁을 중지하고 휴전협정을 체결하게 된다. 그때에 미국을 비롯한 서방세계는 인도와 중국의 요구조건을 받아들일 수밖에 없으므로 중동패권은 인도가 장악하게 될 것이다.

→2142년~2212년→ 또 70년간 큰 전쟁 없음

인도의 나무멍에 70년 기간

예레미야의 두번째 편지

예루살렘에서 인도제국으로 사로잡혀가게 한 모든 포로에게 이같이 이르노라. 너희는 거기서 집을 짓고 거하며 전원을 만들고 그 열매를 먹어라. 아내를 취하여 자녀를 생산하며 너희 아들로 아내를 취하며 너희 딸로 남편을 맞아 그들로 자녀를 생산케 하여 너희로 거기서 번성하고 쇠잔하지 않게 하라. 너희는 내가 사로잡혀가게 한 그 도시의 평안하기를 힘쓰고 위하여 신께 기도하라 이는 그 나라가 평안함으로 너희도 평안할 것임이니라. 너희 중 선지자들에게와 복술자에게 혹하지 말며 너희가 꾼바 꿈도 신청하지 말라. 내가 그들을 보내지 아니하였어도 그들이 내 이름으로 거짓을 예언함이니라. 인도의 통치 70년이 차면 내가 너희를 권고하고 나의 선한 말을 너희에게 실행하여 너희를 이곳으로 돌아오게 하리라 너희를 향한 나의 생각은 내가 아나니 재앙이 아니라 곧 평안이요 너희 장래에 소망을 주려하는 생각이라.

나는 아는 자요 증거인이니라.

힐기야의 아들로부터…

제2차 건축

종전 후 인도연방은 모든 포로들을 석방시켜 도시 복구와 나라 재건을 꾀하게 한다.

피해지역이 워낙 넓고 파괴된 곳이 많으므로 상당기간 복구공사가 벌어질 것이다. 그때에 이스라엘 땅에 신 성전이 건축되는데 '오펠-모리아'의 산등성에서부터 측량줄이 곧게 확장된 예루살렘의 북서쪽 언덕에 이르고, 예루살렘 구릉지를 돌아서 시체와 재의 골짜기와 '와디 실티 마리암' 시내에 이르는 데까지와 동편 말문 모퉁이에 이르기까지의 모든 밭에 이른다.

"이스라엘과 유다의 포로를 돌이킬 때가 이르리니 내가 그들을 그 열조에게 준 땅으로 돌아오게 할 것이라 그들이 그것을 차지하리라. 우리가 떨리는 소리를 들으니 두려움이요 평안함이 아니로다. 너희는 자식을 해산하는 남자가 있는가 물어봐라 남자마다 해산하는 여인같이 손으로 각기 허리를 짚고 그 얼굴빛이 창백하여 보임은 어찌된 영문이야. 내가 너희를 포로된 땅에서 구원하리니 이스라엘 백성이 돌아와서 태평과 안락을 얻을 것이

라. 보라 내가 포로 된 야곱의 장막들을 돌이키고 그 거하는 곳들을 긍휼히 여길 것이라 그 성읍은 자기 산에 중건될 것이요 그 궁궐은 본래대로 거하는 곳이 될 것이며. 감사하는 소리와 즐거워하는 자의 목소리가 그 중에서 나오리라."

→2143년 · 2170년~ 인도제국 시대(※혹 유럽통합)

아시아와 아프리카를 석권한 인도제국은 그 세력을 얼마동안 넓히면서 그 영화로운 나라의 부함과 위엄의 혁혁함을 나타낸다. 인도연방은 승전을 기념하여 백색, 녹색, 청색의 새 국기를 만들어 모든 점령지들에 걸게 한다. 백색은 이슬람제국을, 녹색은 영원한 번영을, 청색은 하늘과 바다를 상징하는 것으로 넓은 영토를 차지한 제국의 영광이 영원할 것을 염원하는 것이다. 인도제국은 식민지들로부터 일정한 액수의 조공과 식량을 받아서 큰 부와 영광을 누린다. 그 국민들의 호화로움과 사치가 어찌나 극한 지 먹고 마시고 입고 쓸 것에 풍부하여 차고 넘치며 한이 없을 뿐 아니라, 금과 은으로 걸상을 만들어 앉고 쓰는 식기와 기구들은 다 금물과 은물이며 화반석, 백석, 운모석, 흑석들로 땅을 깐다고 성경은 예언하고 있다.

→2142년→ 제2차 국제 종교회의

또 휴거사건으로 세계가 큰 혼란에 빠지고 종교논란이 일자 세계종교회의 산하 휴거사건진상조사위원회가 주관한 제2차 종교회의가 로마에서 열린다. 이 회의에서 사회적 동요를 막기 위한 다음과 같은 의결사항이 발표될 것이다.

세계종교회의 의결사항

△반 기독교운동전개.

△성경발행중단.

△성경소각.

△카톨릭성서 수정(부활과 강림삭제.)

△세계종교통합실현.

△단일경전완성.

그리하여 사람들을 진리의 길로 이끌며 구원을 얻게 하던 포도주(성경)는 그 맛을 잃어간다.

이에 ▷봉한 포도주→좋은 포도주→오래 저장하였던 맑은 포도주→오래 저장하였던 포도주→묵은 포도주→포도주→섞은 포도주→혼합한 포도주→물로 된 포도주→단 포도주→신 포도주→비척거리게 하는 포도주→쓸게 탄 포도주→몰약 탄 포도주로 변질되면서 구원·진리·부활·강림·심판에 관한 내용은 빠지고. 대신 사변적 교리와 끝없는 족보, 망령되고 허탄한 것, 문명의 기원에 관한 것, 사람의 기원에 관한 것, 우주적 신화를 선호하는 것, 공교히 만든 이야기, 그리고 창조당시 복종케 된 괴물에 대한 모습으로 채워지고, 큰 용인 사탄을 우주의 창조자로 마리아를 그의 부인이자 하늘 여신으로 등극시킨다.

그렇게 되면 그 책을 읽고 사람들이 구원을 얻을 수 없으므로 하나님은 그 성서를 버리신다.

그때에 로마교회는 사탄과 마리아 사이에 네피림들이 태어났었다는 것을 증명하기 위해서 세계 독재정부와 결탁하여 사람들이 섬길 만한 신들과 저질의 노동을 수행할 비인간들을 창조해 내게 된다.

그 시대에 지구과학자들은 조직배양→생명복제→형질전환의 시대를 지났고 피와 광석의 합성비밀까지 알아냈기 때문에, 인간과 동물의 유전자 결합과 잡종교배로 탄생한 준인간들과 인간의 생체분자와 동물의 생체분자들을 결합시켜 만든 다세포생물 키메라까지 만들어 낼 수 있다.

●증서 "사람 중에서 다윗에게 돌아온 자가 있었으니 그 중에는 얼굴이 사자 같고 빠르기는 산의 사슴 같은 자도 있더라."

현재는 유전자 클로닝, DNA 재조합기술이 반윤리적인 행위로 꺼려지고 있으나, 휴거사건 후부터는 인간복제뿐 아니라 다양한 반인 반수들까지 무차별적으로 만들게 된다. 왜냐하면 사람들이 종교에 미쳐서 보이는 신들을 섬기려 하기 때문이고 세계정부는 유전자를 악용하여 사람들을 지배하려하기 때문이다.

종말에 출현할 유전자조작 괴물들

△사람의 몸에 여러 개의 뱀 머리가 달린 것들.
△사람의 몸에 독수리의 날개가 달린 것들.
△사자의 몸에 독수리의 날개가 달린 것들.
△표범의 몸에 새의 날개가 달린 것들.
△힘이 세고 야성적인 거인들.
△사람의 얼굴에 나귀 턱 뼈를 가진 것들.
△사람의 몸에 사자의 얼굴 노루의 다리를 가진 것들.
△사람의 몸에 염소의 얼굴을 가진 것들.
△머리에 양의 뿔이 난 것들.
△머리에 염소의 뿔이 난 것들.
△사람의 몸에 비늘이 있고 아가미가 있어서 수중 생활을 하는 것들.
△소의 얼굴 사자의 얼굴 독수리의 얼굴을 가진 삼 두 괴물들.
△표범의 몸+곰의 발+사자의 입을 가진 다세포 동물들.
△황소+여자+쥐+광석(금, 보석 ,진주): 하반신은 황소, 상반신은 여자로 일곱 머리와 열 뿔이 있는 것.
△우주에서 노동을 수행할 수 있도록 개조된 생체인간.
△적은 음식만 먹고도 살 수 있는 유전자조작 합성인간.
△사자+소+독수리+남자, 이 네 개의 유전자를 합성하여 만든 괴물.
△사자+소+독수리+여자, 이 네 개의 유전자를 합성하여 만든 괴물.

하나님에 대한 반감과 집단 히스테리로 신과 성경을 부정하려는 나라들이 이와 같은 생물체를 만들어 놓고 신상숭배를 강요하면 성도들이 그 우상들을 섬길까?

결국 기독교박해가 일어나면서 기독교인들의 집은 피로 덮이게 된다.

• 증서 "그때에 사람들이 너희를 환난에 넘겨주겠으며 너희를 죽이리니 너희가 내 이름을 위하여 모든 민족에게 미움을 받으리라. 장차 형제가 형제를 아비가 자식을 죽는데 내어 주며 자식들이 부모를 대적하여 죽게 할 것이다 또 너희가 내 이름을 인하여 모든 사람에게 미움을 받을 것이나 나중까지 견디는 자는 구원을 얻으리라."

→2129년→ 물고기인간 탄생

땅의 자원이 거의 고갈되고 극심한 기상재해로 지상생활이 어렵게 되자, 지구과학자들은 해저광산을 개발하고 해저도시를 건설할 수 있는 수생인간을 만들기 위한 연구에 몰두하게 된다. 그리하여 물고기+인간의 유전자를 바다 풀에서 축출한 특수물질로 DNA 처리하여 수정된 유전자를 고래 뱃속에 넣는 방법으로 비늘과 아가미를 가진 물고기인간을 만들어낸다.

• 예시 "큰물고기 뱃속에 들어간 요나."

먼 미래, 세계는 슈퍼컴퓨터로 연결되고 더럽고 위험한 일은 인공지능을 가진 산업용기계로 대체된다.

또 니켈과 티타늄의 합금인 니티놀이 개발되면서 신소재와 기계공학이 결합한 사이보그와 형상기억합금으로 만들어진 로봇이 거리를 활보한다. 그 시대에 날이 뜨거운지라 사람들은 신기능성물질이 함유되어 태양열을 반사시키거나 인공기능섬유로 만들어져 체온에 따라 색이 변하는 옷들을 입고 다닌다.

지구의 큰 도시들은 지하나 바다에 건설되고 지상의 도시들도 지진과 폭풍을 견딜 수 있게 반구형화 된다.

공중에는 에어택시와 수소엔진을 사용한 극 초음속기(HST)가 날고, 진

공튜브 속을 음속의 수십 배에 가까운 초스피드로 달리는 플라네트런이 대륙을 횡단한다. 인간의 눈, 코, 귀, 입, 혈관, 피부, 심장판막 등 전 기관이 인공장기로 대체되고 생체관련물질과 신약개발로 거의 모든 질병을 퇴치할 수 있게 된다.

또 냉동기술의 발달로 사람들을 얼렸다가 원하는 때에 되살려낼 수도 있다.

지구과학자들은 인간의 우성인자를 개량시켜만든 비상한 인간들로부터 신기술을 제공받는다.

그리하여 생물모방과학을 발달시켜서 인체에서 영혼의 형질을 뽑아 유령을 만들고, 생체에너지로 산소 없이도 호흡하며 열과 추위에 강한 변형인간들을 만들어 달과 화성, 금성에 보낸다.

'셀레네(달)'인들은 태양흑점의 폭발시 방출되는 방사능을 피하기 위해서 달 표면에 구멍을 뚫고 지하에 거대 도시를 건설한다.

적그리스도 등장

한편 큰 전쟁을 경험한 강대국들은 식량의 무기화, 기상의 병기화, 곤충을 이용한 생존환경 파괴전략을 세우고 인간을 대신할 기계인간과 최첨단 전쟁로봇들을 전쟁에 사용한다. 그리고 특이한 반인반수를 만들어서 합성생물과 변종인간들로 구성된 군대를 조직한다. 3300년마다 하루의 오차가 발생하여 일년은 666일인 시대에 세계통치자가 등장하니 그는 적그리스도로 손가락과 발가락이 여섯 개씩 모두 스물 네 가락인 짐승인간이다.

•증서 "그 자는 매 손과 매 발에 가락이 여섯씩 스물 네 가락이더라."

그즈음 땅에는 저주가 임하여 오래도록 비가 오지 않는다. 몇 해 후에 물과 양식이 고갈되자 적그리스도는 합법적으로 세계도 지배하면서 식량도 해결할 수 있는 기발한 꾀를 생각해 낸다.

먼저 거짓 선지자들로 하여금 자신을 사탄의 아들로 선전케 하고 피로 포도주를 만들 수 있는 신기술을 개발한다. 그런 다음 피를 확보하기 위한 수단으로 자신의 이름이자 가락수인 666을 사람들의 이마나 오른손에 받게 한다.(*두번째 등장하는 적그리스도는 이마와 양손에 받게 한다.)

666은 슈퍼컴퓨터 접속코드로 이 표가 없으면 매매를 할 수 없을 뿐더러 직업도 가질 수 없다.

이러므로 땅에 사는 사람들은 다 이 숫자를 받아야 하지만, 표를 받기 위해서는 하늘에 계신 하나님을 세 번 부인하고 저주해야만 하니 기독교인들은 표 받기를 거부할 수밖에 없다.

예수께서 말씀하시기를 "내가 사람 앞에서 나를 부인하면 나도 저를 천사들이나 아버지 앞에서 부인하리라" 하셨고, 하나님께서도 "여호와를 저주하는 자는 반드시 돌로 쳐죽여라" 하셨기에 신실한 기독교인들은 전부 죽음을 택하게 되어있다. 아무리 패역한 세대라도 생사람을 잡아다가 가공할 수는 없으니까 하나님 믿는 것을 구실 삼아 인간식량을 조달하는 것이다.

그 시대 표 받기를 거부하다 체포된 사람들은 포도주 가공공장으로 끌려가는데 그 곳에는 단두대가 설치된 인간도살장도 함께 있다. 성도들을 거꾸로 매달아 목을 자른 다음, 쏟아진 물과 피로 음료수와 포도주를 만들고 몸은 부위별로 가공하여 판매한다. 이러한 적그리스도의 지혜로 갈증과 굶주림의 시대를 극복할 수 있다. 세계가 약 3년 정도 성도들의 피와 고기로 살아가니까 엄청난 수의 성도들이 순교하게 될 것이다.

예수께서 제자들에게 포도주를 주시며 가라사대 "이는 내 피니 마셔라"하시고, 또 떡을 떼어 제자들에게 주시며 "이는 내 살이니 먹어라" 하심같이 예수 믿는 성도들도 자신의 피와 살을 세상사람들에게 주어 먹게 하는 것이리라.

제 3 부 사망의 열쇠

-살인병기로 개조한 곤충들의 전쟁-

→2212년→ 인도의 나무멍에 벗음

인도에 대한 경고

"화 있을 진 저 인도 사람이여 그는 나의 진노의 막대기요 그 손의 몽둥이는 나의 분한이라.

내가 그를 보내어 이스라엘을 치게 하며 내가 그에게 명하여 나의 노한 백성을 쳐서 탈취하며 노략하게 하며 또 그들을 가로상의 진흙같이 짓밟게 하려 하거늘. 그의 뜻은 이 같지 아니하고 그 마음의 생각도 이 같지 아니하고 오직 그 마음에 허다한 나라를 파괴하며 멸절하려 하여. 이르기를 나와 친한 친구들은 그 나라의 왕들이 아니냐. 갈로는 갈그미스와 같지 아니하며 하맛은 아르밧과 같지 아니하며 사마리아는 다메섹과 같지 아니하냐. 내 손이 이미 로마까지 뻗쳤으니 그 조각한 신상이 예루살렘과 사마리아의 신상보다 우승하였느니라. 내가 사마리아와 그 신상에게 행함같이 예루살렘을 차지하지 못하겠느냐 하는도다. 이러므로 내가 나의 일을 시온산과 예루살렘에 다 행한 후에 인도 왕의 완악한 마음의 열매와 높은 눈의 자랑을 벌하리라.

그의 말에 나는 내 손의 힘과 내 지혜로 이 일을 행하였으니 나는 총명한 자라 열국의 경계를 옮겼고 그 재물을 약탈하였으며 또 용감한 자같이 위에 거한 자를 낮추었으며. 나의 손으로 열국의 재물을 얻은 것은 새의 보금자리를 얻음 같고 온 세계를 얻은 것은 내어버린 알을 주움 같았으나 날개를 치거나 입을 벌리거나 지저귀는 것이 하나도 없었다 하는도다. 도끼가 어찌 찍는 자에게 스스로 자랑하겠으며 톱이 어찌 켜는 자에게 스스로 큰 체 하겠느냐 이는 막대기가 자기를 드는 자를 움직이려 하며 몽둥이가 나무 아닌 사람을 들려 함과 일반이로다. 그러므로 살진 자로 파리하게 하시며 그 영화의 아래에 불이 붙는 것같이 맹렬히 타게 하실 것이라. 세상의 기름진 영광이 전부 소멸되리니 병인이 점점 쇠약하여 감 같을 것이라. 그 삼림에 남은 나무의 수가 희소하여 아이라도 능히 계산할 수 있으리라. 이미 작정되었으니 여호와께서 온 세계 중에 끝까지 행하시리라. 그러나 이일이 이루기전에 또 중동 땅에 평화가 있을 것이다."

다시 뱀이 지팡이로

여호와: 모세야 네 손을 내밀어 그 뱀의 꼬리를 잡아라.

모세: 그가 손을 내밀어 잡으니 그 손에서 다시 지팡이가 된지라.

논단: 이 이적의 가르침은 무엇이냐?

어떤사람: 이스라엘민족이 다시 아랍국들을 의지할 것을 나타낸 것이다.

→2213년~2223년→ 다시 평화시대

"인자야 이스라엘과 예루살렘이 있었으니 본래 남북으로 나뉘기 전에 한나라이었느니라.

그들이 이집트에서 행음하되 어렸을 때에 행음하여 그들의 유방이 눌리며 그 처녀의 가슴이 어루만진 바 되었으니, 그 이름이 형은 '그녀 자신의 장막'이란 뜻의 오홀라요 아우는'나의 장막이 그녀 안에 있다'라는 뜻의 오홀리바라. 그들이 내게 속하여 자녀를 낳았으니 그 이름으로 말하면 오홀라는 이스라엘이요 오홀리바는 예루살렘이니라. 사마리아가 내게 속하였을 때에 행음하여 그 연애하는 자 곧 그 이웃 시리아 사람을 사모하였으니. 그들은 원래 그 지역에서 생산되었던 자주물감으로 만든 '진자주빛' 직물로 만든 옷을 입은 방백과 감독이요 준수한 소년 말 타는 자들이라. 그가 아랍인 중에 잘생긴 그 모든 자들과 행음하고 누구를 연애하든지 그들의 모든 우상으로 스스로 더럽혔으며. 그가 젊었을 때에 이집트 사람과 동침하매 그 처녀의 가슴이 어루만진 바 되며 그 몸에 음란을 쏟음을 당한바 되었더니 그가 그때부터 행음함을 마지 아니하였느니라.

그러므로 내가 그를 그 정든 자 곧 그 연애하는 시리아 사람의 손에 붙였더니. 그들이 그 하체를 드러내고 그 자녀를 빼앗으며 칼로 그를 죽여 그 누명을 여자에게 드러내었으니 이는 그들이 그에게 심문을 행함이니라. 그 아우 예루살렘이 이것을 보고도 그 형보다 음욕을 더하며 그 형의 간음함보다 그 간음이 더 심하므로 그 형보다 더 부패하여졌느니라.

그가 그 이웃 요르단 사람을 연애하였으니 그들은 화려한 의복을 입은 방백과 감독이요 말 타는 자들과 준수한 소년이었느니라. 그 두 여인이 한 길로 행하므로 그도 더러워졌음을 내가 보았노라. 그가 음행을 더하였음은 붉은 것으로 벽에 그린 사람의 형상 곧 갈대아 사람의 형상을 보았음이니. 그 형상은 허리를 띠로 동이고 머리를 긴 수건으로 쌌으며 용모는 다 존귀한 자 곧 터키 사람이라 그가 보고 곧 연애하여 사자를 이라크에 보내매. 러시아 사람이 나아와 연애하는 침상에 올라 음란으로 그를 더럽히매 그가 더럽힘을 입은 후에 그들을 싫어하는 마음이 생겼느니라.

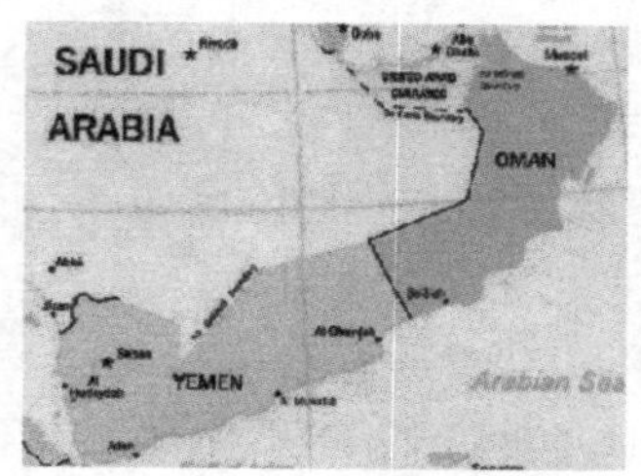

그가 이와 같이 그 음행을 나타내며 그 하체를 드러내므로 내 마음이 그 형을 싫어한 것같이 그를 싫어하였으나. 그가 그 음행을 더하여 그 젊었을 때 곧 이집트 땅에서 음행하던 때를 생각하고. 그 하체는 나귀 같고 그 정수는 말 같은 아라비아·예맨·오만 사람들을 연애하였도다. 네가 젊었을 때에 행음하여 이집트 사람에게 네 가슴과 유방이 어루만진 바 되었던 것을 오히려 생각하는 도다."

다시 율법과 종교 타락

"인자야 네가 오홀라와 오홀리바를 국문하려느냐 그러면 그 가증한 일을 그들에게 고하라.

그들이 행음하였으며 피를 손에 묻혔으며 또 그 우상과 행음하며 내게 낳아 준 자식들을 우상을 위하여 화제로 살랐으며. 이 외에도 그들이 내게 행한 것이 있나니 당일에 내 성소를 더럽히며 내 안식일을 범한 것이라. 그들이 자녀를 죽여 그 우상에게 드린 당일에 내 성소에 들어와서 더럽혔으되 그들이 내 성전 가운데서 그렇게 행하였으며. 또 사자를 원방 러시아에 보내어 사람을 불러오게 하고 그들이 오매 그들을 위하여 목욕하며 눈썹을 그리며 스스로 단장하고. 화려한 자리에 앉아 앞에 상을 베풀고 내 향과 기름을 그 위에 놓고. 그 무리와 편히 지껄이고 즐겼으며 또 광야에서 잡류와 술 취한 사람을 청하여 오매 그들이 팔쇠를 그 손목에 끼우고 아름다운 면류관을 그 머리에 씌웠도다. 내가 음행으로 쇠한 여인을 가리켜 말하노라 그가 그래도 그들과 피차 행음하는도다. 그들이 그에게 나아오기를 기생에게 나아옴같이 음란한 여인 오홀라와 오홀리바에게 나아왔은즉. 의인이 음부를 심문함같이 심문하며 피를 흘린 여인을 심문함같이 심문하리니 그들은 음부요 또 그들을 책망하던 랍비와 선지자들을 죽인 피가 그 손에 묻었음이니라."

다시 손에 발한 문둥병

모세야 네 손을 품에 넣어라. 그가 손을 품에 넣었다가 내어보니 그 손에 문둥병이 발하여 눈같이 흰지라. 그들이 너를 믿지 아니하며 그 처음 이적의 표징을 받지 아니하여도 둘째 이적의 표징은 믿으리라.

—이스라엘족속의 행위가 그를 떠났으니 이제 세번째 재앙이 이르렀도다.

"그러므로 오홀리바야 나 여호와가 말하노라 내가 너의 연애하다가 싫어하던 자들을 격동시켜서 그들로 사방에서 와서 너를 치게 하리니. 그들은 러시아 사람과 이라크 모든 무리와 또 그와 함께 한 시리아 사람이며 또 요르단인들 이라. 그들이 병기와 병거와 수레와 크고 작은 방패를 이끌고 투구 쓴 군대를 거느리고 치러와서 너를 에워쌀지라 내가 심문권을 그들에게 맡긴즉 그들이 그 심문 권대로 너를 심문하리라.

내가 너를 향하여 투기를 발하리니 그들이 분노로 네게 행하여 네 코와 귀를 깎아버리고 남은 자를 칼로 엎어뜨리며 네 자녀를 빼앗고 그 남은 자를 불에 사르며. 또 네 옷을 벗기며 네 장식품을 빼앗을지라.

이와 같이 내가 네 음란과 이집트 땅에서부터 음행 하던 것을 그치게 하여 너로 그들을 향하여 눈을 들지도 못하게 하며 다시는 이집트를 기억하지도 못하게 하리라. 내가 너의 미워하는 자와 네 마음에 싫어하는 자의 손에 너를 붙이리니. 그들이 미워하는 마음으로 네게 행하여 네 모든 수고한 것을 빼앗고 네 음행의 벗은 몸 곧 네 음란하며 음행 하던 것을 드러낼 것이라. 네가 이같이 당할 것은 네가 음란이 이방 신을 좇고 그 우상들로 더럽혔음이라. 네가 네 형의 길로 행하였은즉 내가 그의 잔을 네 손에 주리라. 네가 네 형 사마리아의 잔 곧 놀람과 패망의 잔에 넘치게 취하고 근심할지라. 네가 그 잔을 다 기울여 마시고 그 깨어진 조각을 씹으며 네 유방을 꼬집을 것은 내가 이렇게 말하였음이니라. 내가 군대를 거느리고 와서 치게 하여 그들로 학대와 약탈을 당하게 하리니. 그 군대가 그들을 돌로 치며 칼로 죽이고 그 자녀도 죽이며 그 집들을 불사르리라."

다시 지팡이가 뱀으로

모세와 아론아 세상 왕들이 너희에게 이르기를 이적을 보여라 하거든 너희들의 지팡이를 왕들 앞에 던져라. 그들이 명하신 대로 행하여 지팡이를 던졌더니 뱀이 된지라 세상 왕들도 박사와 박수를 부르매 그 술객들도 술법으로 그와 같이 행하되. 각 사람이 지팡이를 던지매 뱀이 되었으나 아론의 지팡이가 그들의 지팡이를 삼키니라.

—지팡이가 뱀이 되었으니 서로 협력하고 의지하던 나라들이 다시 배신한다는 것이요, 술객들도 이적을 보였으니 마법의 힘이 강해진다는 것이요, 아론의 지팡이가 그들의 것을 삼켰으니 초능력이 강해도 하나님의 능력은 당할 수 없다는 의미이다.

이스라엘에 대한 경고

"화 있을 진 저 패역한 자식들이여 그들이 계교를 베푸나 나로 말미암아 하지 아니하며 맹약을 맺으나 나의 신으로 말미암아 하지 아니하였음이로다. 그들이 남방세력 안에서 스스로 강하려 하며 그 그늘에 피하려하여 이집트로 내려갔으되 나의 입에 묻지 아니하였으니 죄에 죄를 더하는도다. 그러므로 바로의 세력이 너희의 수치가 되며 이집트의 그늘에 피함이 너희의 수욕이 될 것이라. 그 방백들이 동맹관계를 논의하기 위해서 나일강 삼각주의 '타니스'에 있고 그 사신들이 카이로 남서쪽 약80km 지점에 있는 '이나시예 엘-메디나'에 이르렀으나. 그들이 다 자기를 유익하게 못하는 민족을 인하여 수치를 당하리니 그 민족이 돕지도 못하며 유익하게도 못하고 수치가 되게 하며 수욕이 되게 할 뿐임이니라.

또 특사들이 그 재물을 어린 나귀등에 싣고 암사자와 수사자와 독사와 및 날아다니는 불뱀이 나왔던 위험하고 곤고한 사하라 사막을 지나서 아랍나라들에게로 갔으나 애굽의 도움이 헛되고 무익하니라.

그러므로 내가 애굽을 가만히 앉은 라합이라 일컬었느니라. 도움을 구하러 남방 아프리카로 내려가는 자들은 화 있을 진 저, 그들은 병거의 많음과 병력의 심히 강함을 의지하고 이스라엘의 거룩한 자를 앙모치 아니하며 여호와를 구하지 아니하거니와. 여호와께서도 지혜로우시니 재앙을 내리실 것이라. 큰 사자나 젊은 사자가 그 식물을 움키고 으르렁거릴 때에 그것을 치려고 여러 목자가 불려왔다 할지라도, 그들이 그들의 소리로 인하여 놀라지 아니할 것이요 그들의 떠듦을 인하여 굴복하지 아니할 것이라.

이집트인들: 네가 여호와의 이름으로 우리에게 권고한 말을 우리가 듣지 아니하고. 우리 생각과 뜻대로 우리 입에서 낸 모든 말을 정녕히 실행하여 우리의 본래 하던 것 곧 우리와 우리 선조와 우리 왕들과 우리 방백들이 하던 대로 하늘 여신 마리아에게 분향하고 그 앞에 전제를 드리리라. 대저 그때에는 우리가 식물이 풍족하여 복을 받고 재앙을

만나지 아니하였더니. 우리가 하늘 여신에게 분향하고 그 앞에 전제 드리던 것을 폐한 후부터는 모든 것이 핍절하고 칼과 기근에 멸망을 당하였느니라.

여인들: 우리가 하늘 여신에게 분향하고 그 앞에 전제를 드릴 때에 어찌 남편의 허락이 없이 그에게 경배하는 과자를 만들어 놓고 전제를 드렸겠느냐.

예레미야: 너희가 돌이킬 마음이 없으니 그가 잔악한 군주를 불러 올 것이다. 그가 와서 이집트 땅을 치고 죽일 자는 죽이고 사로잡을 자는 사로잡고 칼로 칠 자는 칼로 칠 것이라. 그가 이집트 땅의 신전에 불을 놓을 것이며 헬리오폴리스에 있는 태양 주상들을 깨뜨리리라. 바룩아 슬프다 나의 고통에 슬픔이 더하였으니 나는 나의 탄식으로 피곤하여 평안치 못하도다. 그는 세운 것을 헐기도 하며 심은 것을 뽑기도 하나니 온 땅에 이러하거늘. 네가 너를 위하여 대사를 경영하느냐 그것을 경영하지 말라. 보라 그가 모든 육체에게 재앙을 내리리라.

예레미야의 세번째 편지

이집트 나일 삼각주 동쪽 포트 사이드 남남서쪽 43km떨어진 '텔 데프네' 그리고 펠루지움, 포트사이드, 카이로, 멤피스 지방에 거하는 자들아. 너희가 예루살렘과 유다 모든 도시에 내린 재앙들을 보았느니라 보라 그것들이 페허가 되었었고 거하는 사람이 없었나니. 이는 그들이 자기나 너희나 너희 열조의 알지 못하는 다른 신들에게 나아가 분향하여 섬겨서 그의 노를 격동한 악행을 인함이라.

그가 그의 모든 종들을 너희들에게 보내되 부지런히 보내어 이르기를 너희는 나의 미워하는 이 가증한 일을 행치 말라 하였어도. 그들이 듣지 아니하며 귀를 기울이지 아니하고 다른 신들에게 여전히 분향하여 그 악에서 돌이키지 아니하였으므로. 그의 분과 그의 노를 쏟아서 유다 도시들과 예루살렘 거리를 살랐더니 그것들이 황폐하고 적막하였었느니라. 그러한데 어찌하여 너희가 너희 손의 소위로 그의 노를 격동

> 하여 너희의 피난 가서 우거하는 이집트 땅에서 다른 신들에게 분향하므로 끊어 버림을 당하여 세계 열방 중에서 저주와 모욕 거리가 되고자 하느냐. 그러므로 그가 얼굴을 이집트로 향하여 재앙을 내리고 온 유대인을 끊어 버릴 것이며. 그가 또 이집트 땅에 우거하기로 고집하고 그리고 들어간 유다의 남은 자들을 취하리니 그들이 다 멸망하여 이집트 땅에서 엎드러질 것이라. 그들이 칼과 기근에 망하되 작은 자로부터 큰 자까지 칼과 기근에 죽어서 가증함과 놀램과 저주와 모욕 거리가 되리라. 그가 예루살렘을 벌한 것같이 이집트 땅에 거하는 자들을 칼과 기근과 염병으로 벌하리니, 이집트 땅에 들어가서 거기 우거하는 유다의 남은 자 중에 피하거나 남아서 그 사모하여 돌아와서 거하려는 유다 땅에 돌아올 자가 없을 것이라 도피하는 자들 외에는 돌아올 자가 없으리라
>
> 하셨느니라.
>
> 그 년 월 일 시에 힐기야의 아들로부터…

"내가 다시 눈을 든즉 날아가는 두루마리가 보이더라. 그가 내게 묻되 네가 무엇을 보느냐 하기로 내가 대답하되 날아가는 두루마리를 보나이다. 그 길이가 약 8.9m, 넓이가 약 4.5m이나이다. 그가 내게 이르되 이는 온 지면에 두루 행하는 저주라 무릇 도적질하는 자는 그 이편 글대로 끊쳐지고 무릇 맹세하는 자는 그 저편 글대로 끊쳐지리라. 내가 이것을 발하였나니 도적의 집에도 들어가며 내 이름을 가리켜 망령되이 맹세하는 자의 집에도 들어가서 그 집에 머무르며 그 집을 그 나무와 그 돌을 아울러 사르리라 하셨느니라. 내가 또 눈을 들어본즉 두 여인이 나왔는데 학의 날개 같은 날개가 있고 그 날개에 바람이 있더라. 그들이 밀가루, 보리, 볶은 곡식 등의 양을 재는 그릇 곧 22ℓ되는 그릇을 들었고 그 가운데 한 여인이 앉았느니라 하는 동시에 둥근 납 한 조각이 들리더라.

그가 가로되 이는 악(惡)이라 하고 그 여인을 에바 속으로 던져 넣고 납(鑞)조각을 에바 아구리 위에 던져 덮더라."

논단: 이 환상의 뜻은 무엇이냐?

어떤 사람: 에바는 곡물 푸는 그릇, 납은 독성을 가진 금속이니 곡식들이 수은, 납 같은 중금속에 오염되었다는 것이요, 여인이 곡물 그릇에 앉았으니 그 마저도 먹을 것이 없어 한탄하게 된다는 것이다. 또한 도적을 악이라 하였으니 도처에 도둑 떼와 강도가 횡행할 것을 암시해주고 있다. 점점 더 날은 뜨거워지고……

다시 하수가 피로

모세와 아론이 여호와의 명하신 대로 행하여 세상 왕들과 그 신하의 목전에서 지팡이를 들어 하수를 치니 그 물이 다 피로 변하고 하수의 고기가 죽고 그 물에서는 악취가 나니 사람들이 하숫물을 마시지 못하며 온 땅에는 피가 있으나. 마술사들도 자기 술법으로 그와 같이 행하므로 세상 왕들의 마음이 강퍅하여 그들을 듣지 아니하니 여호와의 말씀과 같더라.

—이상고온에 의한 적조 확산과 어패류몰살. 강의 오염과 식수부족. 점점 강해져 가는 마법과 초능력이 자연과 사물에까지 미치게 될 것임을 나타낸 것이다.

물이 변하여 피로

혈액에는 혈장과 혈구가 있고 혈장은 수분, 단백질, 무기염료, 효소, 호르몬, 비타민, 지질, 탄수화물로 이루어져 있다. 혈구는 적혈구, 백혈구, 혈소판으로 나누는데 인공적혈구를 만들어내면 인공혈액을 만드는 것이다. 장차 전쟁으로 혈액이 모자라고 방사능으로 피가 오염되면 과학자들은 물을 가지고 인공혈액을 만든다.

그런 다음 진흙+우유+피를 응고시키는 기술로 인공자궁을 개발할 것이다.

××14년—도시 대화재.

××15년—대지진.

××16년—부스럼과 종기, 피부병유행.

××17년—일기불순, 식량부족.

××18년—극심한 가뭄, 흑암.

××19년—화산폭발.

××20년—폭풍, 살인곤충 떼 습격.

××21년—강물의 범람.

××22년—폭염, 산림화재.

××23년—도시파괴.

××24년—열풍.

××25년—폭우.

××26년—뇌성벽력과 대지진.

××27년—별의 징조.

××28년—적조.

××29년—전염병.

××30년—동풍(대흉작), 해일과 폭풍.

××31년—내전발생, 낙과피해.

××32년—강물의 오염(악취).

××33년—뜨거운 날씨.

××34년—회오리바람.

××35년—습한 기후.

××36년—해저지진.

××37년—지각변동.

××38년—폭풍과 폭양.

××39년—많은 이슬(높은 습도).

××40년—엘리뇨와 라니냐.

××41년—큰 우박과 광풍과 해일, 추위와 폭설.

××42년—뇌성벽력과 지진과 큰 소리와 회오리바람과 폭풍과 맹렬한 불꽃.

다시 개구리 재앙

모세야 너는 세상 왕들에게 가서 이르기를 내가 개구리로 너의 온 지경을 칠지라. 개구리가 하수에서 무수히 생기고 올라와서 땅에 덮이리라 하라.

모세와 아론이 그대로 행하매 술객들도 자기 술법대로 이와 같이 행하여 개구리로 땅에 올라오게 하였더라. 왕들이 말하기를 우리가 죽을 만하니 여호와께 구하여 이 개구리들을 이 땅에서 떠나게 하라. 어느 때에 구하여 이 개구리 떼를 끊어서 하수에 만 있게 하오리까. 내일이니라. 모세와 아론이 개구리에 대하여 간구하매. 개구리가 집에서 마당에서 밭에서 나와서 죽은지라. 사람들이 모아 무더기로 쌓으니 땅에서 악취가 나더라.

—세상 끝날에는 점술과 마법이 성행한다. 초능력자들은 텔레파시능력도 있어서 대물을 마음대로 조종할 수도 있다. 그러나 거짓에 속은 것을 안 왕들이 점쟁이들을 다 잡아 죽일 것이요, 또 땅위로 올라온 개구리 떼도 뜨거운 기후에 적응하지 못하고 전멸할 것을 나타낸 것이다.

개구리인간

지구의 인구수가 회소해지면 과학자들은 개구리의 성장호르몬을 인간 DNA에 처리하여 유아단계 없이 고속성장 할 수 있게 한 유전자를 대량 복제해낸다.

그런 다음 대리모가 아닌 인공자궁에 넣어서 개구리인간을 양산해낼 것이다.

점쟁이들에 관한 경고

“지절거리며 속살거리는 귀신 접한 자와 자기 마음에서 나는 대로 예언하는 모든 자들에게. 본 것이 없이 자기 심령을 따라 예언하는 우매한 자들에게 화가 있을진저.

너희들은 황무지에 있는 여우니라. 너희들은 성 무너진 곳에 올라가지도 아니하였으며 심판의 날에 전쟁을 방비하려고 방어벽을 다시 쌓게 하지도 않았도다. 도리어 허탄한 것과 거짓된 점괘를 보며 사람으로 그 말이 굳게 이루기를 바라게 하였느니라. 그러므로 너희가 허탄한 것을 말하며 거짓된 것을 보았으니 내가 너희를 치리라. 그들이 허탄한 묵시를 보며 거짓 것을 점쳤으니 내 손이 그들을 쳐서 호적에도 기록되지 못하게 하리라.

이렇게 칠 것은 그들이 세상을 유혹하여 평강이 없으나 평강이 있다 함이라. 혹이 전쟁을 예언할 때에 그들이 사람들의 비위를 맞추려 비방을 하는도다. 그러므로 너는 위선자들에게 이르기를 그것이 무너지리라 폭우가 내리며 큰 우박덩이가 떨어지며 폭풍이 열파하리니. 그 담이 무너진즉 혹이 너희에게 말하기를 그것에 칠한 회가 어디 있느뇨 하지 아니하겠느냐. 그러므로 내가 분노하여 폭풍으로 불게하여 깨어지거나 갈라져 터지게 하고, 내가 진노하여 폭우를 내리고 분노하여 큰 우박덩이로 헐고 깨뜨려 없애 버리리라.

내가 이렇게 훼파하여 땅에 넘어뜨리고 그 기초를 드러낼 것이라 담이 무너진즉 너희가 그 가운데서 망하리니, 이와 같이 내가 내 노를 담과 회칠한자에게 다 이루고 또 너희에게 말하기를 담 즉 막는 자와 회칠한자 곧 훼방꾼에게 모두 내려서 담도 없어지고 칠한 자들도 없어지게 할 것이니. 이들은 세상에 대하여 예언하기를 평강이 없으나 평강의 묵시를 본다 하는 거짓 예언자들이니라."

부녀 점쟁이들에 관한 경고

"자기 마음에서 나는 대로 예언하는 부녀들아. 사람의 영혼을 사냥하고자 하여 방석을 모든 팔뚝에 꿰어 매고 수건을 키가 큰 자나 작은 자의 머리를 위하여 만드니 너희에게 화가 있을진저. 너희가 어찌하여 사람의 영혼을 사냥하면서 자기를 위하여 영혼을 살리려하느냐. 너희가 두어 움큼 보리와 두어 조각 떡을 위하여 점도 치고 몸도 팔면서 나를 내 백성 가운데서 욕되게 하여 거짓말을 곧이듣는 내 백성에게 너희가 거짓말을 지어서 죽지 아니할 영혼을 죽이고 살지 못할 영혼을 살리는도다. 그러므로 너희가 새를 사냥하듯 영혼들을 사냥하는 그 방석을 내가 너희 팔에서 떼어버리고 너희가 새처럼 사냥한 그 영혼들을 놓으며. 또 행음을 위해 바닥에 깔던 너희 수건을 찢고 내 백성을 너희 손에서 건지고 다시는 너희 손에 사냥물이 되지 않게 할 것이다.

내가 슬프게 하지 아니한 의인의 마음을 너희가 거짓말로 근심하게 하며 너희가 또 악인의 손을 굳게 하여 그 악한 길에서 돌이켜 떠나 삶을 얻지 못하게 하였으니. 너희가 다시는 허탄한 묵시를 보지 못하고 점을 쳐서 길흉화복을 미리 알아보지 못할지라 내가 내 백성을 너희 손에서 건져내리니 너희가 나를 여호와인 줄 알리라."

→2243년~2244년→ 다시 자연재난발생

"혁혁한 진노로 그 팔의 치심을 보이시되 맹렬한 화염과 폭풍과 폭우와 우박으로 하시리니. 거기 불과 많은 나무가 있은 즉 여호와의 호흡이 유황개천 같아서 이를 사르시리라. 또 그 사람은 광풍을 피하는 곳, 폭우를 가리우는 곳 같을 것이며. 먼저 삼림은 우박에 상하고 그 도시는 파괴되리라. 보라 여호와의 노가 발하여 폭풍과 회리바람처럼 악인의 머리를 칠 것이라. 그러므로 폭풍으로 열파하고 폭우를 내리고 큰 우박덩이로 훼멸하리라. 나 여호와는 해를 낮의 빛으로 주었고 달과 별들을 밤의 빛으로 규정하였고 바다를 격동시켜 그 파도로 소리치게 하나니 그 이름이 만군의 여호와니라."

재앙 및 천재지변

●가뭄, 흉년, 기근:

물이 없으므로, 목이 말라, 바닷물이 마르고, 가뭄과 기근, 더위와 가뭄, 비가오지 않으므로, 흉년이드니라, 극심한 흉년, 기근, 대 기근, 3년 기근, 7년 흉년……

●굶주림, 영양실조:

나는 햇볕에 쬐지 않고 검어진 살을 가지고 걸으며, 내 가죽은 검어져서 떨어졌고 내 뼈는 열기로 하여 탔구나, 이제는 그 얼굴이 숯보다 검고 그 가죽이 뼈에 붙어 막대기 같이 말랐으니 거리에서 알 사람이 없도다, 주림의 열기로 인하여 우리의 피부가 아궁이처럼 검으니이다, 몸이 붓고……

●더위, 폭염, 폭양:

불같은 더위와 태우는 바람에 삼키울 것이라, 불이 내려서 흙을 태우고 또 도랑의 물을 핥은지라, 가뭄과 더위가 눈 녹은 물을 곧 말리나니, 불의 뜨거움……

●녹아 내리는 빙하:

눈이 어찌 들의 반석을 떠나겠으며 원방에서 흘러내리는 찬물이 어찌 마르겠느냐……

●강한 광선:

비 후의 광선으로 땅에서, 그 광명이 햇빛 같고 광선이 그 손에서 나오니……

●삼림화재:

불로 그들 중에 불어서 타게 하시니, 불이 나와서 소멸하고, 큰불을 내게 보이시고 너로 불 가운데서, 산에 불이 붙어 화염이 충천하고 유암과 구름과 흑암이 덮였는데, 산이 불에 타며……

●바람, 폭풍:

급하고 강한 바람, 크고 강한 바람, 더 강한 바람, 회리바람, 뜨거운 바람, 남방 회리바람, 광풍과 폭풍, 파괴하는 광풍, 유라굴로광풍(북풍+동풍), 대풍, 큰 폭풍, 열파하는 폭풍, 충돌하는 폭풍, 뜨거운 동풍, 강렬한 서풍, 남풍, 북풍, 크고 강한 바람이 산을 가르고 바위를 부수나, 내가 폭풍과 광풍을 피하리라……

●풍랑:

폭포소리에 깊은 바다가 서로 부르며 파도와 물결이나를 엄몰하도소이다, 바닷물이 흉용하고 뛰놀든지 그것이 넘침으로 산이 요동할지라도, 큰물이 소리를 높였고 큰물이 그 소리를 높였고 큰물이 그 물결을 높이나이다, 바다를 저어서 그 물결로 흉용케 하는 자니……

●해일:

파도가 언덕같이 일어서고 큰물이 바다 가운데 엉기나이다, 바람을 일으키시매 바다가 그들을 덮으니 그들이 흉용한 물에 납같이 잠겼나이다……

●비, 폭우:

적은 비, 큰비, 폭우, 쏟아지는 폭우, 홍수, 멸망의 비, 조금 후에 구름과 바람이 일어나서 하늘이 캄캄하여지며 큰비가 내리는지라, 무리가 큰비를 인하여 떨더니, 구름이 물을 쏟고 궁창이 소리를 발하며 주의 살도 날아갔나이다. 우레와 비를 보내사……

●홍수:

큰물의 밀려옴, 많은 물에서, 물이 넘쳐흘러, 땅에 홍수가 있었는지라……

●지진:

진동, 또 지진, 큰 지진, 기근과 지진, 밑의 땅이 갈라지니라, 땅이 그 입을 열어 그들과 모든 사람과 그 물건을 삼키매, 땅을 진동시키사 갈라지게 하셨사오니, 그 틈을 기우소서, 땅이 요동함이니이다……

●소행성 충돌:

떨림이 일어났고 땅도 떨었으니 이는 큰 떨림이었더라, 땅이 진동하고 떨며 하늘 기초가 요동하고 흔들렸으니, 그가 서신 즉 땅이 진동하며 그가 보신 즉 열국이 전율하며 영원한 산이 무너지며 무궁한 작은 산이 엎드러지나니……

●화산폭발, 연기, 재, 화산탄:

산도 크게 떨었으니, 산이 진동하며, 온 산이 크게 진동하며, 연기가 옹기점 연기같이 치밀음을 보았더라, 그 연기가 옹기점 연기같이 떠오르고, 재, 풀무의 재, 불꽃, 숯불, 뜨거운 숯불, 뜨거운 숯불이 저희에게 떨어지게 하시며, 연기가 오르고 입에서 불이 나와 사름이여 그 불에 숯이 피었도다……

●추위, 서리, 이슬:

북방에서는 찬 기운이 이르며, 부시는 기운에 얼음이 얼고, 날이 몹시 추운 고로, 서리, 공중의 서리, 찬 기운, 공중의 서리는 누가 낳았느냐 물이 돌같이 굳어지고 해면이 어느니라, 비가 아비가 있느냐 이슬방울은 누가 낳았느냐 얼음은 누구의 태에서 났느냐……

●습한 기후:

그가 빽빽한 구름 위에 실으시고……

●우박, 폭설:

우박을 떡 부스러기같이 뿌리시나니 누가 능히 그 추위를 감당하리요, 뇌성과 우박, 우박과 숯불, 큰 덩이우박, 불덩이우박, 불덩이우박과 폭풍과 곰팡이, 30kg 되는 우박, 피 섞인 우박과 불, 눈을 양털같이 내리시며 서리를 재같이 흩으시고, 우박과 폭설……

●천둥, 번개, 뇌성, 우레, 낙뢰:

벽력소리, 큰 소리, 뇌성, 큰 뇌성, 비와 우박과 뇌성, 번개와 음성과 뇌성, 우레와 번개, 큰 우레, 하늘우레, 우레와 비, 뇌성과 우박과 번개와 지진, 우레와 번개와 나팔소리와 연기, 뇌성과 우박을 보내시고, 불을 내려 땅에 달리게, 회리바람 중에 우레의 소리가 있으며 번개가 세계를 비춰며 땅이 흔들리고, 번개가 세계를 비추니 땅이 보고 떨었구나, 불과 우박과 눈과 안개와 그 말씀을 좇는 광풍이여, 주의 날으는 살의 빛과 주의 번쩍이는 창의 광채로 인하여……

●전염병:

내가 전염병으로 그들을 쳐서 멸하고, 그 땅의 재앙과 그 땅에 유행시키시는 질병을 보며……

→2245년~2247년→ 다시 3년 대 기근

"너희 세상 사람들아 일년 남짓이 지나면 너희가 당황하여 하리니 포도

수확이 없으며 열매 거두는 기한이 이르지 않을 것임이니라. 너희 안일한 여자들아 떨지어다 너희 염려 없는 자들아 당황하여 할지어다 옷을 벗어 몸을 드러내고 베로 허리를 동일지어다. 좋은 밭을 위하며 열매 많은 포도나무를 위하여 가슴을 치게 될 것이니라. 훼멸하는 자들이 땅 이 끝에서 저 끝까지 삼키니 무릇 혈육 있는 자가 평안치 못하며. 그들이 황무케 하였으므로 그 황무지가 나를 향하여 슬퍼하는도다 온 땅이 황무함은 이를 개의하는 자가 없음이로다. 무리가 밀을 심어도 가시를 거두며 수고하여도 소득이 없으니 그 소산으로 인하여 스스로 수치를 당하리니 이는 여호와의 분노를 인함이니라. 내가 들에 나간즉 칼에 죽은 자요 내가 성에 들어간즉 기근으로 병든 자며 거리를 방황하는 사람들이 땅에 두루 다니며 어찌할 바를 알지 못하는도다.

인자야 가령 어느 나라가 불법하여 내게 범죄하므로 내가 손을 그 위에 펴서 그 의뢰하는 양식을 끊어 기근을 내려서 사람과 짐승을 그 나라에서 끊는다 하자. 비록 홍수를 상징하는 노아, 큰 전쟁을 상징하는 다니엘, 전염병을 상징하는 욥, 이 세 사람이 거기 있을지라도 그들은 자기의 의로 자기의 생명만 건지리라.

가령 내가 굶주려 사나운 짐승으로 그 땅에 통행하여 적막케 하여 황무케 하여 사람으로 그 짐승으로 인하여 능히 통행하지 못하게 한다하자. 비록 이 세 사람이 거기 있을지라도 나의 삶을 두고 맹세하나니 그들은 자녀도 건지지 못하고 자기만 건지겠고 그 땅은 황무하리라. 가령 내가 칼로 그 땅에 임하게 하고 명하기를 칼아 이 땅에 통행하라 하여 사람과 짐승을 거기서 끊는다 하자. 비록 이 세 사람이 거기 있을지라도 나의 삶을 두고 맹세하나니 그들은 자녀도 건지지 못하고 자기만 건지리라. 가령 내가 그 땅에 온역을 내려 죽임으로 내 분을 그 위에 쏟아 사람과 짐승을 거기서 끊는다 하자. 비록 노아, 다니엘, 욥이 거기 있을지라도 나의 삶을 두고 맹세하나니 그들은 자녀도 건지지 못하고 자기의 의로 자기의 생명만 건지리라."

세상사람들: 그렇다면 우리가 어디로 나아가리요?

하거든 너는 그들에게 이르기를 여호와의 말씀에 사망할 자는 사망으로 나아가고, 칼을 받을 자는 칼로 나아가고, 기근을 당할 자는 기근으로 나아가고, 포로 될 자는 포로 됨으로 나아갈지니라 하셨다 하라.

나 여호와가 말하노라 내가 그들을 네 가지로 벌하리니 곧 죽이는 칼인 전쟁과 찢는 개들과 삼켜 멸하는 공중의 새들과 번개같은 창들과 굉굉 거리는 땅의 짐승들로 하리니 그것들 중에는 짐승로봇들도 있어서 어떤 것은 사자처럼 생겼고, 어떤 것은 곰처럼 생겼으며, 어떤 것은 표범을 닮았느니라.

→2246년~2249년→ 독일연합군 시베리아침공(※혹은 동맹체결)

"너희의 말하는 바 칼과 기근과 염병으로 인하여 독일군의 손에 붙인 바 되었다 하는 그 나라에 대하여 내가 이같이 말하노라. 보라 무리들이 건물들을 헐어서 독일군을 막아 싸우려 하였으나 내가 나의 노와 분함으로 그들을 죽이고 그 시체로 그 도시들에 채우게 하였으니 이는 그들의 모든 악을 인하여 나의 얼굴을 가리워 이 성을 돌아보지 아니하였음과 같으니라. 내가 그 나라 국민들을 칼과 독한 질병과 전염병과 기근에 붙이리라. 그런즉 황충과 메뚜기들이 모여와서 너희 노략물을 모을 것이며 메뚜기의 뛰어오름같이 그들이 그 위로 뛰어 오르리라. 그때에 남아 있는 식량을 약탈하고자 서로 충돌하는 민족들은 불에 굽는 횟돌 같겠고 베어서 불에 사르는 가시나무 같으리로다."

→2247년→ 독일공군 무인전폭기들 요르단 남부 '엘-부세이라' 대폭격

그해 ★독수리 113마리, 솔개 3백4마리, 새 6백마리★ 이상이 독일로부터 날아와서 아시아와 아프리카 전역에 그 날개를 편다.

●세계최대의 유전지대

요르단은 기름 한 방울 나지 않는 비산유국이지만, 요르단 남부 사해 남남서쪽 48km 지점 '보츠라'지역 밑에는 세계 최대의 유전지대가 있다. 하지만 아주 깊은 곳에 있고 또 두꺼운 암석층이 겹겹이 막고 있어서 설혹 발견한다 해도 시추가 거의 불가능하다. 그러나 종말에 발생한 큰 지진들과 여러 차례 집중된 폭격으로 암반에 균열이 생기면서 기름이 지상으로 스며 나온다. 그 시대에 오존층이 사라지고 하늘은 불타서 천막 구실을 못하는데, 이 유전에 불이 붙어 타면서 발생한 검은 연기들이 지구상공을 가려 보호막을 형성한다.

• 증서 "여호와의 칼이 하늘에서 족하게 마셨으니 보라 이것이 요르단 위에 내리며 멸망으로 정한 백성 위에 내려서 그를 심판할 것이라. 여호와의 칼이 피 곧 어린양과 염소의 피에 만족하고 기름에 윤택하니, 이는 여호와께서 보츠라에서 희생을 내시며 에돔(요르단남부)땅에서 큰 살육을 행하심이라. 들소와 송아지와 수소가 한 가지로 도살장에 내려가니 그들의 땅이 피에 취하며 흙이 지하에서 터져 나오는 기름으로 윤택하리라. 이것은 여호와의 보수할 날이요 시온의 송사를 위하여 신원 하실 해라. 남 요르단의 시내들은 역청이 되고 그 티끌은 유황이 되고 그 땅은 불붙는 역청이 되며. 유전에 붙은 불은 낮에나 밤에나 꺼지지 않고 그 연기가 끊임없이 떠오를 것이며 세세에 황무하여 그리로 지날 자가 영영히 없겠고. 당아와 고슴도치가 그 땅을 차지하며 부엉이와 까마귀가 거기 거할 것이라. 여호와께서 혼란의 줄과 공허의 추를 요르단에 베푸실 것인즉, 그들이 국가를 이으려 하여 귀인들을 부르되 아무도 없겠고 그 모든 방백도 없게 될 것이요. 그 궁궐에는 가시나무가 나며 그 견고한 성에는 엉겅퀴와 새품이 자라서 시랑의 굴과 타조의 처소가 될 것이며. 들짐승이 이리와 만나며 숫염소가 그 동류를 부르며 올빼미가 거기 거하여 쉬는 처소

를 삼으며. 부엉이가 거기 깃들이고 알을 낳아 까서 그 그늘에 모으며 솔개들도 그 짝과 함께 거기 모이리라. 너희는 여호와의 책을 자세히 읽어봐라. 이것들이 하나도 빠진 것이 없고 하나도 그 짝이 없는 것이 없으리니 이는 여호와의 입이 이를 명하셨고 그의 신이 이것들을 모으셨음이니라."

→2249년→ 쿠르디스탄군 예루살렘에서 철수

그때에 예루살렘을 포위하고 있던 쿠르디스탄군이 남방에서 아프리카군대가 올라오는 것을 보고 포위망을 풀고 본토로 철수한다. "너희를 도우려고 나왔던 이집트군은 자기 땅으로 돌아가겠고. 쿠르디스탄인들이 다시 와서 이 성을 쳐서 취하여 불사르리라. 인자야 너는 이스라엘 장로들에게 이렇게 고하여 일러라. 너희가 내게 물으려고 왔느냐 내가 나의 삶을 두고 맹세하나니 너희가 내게 묻기를 내가 용납하지 아니하리라. 너희는 눈을 드는 바 가증한 것을 각기 버리고 우상들로 스스로 더럽히지 말라 하였으나 그들이 내게 패역하여 내 말을 즐겨 듣지 아니하고 사신(死神)들에게 전쟁의 어려움에서 우리를 구원하소서 하며. 너희 아들로 화제를 삼아 이방 신에게 불태워 예물로 드렸느니라. 나 여호와가 말하노라 이스라엘 족속아 너희가 내 말을 듣지 아니하려거든 가서 각각 그 우상을 섬기고 이후에도 그리하려무나마는 다시는 너희 예물과 너희 우상들로 내 거룩한 이름을 더럽히지는 말아다오."

수수께끼와 비유

"인자야 너는 또 수수께끼와 비유를 사람들에게 베풀어 이르기를 이는 독수리의 비유니라 하라.

여호와의 말씀에 채색이 구비하고 날개가 크고 깃이 길고 털이 숱한 큰 독수리 미국이 레바논에 이르러 상징인 백향목 높은 가지를 취하되, 그 연한 가지 끝을 꺾어 가지고 장사하는 땅 쿠웨이트에 이르러 상고의 성읍에 두고 재배하다가, 또 그 땅의 종자를 취하여 옥토에 심되 수양버들가지처럼 확장된 큰 강가에 심더니. 그것이 자라며 퍼져서 높지 아니한 포도나무 곧 굵은 가지와 가는 가지가 난 포도나무가 되어 그 가지는 독수리 이집트를 향하였고 그 뿌리는 독수리의 아래에 있었더라. 또 날개가 크고 털이 많은 큰 독수리 독일이 있었는데 그 포도나무가 이 독수리 이집트에게 물을 받으려고 그 심긴 두둑에서 그를 향하여 뿌리가 발하고 가지가 퍼졌도다. 그 포도나무를 큰 물가 옥토에 심은 것은 가지를 내고 열매를 맺어서 아름다운 포도나무를 이루게 하려 하였음이니라. 너는 이르기를 여호와의 말씀에 그 나무가 능히 번성하겠느냐. 이 독수리가 어찌 그 뿌리를 빼고 실과를 따며 그 나무로 시들게 하지 아니하겠으며 그 연한 잎사귀로 마르게 하지 아니하겠느냐. 많은 백성이나 강한 팔이 아니라도 그 뿌리를 뽑으리라.

세상사람들: 이 수수께끼의 뜻이 무엇이냐?

하거든 큰 독수리는 막강한 공군력을 가진 미국·영국·독일을 상징한다. 하지만 영국은 사자의 상징에 가까우니 빼고 독수리의 상징을 쓰는 미국과 독일을 빗댄 것이다. 경제정책의 성공으로 부함과 영광이 극한 미국이 중동을 대리통치할 때에, 레바논과 쿠웨이트를 국제무역항으로 삼아 중동을 잘 살게 하였다.

하지만 아랍인의 근본이 이집트에 있는지라 미국은 이집트의 위임통치를 허용한 것이다.

그러자 독일이 친 애굽정책을 펴서 이집트를 끌어들였고 결국 이집트는 미국을 배신하고 말았다.

이집트가 중동을 장악하였을 때 큰 독수리 독일이 날아와서 그 포도나무 이집트의 뿌리를 빼고 실과를 따며 그 실과를 시들게 할 것인데, 미국이 도와주겠느냐 동풍이 부딪힐 때에 아주 마르지 아니하겠느냐 하여라."

세상에 유행하는 속담에 대하여

"너희 속담에 이르기를 아비가 신 포도를 먹었으므로 아들의 이가 시다고 함은 어찌된 까닭이냐.

내가 나의 삶을 두고 맹세하나니 너희가 다시는 이 속담을 쓰지 못하게 되리라. 모든 영혼이 다 내게 속한지라 아비의 영혼이 내게 속함같이 아들의 영혼도 내게 속하였으니 범죄 하는 그 영혼이 죽으리라. 사람이 만일 의로워서 법과 의를 따라 행하며. 산 위에서 제물을 먹지 아니하며 우상에게 눈을 들지 아니하며 이웃의 아내를 더럽히지 아니하며 월경 중에 있는 여인을 가까이 하지 아니하며. 사람을 학대하지 아니하며 빚진 자의 전당물을 도로 주며 억지로 빼앗지 아니하며 주린 자에게 식물을 주며 벗은 자에게 옷을 입히며. 고리대금을 하지 아니하며 높은 이자를 받지 아니하며 스스로 손을 금하여 죄악을 짓지 아니하며 사람 사람 사이에 진실히 판단하며. 내 율례를 좇으며 내 규례를 지켜 진실히 행할진대 그는 의인이니 정녕 살리라.

가령 그가 아들을 낳았다 하자 그 아들이 이 모든 선은 하나도 행치 아니하고 이 악 중 하나를 범하여 완강하고 포악하거나 살인하거나. 산 위에서 제물을 먹거나 이웃의 아내를 더럽히거나. 가난하고 궁핍한 자를 학대하거나 억탈하거나 빚진 자의 전당물을 도로 주지 아니하거나 우상에게 눈을 들거나 가증한 일을 행하거나. 변을 위하여 꾸이거나 이식을 받거나할진대 그가 살겠느냐 살지 못하리니 이 모든 가증한 일을 행하였으니 정녕 죽을지라 자기의 피가 자기에게로 돌아가리라.

또 가령 그가 아들을 낳았다 하자 그 아들이 그 아비의 행한 모든 죄를 보고 두려워하여 그대로 행하지 아니하고. 산 위에서 제물을 먹지도 아니하며 우상에게 눈을 들지도 아니하며 이웃의 아내를 더럽히지도 아니하며 사람을 학대하지도 아니하며 전당을 잡지도 아니하며 억탈하지도 아니하고 주린 자에게 식물을 주며 벗은 자에게 옷을 입히며. 손을 금하여 가난한 자를 압제하지 아니하며 변이나 이식을 취하지 아니할진대 이 사람은 그 아비의 죄악으로 인하여 죽지 아니하고 정녕 살겠고. 그 아비는 심히 포학하여 그 동족을 억탈하고 민간에 불선을 행하였으므로 그는 그 죄악으로 인하여 죽으리라.

그런데 너희는 이르기를 아들이 어찌 아비의 죄를 담당치 않겠느냐 선하게 살아본들 아무 소용없다 하는도다. 아들이 법과 의를 행하며 선을 행하였으면 그는 정녕 살려니와. 범죄 하는 그 영혼은 죽을지라 아들은 아비의 죄악을 담당치 아니할 것이요 아비는 아들의 죄악을 담당치 아니하리니 의인의 의도 자기에게로 돌아가고 악인의 악도 자기에게로 돌아가리라. 그러나 악인이 만일 그 행한 모든 죄에서 돌이켜 떠나 내 모든 율례를 지키고 법과 의를 행하면 정녕 살고 죽지 아니할 것이라. 그 범죄한 것이 하나도 기억함이 되지 아니하리니 그 행한 의로 인하여 살리라. 나 여호와가 말하노라 내가 어찌 악인의 죽는 것을 조금인들 기뻐하랴 그가 돌이켜 그 길에서 떠나서 사는 것을 어찌 기뻐하지 아니하겠느냐."

에스겔: 여호와여 점쟁이들이 비웃고 조롱하여 이르기를 그는 비유로 말하는 자가 아니냐 하나이다.

여호와: 인자야 너는 또 얼굴을 예루살렘으로 향하며 성소를 향하여 소리내어 이스라엘 땅을 쳐서 예언하라.

이스라엘 땅에게 이르기를 여호와의 말씀에 내가 너를 대적하여 내 칼을 집에서 빼어 의인과 악인을 네게 서 끊을지라. 내가 의인과 악인을 네게서 끊을 터이므로 내 칼을 집에서 빼어 무릇 혈기 있는 자를 남에서 북까지 치리니. 너는 탄식하되 허리가 끊어지는 듯이 그들의 목전에서 슬피 탄식하라.

세상사람들: 네가 어찌하여 탄식하느냐?

하거든 대답하기를 소문을 인함이라 재앙이 오나니 각 마음이 녹으며 모든 손이 약하여지며 각 영이 쇠하며 모든 무릎이 물과 같이 약하리라 하라."

다시 이 재앙

모세와 아론아 너희들의 지팡이를 들어 땅의 티끌을 치라 그것이 온 땅에서 이가 되리라.

그들이 그대로 행할 새 온 땅의 티끌이 다 이가 되어 사람과 생축에게 오르니. 술객들이 자기 술법으로 이같이 행하여 이를 내려하였으나 못하였고 이는 사람과 생축에게 있은지라. 마법사들이 왕들에게 고하되 이는 신들의 권능이나이다 하더라.

—초능력으로는 사물을 생체로 변화시킬 수 없음을 나타낸 것이다.

먼지가 이로

먼 미래에 분자 하나 하나를 제어하여 물체의 구조를 완벽하게 제어하는 분자나노기술이 발달하게 되면, 생체분자를 모방하여 만든 나노컴퓨터가 분자기술과 유전자재조합기술을 연계시켜 전혀 새로운 유형의 생물체를 만들어 낼 수 있다. 생체분자를 응용하여 만든 바이러스 크기의 분자로봇은, 생체분자의 인식능력을 갖고 있어서 분자전환기 또는 분자변환기를 이용하여 분자를 원하는 대로 배열하고, 이미 존재하는 물질을 새로운 방법으로 다시 만들고 전혀 다른 것으로 만들 수도 있으며, 완전한 생체물질의 보존과 합성까지 가능하다. 이 로봇을 이용하면 먼지를 이로 만드는 것도 가능하다.

→2251년→ 독일공군 전폭기들 아프리카 대폭격(생화학폭탄 투하)

"인자야 너는 얼굴을 아프리카로 향하라 남으로 향하여 소리내어 남방들의 삼림을 쳐서 예언하라.

아프리카 삼림에게 이르기를 여호와의 말씀을 들을지어다 주께서 말씀하시기를 내가 너의 가운데 불을 일으켜 모든 푸른 나무와 모든 마른나무를 멸하리니 맹렬한 불꽃이 꺼지지 아니하고 남에서 북까지 모든 얼굴이 그슬릴지라. 무릇 혈기 있는 자는 내가 그 불을 일으킨 줄을 알리니 그것이 꺼지지 아니하리라 하셨다 하라."

너희는 남하하는 북방군대를 막기 위해 전투태세를 갖추고 나가서 싸워라. 너희 전차부대여 올라가라.

내가 본즉 그들이 놀라 물러가며 그들의 군사는 패하여 급히 도망하며 뒤를 돌아보지 아니함은 어찌된 영문이냐 두려움이 그들의 사방에 있음이로다. 발이 빠른 자도 도망하지 못하며 용맹이 있는 자도 피하지 못하고 그들이 다 북방에서 유브라데 하숫가에 넘어지며 엎드러지는도다. 저 나일의 창일함과 강물의 흉용함 같은 자 누구냐. 이집트군이 나일의 창일함과 강물의 흉용함 같도다. 그가 가로되 내가 일어나 땅을 덮어 도시들과 그 거민을 멸할 것이다. 차량들아 달리라 병거들아 빨리 이동하라 용사여 나와라 선봉에선 에티오피아군과 리비아군과 미사일을 가진 알제리군사여 나올지니라 하거니와. 그날은 여호와께서 그 대적에게 원수 갚는 보수일이라 칼이 배부르게 삼키며 그들의 피를 가득히 마시리니 여호와께서 북편 유브라데 하숫가에서 희생을 내실 것임이로다."

다시 파리 떼 재앙

모세야 너는 아침에 일찍이 일어나 세상 왕들 앞에 서라 그들이 물을 구하려고 강가로 나오거든. 내가 너와 네 신하와 네 백성과 네 집들에 파리 떼를 보내리니 땅에 있는 사람의 집집에 파리 떼가 가득할 것이며 그들의 거하는 땅에도 그러하리라 하라.
—독일군의 침공으로 남방에서 아프리카통합군이 올라온다.

파리인간

파리+인간의 유전자를 개조하거나 합성시켜 만든 파리 또는 파리인간, 살인파리는 인간수준의 두뇌를 가졌고 무자비한 공격성을 띤다. 파리인간은 특정 질병에 저항성을 가져서 생화학 전투에 투입된다.

→2251년→ 몽골연합군 독일군 공격

그해 ★전마 300만 마리, 전투사단 21개, 병거 2천1백대★를 동원한 몽골연합군이 시베리아를 침공하면서 기마전투군단들로 중동을 치게 한다.

"칼이여 칼이여 날카롭고도 마광되었도다. 그 칼이 날카로움은 살육을 위함이요 마광됨은 번개같이 되기 위함이니 우리가 즐거워하겠느냐 내 아들의 홀이 모든 나무를 업신여기는도다. 그 칼이 손에 잡아 쓸만하도록 마광(磨光)되되 살육하는 자의 손에 붙이기 위하여 날카롭고도 마광되었도다 하셨다 하라.

인자야 너는 부르짖어 슬피 울지어다 이것이 내 백성에게 임하며 이스라엘을 도와주는 모든 나라에게 임함이로다 그들과 네 백성이 함께 칼에 붙인 바 되었으니 너는 네 넓적다리를 칠지어다. 이것이 시험이라 만일 업신여기는 홀이 없어지면 어찌할꼬. 그러므로 인자야 너는 예언하며 손뼉을 쳐서 칼로 세 번 거듭 씌우게 하라 이 칼은 중상케 하는 칼이라 밀실에 들어가서 대인을 중상케 하는 칼이로다. 내가 그들로 낙담하여 많이 엎드러지게 하려고 모든 도시를 향하여 번쩍번쩍하는 칼을 베풀었도다 오호라 그 칼이 번개같고 살육을 위하여 날카롭도다. 칼아 모이라 우향하라 향오를 차리라 좌향하라 향한 대로 가라. 나도 내 손뼉을 치며 내 분을 다 하리로다. 인자야 너는 몽골군대가 올 두 길을 한 땅에서 나오도록 그리되 곧 성으로 들어가는 길 머리에다가 길이 나뉘는 지시표를 하여, 칼이 요르단의 암만에 이르는 길과 유다 견고한 성 예루살렘에 이르는 길을 그려라. 몽골군이 갈림길 곧 두 길 머리에 서서 점을 치되 살들을 흔들어 우상에게 묻고 희생의 간을 살펴서. 오른손에 들린 내장의 간에서 점괘를 얻었으므로 입을 벌리고 살육하며 소리를 높여 외치며 성문을 향하여 대포를 배치하고 토둔을 쌓고 기어오르는 사닥다리를 세우게 되었으니. 전에 몽골군에게 맹약한 자들은 그것을 허점으로 여길 것이나 몽골의 대왕은 그 죄악을 기억하고 그 무리를 잡을 것이다."

→2256년→ 4월9일 예루살렘 함락

→2256년→ 10월5일 사마리아 함락

유다 왕 '시드기야' 9년 10월에 시위군 쿠르디스탄군이 다시 와서 예루살렘을 에워싸고 치더니. 3년 후인 4월9일 성이 몽골군에 함락되니라. 예루살렘이 함락되매 몽골연합군의 '네르글리사르', '심마가르', '느부사스반' 장군이 지휘하는 기갑부대들이 성내로 진입하고. 유다 왕 시드기야와 모든 군사가 그들을 보고 도망하되 밤에 왕의 동산 길로 좇아 두 담 샛문을 통하여 성읍을 벗어나서 남방 아라바로 갔더니. 시위국 중 하나인 바벨론 군대가 그들을 따라 예리고 평원에서 시드기야에 미쳐 그를 잡아서 데리고 시리아의 안디옥에 있는 몽골군 사령부로 올라가매 그들이 그를 심문하였더라.

아닥사스다 왕 제 이십 년 구 월에 하가랴의 아들 느헤미야가 수산궁에 있더니. 나의 한 형제 중 '하나니'가 두어 사람과 함께 유다에서 도망쳐 왔기로 내가 그 사로잡힘을 면하고 남아 있는 유다 사람과 예루살렘 형편을 물은즉. 저희가 내게 이르되 사로잡힘을 면하고 남은 자가 그 도에서 큰 환난을 만나고 능욕을 받으며 예루살렘 성은 훼파되고 성문들은 소화되었다 하는지라. 내가 이 말을 듣고 앉아서 울고 수일 동안 슬퍼하며 금식하였노라.

→2256년→ 어느 달 1일, 몽골연합군 바레인 침공, 해일 강타

"해상무역도시 바레인아 내가 열왕의 왕 곧 몽골의 왕으로 북방에서 말과 병거와 기병과 군대와 백성의 큰 무리를 거느리고 와서 인도를 치게 할 때에, 그가 내륙에 있는 너의 동맹군들을 칼로 죽이고 너를 치려고 공병들을 부를 것이며 도끼로 망대를 찍을 것이며. 말이 많으므로 그 티끌이 너를 가리울 것이며 사람이 훼파된 성 구멍으로 들어가는 것같이 그가 네 성문으로 들어갈 때에, 그 기병과 수레와 병거의 소리로 인하여 네 성곽이 진동할 것이며 그가 그 말굽으로 네 모든 거리를 밟을 것이며 칼로 네 백성을 죽일 것이며 네 견고한 석상을 땅에 엎어뜨릴 것이며. 네 재물을 빼앗을 것이며 네 무역한 것을 노략할 것이며 네 성을 헐 것이며 네 기뻐하는 집을 무너뜨릴 것이며 또 네 돌들과 네 재목과 네 흙을 다 물 가운데 던질 것이라.

너의 엎드러지는 소리에 모든 나라가 진동하지 아니하겠느냐 곧 너희 중에 상한 자가 부르짖으며 살육을 당할 때 에라. 그때에 바다의 모든 왕이 그 보좌에서 내려 조복을 벗으며 수놓은 옷을 버리고 떨림을 입는 듯하고 땅에 앉아서 너로 인하여 무시로 떨며 놀랄 것이며 그들이 너를 위하여 애가를 불러 이르기를 항해자의 거한 유명한 성이여 너와 너의 거민이 바다 가운데 있어 견고하였었다 해변의 모든 거민을 두렵게 하였더니 어찌 그리 멸망하였는고. 너의 무너지는 그 날에 섬들이 진동할 것임이여 바다 가운데 섬들이 네 결국을 보고 놀라리로다 하리라."

다시 심한 악질 재앙

아프리카군이 몽골군을 상대로 세균, 생물무기들을 사용하면서 부스럼과 종기들이 사람과 가축에까지 발병한다. 이때의 생물무기는 유전자 정보를 해독하는 박테리아들로 입력된 정보대로 특정 대상만 골라 죽일 수 있고, 지정한 부위에 특정 질병만 발생시킬 수 있는 마이크로 병사들이다.

→2259년→ 10월12일 몽골연합군 이집트 침공

"너희는 이집트 나일강 델타의 북동편, 나일강 서편, 나일 삼각주 동쪽 변경에 선포하여 말하기를 너희는 굳게 서서 예비하라 네 사방이 칼에 삼키었느니라. 이집트 왕 바로야 내가 너를 대적하노라 너는 자기의 강들 중에 누운 큰 악어라 큰 강을 건설한 후 스스로 이르기를 내 이 강은 내 것이라 내가 나를 위하여 만들었다 하는도다. 내가 갈고리로 네 아가미를 꿰고 네 강의 고기로 네 비늘에 붙게 하고 네 비늘에 붙은 강의 모든 고기와 함께 너를 네 강들 중에서 끌어내고. 너와 네 강의 모든 고기를 들에 던지리니 네가 지면에 떨어지고 다시는 거두거나 모음을 입지 못할 것은 내가 너를 들짐승과 공중의 새의 식물로 주었음이라.

이집트는 본래 이스라엘 족속에게 갈대 지팡이라. 그들이 너를 손으로 잡은즉 네가 부러져서 그들의 모든 어깨를 찢었고 그들이 너를 의지한즉 네가 부러져서 그들의 모든 허리로 흔들리게 하였느니라. 너희 장사들이 쓰러짐은 어찌된 영문이냐 그들의 서지 못함은 여호와께서 그들을 몰아내신 연고니라. 그가 많은 자로 넘어지게 하시며 사람이 사람 위에 엎드러지며 이르되, 일어나라 우리가 포악한 칼을 피하여 우리민족에게로 우리 고토로 돌아가자 하며 거기서 부르짖기를 이집트 왕 바로가 망하였도다 그가 시기를 잃었도다.

나 여호와가 나의 삶으로 맹세하나니 그가 과연 산들 중의 다볼같이 해변의 갈멜같이 오리라.

이집트에 사는 유대인들이여 너는 너를 위하여 포로의 행리를 준비하라 카이로 남쪽 약 19km 지점에 있는 '미트 라히나'가 황무하여 불에 타서 거민이 없을 것임이니라. 이집트는 심히 아름다운 암송아지라도 북에서부터 멸망이 이르렀고 이르렀느니라. 또 그 중의 고용군은 외양간의 송아지 같아서 돌이켜 함께 도망하고 서지 못하였으니 재난의 날이 이르렀고 벌받는 때가 왔음이라. 이집트에서 피난민들이 도망하는 소리가 뱀들의 도망치는 소리 같으리니 이는 그들의 군대가 벌목하는 자같이 도끼를 가지고 올 것임이니라."

다시 풀무의 재, 독종의 재앙

모세와 아론아 너희는 풀무의 재 두 움큼을 가지고 세상 왕들의 목전에서 하늘을 향하여 날리라. 그 재가 온 땅의 티끌이 되어 땅의 사람과 짐승에게 붙어서 독종이 발하리라.

그들이 풀무의 재를 가지고 바로 앞에 서서 하늘을 향하여 날리니 그 재가 사람과 짐승에게 붙어 독종이 발하고, 술객도 독종으로 인하여 모세 앞에 서지 못하니 독종이 술객들로부터 땅의 모든 사람에게 발하였음이라.

—원자로에서 나온 재에 분자로봇과 생체분자의 인식능력을 가진 박테리아 병사들을 섞어서 대기 중에 살포하면, 이 재가 몸에 달라붙어 박테리아들이 발바닥에 종기를 발생시키므로 서지 못하게 된다. 그리고 악마의 힘을 빌어 술법을 행하는 자들이 독한 질병에 시달리게 될 것임을 나타내고 있다.

→2262년→ 제3차 세계핵전쟁발발, 독일군 몽골제국에 '광풍' 수소폭탄 투하

"그날에는 달이 무색하고 해가 부끄러워하리니 하늘의 면박과 휘장은 제하여지고 초개의 불꽃들만이 작렬할 것이다." 그때에 독일군 무인전차군단과 짐승로봇들이 남방으로 진격하여 이집트의 '포트사이드', '다미에타', '발딤', '로제타', '알렉산드리아'도시들을 파괴하고. '엘 알라메인'을 지나 리비아의 '트리폴리', '벵가지'~'수르트' 사이의 유전지대와 정유시설들을 파괴하고. 튀니지를 거쳐 알제리의 '하시메사우드', '엘 보르마', '인 아메나스', '에디엘레', '오랑'과 모로코의 '에사우이라', '라바트'지역까지 점령한다.

다시 우박의 재앙

모세가 하늘을 향하여 지팡이를 들매 여호와께서 뇌성과 우박을 보내시고 불을 내려 땅에 달리게 하시니라. 우박의 내림과 불덩이가 우박에 섞여 내림이 심히 맹렬하니 세상 전국에 그 개국 이래로 그 같은 것이 없던 것이라. 우박이 온 땅에서 사람과 짐승을 무론하고 무릇 밭에 있는 것을 쳤으며 우박이 또 밭의 모든 채소를 치고 들의 모든 나무를 꺾었더라.

→2262년→ 독일공군 독수리로봇 이집트 대폭격

그 독수리들이 날개를 이집트에 펼 때에 내가 '노프'를 끊으며. 멤피스 남쪽 나일강 제1폭포까지 황무케 하며 나일강 삼각주의 북동 지역에 불을 일으키며 '테베'를 국문하며. 내 분노를 애굽의 견고한 성 즉 나일강 삼각주의 북동쪽 '텔 엘-파라마'에 쏟고 그 무리들을 끊을 것이라. 내가 애굽에 불을 일으키리니 '펠로우시온'이 심히 근심할 것이며 테베는 찢어 나뉠 것이며 '미트 라히나'에는 날로 대적이 있을 것이며. '헬리오폴리스'와 '자가지그' 남동쪽 1.5km 지점에 있는 '텔 바스타'의 소년들은 칼에 엎드러질 것이며 그 성읍 거민들은 포로 될 것이라. 내가 애굽 멍에를 꺾으며 그 교만한 권세를 그 가운데서 그치게 할 때에 애굽 동북쪽 지역에는 날이 어둡겠고 그 성읍에는 연기가 덮일 것이며 그 딸들은 포로 될 것이다.

논단: 10표징에서 때에 보리는 이삭이 나왔고 삼은 꽃이 피었으므로 삼과 보리가 상하였으나, 밀과 귀리는 자라지 아니한 고로 상하지 아니하였더라 는 말의 의미는 무엇이냐?

어떤 사람: 보리와 삼은 이방인을, 밀과 호밀은 유대인을 상징하는 것으로 이때까지도 이방인의 때일 뿐 아직 유대인의 때가 아니라는 말이다.

논단: 이방인의 때는 무엇이고, 유대인의 때는 무엇이냐?

어떤 사람: '때'는 예수 믿는 사람들이 양자 되는 성령을 받는 기간으로 '이방인의 때'에는 이방인들만이 성령을 받게 되고 '유대인의 때'에는 유대인들만이 성령을 받게 된다. 현재는 이방인의 때이므로 유대인들 즉 이스라엘 민족들은 예수를 믿지 않으며 또 성령이 있음도조차 알지 못한다.

논단: 그렇다면 유대인의 때는 언제부터이냐?

어떤 사람: 현재가 제1삼시니까, 제2삼시, 제3삼시를 지나서 제 육시가 되어야 비로소 유대인의 때가 시작된다. 그러므로 언제가 될는지 나는 모르고 오직 하나님만이 아신다.

→2262년~2302년→ 이집트 땅 40년 황무

"처녀 딸 애굽이여 요르단의 길르앗으로 올라가서 유향을 취하라 네가 많은 의약을 쓸지라도 무효하여 낫지 못하리라. 네 패전의 수치가 열방에 들렸고 네 부르짖음은 땅에 가득하였으니 용사가 용사에게 부딪쳐 둘이 함께 엎드러졌음이니라. 그들이 황충보다 많고 계수할 수 없으므로 조사할 수 없는 그의 수풀을 찍을 것이라.

딸 이집트가 수치를 당하여 북방 백성의 손에 붙임을 입으리로다. 그러므로 내가 칼로 네게 임하게 하여 네게서 사람과 짐승을 끊은즉. 애굽 땅이 사막과 황무지가 되리니 애굽 땅 믹돌에서부터 수에네 곧 에티오피아 지경까지 황폐화된 황무지 곧 사막이 되게 하리니. 그 가운데로 사람의 발도 지나가지 아니하며 짐승의 발도 지나가지 아니하고 거접하는 사람이 없이 40년이 지날지라. 내가 애굽 땅으로 황무한 열국같이 황무하게 하며 이집트 도시들로 사막이 된 열국의 도시같이 40년 동안 황무하게 하고 이집트 사람들을 각국 가운데로 흩으며 열방 가운데로 헤치리라. 또 40년 끝에 내가 만민 중에 흩은 애굽 사람을 다시 모아 내되. 애굽의 사로잡힌 자들을 돌이켜 바드로스 땅 곧 그 고토로 돌아가게 할 것이라 그들이 거기서 미약한 나라가 되되. 나라 중에 지극히 미약한 나라가 되어 다시는 열국위에 스스로 높이지 못하리니 내가 그들을 감하여 다시는 열국을 다스리지 못하게 할 것임이니라."

●??212만 9890년 독일군 이스라엘침공

"인자야 너는 마곡 땅 곧 카자흐스탄 땅에 있는 '곡' 즉 러시아를 쳐서 점령한 독일에게 얼굴을 향하고 그를 쳐서 예언하여. 이르기를 여호와의 말씀에 러시아와 카프카스와 흑해의 왕 독일아 내가 너를 대적하여 너를 돌이켜 갈고리로 네 아가리를 꿰고 너와 말과 기병 곧 네 온 군대를 끌어내되 완전한 갑옷을 입고 큰 방패와 작은 방패를 가지며 광선총을 가진 큰 무리와. 그들과 함께 한 바 광선방패와 투구를 갖춘 이란·파키스탄·인도·중앙아시아·이집트·수단·에티오피아·리비아·알제리·튀니지·모로코·벨라루시·몽골과 그 모든 떼 곧 많은 백성의 무리를 너와 함께 끌어내리라. 너는 스스로 예비하되 너와 네게 모인 무리들이 다 스스로 예비하고 너는 그들의 대장이 될지어다.

여러 날 후 곧 말년에 네가 명령을 받고 그 땅 곧 오래 황무하였던 이스라엘 산에 이르리니 그 땅 백성은 칼을 벗어나서 열국에서부터 모여 들어오며 이방에서부터 나와서 다 평안히 거하는 중이라.

네가 올라오되 너와 네 모든 떼와 너와 함께 한 많은 백성이 미친 듯이 휘몰아치는 거센 바람같이 이르고 구름같이 땅을 덮으리라. 그 날에 네 마음에서 여러 가지 생각이 나서 악한 꾀를 내어 말하기를 내가 평원의 고을들로 올라가리라 성벽도 없고 문이나 빗장이 없어도 염려 없이 다 평안히 거하는 백성에게 나아가서. 남의 물건을 강제로 빼앗으며 노략하리라 하고 네 손을 들어서 황무하였다가 지금 사람이 거처하는 땅과 열국 중에서 모여서 짐승과 재물을 얻고 세상 중앙에 거하는 이스라엘 민족을 치고자 할 때에. 남아공·아라비아·스페인 연합국들이 독일에게 이르기를 네가 물건을 억지로 빼앗아 가려고 왔느냐 네가 네 무리를 모아 노략하고자 하느냐 은과 금을 빼앗으며 짐승과 재물을 취하며 물건을 크게 약탈하여 가고자 하느냐 하리라. 내 백성 이스라엘이 평안히 거하는 날에 네가 어찌 그것을 알지 못하겠느냐.

네가 네 고토 극한 북방에서 많은 백성 곧 다 말로봇을 탄 큰 떼와 능한 군대와 함께 오되. 구름이 땅에 덮임같이 네 백성 이스라엘을 치러 오리라. 독일아 끝날에 내가 너를 이끌어다가 내 땅을 치게 하리니 이는 내가 너로 말미암아 이방 사람의 목전에서 내 거룩함을 나타내어 그로 이스라엘에 신이 있음을 알게 하려 함이니라. 내가 옛적에 내 종 이스라엘 선지자들을 빙자하여 말한 사람이 네가 아니냐 그들이 그 때에 여러 해 동안 예언하기를 내가 너를 이끌어다가 그들을 치게 하리라 하였느니라 하셨다 하라."

이스라엘 대지진발생

"그 날에 독일이 이스라엘 땅을 치러 오면 내 노가 내 얼굴에 나타나리라. 내가 투기와 맹렬한 노로 말하였거니와 그날에 큰 지진이 이스라엘 땅에 일어나서. 바다의 고기들과 공중의 새들과 들의 짐승들과 땅에 기는 모든 벌레와 지면에 있는 모든 사람이 내 앞에서 떨 것이며 모든 산이 무너지며 절벽이 떨어지며 모든 성벽이 땅에 무너지리라."

미국 카자흐스탄과 일본에 수소폭탄 투하

"내가 또 불을 독일군의 핵 기지가 있는 카자흐스탄과 섬에 평안히 거하는 일본인들에게 내리리니 그들이 나를 여호와인 줄 알리라. 그날은 분노의 날이요 환난과 고통의 날이요 황무와 패괴의 날이요 캄캄하고 어두운 날이요 구름과 흑암의 날이요. 나팔을 불어 경고하며 견고한 도시들을 치며 높은 요새들을 치는 날이로다.

예루살렘을 친 모든 군대에게 내려질 재앙이 이러하니 곧 섰을 때에 그 살이 썩으며 그 눈이 구멍 속에서 썩으며 그 혀가 입 속에서 썩을 것이요. 그 날에 그들로 크게 요란케 하시리니 피차 손으로 붙잡으며 피차 손을 들어 칠 것이며. 그 날에 독일군을 위하여 이스라엘 땅 사해동편 사람의 통행하는 골짜기를 매장지로 주리니 통행하던 것이 시체로 막힐 것이다. 사람이 거기서 독일과 그 동맹군들을 장사하고 그 이름을 하몬곡의 골짜기(독일의 무리)라 일컬으리라. 이스라엘 족속이 일곱 달 동안에 그들을 장사하여 그 땅을 정결케 할 것이라. 그 땅 모든 백성이 그들을 장사하고 그로 말미암아 이름을 얻으리니 이는 나의 영광이 나타나는 날이니라. 핵제거반이 그 땅을 순행하다가 시체를 발견하면 표를 세워 시체처리반으로 하여금 그 시체를 하몬곡 골짜기에 장사하게 할 것이요. 성의 이름도 하모나라 하리라."

★????12만, 9891년 지상의 미가엘(미국)군 독일폭격

"내가 내 모든 나라 중에서 독일을 칠 칼을 부르겠다. 각 사람의 칼이 그 형제를 칠 것이며 내가 또 전염병과 피로 그를 국문하며 쏟아지는 폭우와 큰 우박덩이와 불과 유황으로 그와 그 모든 떼와 그 함께 한 많은 백성에게 비를 내리듯 하리라. 그러므로 인자야 너는 독일을 쳐서 예언하여 이르기를 여호와의 말씀에 네가 소련과 중동 땅을 다 점령했을지라도 내가 너를 대적하여. 너를 돌이켜서 이끌고 먼 북방에서부터 나와서 이스라엘 산 위에 이르러. 네 활을 쳐서 네 왼손에서 떨어뜨리고 네 살을 네 오른손에서 떨어뜨리리니. 너와 네 모든 떼와 너와 함께 한 백성이 다 이스라엘 산 위에 엎드러지리라. 내가 너를 각종 움키는 새와 들짐승에게 붙여 먹게 할 것이니 네가 빈들에 엎드러지리라 이는 내가 말하였음이니라."

★하늘군장 미가엘, 바사국에 선전포고

성도들이 아래 별 층에 입성할 —그때에 위의 별 층에도 전쟁이 있으리니, 하늘군대사령관 미가엘은 천병만마를 소집하고 제1장관에 우리엘 · 제2장관에 라파엘 · 제3장관에 라구엘 · 제4장관에 미가엘 · 제5장관에 사리엘 · 제6장관에 가브리엘 · 제7장관에 레미엘을 임명하고 그 휘하에 진을 따라 불말과 불병거, 병력들을 균등하게 배분한다.

●증서 "주께서 우리로 전쟁케 하려고 능력으로 띠 띠우사 전쟁의 날에 병기를 갖추고 활을 가지고 나가 싸우게 하시는도다"

대진 구성이 끝나고 진의 맨 앞에서 군인들의 사기를 북돋우기 위한 군악대가 정렬한다.

나팔은 대머리 성도들이 불고 작은북은 여자들이 친다. 이 여자들은 세상에서 악기를 다루었거나 찬양을 즐겨 부르던 여자들이다. 이외에 악기가 없는 여자들은 춤추며 노래하면서 뒤를 따르거나 직접 전투에 참여할 수도 있다.

●증서 "애굽의 병거와 마병들이 바다에 들어가자 아론의 누이 미리암과

모든 여인들이 소고를 치고 춤을 추면서 노래하였고, 남자들과 함께 여인들도 여리고를 돌아 성을 무너뜨렸으며, 헤벨의 아내 야엘은 시스라의 머리에 장막 말뚝을 박아 죽였고, 한 여인은 맷돌 위짝을 아비멜렉에게 던져 죽였다."

전열 1 그 다음 전면에 하늘의 군장들이 선다.

전열 2 그 뒤를 천사들이 따르는데, 이 천사들은 이 전 세대의 사도들로서 위 천국에 입성한 변화체들이다. 능력이 있어 여호와의 말씀을 이루며 그 말씀의 소리를 듣는다. 천사들은 옷으로 그 신분과 계급이 표시되고 그에 상응한 지위와 힘을 부여받는다.

- 힘있는 천사<힘센 천사<더 큰 힘을 가진 천사…
- 나팔 가진 천사, 낫을 가진 천사, 바람을 잡은 천사, 불을 다스리는 천사, 복음을 가진 천사, 대접 가진 천사, 쇠사슬을 가진 천사…

전열 3 그 다음 천군이 서는데, 천군은 이전 세대의 성도들로서 위 천국에 입성한 변형체들이고 여호와를 봉사하여 그 뜻을 행하는 군대로 각자의 행위와 상급대로 무장한다.

● 증서 "네가 그리스도예수의 좋은 군사로 다니되, 그는 나의 형제요 함께 수고하고 함께 군사 된 자이다."

천군들의 무장과 병기

△전투복: 군복, 갑옷, 어린갑, 군인의 갑옷, 완전한 갑옷, 빛의 갑옷, 피묻은 복장종류…

- 갑옷: 놋쇠갑옷, 가죽갑옷, 쇠비늘 갑옷종류…
- 갑주: 특별히 얇고 유연한 쇠판이나 쇠비늘로 만든 종류…
- '데바킴': 한 부분만 있는 갑옷솔기종류…

△투구: 놋투구, 쇠투구, 소망의 투구, 구원의 소망의 투구종류…
△가슴보호대: 철흉갑 같은 흉갑, 호심경, 의의 흉배, 사랑의 흉배, 믿음과 사랑의 흉배종류…
△띠: 줄, 공의의 띠, 성실의 띠, 진리의 띠, 베띠, 가죽띠, 금띠종류…
△정강이보호대: 놋경갑, 쇠경갑종류…
△신발: 신, 가죽신, 신들메, 복음의 신 종류…
△방패: 작은 방패, 큰 방패, 두터운 방패, 놋 방패, 금 방패, 구원의 방패, 믿음의 방패, 붉은 방패, 화살이 발사되는 방패종류…
▴'쉘레트': 보편적으로 사용되는 방패종류…
▴'마겐': 둥근 모형의 방패로 궁사나 검사들이 사용하는 종류…
▴'친나': 커다랗고 직사각형 모형이며 창을 막기 위해 사용되는 종류…
△활: 싸우는 활, 당긴 활, 놋쇠 활, 으뜸 된 활 종류…
△화살: 화전, 마광한 살, 전동의 살, 연숙한 화살, 번쩍번쩍하는 촉 종류…
△창: 나무 창, 놋쇠 창, 짧은 창, 긴 창 종류…
△칼: 작은칼, 큰칼, 크고 강한 칼, 뺀 칼, 좌우에 날선 칼, 두 날 가진 칼, 날카로운 칼, 날카롭고 마광된 칼, 무딘 칼, 죽이는 칼, 번쩍번쩍하는 칼, 영광의 칼, 여호와의 칼, 여호와의 사자의 칼…

이와 같은 신검들은 광선검들로 칼날의 길이와 발광력이 다르고 에너지 충전 속도도 다르다.

또 표적을 맞추는 정확성과 날아가는 속도가 다르며 비행하다 발검 위치로 돌아오는 것이 있고 돌아오지 않는 것이 있다. 또 검광이 번개처럼 발사되는 것이 있고 발사되지 않는 것이 있다.

모든 보병들이 지니는 칼은 세 종류가 있다

첫째는 단칼로서 양쪽에 날을 세운 단검이다.

●증서 "에훗이 길이가 약 35cm되며 좌우에 날이 선 칼을 만들어 우편

다리 옷 속에 차고"

둘째는 낫 모양의 칼이다. •증서 "구름 위에 앉으신 이가 낫을 휘두르매"

셋째는 날이 아주 예리하고 길고 곧은 장검이다.

이 외에 곤봉, 철퇴, 전투용도끼, 방망이, 몽둥이 등 많은 무기들이 각자의 상급만큼 생성된다.

논단: 마귀들의 속임수를 대적하기 위해서 하나님의 전신 갑주(全身甲冑)를 입어라. 우리들의 씨름은 혈과 육에 대한 것이 아니요 정사와 권세와 이 어두움의 세상 주관자들과 하늘에 있는 악의 영들에게 대함이라. 그런즉 온 몸을 보호할 수 있는 갑옷과 투구를 취하라 이는 악한 날에 너희가 능히 대적하고 모든 일을 행한 후에 서기 위함이라고 하였다. 그렇다면 이 차등적인 무장은 어떻게 하게 되는 것이냐?

어떤 사람: 아주 적절한 질문이다. 하늘전쟁을 씨름으로 묘사했으니 두 진영의 힘이 서로 비등하여 밀거나 밀리거나 하는 접전임을 말해 준다. 다시 말해 악마들의 힘이 예상외로 세므로 천군 천사들의 무장이 강해야 된다는 말이다. 이럴진대 무장이 약하면 어찌 되겠는가. 악령을 물리치기는커녕 악마들 손에 죽임을 당하게 될 것이다.

☆머리를 보호하는 투구종류는 성도들이 곤경에 처한 형제를 구해준 만큼만 생성된다.

희생이 클수록 최고로 성능이 좋은 구원의 소망의 투구가 생성되고, 이보다 못하면 쇠 투구, 더 못하면 놋쇠 투구, 도와주는데 인색했던 자에게는 싸구려 투구도 생성되지 않는다.

구원의 소망의 투구는 일종의 비상통신용투구로써 어떤 상황에서든 교신할 수 있는 정신파발신기능이 있다. 그래서 이 투구를 쓴 천군 즉 성도가 악마군들과 싸우다 위험에 처할 경우, 벗어날 소망을 품게되면 즉시 투구에서 감응파가 나와서 천군 사령부로 전달된다. 그리하여 구원병이 오거나 직접 하나님이 나타나실 수 있다. 전투에서는 맞추는 부위에 따라 충격이 다르기 때문에 주로 머리를 공격하게 된다.

따라서 좋은 투구를 쓰게 되면 그 만큼 적의 공격으로부터 중요한 신체 부위를 보호하게 되는 것이다.

☆적군의 화살과 칼을 막는 갑옷은 성도가 국민의 도리 즉 세상의 법과 제도와 질서와 규범을 잘 준수했는지, 또 하나님의 말씀을 잘 실천했는지, 또 사람으로서 지켜야할 도리는 어떠했는지, 또 매사에 마음 씀씀이는 어떠했는지 등 성도의 모든 행실을 종합하여 생성되는 것이다. 그래서 의로운 일이 많으면 빛의 갑옷이 생성되고, 이보다 의롭지 못하면 쇠비늘 갑옷, 이보다 의롭지 못하면 갑주, 이보다 의롭지 못하면 놋쇠갑옷, 이보다 의롭지 못하면 가죽갑옷, 이보다 의롭지 못하면 한 부분만 가릴 수 있는 갑옷 솔기, 이보다 의롭지 못하면 피묻은 복장, 행실이 전혀 변화되지 않은 성도에게는 군복이 생성된다. 그 방호능력에 차이가나는 것은 두말할 필요도 없다. 일례로 빛의 갑옷을 입게되면 그 광채로 인해 적이 감히 접근조차 할 수 없다.

또 불은 거룩함이라 했으니 거룩한 만큼 불을 사용할 수 있다. 최강의 보병이 화염방사능력까지 갖춘다면 무적의 용사가 되지 않겠느냐.

☆가슴과 등에 붙이는 보호막은 성도가 아비의 심정으로 형제를 이끌고 권면하고 위로하고 용기를 주는 등 애정을 가지고 대한 정도를 헤아려 생성된다. 그래서 형제에 대한 관심과 애정이 많았으면 믿음과 사랑의 흉배가 생성되고, 이보다 못하면 사랑의 흉배, 이보다 못하면 의의 흉배, 이보다 못하면 철흉갑 같은 흉갑, 이보다 못하면 호심경 즉 구리조각, 이보다 못하면 천조각이 생성된다. 지난날 흉배는 관복의 가슴과 등에 붙이던 수놓은 헝겊조각으로 지위를 나타내었으니 이와 연관되었음은 두말할 나위가 없다.

☆허리를 묶는 띠는 성도가 세상을 살아온 인생관, 종교관, 또는 마음의 움직임 등을 살펴서 생성된다.

그래서 주를 위해 자신의 인생과 즐거움을 포기했으면 금띠가 생성되고, 참으로 옳고 진실 된 길을 선택했으면 진리의 허리띠가 생성되고, 성실하게 살았으면 성실의 띠, 매사에 공정했으면 공의의 띠, 이에 못 미치면 그냥 동여맬 수 있는 줄 같은 것이 생성된다. 이 띠들은 영적인 힘을 주는 것으로 최고로 좋은 금띠를 띠게 되면 몸에서 금빛이 나올 뿐 아니라 무엇이든 믿음대로 되 버린다. 예컨대 산더러 바다에 던지우라 하고 그 믿음이 의심치 않으면 산이 바다에 던져져 버리고, 행성더러 사라져라 하고 그 믿음이 의심치 않으면 행성이 흔적조차 남지 않고 사라져 버린다. 이러니 그 가공할 위력은 필설하기 어렵다. 악령들이 떼를 지어 달려들 때에 소행성들을 끌어다 돌멩이처럼 던질 수 있는 것이다.

☆"네 넓적다리를 쳐라 이것이 시험이다" 했으니 다리 보호대는 시험을 참고이긴 만큼 헤아려 생성된다. 그래서 마귀와 세상유혹의 시험을 많이 이겼으면 쇠경갑이 생성되고, 시험을 적게 이겼으면 놋경갑이 생성되고, 시험에 번번이 넘어졌으면 아무 것도 생성되지 않는다. 야수들이 하체를 물려고 덤벼들 때에 도망칠 수밖에 없다. 시험에는 악한 생각에 대한 유혹이 있고, 남의 아내나 재물에 대한 탐심이 있고, 남과 견주어 거들먹거리며 자랑하고자 하는 유혹이 있고, 돈에 대한 욕심이 있고, 향락에 대한 유혹이 있고, 오락에 대한 유혹이 있고, 도박에 대한 유혹이 있고, 먹는 것에 대한 유혹이 있을 수 있다.

☆칼 곧 광선검은 하나님을 알고 말씀을 깨달은 만큼 헤아려 생성된다. 말씀을 깨닫는다는 것은 성경구절을 줄줄 외거나 너덜거리는 성경책을 들고 다니며 수백 번을 통독했다는 등 영적 사기를 치는 것이 아니라, 말씀을 통해 하나님의 성품과 진리를 알고 행실을 고쳐 가는 것을 말한다.

이 지혜가 많을수록 빛이 세고 양날이 선 최상급의 보검이 생성된다. 게다가 말씀의 교훈을 받아 슬기롭게 처신한 자들에게는 덤으로 창처럼 쓸 수 있는 찌르는 채찍과 잘 박힌 못까지 생성된다.

잘 박힌 못은 적을 결박하는 도구의 일종으로서 이 못에 박히면 절대로 빠져 나오지 못한다.

☆방패는 주를 믿었던 믿음의 정도에 따라서 차등적으로 생성된다. 그래서 믿음이 큰 자에게는 큰 방패가 생성되고, 믿음이 작은 자에게는 작은 방패가 생성된다. 방패의 종류는 방어용과 공격겸용, 수동과 자동, 단발성과 연발성으로 차별화 되는데 믿음의 분량에 따라서 방패가 두터워지거나 엷어지거나 한다.

여기서 방패의 두께를 두껍다, 얇다 하지 않았으니 방패의 재질이 나무나 철이 아님을 알 수 있다. 즉 천군들이 사용하는 방패는 에너지를 출력하여 막을 형성하는 광선방패인 것이다.

☆창은 하나님과의 약속·마음의 결심을 얼마나 잘 지키고 실천했느냐에 따라서 종류별로 생성된다.

그래서 심지가 굳고 지킨 것이 많을수록 비행속도가 빠르고 명중률이 높은 창이 생성되고, 약속을 깨고 어긴 만큼 비행속도가 느리고 명중률이 낮은 창이 생성된다. 이러므로 지킬 수 있는 약속은 하되 지킬 수 없는 약속은 아예 하지 말아라. 경솔한 서원 중 하나는 청년들이 혼자 살 것을 서원하는 것이다.

그들이 갈등을 겪는 이유는 성적인 유혹이 많고 사탄의 음란한 기운과 마귀의 음란한 생각, 그리고 귀신의 음란한 충동을 받아 행실이 불량해지고 또 주님이 더디 오심으로 인해 마음의 실망이 크기 때문이다.

☆활은 전도한 노력만큼 생성되고 화살은 전도하여 구원한 수만큼 생성

된다. 그래서 각자에게 생성되는 화살의 수를 세어보면 자신이 세상에서 몇 명을 구원시켰는지 알 수 있다. 만일 전도한 사람이 한 명도 없으면 빈 통만 메고 다니는 무능력한 천군이 된다. 활 중에서 최고의 활은 '싸우는 활'로 주인의 말을 알아들어 미션을 수행할 수 있다. 이 인공지능을 가진 큰 활은 공간 이동을 하면서 적의 출몰루트를 순찰 적을 일격에 제거한다. 게다가 싸우는 화살은 불과 강한 폭발력을 갖고 있어서 미사일처럼 사용할 수 있다.

화살은 종류별로 파워가 강한 것이 있고 약한 것이 있으며, 발사속도가 빠른 것이 있고 느린 것이 있으며, 명중률이 높은 것이 있고 낮은 것이 있으며, 하나씩 발사되는 것이 있고 표적을 향해 여러 개의 화살이 동시에 발사되는 것도 있다. 또 부메랑같이 쏜 위치로 되돌아오는 것이 있고 돌아오지 않는 것도 있다.

—자신이 전도한 사람이 믿음을 잃지 않고 좋은 열매를 맺었을 경우, 이 사람을 상징하는 화살은 전통으로 되돌아온다. 그러나 자신이 전도한 사람이 처음에는 믿다가 나중에 믿음을 버렸을 경우, 이 사람을 상징하는 화살은 돌아오지 않는다. 이 때문에 사용한 화살을 다시 주우러 다녀야 하는 불편이 따르게 된다.

이러므로 열심히 일하는 일꾼의 표상(청년)들이 복음으로 낳은 자식들은 장사의 수중의 화살 같으니. 이것이 그 전통에 가득한 자는 복되도다. 저희가 천국 문을 막는 악마들에게 길을 비켜라 말할 때에, 악령들이 그 전통에 가득히 든 화살을 보고 무서워하므로 비키고. 적군이 덤빌 때에 화살을 쏘아 그 몸통을 꿰뚫으므로 저가 수치를 당치 아니하리로다. 연주자들은 좋은 악기를 갖고 싶어하고, 학자들은 자신의 지식이 높이 평가받길 원하며, 무사는 좋은 칼을 갖고 싶어한다. 마찬가지로 하늘군사들에게 최고의 상은 최상급의 무기들인 것이다.

전열 ■ 그 다음으로 불말과 불병거가 포진하는데 불말은 몸에서 불이 나오는 말이고, 불병거는 병거 속에서 불이 나오는 마차이다. 이러므로 어두운 우주공간을 환하게 밝힐 수 있다. 즉 조명탄 역할을 한다는 뜻이다. 불말들 중에는 날개가 달린 말이 있고 날개가 없는 말이 있다. 날개 달린 말들은 빠르게 비행할 수 있는 반면에, 날개 없는 말들은 속도가 느리다. 말의 종류는 '쑤쓰', '파라쉬', '압비르', '레케쉬', '힙포스' 이며 이외에 군사적 목적에 쓰이는 말이 있고, 교통 및 사냥의 수단으로 쓰는 말이 있으며, 운송수단과 농업에 사용되는 말이 있다. 색깔별로 나눈 말의 종류는 홍마, 자마, 백마, 흑마, 청마, 어룽지고 건장한 말들이다. 그 뒤에 보병들을 실어 나르는 마차와 수레들이 배치되는데 수레는 2륜 또는 4륜으로 만들어졌다.

천국군대의 편제 · 편성

△'하일' 즉 비정기적인 방어 또는 공격을 위해 소집된 군대가 있고,

△'차바' 즉 위급한 때를 대비한 군대가 있으며,

△'파르엠볼레' 즉 연합군으로 편성된 군대가 있고,

△'스트라튜마' 즉 정예상비군조직이 있다.

이 부대들의 단위는 오 배 또는 십 배로 배가되어 각 단위마다 십부장, 오십부장 ,백부장, 천부장들이 세워지고 그 휘하에 주장, 반장들이 있어 조직을 통솔한다.

또 각 부대마다 파수꾼이 있고, 그물을 던져 사로잡는 어부가 있으며, 돌을 던지는 물매꾼이 있고, 활 쏘는 자들이 있으며, 광선무기를 가진 포수가 있고, 전통부대가 있으며, 창군이 있고, 마병이 있으며, 천조 또는 천마를 타고 싸우는 기병이 있다.

또 각 그룹마다 시공을 초월하며 싸우는 우주기사(사람의 형체)가 있고, 제한된 우주공간에서 싸우는 공군(새의 형체)이 있으며, 물과 바다에서 싸우는 수군과 해군(물고기의 형체)이 있고, 땅에서 싸우는 보병(짐승의 형

체)이 있는데 수송부대와 병참부대가 이 군들을 지원한다.

항성과 우주공간이 아닌 행성들의 전투는 사람의 육체, 새의 육체, 물고기의 육체, 짐승의 육체를 가진 성도들이 담당한다. '사람의 육체'는 하나님의 형상과 모양을 가진 사람을 말하고, '새의 육체'는 날개가 달린 사람을 말하며, '짐승의 육체'는 날카로운 이빨과 손발톱이 있는 사람을 말하고, '물고기의 육체'는 몸에 비늘이 있는 사람을 말하는 것이다.

악마군의 편성과 전투력

전열 1 대장 격인 사탄, 마귀, 두로 왕, 계명성이 선다. 사탄은 감응전동력으로 발생시킨 파동과 음향, 초음파와 빛으로 천둥번개를 일으키고 이상야릇한 이상의 세계를 만들어 낸다. 이 환상은 물리적인 실체도 없고 공격력도 없지만 천군들을 무기력하게 만들어 혼란에 빠뜨린다. 이 감응에 걸려든 천군들은 미션을 잃고 방황하거나 깊은 잠에 빠질 수 있다. 마귀는 궤계에 능한 모사답게 천군을 격파하는 전략과 전술을 세우고 마법과 초능력을 사용하여 천군을 물리친다. 또 튜닝(개조)능력도 있어서 공격력과 방어력을 배가 시킬 수 있다. 이러므로 땅에 사는 성도들은 영을 분별할 줄 아는 판단력을 길러야 한다. 이 때문에 하나님은 마귀가 성도를 장난하고 시험해도 어느 정도는 허용하시고, 또 거짓 영에 속아 잘못된 길로 가고 있어도 일정기간 내버려두신다. 왜냐하면 거짓에 속아봐야 참을 알 수 있는 분별력이 생기기 때문이다.

전열 2 그 다음으로 용들이 서는데 빠르기가 번개같고 입에서 불이 나오며 정신에너지의 폭풍을 일으켜서 천군을 공격한다. 또 감응전기를 이용하여 환상을 만들고 요술을 부린다. 게다가 강력한 에너지충격파를 쏠 수 있어서 천군의 보호막에너지가 약하면 내장이 파열되어 죽게 된다.

전열 3 그 다음으로 군장 격인 공룡들이 서는데 불을 뿜는 입, 날카로운 이빨, 단단한 흉갑, 엄청난 파괴력과 꼬리 끝에 달린 독 가시는 가공할 위력을 가지고 있다. 이것들은 감응 기전력을 이용하여 환영을 만들고 도술을 사용한다.

전열 4 그 다음으로 반인 반수들인 네피림들이 서는데 이것들은 감응도체인 자신의 몸에서 나오는 기를 이용 하여 천군들을 교묘하게 농락한다.

전열 5 그 다음으로 거인들과 짐승들의 혼 즉 악령들이 서는데 악마군의 주 전투병력들인 이들은 날카로운 이빨과 발톱, 치명적인 독성과 충돌하는 힘으로 떼를 지어 싸운다. 이것들도 감응전류를 이용하여 환각을 만들고 마법을 사용한다. 어떤 것은 마법을 변형시킨 마술 같은 것을 사용하기도 한다.

• 증서 "개들과 들소들과 수풀의 돼지와 찢고 부르짖는 사자들과 바산의 힘센 황소들과 바다와 그 중의 모든 동물과 벌떼들이 우리를 에워싸는 도다."

전열 6 그 다음으로 귀신들이 포진하는데 귀신들은 사람들이라 조직적인 전투능력이 뛰어나다. 귀신들을 제외한 악마군대의 편제는 로마제국의 군대 단위와 비슷해서 백 명이 모여 '센츄리'를 구성하고, 10개의 센츄리 천 명이 모여 '코호르트'를 구성하며, 6개의 코호로트 6천명이 모여 '레기온'을 구성한다. 이러므로 병력 수에 있어서는 천국군대를 능가하지만, 장비나 화력 면에서 차이 나기 때문에 천군 십부대가 악령 백 명 혹 천 명을, 천군 백부대가 악령 만 명을 상대할 수 있다.

칠 층 하늘

우리 공간의 하늘은 하늘과 하늘들과 하늘 칠 층으로 이루어져 있다.

첫째 하늘은 인간의 과학으로 도달할 수 있는 지경, 둘째 하늘은 인간의 과학으로 도달할 수 있는 지경 밖에서 태양까지, 셋째 하늘은 태양이 있는 층, 넷째 하늘 이상은 표현할 수 없다.

넷째 하늘 이상은 복수 층으로 3층으로 된 두 개의 하늘이 절반씩 물려 6~7층을 이루고 있다.

이 하늘의 꼭대기에 물들이 있고, 그 아래에 여러 층의 수(水)층과 빙(氷)층이 있으며 이 사이에 악마의 제국들이 건설되어 있다.

어둠은 스스로 나온 악의 근원으로서 쌍둥이黑태양 '식굿'과 '레판의 별'에 자신의 황궁을 건설하고 악마들을 지배하고 있다. 그는 하나님의 수 666을 가지고 하나님처럼 말하고 하나님처럼 행동하며 하나님처럼 능력을 줄 수 있다. 사탄은 하나님의 모든 것을 모방하기 때문에 두 신들이 주는 계시나 은사들은 서로 비슷한 면이 많다. 이 때문에 영을 분별하기 위해서는 경험이 필요하고 성경에 근거한 통찰력이 있어야 하는 것이다.

이것이 없으면 백이면 백 다 사탄의 속임수에 넘어가서 일생을 망쳐 버리게 된다.

환상과 계시가 너무나 선명한 탓에 속은 줄도 모르고 곧 주님이 오실 거라고 믿고 있는 교회가 있다.

물론 그들이 이단은 아니지만 잠시 후 겪게 될 그 교인들의 상실감은 어떠할 것이며 또 그 목자는 거짓말쟁이라는 비난을 어떻게 감당할 수 있을까!

만일 악마가 자신의 진면목을 드러내어 악마처럼 말하고 악마처럼 행동하면 사탄숭배자라도 그를 좇지 않을 것이다. 마귀들은 환상과 환영으로 이루어진 허위의 낙원을 창조하고 빛의 하나님 또는 그리스도 예수로 변신하여 나타나서는 사람들을 속이기도 한다.

허위의 낙원은 모방한 낙원으로 그 형태와 구조가 비슷하기 때문에 입신하여 환상을 보거나, 죽었다가 살아난 자들이 이 허위의 낙원을 보고 와서 마치 천국을 본 것처럼 말하고 있다.

영의 세계를 모르므로 속았기 때문이다. 분명히 말하지만 아래 천국은 몸을 빠져 나온 영혼이 가서 보고 오는 그런 세계가 아니니다. 왜냐하면 천국은 본래 아담의 것이였으나 아담이 범죄함으로 사탄에게 강탈당하고 말았기 때문이다. 현재 천국의 주인은 사탄이고 그 수하에 있는 악마들이 별마다 자기들의 집을 건축하여 살고 있다. 물론 천국을 처음 만드신 분은 하나님이시고 나중에 천국의 주인이 되실 분도 예수님이지만, 아담이 마귀에게 판 이상 천사(※성도)들이 가서 빼앗기 전까지는 사탄의 소유이다.

그런즉 천국은 사탄의 허락 없이는 들어갈 수 없는 곳이며, 허락 받지 않고 들어가려면 전쟁을 하는 수밖에 없다. 그런데 여러분, 부자들이 자신의 보물창고를 남에게 보여주던가요?

마찬가지로 악마들은 하늘의 모든 보화가 감추어 있는 자신의 집을 절대로 사람들에게 공개하는 법이 없습니다. 그런데도 천국을 가서 보고 왔다는 사람들이 하는 말은 마치 이런 말과도 같은 것입니다.

악마들이 별 안에 보석으로 꾸민 집들을 인간들에게 보여주면서 '인간들아, 별의 세계가 천국이다. 그러니 너희들이 예수를 잘 믿고 무장을 갖추고 쳐들어 와서 우리들을 죽이고 우리 집을 빼앗아 가지거라.' 세상 천지에 이런 미친놈이 어디 있겠습니까?

악마들은 진리를 숨기고 인간들로 하여금 즐겁고 재미있게 살면서 예수만 믿으면 천국 가는 것으로 세뇌시키고 있지만, '쉰텔레이아스 투 아이오노스' 곧 세상 끝날이 되면 사탄의 제국을 쳐부수기 위한 하늘군대 미가엘 군의 침공이 시작되고 악의 실상들이 드러나게 될 것이다.

그때에 별들이 아래우주로 떨어질 것을 알고 있던 요한은 이렇게 외쳤다. "회개하라 천국이 지구 가까이 왔느니라." 불덩이들이 지구에 근접할수록 둘째 하늘들에 있던 물과 얼음들이 증발하고 우주공간에 거대한 수증기

층이 형성된다. 그때에 천국군대에 패한 악마들이 사탄과 함께 더 아래층으로 쫓겨난다.

●증서 "큰 용이 내어쫓기니 옛 도마뱀 곧 마귀라고도 하고 사탄이라고도 하는 온 천하를 꾀는 자라 땅으로 내어쫓기니 그의 사자들도 저와 함께 내어쫓기니라."

이렇게 되어 악마들이 지구로 내려오면 사람들에 미치는 사탄의 힘이 세어져서 악령들이 마음껏 활동할 수 있게 된다. 이는 자석의 원리와 같은 것으로 자석이 물체에 멀리 떨어져 있을 때에는 그 미치는 힘이 약하지만, 자석이 물체에 다가올수록 그 미치는 힘은 커지게 된다. 그리하여 사람들의 심성은 점점 사악해지고 악마의 술법을 사용하는 마법사와 초능력자들이 무수히 출현하게 되는 것이다.

●예시 "애굽의 술객들도 그 술법으로 지팡이를 던졌더니 뱀이 된지라, 애굽의 술객들도 자기 술법으로 지팡이를 들어 물을 치니 물이 피로 변한지라, 애굽의 술객들이 자기 술법대로 팔을 강들 위에 펴매 개구리가 땅으로 올라와서 덮이니, 큰 이적을 행하되 심지어 사람들 앞에서 번갯불이 하늘로부터 땅에 내려오게 하고, 저가 그 짐승의 우상에게 생기를 주어 그 짐승의 우상으로 말하게 하고, 나귀의 입을 여니 나귀가 사람의 말로 대답하여."

하늘전쟁

천사장들이 그 사탄과 마귀들을 상대하여 싸우고, 천사들은 그 용과 공룡들을 상대하여 싸우고, 천군들은 그 악령과 야수들을 상대하여 싸우고 군인들은 그 귀신들과 짐승들을 상대하여 싸운다.

●증서 "하늘에 전쟁이 있으니 미가엘과 그의 사자들이 용으로 더불어 싸울 새 용과 그의 사자들도 싸우나 이기지 못하여 다시 하늘에서 저희의 있을 곳을 얻지 못한지라."

천국군대의 공격전술은 주로 정공법이다. 즉 대장을 선두로 일렬로 늘어선 다음, 적의 중심부를 치고 들어가는 전술을 사용한다. 반면 악마군대들은 독과 기습공격을 사용한다. 때문에 독저항력이 약한 성도와 전투력이 떨어지는 성도들이 악마들에 사로잡혀 심한 고문을 당하게 된다.

- 예시 "예호수아의 군대들이 아이성을 치다가 패하여 도망침, 이스라엘 군이 블레셋군에게 패하여 도망침, 다위드의 군대가 압살롬 군대에 패하여 도망침."

논단: 천사들도 죽거나 부상을 입는다는 말이냐?

어떤사람: 그렇다. 만일 영체들이 상처도 입지 않고 아픔도 느끼지 못한다면 갑옷과 투구 같은 보호장비가 필요할 리 만무하다. 하나님께서 범죄한 천사들을 모조리 죽이신 것을 상기하기 바란다.

금식의 상(고통은 고통 당할 때 보상받는다)

악마들은 사로잡은 성도들을 쇠사슬로 결박하고 개미, 거미, 달팽이, 거머리들이 들끓는 구덩이에 가둔다. 그런 다음 악의 군대에 가담하도록 협박과 회유를 하면서 예수를 부인하도록 심한 고문을 가한다.

그러나 진실된 성도들은 죽음을 각오하고 고통을 견디기 때문에, 악마들의 고문은 너무나 끔찍하여 진절머리가 나고 극심한 공포감에 시달리게 될 것이다.

그때에 놀랍고도 신비한 금식의 상이 효력을 발휘한다. 천군의 눈에서 등잔이 떠오르는 순간, 땅에서 금식한 만큼 흉악의 결박이 풀어지고 멍에의 줄이 끌러지며 모든 멍에가 꺾인다. 이어 등잔은 의로운 해로 변하면서 치료하는 광선을 발한다. 이에 천군의 상처가 급속하게 아물고 신체는 정상으로 회복된다. 이리하여 적들의 압제에서 자유케 된 천군은 그곳에 있던 악령들을 죽이고 적진을 영광스럽게 탈출할 수가 있다.

게다가 '주여 나를 이 사망의 고통에서 건지소서' 할 때에 여호와가 응답하겠고 그가 부르짖을 때에는 여호와가 말하기를 내가 여기 있다 하리라.

그리고 여호와의 영광이 앞뒤로 호위하는데 이것을 알면서도 나는 삼일 이상 금식을 못하는 편이다. 그래서 악마군에 사로잡히지 않고 잽싸게 도망칠 수 있도록 복음의 신을 얻을 작정이다. 이 신발을 신은 자는 하늘을 걷거나 빨리 달릴 수 있고, 함정 및 은폐된 장애물을 탐지할 수 있으며, 위급할 시 신발을 벗으면 안전지대에 들어갈 수 있다. 안전지대는 일종의 도피성과 같은 곳으로 살생이 금지된 구역이다. 따라서 모든 추격이 이 지점에서 끝나게 된다.

위에서 아래로 떨어지는 별들

하늘전쟁이 치열해져 우주가 진동할 때에 외부우주에서 초자연적인 에너지가 폭발한다.

이 폭발로 강한 충격파가 내부 우주를 강타하면서 격렬한 파동에 의해 내부 진공판이 심하게 떨리게 된다.

이에 우주의 초끈들이 서로 충돌하면서 줄이 길게 늘어서게 되는데, 우주의 초끈들은 떨리는 악기로 현악기의 줄과 같은 것이다. 줄이 길어지면 공명이 증폭되고, 공명이 증폭되면 그 주변이 심하게 흔들리게 된다.

● 증서 "그때에 우주가 진동하며 번개가 세계를 비추며 우주가 흔들렸나이다, 땅이 진동하고 떨며 하늘 기초가 요동하고 흔들렸으니."

이는 밀폐된 공간에 물 담은 유리잔을 두고 음악을 크게 틀면 그 안의 물이 파동에 의해서 떨리는 것과 같은 이치이다. 그때에 고라의 자손들이 칼릴을 불면서 여호와를 찬양하고, 여자들은 나팔소리로 찬양하며, 비파와 수금으로 찬양하고, 소고치며 춤추면서 찬양하고, 현악과 퉁소로 찬양하고, 큰 소리 나는 제금과 높은 소리 나는 제금으로 찬양한다. 미르얌은 춤추고 빌암이 노래를 부르니 이는 예수께서 별의 문을 열고 나오시자 우주가 기뻐 노래하는 것이리라. 이에 먼저 약한 중력권에 있던 별들이 떨어지고 연쇄 파급현상을 일으키면서 별들이 또 아래 우주로 떨어져 내린다.

● 증서 "별들이 하늘에서 떨어지며 하늘에 있는 권능들이 흔들리리라."

→2257년→ 해저지진 발생, 바레인 침몰

너로 거민이 없는 성과 같이 황무한 성이 되게 하고 깊은 바다로 오르게 하여 침몰시킨 태평양의 섬 아틀란티스 대륙처럼 큰물로 너를 덮게 할 때에. 내가 너로 구덩이에 내려가는 자와 함께 내려가서 옛적 사람에게로 나아가게 하고 너로 그 구덩이에 내려간 자와 함께 땅 깊은 곳 예로부터 황적한 곳에 거하게 할지라.

◉세계해상무역항 바레인에 대한 애카 곧 슬픈 노래

인자야 너는 바레인을 위하여 애가를 지어라. 너는 바레인을 향하여 이르기를 바다 어귀에 거하여 여러 나라의 백성과 통상(무역, 운송)하는 자여 여호와의 말씀에 네가 말하기를 나는 온전히 아름답다 하였도다.

네 지경이 바다 가운데 있음이여 너를 지은 인도가 네 아름다움을 온전케 하였도다.

스닐의 잣나무로 네 판자를 만들었음이여 너를 위하여 레바논 백향목을 가져 돛대를 만들었도다.

바산 상수리나무(목재, 나무제품)로 네 노를 만들었음이여 키프로스 섬 황양목에 상아로 꾸며 갑판(선박건조)을 만들었도다.

이집트연합의 돛을 만들어 기를 삼았음이여 엘리사 섬의 청색, 자색(염료, 페인트)베로 차일(화학섬유)을 만들었도다.

시돈과 아르왓 거민들이 네 사공이 되었음이여 두로야 네 가운데 있는 박사가 네 선장(어업, 해상운수)이 되었도다. 그발의 노인과 박사들이 네 가운데서 배의 틈(선박수리)을 막는 자가 되었음이여 바다의 모든 배와 그 사공들은 네 가운데서 무역하였도다. 이란과 터키와 리비아군이 네 군대 가운데서 병정이 되었음이여 네 가운데서 방패와 투구(방산)를 달아 네 영광을 나타내었도다. 아르왓 사람과 네 군대는 네 사면 성 위에 있었고 용사들은 네 여러 망대(통신장비, 위성통신)에 있었음이여 네 사면 성 위에 방패를 달아 네 아름다움을 온전케 하였도다.

△유럽은 각종보화가 풍부하므로 너와 통상하였음이요 은과 철과 상납과 납(제철 및 제강)을 가지고 네 물품을 무역하였도다.

△그리스와 터키는 네 장사가 되었음이여 사람과 놋그릇(도매 및 상품 중개업)을 가지고 네 상품을 무역하였도다.

△몽골 민족은 말과 전마와 노새(자동차, 중장비, 트레일러, 육상운송)를 가지고 네 물품을 무역하였도다.

△아라비아 대상은 네 장사가 되었음이여 여러 섬이 너와 통상하여 상아와 오목(가구 및 악기)을 가져 네 물품을 무역하였도다.

△너의 제조품이 풍부하므로 시리아는 너와 통상하였음이여 남보석과 자색 베와 수놓은 것과 가는 베와 산호와 루비(원단, 여성속옷, 귀금속)를 가지고 네 물품을 무역하였도다.

△유다와 이스라엘 땅 사람이 네 장사가 되었음이여 민닛밀과 과자(음식료품)와 꿀과 기름(석유정제품)과 유향(의약품)을 가지고 네 물품을 무역하였다. 너의 제조품이 많고 각종 보화가 풍부하였도다.

△다마스커스공화국이 너와 통상하였음이요 헬본 포도주(술 제조업)와 흰 양털(양가죽, 모직의류)을 가지고 너와 무역하였도다.

△알바니아, 마케도니아 나라들은 길쌈하는 실(원사, 면 및 마방직)로 네 물품을 무역하였음이여 러시아에서 들여온 백철과 육계(肉桂)와 창포(제1차 금속산업, 화합물 및 화학제품)가 네 상품 중에 있었도다.

△아라비아 대상은 탈 때 까는 담(피혁원단, 모피)으로 너와 무역하였도다.

△아라비아와 게달의 모든 방백은 네 수하에 상고가 되어 어린양과 숫양과 염소들(가죽, 가방, 마구류, 신발) 그것으로 너와 무역하였도다.

△남아공과 아랍에미리트의 장사들도 너의 장사들이 됨이여 각종 상등(上等) 향 재료와 각종 보석과 황금으로 네 물품을 무역하였도다.

△이라크, 예맨, 이란, 인도들도 너의 장사들이라. 이들이 아름다운 물화 곧 청색 옷과 수놓은 물품과 빛난 옷을 백향목 상자에 담고 노끈으로

묶어 가지고(의류제품, 장신구, 펄프, 종이, 포장지 및 상자) 너와 통상 하여 네 물품을 무역하였도다.

△유럽의 상선들은 떼를 지어 네 물화를 실었음이여 네가 바다 중심에서 풍부하여 영화가 극하였도다. 네 사공이 너를 인도하여(여행알선, 서비스업, 해상운송)태평양에 이름이여 동풍이 바다 중심에서 너를 파하는구나.

다시 뜨거운 동풍

요나가 성에서 나가서 그 성 동편에 앉되 거기서 자기를 위하여 초막을 짓고 그 그늘 아래 앉아서 나라들이 어떻게 되는 것을 보려 하니라. 해가 뜰 때에 하나님께서 뜨거운 동풍(핵 무장한 일본)을 준비하셨고 해는 요나의 머리에 쬐매 요나가 혼곤하여 스스로 죽기를 구하여 가로되 사는 것보다 죽는 것이 내게 나으니이다.

메뚜기인간

장차 일기불순으로 날씨 변화와 기상을 예보하기 힘들게 되면, 과학자들은 곤충+인간의 유전자를 합성 조작하여 고도의 감각능력을 지닌 변종인간을 만들어 내게 된다.

어느 해 9월 일본기동함대들 미 본토 핵 공격 감행

그즈음 일본이 일어나 아시아를 거의 다 점령하고 ★큰물고기 30마리, 큰 독수리 2천7백 마리, 긴 창 2백6십 개★를 동원하여 육지인 아메리카 대륙까지 다 먹으려 하는지라. 이 메뚜기 떼가 전역에 이르러 그 사방에 내리매 그 해가 심하니 이런 메뚜기 떼는 전에도 없었고 후에도 없을러라. 메뚜기가 온 지면에 덮여 나니 땅이 어둡게 되었고 메뚜기가 우박에 상하지 아니한 밭의 채소와 나무 열매를 다 먹었으므로 나무나 밭의 채소나 푸른 것은 남지 아니하였더라. 때에 풍설이 들리기를 아프리카통합군 대장 피안키의 아들인 '티르하카'장군이 나와서 일본군과 싸우려 한다 하는지라

이 말을 듣고 사자들을 '히스기야'에게 보내며 가로되. 너희는 유다 왕 히스기야에게 이같이 고하여 이르기를 너는 너의 의뢰하는 신께서 예루살렘이 일본군의 수중에 넘어가지 아니하리라 하는 말에 속지 말라 일본군이 모든 나라에 어떤 일을 행하였으며 그것을 어떻게 파멸시켰는지 네가 들었으리니 네가 건짐을 얻겠느냐. 나의 열조가 옛적에 그 지역들을 멸하고 평정하였느니라 하니라.

또 방종과 타락

"인자야 세상 사람으로 하여금 자기의 모든 가증한 일을 알게 하라. 그들이 네 가운데서 부모를 업신여겼으며 네 가운데서 나그네를 학대하였으며 네 가운데서 고아와 과부를 해하였도다. 너는 나의 성물들을 업신여겼으며 나의 안식일을 더럽혔으며. 네 가운데 피를 흘리려고 이간을 붙이는 자도 있었으며 네 가운데 음란하는 자도 있었으며. 네 가운데 어미와 행음하는 자도 있었으며 네 가운데 월경하는 여자와 구합하는 자도 있었으며. 혹은 그 이웃의 아내와 결탁하여 그 남편을 죽이는 등 가증한 일을 행하였으며 혹은 그 며느리를 더럽혀 음행하였으며 네 가운데 혹은 그 자매 곧 아비의 딸과 구합하였으며. 네 가운데 피를 흘리려고 뇌물을 받는 자도 있었으며 네가 변전과 이식을 취하였으며 이를 탐하여 이웃에게 토색 하였으며 두려운 신의 명령은 잊어 버렸도다. 너의 불의를 행하여 이를 얻은 일과 네 가운데 피흘린 일을 인하여 네가 손뼉을 쳤으니. 내가 네게 보응하는 날에 네 마음이 견디겠느냐 네 손이 힘이 있겠느냐. 사람이 은이나 놋이나 철이나 납이나 상납이나 모아서 풀무 속에 넣고 불을 불어 녹이는 것같이 내가 노와 분으로 사람들을 모아 거기 두고 녹일지라. 내가 범죄한 그들을 모으고 내 분노의 불을 너희에게 분즉 너희가 그 가운데서 녹되. 은이 풀무 가운데서 녹는 것같이 너희가 그 가운데서 녹으리니 나 여호와가 분노를 너희 위에 쏟은 줄을 알리라."

다시 강렬한 서풍

여호와께서 돌이켜 강렬한 서풍이 불게 하사 메뚜기를 홍해에 몰아넣으시니 세상 온 지경에 이 메뚜기가 하나도 남지 아니하니라.

—서쪽에 선 숫염소는 유럽통합군이고 현저한 뿔은 독일군 대장이다. 이 자는 숫염소+인간의 유전자가 합성된 염소인간으로 머리에 두 뿔이 있고 긴 수염이 났으며 지략에 능하고 복수심이 강하다. 이 '사튀로스' 장군이 세계를 정복하려는 일본군을 쳐부수기 위해 대군을 이끌고 서편에서 달려온다. 지리적으로 유럽과 아시아 대륙은 바다로 분리되어있어서 유럽군들이 동방을 치려면 해상과 공중을 이용해야 한다. 이 때문에 서편에서 오는 숫염소의 발이 땅에 닿지 않는다고 묘사한 것이다.

연합군 4 혼합짐승(신 독일제국)

"내가 밤 이상 가운데 그 다음에 본 넷째 짐승은 무섭고 놀라우며 또 극히 강하며 또 큰 철 이가 있어서 먹고 부수뜨리고 그 나머지를 발로 밟았으며 이 짐승은 전의 모든 짐승과 다르고 또 열 뿔이 있으므로. 내가 생각할 때에 한 숫염소가 서편에서부터 와서 온 지면에 두루 다니되 땅에 닿지 아니하며 그 염소 두 눈 사이에는 현저한 뿔이 있더라."

유럽군 집결지 아쉬돈과 타아나크

유럽군은 '라스엘-아인'맞은편 가자 북동쪽 약 29km 지점에 있는 전략 요충지와 하이파 항구에서 남동쪽으로 약 30km 떨어진 교통의 요로이자 군사 전략기지인 므깃도 물가 다아낙에 병력과 무기를 집결시킨다.

발람의 노래 곧 예언

- 유럽통합은 열국 중 으뜸이나 종말은 멸망에 이르리로다.
- 아라비아야 너의 거처가 견고하니 네 나라가 바위 위에 있도다 그러나 아라비아가 쇠미하리니 나중에는 남방제국의 포로가 되리로다.
- 키프로스 해변에서 함대들이 와서 남방제국을 학대하며 이스라엘을 괴롭게 하리라마는 그도 멸망하리로다.
- 한 대장군이 이스라엘에서 일어나서 요르단을 이편에서 저편까지 쳐서 파하고 또 소동하는 자식들을 멸하리로다. 그 동시에 이스라엘은 용감히 행동할 것이다.

→2260년→ 유럽함대 에티오피아 상륙작전

"인자야 너는 예언하여 일러라 여호와의 말씀에 너희는 통곡하며 이르기를 슬프다 이날이여 하라.

그날이 가까웠도다 여호와의 날이 가까웠도다 구름의 날일 것이요 유럽통합의 때이리로다.

애굽에 칼이 임할 것이라 애굽에서 살육 당한 자들이 엎드러질 때에 에티오피아에 심한 근심이 있을 것이며 아프리카통합군이 옮기며 그 기지가 헐릴 것이요. 에티오피아와 리비아와 터키와 모든 섞인 백성과 쿠르디스탄과 및 동맹한 땅의 백성들이 그들과 함께 칼에 엎드러지리라. 그날에 유럽함대들이 많은 수송선단을 호위하여 나가서 에티오피아 해안에 상륙하리니 애굽의 재앙의 날과 같이 그들에게도 심한 근심이 있으리라 이것이 오리로다."

어느 해 1월7일 영국군 카이로 점령

그해 3월22일 카이로가 함락된다. "이집트야 내가 네 패망의 소문으로 열국 곧 너의 알지 못하는 열방에 이르게 할 때에 많은 백성의 마음을 번뇌케 할 것임이여. 내가 그 많은 백성으로 너를 인하여 놀라게 할 것이며 내가 내 칼로 그들의 왕 앞에서 춤추게 할 때에 그 왕이 너를 인하여 심히 두려워 할 것이며 네가 엎드러지는 날에 그들이 각각 자기 생명을 위하여 무시로 떨리로다."

→2260년→ 1월7일 유럽군 몽골 점령

→2260년→ 3월1일 유럽군 아스켈론 상륙작전 전개

"여호와께서 이를 명하셨으니 어떻게 쉬겠느냐 아스켈론과 해변을 치려 하여 그가 명정하셨느니라."

→2261년→ 유럽군 기갑부대 팔레스타인 공격

"보라 물이 북방에서 일어나 창일 하는 시내를 이루어 그 땅과 그 중에 있는 모든 것과 그 도시와 거기 거하는 자들을 엄몰시키리니 사람들이 부르짖으며 팔레스타인 모든 거민이 애곡할 것이라. 무한궤도의 굽치는 소리와 달리는 병거 바퀴의 울리는 소리에 아비의 손이 풀려서 그 자녀를 돌아보지 못하리라."

유럽함대 크레타섬 폭격

"이는 팔레스타인 사람을 잔멸하시며 레바논에 남아 있는바 도와줄 자를 다 끊어 버리시는 날이 이름이라 여호와께서 크레타 섬에 남아 있는 팔레스타인 피란민들을 멸하시리라. 가자가 삭발되었고 아스켈론과 그들에게 남아 있는 평지가 멸망되었으니 네가 네 몸 베기를 어느 때까지 하겠느냐. 여호와의 칼이여 네가 언제까지 쉬지 않겠느냐 네 집에 들어가서 가만히 쉴지어다."

→2262년→ 유럽군 무인전차군단, 요르단 중부 공격

"수성과 관련 있으며 문학과 지혜와 무역의 신이라 하는 느보여 그 예언적인 징조를 보여준다마는 그것이 황폐되었다. 너의 도시 '엘 쿠아렛'이 수치를 당하여 점령되었고 아르논강 어구 북동쪽 15km 지점, 디반의 북서쪽 9,6km에 있는 두 언덕 '케레이야트 엘-멕하이예트'가 수치를 당하여 파괴되었으니. 모압의 칭송이 없어졌도다 헤쉬본에서 무리가 그를 모략을 써서 해치기로 하고 이르기를 와서 그를 끊어서 나라를 이루지 못하게 하자 하는도다. 아르논강 남쪽, 사해 동쪽 13km 지점에 있는 '킬벳 딤네'여 너도 적막하게 되리니 칼이 너를 따르리로다. '엘 아라크'에서 부르짖는 소리여 황무와 큰 파멸이로다. 모압이 패망을 당하여 그 영아들의 부르짖음이 들리는도다. 그들이 울고 울며 '루에이타'언덕으로 올라감이여 호로나임 내려가는데서 참패를 부르짖는 고통이 들리는도다. 도망하여 네 생명을 구원하여 광야의 떨기나무같이 될지어다.

네가 네 공작과 보물을 의뢰함으로 너도 취함을 당할 것이요 불과 난로의 신 '케모쉬'는 그 제사장들과 방백들과 함께 포로 되어 갈 것이라. 파멸하는 자가 각 도시에 이를 것인즉 한 도시도 면치 못할 것이며 골짜기는 훼파되며 평원은 파멸되어 여호와의 말씀과 같으리로다.

모압에 날개를 주어 날아 피하게 하라 그 도시들이 황무하여 거기 거하는 자 없으리로다. 여호와의 일을 태만히 하는 자는 저주를 받을 것이요 자기 칼을 금하여 피를 흘리지 아니하는 자도 저주를 당할 것이로다. 모압은 예로부터 평안하고 포로도 되지 아니하였으므로 마치 술의 그 찌끼 위에 있고 이 그릇에서 저 그릇으로 옮기지 않음 같아서 그 맛이 남아 있고 냄새가 변치 아니하였도다. 그러므로 나 여호와가 말하노라 날이 이르리니 내가 그 그릇을 기울일 자를 보낼 것이라 그들이 기울여서 그 그릇을 비게 하고 그 병들을 부수리니. 이스라엘 집이 벧엘을 의뢰하므로 수치를 당한 것같이 모압이 그모스로 인하여 수치를 당하리로다.

너희가 어찌하여 말하기를 우리는 용사요 전쟁의 맹사라 하느냐. 모압이 황폐되었도다 그 도시들은 연기가 되어 올라가고 그 택한 청년들은 내려가서 살육을 당하니. 모압의 재난이 가까웠고 그 고난이 속히 임하리로다. 그의 사면에 있는 모든 자여, 그 이름을 아는 모든 자여, 그를 위하여 탄식하여 말하기를 어찌하여 강한 막대기, 아름다운 지팡이가 부러졌는고 할지니라.

디반에 거하는 딸아 네 영광 자리에서 내려 앙상하고 삭막한데 처하라 모압을 파멸하는 자가 올라와서 너를 쳐서 네 요새를 파하였음이로다. 디반 동쪽 5km 지점에 위치한 '키르베트 아라이르'에 거하는 여인이여 길 곁에 서서 지키며 도망하는 자와 피하는 자에게 일이 어찌 되었는가 물을지어다. 모압이 패하여 수치를 받나니 너희는 곡하며 부르짖으며 아르논 가에서 이르기를 요르단이 황무하였다 할지어다. 전투가 평지에 임하였으니 곧 전차부대의 주공격 목표가 된 전략 요충지들

△헤브론 북서쪽 약 16km 지점에 위치한 '키르베트 알린',

△암만 남쪽 약 10km 지점에 위치한 '텔 에이-야와',

△사해동쪽 18km, 아르논강 북쪽 5km 지점에 위치한 '디반',

△히스반 남서쪽 8km 지점에 위치한 '엘 쿠아렛',

△디본갓과 아바림산 사이에 있는 '베트 딥라타임(두개의 무화과 과자의 집)',

△아르논강 어구 북동쪽 15km와 디반 북서쪽 9.6km 지점 사이 '케레이야트 엘-멕하이예트',

△'벧가뭘', '벧므온', '그리욧',

△사해 남남서쪽 약 48km지점에 있는 '엘-부세이라',

△요르단 땅 원근 모든 마을 모든 도시들이라.

모압의 권세가 찍혔고 그 힘이 부러졌도다. 모압으로 취하게 할지어다 이는 그가 이스라엘의 신을 거슬려 자만함이라 그가 그 토한 것에서 굴므로 조롱거리가 되리로다.

사리스전투

"그들이 말하기를 신이 있는 유다 족속은 이방과 일반이라 하는도다. 그

러므로 내가 그 나라 변경에 있는 크고 좋은 도시들 곧 사해북쪽 '길벳 에스-스와이메', '마안'과 아르논강 어구 북동쪽 약 15km떨어진 성읍과 디반의 북서쪽 약 9.6km 지점에 위치한 신도시들을 적군에 붙여 그들로 노략을 당하게 할 것이라.

내가 그 거민에게 벌을 내리리니 그들이 '사리스'로 도망친다해도 적군의 칼날은 피하지 못하리라."

유럽공군 무인전폭기들 요르단 중부 대폭격

"보라 그가 독수리같이 날아와서 모압 위에 그 날개를 펴리라. 도시들이 취함을 당하며 요새가 함락되는 날에 모압 용사의 마음이 구로 하는 여인 같을 것이라. 그러므로 내가 모압을 위하여 울며 온 모압을 위하여 부르짖으리니 무리가 '엘-케락' 사람을 위하여 슬퍼하리로다. 히스반에서 '엘-알'을 지나 '얄률'까지와 '에츠 차피'에서 '엘 아라크'를 지나 '에글라트 쉘리쉬야'까지의 사람들이 소리를 발하여 부르짖음은 '와디 니므림'의 물도 말랐음이로다. 각 사람의 두발이 밀렸고 수염이 깎였으며 손이 베어졌으며 허리에 굵은 베가 둘렸고. 모압의 모든 지붕에서와 거리 각처에서 애곡함이 있으니 내가 모압을 마음에 들지 않는 그릇같이 깨뜨렸음이니라."

→2262년→ 유럽군 대 전차부대 요르단 북부 공격

"이스라엘이 아들이 없느냐 상속권자가 없느냐 암몬 자손들이 요단강 동편 이스라엘 땅을 점령하고 그 도시들에 거함은 어찌된 영문이냐. 그러므로 보라 날이 이르리니 내가 전쟁소리로 암만에 들리게 할 것이라 암만은 거친 무더기가 되겠고 그 촌락들은 불에 탈것이며 그때에 이스라엘은 자기를 점령하였던 자를 점령하리라.

히스반아 슬피 흐느껴 울라 '엔-텔'남동쪽 1.6km 지점에 있는 '키르벧 하이얀'이 황폐하였도다. 너희 암만의 딸들아 부르짖을지어다 굵은 베를 감고 몹시 슬퍼하며 울타리 가운데서 앞뒤로 달릴지어다 말감이 부스러지고 그 제사장과 방백들이 다 사로잡혀 가리로다. 타락한 딸아 어찌하여 흐르는 골짜기 곧 산사태로 무너질 골짜기를 자랑하느냐 네가 어찌하여 재물을 의뢰하여 말하기를 누가 내게 오리요 하느냐. 보라 내가 두려움을 네 사방에서 네게 오게 하리니 너희 각 사람이 쫓겨서 바로 나갈 것이요 도망하는 자들을 모을 자가 없으리라. 그러나 그 후에 내가 북 요르단 자손의 포로로 돌아오게 할 것이다."

유럽공군 무인 전폭기들 요르단 남부 대폭격

"페트라에 모사가 없게 되었느냐 명철한 자에게 모략이 끊어졌느냐 그들의 지혜가 없어졌느냐.

서북 아라비아의 사막 지대에 사는 유목민들은 돌이켜 도망할지어다. 깊은데 숨을지어다 내가 에서의 재난을 그에게 임하게 하여 그를 벌할 때가 이르게 하리로다. 내가 나로 맹세하니 '보츠라'가 놀램과 수욕 거리와 황폐함과 저주 거리가 될 것이요 그 모든 도시가 황폐하리라. 내가 세계로부터 오는 소식을 들었노라

그가 사자를 열방 중에 보내어 이르시되 너희는 모여 와서 그를 치며 일어나서 싸워라 하시는도다.

바위틈에 거하며 산꼭대기를 점령한자여 스스로 두려운 자인 줄로 여김과 네 마음의 교만이 너를 속였도다

네가 독수리같이 보금자리를 높이 지었을지라도 내가 거기서 너를 끌어내리리라. 남 요르단 땅이 놀라운 것이 되리니 그리로 지나는 자마다 놀라며 그 모든 재앙을 인하여 비웃으리로다. 보라 사자가 요단의 수풀에서 올라오는 것같이 그가 와서 견고한 처소를 칠 것이라 내가 즉시 그들을 거기서 쫓아내고 택한 자를 내가 그 위에 세우리니 나와 같은 자 누구며 나로 더불어 다툴 자 누구며 내 앞에 설 목자가 누구냐.

그런즉 남 요르단 땅에 대한 도모와 서북 아라비아에 대하여 경영한 나의 뜻을 들어라. 그 넘어지는 소리에 땅이 진동하며 그 부르짖는 소리는

홍해에 들리리라. 보라 원수가 독수리같이 날아와서 그 날개를 보츠라 위에 펴는 그날에 남 요르단 군인들의 마음이 구로 하는 여인 같을 것이다."

'예벨 에쉬-쉐라'폭격

"그 거민들이 유다 족속을 쳐서 원수를 갚았고 원수를 갚음으로 심히 범죄하였도다.

그러므로 내가 손을 그 지역에 펴서 사람과 짐승을 그 가운데서 끊어 페트라 동쪽 '타위란'에서부터 황무하게 하리니 '엘-우라'까지 칼에 엎드러질 것이다."

유럽군 상륙부대 다마스커스 탈환

"전략적 요충지 '오론테스'강변 알렙포 남-남서쪽 약 120km지점에 위치한 '하마'와 알렙포 북쪽 약 30km 지점에 위치한 '텔 리파트'가 수치를 당할 것이다. 이는 적군이 해변에 상륙한다는 흉한 소문을 듣고 낙담함이라 바닷가에 슬픔이 있고 평안이 없도다. 다메섹이 실망하여 마음의 평안을 잃고 상심에 쌓였으니 떨림이 그를 움켰고 해산하는 여인같은 고통과 슬픔이 그를 잡았도다. 찬송의 도시 나의 즐거운 도시가 어찌 버린 것이 되지 않겠느냐. 그런즉 그날에 그의 청년들은 그 거리에 엎드러지겠고 모든 군사는 멸절 될 것이며. 내가 다메섹 도시에 불을 놓으리니 벤하닷의 궁전이 살라지리라."

유럽군 공정부대 '에-야우프' 공격

"오아시스 두마에 관한 경고라. 사람이 세일에서 부르되 파수꾼이여 밤이 어떻게 되었느냐

파수꾼이 말하길 아침이 오나니 밤도 오리라 네가 물으려거든 물어라 너희는 돌아올지니라."

유럽함대 카타르 · 바레인 · 아랍에미리트 · 예멘 · 오만 대폭격

"유럽군에 공격된 바 아라비아 나라들에 대한 말씀이라. 너희는 일어나 아라비아로 올라가서 동방 자손들을 멸하라. 너희는 그 장막과 양 떼를 취하며 휘장과 모든 기구와 약대를 빼앗아다가 소유를 삼고 그들을 향하여 외치기를 두려움이 사방에 있다 할지니라. 아라비아인들아 도망하라 멀리 가서 깊은데 거하라 이는 유럽군대가 너를 칠 모략과 너를 칠 계책을 정하였음이라. 북방군대들아 넓은 사막을 믿고 염려 없이 거하는 아라비아 국민을 치라. 그들의 약대들은 노략되겠고 그 많은 가축은 탈취를 당할 것이라. 내가 그 머리털을 모지게 깎는 사막의 유목민들을 사면에 흩고 그 재난을 각 방에서 오게 하리라."

다시 흑암의 재앙

모세야 하늘을 향하여 네 손을 들어서 세상에 흑암이 있게 하라. 모세가 하늘을 향하여 손을 들매 캄캄한 흑암이 삼 일 동안 지구 전역에 있어서. 그 동안은 사람 사람이 서로 볼 수 없으며 자기 처소에서 일어나는 자가 없으나 이스라엘 자손이 거하는 곳에는 광명이 있더라.

흑암물질폭탄, 독소용폭탄

· 제조국: 미국

흑암폭탄은 적국의 하늘을 캄캄하게 만드는 신무기로 어두움이 걷히는데 약 삼일이 걸린다.

동물 또는 새(솔개)에서 축출한 화학성분으로 추정되고, 돌(흑연)가루 또는 철가루로 만들어진 분자변환용로봇일 수도 있다. 독소용폭탄은 적국의 강과 하천을 파괴하는 신무기로, 강한 하제 성분이 있는 야생덩굴에서 나는 '파쿠오트'(쓴 사과열매) 또는 '키카욘'(아주까리), 그리고 괴 박테리아들을 이용한 것으로 추정된다. 이 물파괴용폭탄이 하수에 떨어지면 짧은 시일 내로 물이 쓰게 변하여 마실 수 없다.

→2262년→ 이집트전역에 발생한 이상야 현상

“내가 네 고기를 여러 산에 두며 네 시체를 여러 골짜기에 채울 것임이여. 네 피로 헤엄치는 땅에 물대듯 하여 산에 미치게 하며 그 모든 개천에 채우리로다. 내가 너를 불 끄듯 할 때에 하늘을 가리워 별로 어둡게 하며 해를 구름으로 가리우며 달로 빛을 발하지 못하게 할 것임이여. 하늘의 모든 밝은 빛을 내가 네 위에서 어둡게 하여 어두움을 네 땅에 베풀리로다.”

→2262년→ 러시아 멸망

“거기 살육 당한 자와 함께 내려간 우크라이나, 벨라루시, 러시아 북방 모든 방백과 모든 무리가 있음이여 그들이 본래는 강성하였으므로 두렵게 하였었으나 이제는 부끄러움을 품고 할례 받지 못하고 칼에 살육 당한 자와 함께 누웠고 구덩이에 내려가는 자와 함께 수욕을 당하였도다. 바로가 그들을 보고 그 모든 무리로 인하여 위로를 받을 것임이여 칼에 살육 당한 그 온 군대가 그러하리로다.”

→2262년→ 인도 멸망

“거기 인도와 그 온 무리가 있음이여 다 살육을 당하여 칼에 엎드러진 자라 그 무덤이 그 사방에 있도다.

그 무덤이 구덩이 깊은 곳에 베 풀렸고 그 무리가 그 무덤 사방에 있음이여 그들은 다 살육을 당하여 칼에 엎드러진 자 곧 생존 세상에서 사람을 두렵게 하던 자로다.”

→2262년→ 어느 달 15일 이집트 멸망

“인자야 이집트의 무리를 애곡하고 그와 유명한 나라 여자들을 구덩이에 내려가는 자와 함께 지하에 던지며. 일러라 너의 아름다움이 누구보다 지나가는고 너는 내려가서 할례 받지 않은 자와 함께 누울지어다. 그들이 살육 당한 자 중에 엎드러질 것임이여 그는 칼에 붙인 바 되었으니 그와 그 모든 무리를 끌지어다. 용사 중에 강한 자가 그를 돕는 자와 함께 스올 가운데서 그에게 말함이여 할례 받지 않은 자 곧 칼에 살육 당한 자들이 내려와서 가만히 누웠다 하리로다."

→2262년→ 요르단 멸망

"거기 요르단 곧 그 열왕과 그 모든 방백이 있음이여 그들이 강성하였었으나 칼에 살육 당한 자와 함께 있겠고 할례 받지 못하고 구덩이에 내려간 자와 함께 누우리로다."

→2262년→ 이란 멸망

"거기 엘람이 있고 그 모든 무리가 그 무덤 사면에 있음이여 그들은 다 할례를 받지 못하고 살육을 당하여 칼에 엎드러져 지하에 내려간 자로다. 그들은 생존 세상에서 두렵게 하였으니 이제는 구덩이에 내려가는 자와 함께 수치를 당하였도다. 그와 그 모든 무리를 위하여 침상을 살육 당한 자 중에 베풀었고 그 여러 무덤은 사면에 있음이여 그들은 다 할례를 받지 못하고 칼에 살육을 당한 자로다. 그들이 생존 세상에서 두렵게 하였었으나 이제는 구덩이에 내려가는 자와 함께 수치를 당하고 살육 당한 자 중에 뉘었도다."

→2262년→ 통일한국 멸망

유럽통합군에 의해서 한국도 멸망한다. 북한의 멸망은 이렇게 예언되어 있다.

- 증서 "보라 주께서 엘람(이란)의 힘의 으뜸 되는 자랑하는 활(미사일)을 꺽을 것이요, 하늘의 사방에서부터 사방 바람을 이란에 이르게 하여 그들을 사방으로 흩으리라."

활은 현대무기로 전술미사일(단거리 미사일 종류), 창은 전략미사일(장거리 미사일 종류)을 가리킨다. 그런즉 이 말씀을 해석해 보면 이란 전력의 핵은 미사일임을 알 수 있다.

그런데 이란의 미사일 개발에 북한이 참여하고 있으니 대유법 상 미사일은 북한도 가리키고 있는 것이다.

따라서 북한의 기술력으로 이란이 세계에 자랑할 만한 미사일을 개발하지만 주께서 이 미사일을 꺾으시겠다는 뜻으로 해석할 수 있다.— 이 말은 이란의 미사일기지들을 모조리 파괴한다는 뜻도 되고, 미사일 제조 기술을 제공한 북한을 멸망시킨다는 뜻도 포함되어 있다.

이로 보건대 종말에 북한과 이란은 우방국들의 주 공격목표가 되어 동시에 집중 공격당할 가능성이 높다.

→2262년→ 어느 해 3월1일 레바논 멸망

→2262년→ 어느 해 6월1일 시리아 멸망

"거기 시리아와 그 모든 무리가 있고 그 여러 무덤은 사면에 있음이여 그들은 다 할례를 받지 못하고 칼에 살육을 당한 자로다 그들이 생존 세상에서 두렵게 하였었으나. 그들이 할례 받지 못한 자 중에 이미 엎드러진 용사와 함께 누운 것이 마땅치 아니하냐 이 용사들은 다 병기를 가지고 스올에 내려 자기의 칼을 베개 하였으니 그 백골이 자기 죄악을 졌음이여 생존 세상에서 용사의 두려움이 있던 자로다. 오직 너는 할례 받지 못한 자와 일반으로 패망할 것임이요 칼에 살육 당한 자와 함께 누우리로다."

→2262년→ 어느 해 12월1일 터키 멸망

→2262년→ 어느 해 12월15일 이라크 멸망

"거기 이라크와 그 온 무리가 있음이여 다 살육을 당하여 칼에 엎드러진 자라 그 무덤이 사방에 있도다.

그 무덤이 구덩이 깊은 곳에 베풀렸고 그 무리가 그 무덤 사방에 있음이여 그들은 다 살육을 당하여 칼에 엎드러진 자 곧 생존 세상에서 사람을 두렵게 하던 자로다."

→2262년→ 어느 해 12월15일 키프로스 멸망

→2262년→ 어느 해 12월15일 아르메니아 멸망

파수꾼의 경고

"인자야 너는 네 민족에게 고하여 일러라 가령 내가 칼을 한 땅에 임하게 한다 하자 그 땅 백성이 자기 중에 하나를 택하여 파수꾼을 삼은. 그 사람이 칼이 그 땅에 임함을 보고 나팔을 불어 백성에게 경고하되. 나팔 소리를 듣고도 경비를 하지 아니하므로 그 임하는 칼에 제함을 당하면 그 피가 자기의 머리로 돌아갈 것이라. 그가 경비를 하였던들 자기 생명을 보전하였을 것이나 나팔 소리를 듣고도 경비를 하지 아니하였으니 그 피가 자기에게로 돌아가리라. 그러나 파수꾼이 칼이 임함을 보고도 나팔을 불지 아니하여 백성에게 경고치 아니하므로 그 중에 한 사람이 그 임하는 칼에 제함을 당하면. 그는 자기 죄악 중에서 제한바 되려니와 그 죄를 내가 파수꾼의 손에서 찾으리라. 인자야 내가 너로 세상의 파수꾼을 삼음이 이와 같으니라. 그런즉 너는 내 입의 말을 듣고 나를 대신하여 그들에게 경고할지어다. 가령 내가 악인에게 이르기를 악인아 너는 정녕 죽으리라 하였다 하자. 네가 그 악인에게 말로 경고하여 그 길에서 떠나게 아니하면, 그 악인은 자기 죄악 중에서 죽으려니와 내가 그 피를 네 손에서 찾으리라. 그러나 너는 악인에게 경고하여 돌이켜 그 길에서 떠나라고 하되 그가 돌이켜 그 길에서 떠나지 아니하면, 그는 자기 죄악 중에서 죽으려니와 너는 네 생명을 보전하리라. 나는 악인의 죽는 것을 기뻐하지 아니하고 악인이 그 길에서 돌이켜 떠나서 사는 것을 기뻐하노라.

사람들아 돌이키고 돌이켜라 너희 악한 길에서 떠나라 어찌 죽고자 하느냐. 의인이 범죄 하는 날에는 그 의가 구원치 못할 것이요 악인이 돌이켜 그 악에서 떠나는 날에는 그 악이 그를 엎어뜨리지 못할 것인즉 의인이 범죄 하는 날에는 그 의로 인하여는 살지 못하리라. 가령 내가 의인에게 말하기를 너는 살리라 하였다 하자. 그가 그 의를 스스로 믿고 죄악을 행하면 그 모든 의로운 행위가 하나도 기억되지 아니하리니 그가 그 지은 죄악 중 곧 그 중에서 죽으리라. 가령 내가 악인에게 말하기를 너는 죽으리라 하였다 하자. 그가 돌이켜 자기의 죄에서 떠나서 법과 의(義)대로 행하여. 전당물을 도로 주며 억탈물을 돌려 보내고 생명의 율례를 준행하여 다시는 죄악을 짓지 아니하면 그가 정녕 살고 죽지 않을지라. 그의 본래 범한 모든 죄가 기억되지 아니하리니 그가 정녕 살리라 이는 법과 의를 행하였음이니라 하라. 그래도 세상 사람들은 말하기를 신은 공평치 않다 하는도다 그러나 실상은 그들의 길이 공평치 아니하니라. 만일 의인이 돌이켜 그 의에서 떠나 죄악을 지으면 그가 그 가운데서 죽을 것이고. 만일 악인이 돌이켜 그 악에서 떠나 법과 의 대로 행하면 그가 그로 인하여 살리라 그러나 사람들은 주의 길이 공평치 않다 하는도다 사람들아 누구든지 너희의 각기 행한 대로 심판 받을 것이다.

★로마의 제 2교황청, 사르데냐 섬에 관한 경고

땅의 임금들을 다스리는 큰 성, 이 바벨론은 바다 위에 건설된 해상도시로 이 음녀가 받을 심판을 네게 보이리라. 땅의 임금들도 그로 더불어 음행하였고 땅에 거하는 자들도 그 음행의 포도주(단일경전)에 취하였다 하고. 곧 성령으로 나를 데리고 광야로 가니라 내가 보니 여자가 붉은 빛 짐승을 탔는데 이 짐승은 여자+뱀+새+짐승+보석의 유전자를 섞어 만든 키메라생물이더라.

상체는 유방이 달린 여자고 하체는 짐승이며 일곱 머리와 열 뿔이 있는데 자줏빛과 붉은 빛 옷을 입었고 금과 보석과 진주로 꾸몄더라. 그 손에 금잔을 가졌는데 그 속에는 쥐, 지네, 거미, 개구리 같은 가증한 것들이 있으며 이것들을 먹더라. 그 이마에 이름이 기록되었으니 경전에 기록하길 비밀이라, 천국의 주인이라,

땅의 여신들과 뱀들의 어미라 하였고 이 여신의 몸에 참람된 이름들이 있으니 신·구원자·주(主)라 하여 신격화하였더라.

또 내가 보매 이 여자가 영을 내려 예수 믿는 자들을 잡아 죽이라 하였으므로 이 여자가 성도들의 피와 예수의 증인들의 피에 취한지라, 그 이유를 물은즉 성도들의 피로 술을 만들어 마셨음이라 하더라.

또 내가 들으니 하늘로서 다른 음성이 나서 가로되 내 백성아 거기서 나와 그의 죄에 참여하지 말고 그의 받을 재앙들을 받지 말라. 그 죄는 하늘에 사무쳤으며 하나님은 그의 불의한 일을 기억하신 지라.

그가 준 그대로 그에게 주고 그의 행위대로 갑절을 갑아 주고 그의 섞은 잔에도 갑절이나 섞어 그에게 주라. 그가 어떻게 자기를 영화롭게 하였으며 사치하였든지 그만큼 고난과 애통으로 갚아 주라.

이 여자가 마음에 말하기를 나는 사탄의 아내이자 여왕으로 세상을 지배하는 자요 과부가 아니라 결단코 애통을 당하지 아니하리라 하니. 그러므로 하루 동안에 그 재앙들이 이르리니 곧 사망과 애통과 흉년이라 그가 또한 불에 살라지리니 그를 심판하실 주 하나님은 강하신 자이심이니라.

이일 후에 다른 천사가 하늘에서 내려오는 것을 보니 큰 권세를 가졌는데 그의 영광으로 땅이 환하여지더라. 힘센 음성으로 외쳐 가로되 무너졌도다 무너졌도다 거짓종교로 세상을 미혹하던 큰 성 바벨론이여 귀신의 처소와 각종 더러운 악령이 모이는 곳과 각종 더럽고 가증한 새의 모이는 곳이 되었도다.

그 음행의 진노의 포도주로 인하여 만국이 무너졌으며 또 땅의 왕들이 그로 더불어 음행하였으며 땅의 상고들도 그 사치의 세력을 인하여 치부하였도다 하더라.

이에 한 힘센 천사가 큰 맷돌 같은 돌을 들어 바다에 던져 가로되 거짓

종교의 본거지인 사르데냐 섬이 이같이 바닷물에 침몰하여 결코 다시 보이지 아니하리로다. 지진과 화산폭발과 떨어지는 불덩이로 이 섬이 멸망당할 때에 땅의 왕들이 그 불붙는 연기를 보고 위하여 울고 가슴을 치며. 그 고난을 무서워하여 멀리 서서 가로되 화 있도다 화 있도다 큰 성, 견고한 성 바벨론이여 일시간에 네 심판이 이르렀다 하리로다.

땅의 상고들이 그를 위하여 울고 애통하는 것은 다시 그 상품을 사는 자가 없음이라. 그 상품은 금과 은과 보석과 진주와 세마포와 자주 옷감과 비단과 붉은 옷감이요 제사에 쓰는 각종 향목과 각종 상아 기명이요 값진 나무와 진유와 철과 옥석으로 만든 각종 기명이요. 계피와 향료와 향과 향유와 유향과 포도주와 감람유와 고운 밀가루와 밀과 소와 양과 말과 수레와 종들과 사람의 영혼들이라.

그러한 부가 일시간에 망하였도다 각 선장과 각처를 다니는 선객들과 선인들과 바다에서 일하는 자들이 시칠리아 섬에서 멀리 바라보고. 그 불붙는 연기를 보고 외쳐 가로되 이 큰 성과 같은 성이 어디 있느뇨 하며. 티끌을 자기 머리에 뿌리고 울고 애통하여 외쳐 가로되 화 있도다 화 있도다 이 큰 성이여 바다에서 배 부리는 모든 자들이 너의 보배로운 상품을 인하여 치부하였더니 일시간에 망하였도다. 거문고 타는 자와 풍류하는 자와 퉁소 부는 자와 나팔 부는 자들의 소리가 결코 다시 네 가운데서 들리지 아니하고. 물론 어떠한 세공업자든지 결코 다시 네 가운데서 보이지 아니하고 또 맷돌 소리가 결코 다시 네 가운데서 들리지 아니하고. 등불 빛이 결코 다시 네 가운데서 비취지 아니하고 신랑과 신부의 음성이 결코 다시 네 가운데서 들리지 아니하리로다. 너의 상고들은 땅의 왕족들이라 네 복술을 인하여 만국이 미혹되었도다. 선지자들과 성도들과 및 땅 위에서 죽임을 당한 모든 자의 피가 이 성중에서 보였느니라 하더라.

★큰 십일시, 뒷걸음치는 지구

오랜 후 제 구시 기간이 모두 끝나고 제 십일시가 되자 서→동으로 자전하던 지구는 일시 정지한다.

그런 다음 해 그림자가 10도 뒤로 갈 만큼 동→서로 움직였다가 다시 앞으로 회전하는 이상현상이 발생한다. 마치 시계바늘을 조금 뒤로 조정하는 것과 같은데, 이는 정규기간 외에 조금 연장된 시간이 있음을 알려주기 위한 천체징조이다. 이 지구시계의 역행현상이 바로 제 구시와 제 십일시를 나누는 분기점이다.

→2270년→ 1월10일 작은 십일시 제1차 첫번째 휴거발생

우리가 사로잡힌 지 25년이요 예루살렘 성이 함락된 후 14년 4월10일 곧 그날에 여호와의 권능이 내게 임하여 나를 들어 공중으로 데리고 이스라엘 땅으로 가시되—

—★신비스러운 광경 중에 나를 데리고 지구 남방에 있는 화성에 이르러 우리 태양계의 최대 화산 올림푸스 산에 내려놓으시는데 거기서 남으로 향하여 성읍 형상 같은 것이 있더라.

미래에 건축될 이 성전의 제도와 식양과 그 출입하는 곳과 그 모든 형상과 그 모든 규례와 그 모든 법도와 그 모든 율례에 관해서는 Ez40-46장을 참고할 것.

★화성 생명체 발현

7년간의 건축으로 이 성전이 완공되자. 하나님의 영광이 동편에서부터 오는데 신들의 음성이 많은 물소리 같고 땅은 그 영광으로 인하여 빛나니. 그 뜨거운 열기에 의해 화성의 얼음 들이 녹아 강들로 흘러들더라.

신들이 동향한 문에 이르니 그 문지방 밑에서 또 다른 물 곧 소생케 하는 물이 나와 동으로 흐르다가 전 우편 제단 남편으로 흘러내리더라. 그가 또 나를 데리고 북문으로 나가서 바깥 길로 말미암아 꺾여 동향한 바깥문에 이르시기로 본즉 물이 그 우편에서 스미어 나오더라.

강이더라.

헤엄할 물이요 사람이 능히 건너지

못할 강이 된지라 그 물이 창일하여

★층계 다시 일천 척을 측량하시니 물이 내가 건너지

오르고.

측량하고 나로 물을 건너게 하시니 물이 허리에

하시니 물이 무릎에 오르고 다시 일천 척을

↱ 다시 일천 척을 측량하고 나로 물을 건너게

하시니 물이 발목에 오르더니.

일천 척을 측량한 후에 나로 그 물을 건너게

그 사람이 손에 줄을 잡고 동으로 나아가며

그가 내게 이르시되 인자야 네가 이것을 보았느냐 하시고 나를 인도하여 화성 계곡으로 돌아가게 하시기로 내가 돌아간즉 화성 계곡의 강가에 나무가 심히 많더라. 그가 내게 이르시되 이 신비한 물이 동쪽으로 향하여 흘러 내려가서 소행성이 충돌하여 만들어진 바다에 이르고 이 흘러내리는 물로 그 바다의 물이 소성함을 입을지라. 하나님의 말씀이 물에서 역동하매 이 강물이 이르는 곳마다 번성하는 생물이 또 생겨나고 고기가 심히 많으리니, 이물이 흘러 들어가므로 바닷물이 소성함을 얻겠고 이 강이 이르는 각처에 모든 것이 살 것이며. 또 전처럼 화성의 강가에 어부가 설 것이니 엔게디에서부터 에네글라임까지 그물 치는 곳이 될 것이라. 그 고기가 각기 종류를 따라 큰 바다의 고기같이 심히 많으려니와, 그 진 펄과 개펄은 소성 되지 못하고 소금 땅이 될 것이며. 강 좌우 가에는 각종 먹을 실과 나무가 자라서 그 잎이 시들지 아니하며 실과가 끊치지 아니하고 달마다 새 실과를 맺으리니, 그 신비한 효력을 가진 물이 신들이 임한 성소로 말미암아 나옴이라.

그 실과는 먹을 만하고 그 잎사귀는 약 재료가 될 것이니 인류는 거의 모든 질병을 정복하게 될 것이다.

> 우주순찰자 림몬의 권고사항
>
> 성도들아 3월10일에 너희 매 인이 어린양을 취할지니 각 가족대로 그 식구를 위하여 어린양을 취하되. 흠 없고 일년 된 수컷으로 양이나 염소 중에서 취하고 3월14일까지 간직하였다가 해질 때에 그 양을 잡고. 그 피로 양을 먹을 집 문 좌우 설주와 인방에 바르고 그 밤에 고기를 불에 구워 무교병과 쓴 나물과 아울러 먹되. 날로나 물에 삶아서나 먹지 말고 그 머리와 정강이와 내장을 다 불에 구워먹고. 아침까지 남겨두지 말며 아침까지 남은 것은 곧 소화하라. 너희가 그것을 이렇게 먹을지니 허리에 띠를 띠고 발에 신을 신고 손에 지팡이를 잡고 급히 먹어라.
>
> 그가 그 밤에 땅에 두루 다니며 사람들을 온역으로 칠 때에 그 피가 너희의 거하는 집에 있어서 너희를 위하여 표적이 될지라 내가 피를 볼 때에 너희를 넘어가리니 그 집에는 질병이 임하지 아니하리라.

"보라 어두움이 땅을 덮을 것이며 캄캄함이 만민을 가리우려니와 오직 여호와께서 네 위에 임하실 것이며 그 영광이 네 위에 나타나니라. 열 나흘째 되는 날 밤에 우리가 지중해 바다에 이리저리 쫓겨가더니 밤중쯤 되어 사공들이 어느 육지에 가까워지는 줄을 짐작하고. 물을 재어 보니 이십 길이 되고 조금 가다가 다시 재니 열 다섯 길이라. 암초에 걸릴까 하여 고물로 닻 넷을 주고 날이 새기를 고대하더니. 사공들이 도망하고자 하여 이물에서 닻을 주려는 체하고 거루를 바다에 내려놓거늘. 군사들이 거룻줄을 끊어 떼어 버리니라.

날이 새어 가매 바울이 여러 사람을 음식 먹어라 권하여 가로되 너희가 기다리고 기다리며 먹지 못하고 주린지가 오늘까지 열 나흘인즉. 음식 먹어라 권하나니 이것이 너희 구원을 위하는 것이요 너희 중 머리터럭 하나라도 잃을 자가 없느니라 하고. 떡을 가져다가 모든 사람 앞에서 하나님께 축사하고 떼어먹기를 시작하매. 저희도 다 안심하고 받아먹으니. 배에 있는 우리의 수는 276인이러라.

→2276년→ 하나님 두번째 강림

"원컨대 주는 하늘을 가르고 강림하시고 주의 앞에서 산들로 진동하기를. 불이 섶을 사르며 불이 물을 끓임 같게 하사 주의 대적으로 주의 이름을 알게 하시며 열방으로 주의 앞에서 떨게 하옵소서. 주께서 강림하사 우리의 생각밖에 두려운 일을 행하시던 그 때에 산들이 주의 앞에서 진동하였사오니. 주 외에는 자기를 앙망하는 자를 위하여 이런 일을 행한 신을 예로부터 들은 자도 없고 귀로 깨달은 자도 없고 눈으로 본 자도 없었나이다."

→2277년→ 작은 십일시 제1차 두번째 휴거발생

하나님께서 빠른 구름을 타시고 지구를 스쳐 지나가신 지 1년 후, 곧 첫번째 휴거가 발생한지 엿새 후 즉 6년 후에 두번째 휴거가 발생할 것이다.

다시 장자들의 죽음

밤중에 여호와께서 세상에서 모든 처음 난 것 곧 위에 앉은 왕들의 장자로부터 옥에 갇힌 사람의 장자까지와 생축의 처음 난 것을 다 치시매. 그 밤에 바로와 그 모든 신하와 모든 세상사람이 일어나고 지구 전역에 큰 호곡이 있었으니 이는 그 나라에 사망치 아니한 집이 하나도 없음이더라.

—핵전쟁 후 질병에 강한 쥐 떼들이 시체들을 먹고 무수히 번식한다. 그래서 사람들은 쥐를 잡아먹으므로 굶주림은 면하지만 세상에 흑사병이 돌아 한 집에 한 사람 이상 전염병으로 죽지 않는 집이 없다.

• 증서 "땅을 해롭게 하는 쥐 형상을 만들어."

게다가 화학매개체의 도움으로 공격목표에 대한 유전자의 정보를 인식하는 괴 박테리아가 출현하여 사람과 생축을 무론하고 처음 난 것은 다 죽임으로 장자들의 재앙이 닥친다.

마이크로병사

마이크로머신기술의 발달로 직경 1㎜ 이하의 초미니로봇이 개발되고 이를 군사적 목적으로 이용할 경우, 유전자 정보를 판독하여 특정인만 골라 죽이는 일이 가능하다. 특히 장자를 잃은 슬픔이 제일 크기 때문에 장자들이 주 공격목표가 되는 것 같다.

→2278년~2430년→ 약 150년의 암흑기

이 기간동안 일기가 불순하여 흐리고 비오는 날이 많으며 일광은 사라져서 날이 어둡고 침침하다.

흐리고 캄캄한 날, 어둡고 캄캄한 날, 캄캄하고 어두운 날이 지속되면서 집집마다 곰팡이가 많이 발생한다.

성경은 이 곰팡이의 대재앙을 예고하고 있다. 벽과 천장뿐 아니라 의복에까지 곰팡이가 피어 매캐한 냄새로 심한 두통을 앓는다. 게다가 좀과 벌레, 이와 벼룩 떼가 이상증식해서 극심한 가려움과 발열에 시달리게 될 것이다.

→2430년→ 첫 번째 말일 종결

하나님의 자녀들이 세상에 거주한 지 430년이라. 사 백 삼십 년이 마치는 그 날에 여호와의 군대가 다 세상에서 나왔으니. 이는 여호와의 밤이라 그들을 세상에서 인도하여 내심을 인하여 여호와 앞에 지킬 것이니라.

이에 제1삼시의 파라 계획은 모두 끝이 나고 하늘 문은 닫힌지라. 뒤늦게 미련한 처녀들이 와서 말하기를 주여 주여 우리에게 열어 주소서 하자. 그가 가로되 진실로 너희에게 이르나니 내가 너희를 알지 못하노라 하였느니라. 그런즉 깨어 있어라 너희는 그 날과 그 시를 알지 못하니라.

다시 여상해진 손

모세야 문둥병 발한 네 손을 다시 품에 넣어라.

그대로 하여 다시 손을 품에 넣었다 내어보니 손이 여상하더라.

논단: 이 이적의 가르침은 무슨 의미이냐?

—손은 행실·행위를 상징하는 것으로 이러한 징계를 통해서 하나님을 버리고 우상을 섬긴 이스라엘 민족들이 뉘우치고 돌이킨다는 뜻이다.

영속적인 삶을 이어 가리라

"인자야 너는 황폐화된 땅과 무너진 도시들을 향해 이렇게 예언하라.

내가 너희를 황무케 하고 너희 사방을 삼켜서 살아남은 사람들의 말거리와 비방거리가 되게 하였도다.

주께서 산들과 멧부리들과 시내들과 골짜기들과 황무한 사막들과 사면에 남아있는 이방인의 노략거리와 조롱거리가 되어버린 도시들에 말씀하셨느니라.

내가 진실로 내 맹렬한 투기로 남아있는 땅을 쳐서 멸하였으니 이는 그들이 심히 즐거워하는 마음과 멸시하는 심령으로 내 땅을 빼앗아 노략하여 자기 소유를 삼았음이니라. 그러나 내가 돌이켜 너희와 함께 하리니 사람이 너희를 갈고 심을 것이며. 내가 또 사람을 너희 위에 많게 하리니 살아남은 사람들이 또 도시들에 거하며 파괴된 건물을 복구하고 빈땅에 건축하게 하리라. 내가 너희 위에 사람과 짐승으로 많게 하되 생육이 중다하고 번성하게 할 것이라. 너희 전 지위대로 사람이 거하게 하여 너희를 처음보다 낫게 대접하리니 너희가 나를 여호와인 줄 알리라."

그 후 나라들이 재건되고 다시 문명이 발달하기 전까지 큰 전쟁은 일어나지 않는다.

또한 두번째 말일인 ~A. D. 4197년이 되기 전까지 신들은 세상일에 관여하지도 않으신다.

그 시대에 또 나라를 잃은 이스라엘 민족은 2천년동안 세계를 떠돌고 분자생물학의 발달로 현재보다 한 차원 진보된 변종인간들이 땅에 가득해진다. 그러다 두번째 말일에 유대민족이 다시 시온주의 운동을 일으켜 두번째 이스라엘나라가 독립하고 아랍과의 평화를 실현하면서 또 환난이 시작된다. 이런 격변기를 거치면서 인간의 몸은 점점 변형되고 그 거주범위를 우주로 확장시켜 가게 되는 것이다.

→A. D. 7030년→ 제 십일시 휴거사건 발생

★???13만,0150년 지구 대 지각변동 발생

그때에 외계에서 날아온 열풍과 압력파가 지구의 최상층 하늘을 강타한다. 이 여파로 하늘은 불타서 날아가 버리고 지구의 공기들이 외부우주로 빠지면서 지각이 들려 지판끼리 서로 밀어내고 충돌한다.

그리하여 전혀 새로운 형태의 땅이 만들어질 것이다.

• 증서 "주께서 땅을 만져 녹게 하사 그 온 땅으로 하수의 넘침같이 솟아오르며 애굽 강같이 낮아지게 하시며, 바닷물을 불러 지면에 쏟으시니, 땅이 진동하며 터가 전율하며 산이 무너지고 작은 산이 엎드러지니, 산들이 흔들리며 창수가 넘치고 바다가 소리를 지르며 손을 높이 들며, 하수들로 땅이 쪼개지나이다."

내 생각으로는 지구 속이 완전히 비는 것 같다. 왜냐하면 지구는 어린양을 잡는 번제단인데, 모세를 시켜 번제단을 만들 때에 네모 반듯하게 하고 속을 비게 만들었기 때문이다.

버려지는 지구

그후 지각변동이 멈추고 새 환경이 조성될 때까지 지구는 쓸쓸한 상태로 비어있는 타 행성들처럼 상당기간 버려진다. 그 안식년동안 땅에는 추위와 음산함만이 감돌 뿐이다.

★그 년 월 일 시, 회생사건발생

그 오랜 세월 후 땅이 정화되고 새 경영의 때가 차자, 하늘로부터 징조가 임하고 현란한 번개 빛이 사면을 두른다. 그때에 신비한 이슬이 하늘로부터 땅으로 떨어져 내리는데, 이 이슬은 생기의 조화와 응집소를 가진 물로써 땅에 닿는 즉시 같은 세포, 같은 염색체, 같은 유전자끼리 응결·응집·응고시키는 효력을 발생시킨다.

그리하여 사라졌던 생물들이 다시 나오고 그 기간동안 죽었던 사람들이 순식간에 회생하는 기이한 일이 발생하게 된다.

- 증서 "죽은 자들은 살아나고 우리의 시체들은 일어나리이다. 티끌에 거하는 자들아 너희는 깨어 노래하라 주의 이슬은 빛난 이슬이니 땅이 죽은 자를 내어놓으리로다."

'회생'(回生)이란? 죽은 자가 되살아나는 것으로 부활과는 질적으로 다른 사건이다.

- 예시 "엘리사가 죽으매 장사하였더니 해가 바뀌매 모압 적당이 지경을 범한지라, 마침 사람을 장사하는 자들이 그 적당을 보고 그 시체를 엘리사의 묘실에 들이 던지매, 시체가 엘리사의 뼈에 닿자 곧 회생하여 일어섰더라."

회생을 다른 말로 환생이라 하는데 환생(幻生) 즉 사람이 죽었다가 개, 돼지, 소 같은 형상으로 다시 태어나는 것이 아니라, 환생(還生) 즉 죽은 자가 그 모습 그대로 다시 살아나 복귀되는 것을 일컫는다.

그리하여 아이는 아이로, 청년은 청년으로, 노인은 노인으로, 남자는 남자로, 여자는 여자로, 농부는 농부로, 어부는 어부로, 군인은 군인으로 되살아나서 두번째 삶을 영위하게 된다. 그때에 반 중력상태에서 살아 갈 수 있도록 기관의 변형은 있을 것이다.

- 증서 "여호와께서 권능으로 내게 임하시고 그 신으로 나를 데리고 가서 골짜기 가운데 두셨는데 거기 죽은 뼈들이 가득하더라. 나를

그 뼈 사방으로 지나게 하시기로 본즉 그 골짜기 지면에 뼈가 심히 많고 아주 말랐더라. 그가 내게 이르시되 인자야 이 뼈들이 능히 살겠느냐 하시기로 내가 대답하되 여호와여 주께서 아시나이다. 또 내게 이르시되 너는 이 모든 뼈에게 대언하여 이르기를 너희 마른 뼈들아 여호와의 말씀을 들을지어다. 주께서 이 뼈들에게 말씀하시기를 내가 생기로 너희에게 들어가게 하리니 너희가 살리라.

너희 위에 힘줄을 두고 살을 입히고 가죽으로 덮고 너희 속에 생기를 두리니 너희가 살리라.

이에 내가 명을 좇아 대언하니 대언할 때에 소리가 나고 움직이더니 이 뼈, 저 뼈가 들어맞아서 뼈들이 서로 연락하더라.

내가 또 보니 그 뼈에 힘줄이 생기고 살이 오르며 그 위에 가죽이 덮이나 그 속에 생기는 없더라.

또 내게 이르시되 인자야 너는 생기를 향하여 대언하라. 생기에게 대언하여 이르기를 여호와의 말씀에 생기야 사방에서부터 와서 이 사망을 당한 자에게 불어서 살게 하라 하셨다. 이에 내가 그 명대로 대언하였더니 생기가 그들에게 들어가매 그들이 곧 살아 일어나서 서는데 극히 큰 군대더라.

인자야 이 뼈들은 이스라엘 족속과 세상의 죽은 자들이라 그들이 이르기를 우리의 뼈들이 말랐고 우리의 소망이 없어졌으니 우리는 다 멸절되었다 하느니라. 그러므로 너는 대언하여 그들에게 이르기를 여호와의 말씀에 내가 사람들의 무덤을 열고 거기서 나오게 하고 다시 땅에서 생을 누리게 하리라. 사람들아 내가 무덤을 열고 거기서 나오게 한즉 너희가 나를 여호와인 줄 알리라 하라."

선지자 '에스겔'의 글을 깨닫도록 지도하실 때에 내가 이런 것을 물어보았다.

'왜 심판 때가 되기도 전에 사람들이 되살아나는 것입니까? 그때에 하나님께서는 이런 의미로 말씀하셨다.

"내가 하는 모든 것은 둘이 합쳐야 하나를 이룬다. 반분의 법칙으로 무엇이든 하나를 그냥 두지 않고 쪼개어 두는 나의 속성 때문이다. 이러므로 사람도 두 번 죽어야 한 번 죽는 것이 되어 심판을 받을 수 있다.

사람으로 태어난 이상 누구든지 심판을 면할 길은 없다는 것을 너도 잘 알 것이다. 심판은 죄인을 형벌 하는 것이요 죄는 율법의 정죄를 받는 것이다. 하지만 율법은 죄를 알게 하는 것일 뿐 사람이 지킬 수 없는 법도이다. 그래서 내가 여자의 몸을 빌어 성령으로 된 나의 아들을 낳았고 예수를 시켜 율법의 의를 이루도록 하였다. 그는 세상 죄를 지고 가는 어린양으로서 인류의 모든 죄를 대속하였다. 그로 인해 세상에 율법의 의가 연계되었고 누구든지 마음으로 믿고 입술로 예수를 시인하면 그의 피가 죄의 기억을 소멸시킨다.

하지만 세상나라들의 법과 제도나 시기와 우연적인 요인들 즉 시대적인 상황, 무지, 신체적 장애, 타인의 훼방, 교살, 질병, 사고, 전쟁, 천재지변 등으로 예수를 믿지 못했거나 믿을 기회를 놓친 사람들이 셀 수도 없다. 내가 만일 그러한 자들을 비롯하여 모태에서 죽은 생명들, 지각없는 아이들, 복음을 들어보지도 못한 사람들까지 예수의 잣대로 심판하여 지옥에 던진다면 어찌 공평한 신이 될 수 있겠느냐.

그들이 억울해 하지 않겠느냐. 죄인들이 들어갈 불덩이는 영원한 것이며 그 가혹한 형벌의 중한 것은 이루 말할 수 없다. 그렇기 때문에 나는 사람들을 경홀히 심판할 수 없는 것이다. 때문에 각 사람의 행위를 기억하는 두 증인을 인체에 숨겨 두었을 뿐 아니라, 믿지 않고 죽은 자들을 다시 한 번 살려내어 믿을 만한 환경과 여건을 준 다음, 그 마음의 어떠함을 재차 시험해본 후에 라야 비로소 그 사람을 공정하게 심판할 수 있는 것이다."

이에 내가 의문이 생겨 여쭙기를 '그렇다면 먼저 믿은 사람이나 회생 후에 믿는 사람이나 구원을 얻는 것에서는 별 차이가 없겠나이다' 하였더니 하나님께서는 이런 의미로 말씀하셨다.

"그렇지 않다 그동안 음부에서 당하는 고통은 어떠하며 또 오인이 합쳐야 온전한 사람을 이루겠거늘, 그 중 하나라도 잃어버리게 되면 그 모양이 어떠하겠느냐."

판결: 가당치 않다. 너는 그럴듯하게 발라 맞추기의 명수다! 사람이 한 번 음부에 떨어지면 그만이지 어찌 음부를 빠져 나올 수 있겠느냐?

어떤 사람: 하나님께서 회생을 가르쳐 주실 때 이 세상의 모든 끝날이 되기 전까지는 불완전하므로 완전한 것이 올 때까지 불완전한 일이 나타난다고 하셨다.

이것을 예시한 문장이 'Luke161931' 부자와 나사로의 비유이다. 음부에서 고통받던 부자가 나를 세상에 보내라 했으니 음부를 나올 수도 있음을 시사한 것이다.

• 증서 "여호와께서는 죽은 자를 다시 살리시기도 하시고, 음부에 있던 자를 다시 꺼내시기도 하시며, 가난하게 살았던 자는 부하게, 부하게 살았던 자는 가난하게 하시며, 높았던 자는 비천하게, 비천했던 자는 높이시는도다. 여호와는 지식의 신이라 사람들의 행동을 일일이 달아보시느니라."

판결: 그렇다면 음부에서 고통받는 죄인들 중 믿지 않을 자가 어디 있느냐?

어떤 사람: 그럴지라도 마음이 교만하고 강퍅한 자는 믿지 않는다. 세상 왕들에게는 죄인을 임의대로 사할 수 있는 사면권이 있다. 마찬가지로 하나님도 죄인을 사면할 수 있는 특권이 있으시다. 죄인들이 하데스음부에 던져져서 불의 형벌을 받을 때에 고통으로 인해 뉘우치는 자가 있고, 욕을 해대고 이를 갈면서 신을 저주하는 자가 있을 것이다. 하나님이 그들을 전부 음부에서 꺼내어 다시 선택할 기회를 준다 하자. 불의 고통 속에서 자신의 잘못을 뉘우쳐 왔던 자들은 감복하여 하나님

을 받들겠지만, 이런 일을 행하는 신을 증오해왔던 자들은 절대로 굴복하지 않는다. 증오심으로 마음이 굳고 완강해졌기 때문에 하나님 섬기기를 거부하고 음부보다 더 뜨거운 지옥을 오기(?)로 들어가게 되는 것이다.

• 증서 "사람이 망하는 것은 회개치 않는 마음과 고집이니라"

나는 여러 세기가 함께 공존하는 회생후의 시대를 잘 설명할 지혜가 없다.

하지만 땅에 상당기간 평화가 있고 모든 만국에 복음이 전파되며 반전되는 현상이 나타난다는 것은 분명히 알고 있다. 그래서 전에 부자였었던 사람은 가난하게 되고 가난했었던 사람은 부자가 되며, 못난 사람은 잘난 사람으로 잘난 사람은 못난 사람으로 환경과 처지가 뒤바뀌게 된다. 왜냐하면 부자라서 예수 믿지 않았던 자는 가난해지므로 신께 귀의할 가능성이 있고, 너무 가난해서 신을 저주했었던 사람은 부유함으로 예수를 영접할 가능성이 있기 때문이다. 또 육체의 아름다움으로 유혹에 빠질 수밖에 없었던 자는 못 생긴 얼굴로 인해 신께 다가설 수 있고, 얼굴이 못났다가 용모가 아름다워진 자는 신께 감사함으로 나갈 가능성이 있다.

이것을 안 후부터 나는 세상의 잘난 자들과 부자들을 시기하거나 부러워하지 않는다.

왜냐하면 비록 오랜 후의 일이지만 회생 후에 그들이 처해질 형편을 잘 알기 때문이다.

하나님은 경건의 모양은 있으나 경건의 능력은 부인하는 자를 그 중심에 제일 싫어하신다.

예수 믿는 의식과 형식은 있으되 성령의 일을 부인하고 훼방하는 위선자를 싫어한다는 말이다.

현재 신학들은 존 칼빈 ,혹은 마틴 루터, 혹은 요한 웨슬레 등 신학자들의 생각을 채택한 것이다.

이럴진대 이들의 견해와 다른 의견을 개진한다 해서 예수 믿고 성령 받은 자가 구원받지 못한다면 구원을 시키는 주체가 예수가 아니고 신학 즉 신학자들이 되는 것이다.(이런 모순이 어디 있는가)

학문과 상관없이 누구든지 예수를 구주로 믿기만 하면 구원받는 것이고, 구원받는 자는 예수님과 상관 있다. 이러므로 교리가 다르다고 해서 믿는 형제를 함부로 이단으로 정죄하지 말아라.

이단이란 말은 결국에 가서는 예수님과 상관없게 된다는 뜻으로, 결국에 가서도 그가 예수님과 상관 있다면 당신은 지옥불에 들어가게 될 것이다. 현명한 자들은 사람의 생각은 다 다를 수 있고, 마음도 가변적이라 언제든지 상황에 따라 돌변할 수 있다는 개연성을 염두에 두고 있다.

형제더러 라카(히브리인의 욕설)라 하는 자도 지옥불에 던진다 했거늘, 하물며 형제를 판단하는 자는 자신이 곧 판결하는 신이 되는 것이니 그 사람이 받을 형벌이 얼마나 중하겠느냐. 사람이 의롭게 되는 것은 율법의 행위로냐, 성경을 깨닫는 것으로냐, 듣고 믿음으로냐, 잘 판단하여 생각하라. 만일 성경의 지혜로 인한다면 이 세상에서 구원받을 자는 아무도 없을 것이다.

다 성경에 몽학 선생이니 누가 누구를 제대로 인도할 수 있겠는가?

그러므로 자신의 생각과 틀리다 하여 형제를 업신여기거나 배척하지 말아라. 이는 몰지각한 목자들이나 하는 짓이라 하나님이 세운 종은 결코 그럴 수 없느니라.

이단으로 정죄 받은 사람이 다음날 회개하고 돌이킬는지, 아니면 하나님이 도리어 그 사람을 높여줄는지 누가 알겠는가? 하나님도 사람을 사용하여 그의 일을 하시니 같은 일이라도 성경에 능통한 자는 성경적으로, 지혜로운 자는 지혜롭게 할 것이다. 하지만 사람들의 신분과 수준이 틀리기 때문에 다양한 방법으로 그의 사역을 완성하신다.

'헌이야! 사람의 형상과 모양은 곧 하나님의 모양과 형상이란다. 그러므로 하나님의 형상과 모양을 되찾지 못한 자들은 사람의 모양과 형상을 가질 수 없느니라. 이에 그 몸이 스스로 도태되어 변형되므로 어떤 사람은 기는 것으로, 어떤 사람은 벌레로, 어떤 사람은 곤충으로, 어떤 사람은 가증스럽고 혐오스러운 것으로, 어떤 사람은 물고기로, 어떤 사람은 새로, 어떤 사람은 짐승으로, 어떤 사람은 꽃과 열매 혹은 나무로 변하게 되느니라. 이러한 것을 알았으니 너는 어떤 사람이 되어야 마땅하뇨?

거룩한 행실과 경건함으로 하나님의 날이 임하기를 바라보고 간절히 사모함이 마땅하도다.'

앞으로도 성경은 이렇게 해석되어 풀어질 것이다.

그 날에 지구 외기권은 열풍에 타서 풀어지고 땅의 표면이 뜨거운 용암에 녹아지려니와 우리는 그의 약속대로 의의 거하는바 새 하늘과 새 땅을 바라보도다. 이 일이 장래 세대를 위하여 기록될 것이니 또 창조함을 받을 백성이 또 하나님을 찬송하리로다. 그렇지만 우리들은 남에게 존경받을만한 덕의 흔적조차 남기지 않으면서 오직 악으로만 세월을 허비하고 있구나.

보아라. 우리의 교만이 무슨 소용이 있었으며 우리가 자랑하던 재물이 우리에게 어떠한 결과를 초래하였는가를……

그 모든 것은 이제 그림자처럼 사라지고 헛소문처럼 멀어져 버릴 것이다.

날으는 새는 날개를 쳐서 바람을 가르면서 날아가지만 날아간 다음에는 아무런 흔적도 남지 않는다. 우리도 이와 마찬가지로 태어나는 동시에 사라져 버린 셈이다.

그러나 의인들은 영원히 살고 주님이 친히 그들에게 보상을 주실 것이다. 그들은 찬란한 왕국과 아름다운 왕관을 주님의 손으로부터 받을 것이다.

주님은 의인들을 어루만져 주시고 당신의 팔로서 그들을 감싸주실 것이다.

주님은 열렬한 사랑을 갑옷으로 삼으시고 당신이 만든 피조물을 원수들을 방비할 무기로서 사용할 것이다.

그는 정의를 방패로 삼으시고 어김없는 심판을 투구로 쓰실 것이다.

주님은 거룩하심을 무적의 방패로 삼으시고 준엄한 분노를 날카로운 칼날처럼 가실 것이다.

그리하여 온 세상은 주님과 더불어 악마들과 대항하여 싸우러 나갈 것이다.

잘 겨냥된 화살이 번개처럼 날아갈 것이며 힘껏 당긴 화살은 시위를 떠나 구름을 가르며 표적을 향하여 날아갈 것이다. 투석기에서는 분노에 싸인 우박이 날아갈 것이고 바닷물은 광분하여 원수들을 덮칠 것이며 강물은 그들을 가차없이 삼켜버릴 것이다.

전능하신 분께서 폭풍으로 그들을 휩쓸어버리시고 태풍처럼 그들을 날려보낼 것이다.

이렇게 하여 천국 온 땅이 탈환되고 악행으로 인하여 악마들의 자리가 뒤엎어질 것이다.

어서 빨리 그날이여 와라! 주님의 전쟁 곧 천국전투——

참고문헌

최신학습그림과학 (계몽사, 1991년판)
애니콜 자연과학탐구 (삼성교육개발원, 1999년판)